La historia oculta de los Juegos Olímpicos

ERNEST RIVERAS TOBIA

La historia oculta de los Juegos Olímpicos

ALMUZARA

Editorial Almuzara • Colección Historia
Editora: María Borrás Blancafort
Maquetación: Miguel Andréu
www.editorialalmuzara.com

pedidos@almuzaralibros.com - info@almuzaralibros.com

Editorial Almuzara
Parque Logístico de Córdoba. Ctra. Palma del Río, km 4
C/8, Nave L2, nº 3. 14005 - Córdoba

Imprime: Black Print
ISBN: 978-84-10527-81-2
Depósito: CO-1025-2025

Hecho e impreso en España - *Made and printed in Spain*

«Para asegurar la universalidad de los Juegos
Olímpicos hay que mantenerse políticamente
neutral. A veces no es fácil, pero hay
que soportar la presión».
Thomas Bach
*Expresidente del Comité
Olímpico Internacional (COI)*

«Es muy difícil para el COI permanecer neutrales.
Pero si no guardamos la neutralidad política en tanto
que institución, destruiríamos el
movimiento olímpico
y desapareceríamos».
Juan Antonio Samaranch Salisachs
Vicepresidente del COI

Este libro se cerró el 15 de abril
y para su elaboración no se ha usado la IA.

Índice

DEDICATORIAS

Este libro merece muchas dedicatorias como si de un índice de contenidos se tratase. Porque, aunque los Juegos Olímpicos sean en general un microcosmos sano, son también el reflejo de lo bueno y lo malo que sucede en nuestra sociedad actual.

En París'24 se alcanzó el hito de la paridad de géneros, pero todavía quedan muchas cosas por mejorar en el mundo del deporte femenino en particular y en la lucha por los derechos de las mujeres en general. Este libro está dedicado a ellas y a todas las personas que sufrieron.

- A las niñas y las mujeres afganas que no tienen derecho a la educación ni al deporte desde la vuelta de los talibanes.

- A la argelina Imane Khelif[1] y la taiwanesa Lin Yu-Ting[2], boxeadoras campeonas olímpicas a las que en París llamaron trans o directamente hombres cuando nacieron y vivieron como mujeres.

- A las mujeres acosadas sexualmente. Por suerte, cada vez más el mundo del deporte aplica protocolos de prevención. Pero los depredadores terminan colándose por las rendijas de las redes.

- A las deportistas que sufrieron ciberacoso y en concreto la australiana Rachael Gunn, que sufrió una carnicería en internet tras su actuación en la competición de *break*.

---

1   Imane Khelif fue campeona olímpica de boxeo en la categoría de 66 Kg en París'24

2   Lin Yu-Ting fue campeona olímpica de boxeo en la categoría de 57 Kg en París'24

- A todo el colectivo LGTBIQ+ que buscan sus referentes en el deporte y no tienen muchos donde elegir, aunque en París tuvimos varias atletas transgénero no binarias.

- A todos los deportistas rusos y bielorrusos que pagaron la política expansionista de Putin no pudiendo ir a París aunque no apoyasen la guerra. Cierto que tampoco levantaron la voz en contra, pero no es fácil hacerlo contra una dictadura.

- A los cientos de atletas ucranianos y palestinos que fallecieron por las balas o bajo las bombas. Y a los muchos periodistas que perdieron la vida cubriendo ambos conflictos, personalizados en la figura del joven periodista palestino de veintiun años Hossam Shabat, quien murió en marzo de 2025 en un ataque de Israel dirigido contra su coche.

- A los atletas israelíes que soportaron los abucheos y la tensión provocada por la política de *apartheid* de sus dirigentes respecto a Gaza. Pero excluyo de este grupo al judoca Peter Paltchik[3], quien se jactaba de firmar misiles que iban dirigidos a los niños de Gaza, y a todos los que le aplaudieron por ello. Sentí mucha vergüenza y rabia al ver sus posts en RRSS.

- A todos a los que los deportistas dopados les «birlaron» la oportunidad de subir al podio. Por suerte, algunos no todos, recuperaron sus medallas años después, cuando pillaron a los tramposos.

- A los millones de desplazados que tuvieron que huir de sus países para sobrevivir, y que se vieron representados en París por los treinta y siete deportistas del Equipo Olímpico de Refugiados.

- Y a la ugandesa Rebecca Cheptegei. Fue una de las más de cinco mil mujeres que estuvieron en los Juegos Olímpicos de París'24 donde corrió el maratón. Volvió a casa feliz

---

3   Peter Paltchik fue medalla de bronce en judo en - 100 kg en París'24 y por equipos mixtos en Tokio'20.

sin saber que, como a tantas mujeres y tantas africanas, el horror la esperaba agazapado. En Endebess, en el oeste de Kenia, donde vivía con sus hijos y cuando regresaba de la iglesia junto a ellos, fue rociada con gasolina y quemada viva. El agresor fue su propia pareja.

La violencia de género es una de las lacras de nuestra sociedad actual, una epidemia silenciosa. Por eso, este libro está dedicado por encima de todo a las que lo sufren. DEP todas las Rebeccas del mundo.

AGRADECIMIENTOS

Escribiendo este libro me he dado cuenta de las muchas gracias que tengo que dar.

A Natalia, el amor de mi vida, que me quiere y apoya en cualquier proyecto. Y que me ha ayudado a pulir este libro gracias a su ojo crítico y sus sabios consejos.

A mis hijos Pol y Àlex, que me perdieron de su vida muchos meses para que pudiera estar en tantos JJ. OO.

A mi Madre Anna que me metió en el cuerpo el gusanillo de los Juegos Olímpicos y el amor por la radio.

A mi Padre Ernesto por transmitirme su perspectiva del periodismo basado en el rigor y la documentación.

A mis hermanas, hermano y a toda mi familia y amigos por aguantar mis «ausencias justificadas» en tantas celebraciones.

A Andreu Mercé Varela[4] por escribir un libro tan iniciático para mí.

A la Editorial Almuzara por interesarse por un contenido olímpico. Y a mi editora María Borràs, con la que ya trabajé hace dieciséis años en el único libro que había escrito hasta ahora, la biografía del triple campeón del mundo de MotoGP Jorge Lorenzo.

A TVE y a todos los jefes y jefas que tuve y que me permitieron cumplir el sueño de estar acreditado en seis Juegos Olímpicos y trabajar en ocho. Y a todas las compañeras y compañeros de los que aprendí en casi cuarenta años de oficio.

---

4   Andreu Mercé Varela (Barcelona, 1910-2011). Andreu fue abogado, escritor y periodista deportivo. Y campeón de España de *hockey* sobre hierba. Colaboró con *La Vanguardia* y fue corresponsal entre otros para *L'Équipe* o *Sports Illustrated*. Y fue miembro de la Comisión de Prensa del COI.

A mis amigos y compañeros de TVE Jesús Cebrián, Alberto Sierra y Javier Grima, que se leyeron el manuscrito para ayudarme a pulirlo.

A todos los espectadores a los que les gustan los JJ. OO. y que me han tenido que «aguantar» más de una vez por la tele. Especialmente a Carmen, que además de ser mi suegra era una de mis más fieles espectadoras. Para ella, los Juegos de París fueron los últimos ya que la ELA se la llevó injustamente el 28 de octubre de 2024.

Y al barón Pierre de Coubertin[5] por tener la fantástica idea de recuperar los Juegos Olímpicos y la visión de crear el COI para darle sentido a todo.

---

5   Charles Pierre Fredy, barón de Coubertin, fue el segundo presidente de la historia del COI y ejerció durante veintinueve años, de 1896 a 1925, en el mandato más largo de la historia para un presidente olímpico.

NOTAS DEL AUTOR

Este libro se puede leer de dos maneras. Linealmente, solo el texto, sin más. Y creedme, tiene todo el sentido. O abundando y leyendo también la cantidad ingente de anotaciones que encontraréis al final. De esta manera no solo mantendrá el sentido de la narración, sino que aportará, además, una gran cantidad de datos que complementarán la lectura. Tal vez, desde un punto de vista tradicional, tantos pies de página no sean muy ortodoxos en un libro. Pero los que me conocen saben que soy un enamorado, y algunos dirán que hasta un «enfermo», de los datos. Y necesitaba ponerlos en mi primer libro olímpico.

Y tres cosas más:

- Este libro está escrito en el marco de la situación geopolítica de 2024-2025, acabados los Juegos de París'24 y arrancando la Olimpiada de Los Ángeles'28. Las opiniones, declaraciones y referencias temporales deben leerse bajo esas premisas.

- Encontraréis los gentilicios delante del nombre. Últimamente se ha puesto muy de moda decir el nombre del deportista y poner el gentilicio detrás como si fuese un calificativo. Un ejemplo práctico. Para referirse al deportista más laureado en la historia de los Juegos Olímpicos (JJ. OO.), muchos comentaristas dirían: Michael Phelps[6], el

---

6   El nadador de Baltimore Michael Phelps es el mejor deportista de la historia de los Juegos modernos. Es el deportista que más medallas olímpicas ha ganado, veintiocho, dieciséis de ellas en eventos individuales, también el que más. Es también quien más medallas de oro ha ganado, veintitrés, con trece en

americano. Como si hubiese más de un nadador llamado así y hubiese que diferenciarlos por su nacionalidad. Si se diese el caso de que existiese un Michael Phelps samoano o de las islas Vírgenes británicas, sería correcto el uso. Pero como no es el caso, me parece inapropiado e incorrecto poner el gentilicio detrás. Y ni en mis transmisiones ni en este libro lo oiréis o leeréis así.

–   Y lo de americano lo he dicho con toda la intención. Si a un argentino, costarricense, mexicano o canadiense le llamáis americano, podemos convenir que decir el americano Michael Phelps sería correcto. ¡Pero sabemos que eso no pasa nunca! Que ser americano parece patrimonio exclusivo de los nacidos en EE. UU. Como decir que son campeones del mundo cuando ganan competiciones, muy importantes pero locales, como la NBA o la Super Bowl. Por eso en este libro, para referirme a los deportistas de Estados Unidos les llamaré estadounidenses o, con todo respeto y cariño, *yankees*.

Por cierto, aquí solo hablo de los Juegos Olímpicos de Verano. Porque, todavía, no he cubierto ninguna edición de Juegos de Invierno. Y es fundamental para un periodista hablar de lo que conoce… aunque en la profesión no sea siempre el caso. ¡Que lo disfrutéis!

---

pruebas individuales, otra vez el que más. Y desde Pekín'08 tiene el récord casi inigualable de haber ganado ocho medallas de oro en unos mismos Juegos.

UNA OBSESIÓN FAMILIAR

No estoy seguro si vi nadar a Mark Spitz en Múnich'72. Mejor dicho, sí que vi al tiburón de Modesto ganar sus siete oros[7] batiendo el récord del mundo (WR) en cada una de las pruebas. Lo que no estoy seguro es si lo vi en directo, en los telediarios o en el No-Do. Tenía ocho años.

En cambio, sí recuerdo nítidamente cuatro años después haber visto los JJ. OO. de Montreal'76. La colorida inauguración, el primer 10 de la gimnasia olímpica de Nadia Comaneci[8], la elegancia en el *ring* de Teófilo Stevenson[9], las botas de siete leguas de Alberto

---

7   Mark Spitz ganó el oro en 100 m y 200 m libres, 100 m y 200 m mariposa y los relevos 4 x 100 m libres, 4 x 200 m libres y 4 x 100 m estilos. Antes, en México'68, ya había ganado dos oros, una plata y un bronce.

8   Nadia Comaneci ganó nueve medallas olímpicas de gimnasia, cinco de ellas de oro. En Montreal'76 ganó el oro en individual, asimétricas y barra de equilibrio, además de las medallas de plata por equipos y la de bronce en suelo. Cuatro años después, en Moscú'80, aun ganaría dos oros más, en suelo y en barra de equilibrio y la plata en individual y por equipos.

9   Teófilo Stevenson fue un boxeador cubano, triple campeón olímpico de los pesos pesados en Múnich'72, Montreal'76 y Moscú'80. Fue el segundo boxeador en ganar tres títulos olímpicos consecutivos tras el húngaro Laszlo Papp, oro en Londres'48, Helsinki'52 y Melbourne'56. Posteriormente, el también cubano Félix Savón fue el tercer y último, hasta la fecha, boxeador en ganar tres oros consecutivos. Lo hizo en BCN'92, Atlanta'96 y Sidney'00. Teófilo Stevenson se convirtió en un símbolo de la Cuba castrista cuando no quiso pasar a profesionales para pelear con el más grande, Muhammad Alí. «Antes rojo que rico», dicen que dijo.

Juantorena[10], la proeza atlética de Bruce Jenner[11], conocida desde 2015 y tras su reasignación de género como Caitlyn Jenner, el dominio de las valquirias de la RDA en atletismo y natación, el colosal Vasily Alekseyev[12]… ¡y, por supuesto, las dos medallas de España! Sí, solo dos medallas, ya que los grandes éxitos llegarían mucho más tarde, a partir de BCN'92. Y cómo no, dichas medallas fueron en vela y piragüismo, las especialidades que han dado más metales a nuestro país. Recuerdo bien a nuestros medallistas[13] olímpicos sonriéndonos desde la pequeña pantalla con sus medallas colgadas al cuello.

Pero mi amor eterno por el olimpismo nace unos meses después, un 23 de abril de 1977. Ya que habíamos seguido los JJ. OO. en familia, mi madre creyó buena idea regalarme para la diada de Sant Jordi el libro *Olimpiada 1976* de Andreu Mercé Varela. ¡Un regalo iniciático! No sé cuántas veces lo leí, cuántas veces me sumergí en las pequeñas historias detrás de la competición. Y fue entonces cuando me di cuenta de que solo había visto una pequeña parte de los Juegos, muy emocionante, pero solo la punta del iceberg. Porque la política había marcado esa otra parte oculta a los ojos de un niño de doce años. De hecho, mucho tiempo después leí un artículo de Lukas Aubin, responsable del programa Deporte y Geopolítica en el Instituto francés de Relaciones Internacionales y Estratégicas en el que decía que «el deporte apolítico es esencialmente un mito». ¡Y no puedo estar más de acuerdo con él!

Volviendo a *Olimpiada 1976*, con su profunda lectura me enteré de que la República de China o Taiwán, lo que conocemos deportivamente como China Taipéi, se retiró de los JJ. OO. el día antes

10   Alberto Juantorena fue un atleta cubano apodado el Caballo, ganador de los 400 m y 800 m lisos en los Juegos de Montreal'76, proeza atlética que nadie más ha repetido en la historia olímpica.

11   Bruce Jenner fue un atleta estadounidense campeón olímpico de decatlón en Montreal'76.

12   Vasily Alekseyev fue un halterófilo ruso, doble campeón olímpico de los pesos pesados en +110 kg en Múnich'72 y Montreal'76.

13   Las únicas medallas, de plata, españolas en Montreal'76 las consiguieron Toño Gorostegui y Pedro Millet en 470 de vela y Herminio Menéndez, José M.ª Esteban Celorrio, José Ramón López Díaz-Flor y Luis Gregorio Ramos Misioné en K4 de piragüismo.

de la inauguración de Montreal por el impedimento del Gobierno canadiense a que usasen su nombre y su bandera. Y que veintiocho países del África negra renunciaron a los Juegos al denegar el COI su petición de excluir a Nueva Zelanda, cuya selección de *rugby*, los All Blacks, había hecho una gira por la República Sudafricana donde aun se practicaba el *apartheid*. No tenía ni idea de que ese boicot nos negó la presencia de los grandes atletas africanos y que provocó que un atleta tanzano llamado Filbert Bayi[14], que había batido el WR de 1500 m y era el gran favorito al oro, no pudiese optar a él y que, a la postre, el campeón fuese John Walker... ¡un neozelandés! O que el ugandés John Akii-Bua, campeón olímpico de 400 m vallas en Múnich'72[15], no tuviese la opción de revalidar su título y se nos negó un mano a mano épico con el estadounidense Edwin Moses[16], a la postre el ganador del oro batiendo el WR del propio Akii-Bua. «Madre mía», me dije. Cuantas historias detrás de las historias que se quedan bajo la superficie y que nada tienen que ver con la competición.

Andreu decía en su libro que «la política es uno de los peligros más característicos del deporte y singularmente del Olimpismo». Y en 1976 no sabía cuánta razón tenía. Porque después de Montreal atravesamos el periodo más oscuro del olimpismo moderno. Los boicots consecutivos de los JJ. OO. de Moscú'80 y Los Ángeles'84 pusieron al olimpismo al borde del abismo.

Desde Atenas 1896 y la recuperación del olimpismo, la política siempre ha influido en el deporte. Y en los Juegos Olímpicos se

---

14   En los siguientes Juegos, Filbert Bayi cambió de prueba y fue medalla de plata de 3000 m obstáculos en Moscú'80.

15   En la final de 400 m vallas de Múnich'72, John Akii-Bua se convirtió en el primer hombre en correr por debajo de la barrera de los 48". Tras su oro, el primero de la historia olímpica de Uganda, se convirtió en un héroe en su país y hasta el dictador Idi Amin Dadá le regaló una casa en la capital Kampala. Tras la caída del dictador en 1979, se exilió con su familia en Alemania.

16   Edwin Moses fue campeón olímpico de 400 m vallas en Montreal'76 y LA'84. Y todavía alargaría su carrera hasta los JJ. OO. de Seúl'88, siendo en Corea medalla de bronce. Moses protagonizó una de las rachas más extraordinarias de la historia del atletismo, estando invicto en 122 carreras de 400 m vallas durante nueve años, nueves meses y nueves días. La racha acabó el 4 de junio de 1987, cuando el también estadounidense Danny Harris lo batió en el Estadio Vallehermoso de Madrid.

multiplica exponencialmente esta influencia, ya que son el pináculo deportivo global. Pero sería justo decir que, en contrapartida, y en determinadas coyunturas, el deporte ha sabido usar también la política para sus fines. Acciones como las de Tommie Smith[17] y John Carlos[18] en el podio de los 200 m de los Juegos de México'68, reivindicando el Black Power, la lucha por los derechos civiles de los afroamericanos en Estados Unidos, o la de la afgana del Equipo Olímpico de Refugiados Manizha Talash[19], quien sacó una capa con la inscripción «Free Afghan Woman» (liberad a las mujeres afganas) durante su competición de *break* en París'24, han logrado la multiplicación de su mensaje político al usar el altavoz global de los Juegos. Eso sí, como veremos en este libro, no sin consecuencias.

Para mí, los JJ. OO. son lo más grande a lo que puede aspirar un periodista deportivo. Así que me siento afortunado por haber estado en seis: BCN'92, Atlanta'96, Sídney'00, Atenas'04, Pekín'08 y Londres'12. Y haber trabajado a distancia en dos más: Seúl'88 y París'24. Y no solo eso. En 1986, cuando Barcelona fue elegida sede de los Juegos de 1992, ya trabajaba en la radio y, tras pasar a TVE en 1988, pude incluso colaborar con el Comité Organizador de los Juegos de BCN'92 (COOB) durante dos preciosos años. Pero, aunque es maravilloso cubrirlos profesionalmente para televisión, la idiosincrasia del medio te impide rascar por debajo de la superficie. La inmediatez de una competición que alberga a más de doscientos países en treinta y dos deportes me deja siempre un pequeño sentimiento de que el trabajo queda inacabado, y cuando se extingue la llama olímpica tras «dieciséis días de gloria» siento que había muchas más cosas que explicar que la simple narración deportiva. Otra vez esa sensación de iceberg. Por eso, el objetivo de este libro es repasar todos esos momentos fuera de

---

17   Tommie Smith fue campeón olímpico de 200 m lisos en los Juegos de México'68.

18   John Carlos fue un atleta estadounidense de origen cubano, medalla de bronce en los 200 m lisos en los Juegos de México'68.

19   Por su acción, Manizha Talash fue descalificada de los Juegos de París. La regla 50 de la Carta Olímpica impide cualquier manifestación política en las sedes olímpicas de competición.

los focos, y saber cómo principalmente la geopolítica ha influido, influye e influirá en los JJ. OO.

Y es que cuando alejamos la lupa y sacamos del foco a los verdaderos héroes de los Juegos, como Simone Biles[20], «Mondo» Duplantis[21], Leon Marchand[22], LeBron James[23] o Rafa Nadal[24], aparecen situaciones intrínsicamente ligadas a la política que se mimetizan con los Juegos y de las que poco hablamos. Y me vienen muchas a la cabeza. La Tregua Olímpica[25] que se vota cada cuatro años en la ONU violada por Rusia y que, junto a Bielorrusia, los hizo competir en París como Equipo de Atletas Individuales Neutrales; un planeta en el que hay más de 120 millones de refugiados que compiten en los Juegos con equipo propio, el Equipo Olímpico de Refugiados; el *lobby* político que hay que hacer para conseguir ser sede de unos juegos y lo importante que es para una ciudad y un país albergar el máximo evento planetario; la presión a todas las federaciones internacionales y más concretamente al COI para que no se permitiese a Israel participar en los JJ. OO. de París; o la política deportiva de Oriente Medio y China para dar a conocer sus bondades a la vez que blanquean unas políticas

---

20   Simone Biles ha ganado once medallas olímpicas de gimnasia, siete de ellas de oro. Cuatro de las de oro fueron en Río'16 en individual, equipos, salto y suelo, y tres en París'24, en individual, equipos y salto. Y en abril de 2025 Simone Biles fue premiada con el Laureus femenino 2024.

21   Armand Duplantis es doble campeón Olímpico de salto con pértiga en Tokio'20 y París'24. Y en abril de 2025 «Mondo» Duplantis fue premiado con el Laureus masculino 2024.

22   Leon Marchand ganó cuatro medallas de oro de natación en París'24: 200 y 400 m estilos, 200 m mariposa y 200 m braza. Elegido nadador del año 2024 por la Federación Internacional. Y Mejor Deportista francés y también mundial por el diario *L'Equipe*.

23   LeBron James es triple campeón olímpico de baloncesto en Pekín'08, Londres'12 y París'24.

24   Rafa Nadal fue oro en individuales de tenis en Pekín'08 y en dobles junto a Marc López en Río'16.

25   La *Ekecheiria*, la Tregua Sagrada, ahora Tregua Olímpica, era un acuerdo que regía en los Juegos de la Antigüedad que se celebraban en Olimpia. Cada cuatro años, los mensajeros o *spondophoroi*, iban por las ciudades anunciando las fechas de competición. Y entonces se decretaba un periodo de paz de un mes llamado *Hieromenia*, para que los atletas de las diferentes ciudades-Estado, a pesar de las guerras reinantes, pudiesen cruzar la península griega, competir y luego volver a casa sanos y salvos.

de violación sistemática de los derechos humanos ampliamente denunciadas por diferentes ONG… En fin, estas son solo algunas de esas situaciones, sin olvidar los mencionados boicots olímpicos. Porque ¿qué puede haber más político que por motivos estratégicos un país prohíba a sus deportistas participar en unos JJ. OO. cuando han estado entrenando cuatro años para tomar parte en ellos? Sin ir más lejos, el boicot de Estados Unidos a los Juegos de Moscú provocó que más de doscientos deportistas estadounidenses, que podían haber competido en 1980, no llegasen nunca a ser olímpicos, ya que no pudieron alargar su carrera hasta LA'84. Un boicot es un verdadero drama para la corta vida de un deportista. Y de todo esto va también *La Historia oculta de los Juegos Olímpicos*.

Y aún más. Igual que hizo Andreu Mercé Varela conmigo con *Olimpiada 1976*, yo también quiero recopilar y recordar historias que pasaron más o menos desapercibidas en los últimos Juegos de París. Y que ojalá enganchen a una siguiente generación de seguidores y, por qué no, de jóvenes periodistas. Aquí encontraréis curiosidades y datos, muchos datos de los XXX Juegos de la historia moderna, además de un compendio de la historia olímpica, la maravilla deportiva que recuperó el barón Pierre de Coubertin en 1896. Por supuesto, de eso va también este libro.

MIS MANÍAS

Los Juegos de París'24 fueron los XXX Juegos Olímpicos de la era moderna correspondientes a la XXXIII Olimpiada. Aunque la Fundación del Español Urgente (Fundéu), asesorada por la Real Academia Española (RAE) ha asimilado los términos Juegos-Olimpiada y dicen que se pueden usar indistintamente, es importante no confundirlos. Los Juegos son el periodo de competición deportiva de dieciséis días[26] mientras que la Olimpiada es el periodo de cuatro años entre unos Juegos y los siguientes. Los que me conocen saben que esto es un caballo de batalla diario en mi vida. Ya sea en mis comentarios en televisión, mis clases en universidades y hasta en las charlas en el trabajo o en familia, siempre trato de hacer proselitismo deportivo con esto. Porque me sangra el oído, y hasta, si me permitís la broma, creo que se apaga una estrella, cuando un deportista dice que ha estado en tal o cual Olimpiada.

Juegos y Olimpiadas no pueden ser nunca lo mismo. Hay varios motivos. Pero uno irrefutable es que no coinciden en número. Como he dicho, los de París fueron los XXX Juegos de la XXXIII Olimpiada. Y este desfase numérico ¿a qué se debe? Pues a que

---

26 Desde Los Ángeles'32, los Juegos empiezan un viernes con la ceremonia de inauguración y acaban dos domingos después con la de clausura. Siempre se habla de quincena olímpica o dieciséis días de gloria. Aunque es justo reconocer que los JJ. OO. duran más, porque a la práctica empiezan dos días antes de la apertura, con la disputa de las previas de los deportes de equipo. Y es que en una competición tan corta y exigente es necesario dar tiempo para la recuperación de los deportistas.

en hasta tres ocasiones los Juegos se cancelaron por culpa de las dos guerras mundiales, pero en cambio sí que hubo Olimpiada. Lo explico.

A principios del s. XX, el mundo había asistido a unos impecables Juegos de Estocolmo en 1912, modelo de organización puesto de ejemplo durante décadas. Los Juegos florecían y los de 1916 fueron atribuidos a Berlín, que fue seleccionada como ciudad sede durante la 14.ª Sesión del COI, celebrada el 4 de julio de 1912 en Estocolmo. La capital alemana venció en la votación a Alejandría, Ámsterdam, Bruselas, Budapest y Cleveland. Pero los JJ. OO. se cancelaron cuando estalló la I Guerra Mundial tras el asesinato en Sarajevo el 28 de junio de 1914 del archiduque Francisco Fernando, heredero de la corona austrohúngara, y de su esposa, la duquesa Sofía. La Olimpiada de Berlín existía, se había constituido el Comité Organizador, se había hasta inaugurado el nuevo estadio… pero, aunque hubo quinta Olimpiada nunca hubo quintos Juegos. Ahí arrancó la desincronización de ediciones.

Más de veinte años después, el día antes del arranque de los polémicos Juegos de Berlín'36, el COI otorgó los Juegos de 1940 a Japón: los de invierno a Sapporo y los de verano a Tokio. Pero cuando Japón invadió China en 1937, los Juegos fueron reasignados a Helsinki, la ciudad derrotada por Tokio en la elección del año anterior. En julio de 1939, cuando Alemania invadió Polonia y estalló la II Guerra Mundial, los Juegos pendían de un hilo. Y finalmente fueron cancelados cuando, meses después, los soviéticos invadieron Finlandia. Los duodécimos Juegos nunca se celebraron, pero hubo Olimpiada. Tokio había elegido el Estadio Meiji Jingu Gaien, antaño sede de los Juegos del Lejano Oriente de 1930, como estadio olímpico. Habían enumerado los deportes de exhibición, judo y béisbol, e incluso habían destinado al evento un presupuesto de doce millones de yenes. Y qué decir de Helsinki: publicaron el calendario de competición, iban a construir una villa olímpica e incluso anunciaron que el vuelo sin motor sería disciplina olímpica…, pero los JJ. OO. de 1940 nunca se disputaron y otra vez hubo Olimpiada sin competición deportiva.

Con la segunda gran guerra en marcha, se canceló también la edición de 1944. En junio de 1939, el COI había asignado la organización de esos JJ. OO., los decimoterceros, a Londres, que se impuso en la votación a las candidaturas de Roma, Detroit, Lausana, Atenas, Budapest y Montreal. También se considera que hubo Olimpiada, aunque a diferencia de la edición de 1940, el Comité Organizador de Londres'44 no pudo preparar prácticamente nada porque Gran Bretaña estaba inmersa en la II Guerra Mundial. Como desagravio, el COI otorgó a Londres la organización de la edición de 1948. Por cierto, que, pese a la cancelación de los Juegos y la austeridad del momento, el COI organizó actos oficiales para celebrar su cincuenta aniversario, que tuvieron lugar en junio de 1944 en Lausana, Suiza.

Por resumir, se cancelaron tres ediciones de los Juegos, pero sí hubo Olimpiada en cada uno de ellos. Ergo, los términos Juegos y Olimpiada no pueden ser sinónimos ni tan siquiera coincidentes, puesto que como mínimo… ¡no coinciden en número! Dicho esto, en este libro hablaremos de todo, de Juegos y Olimpiadas, pero a cada cosa por su nombre.

CAPÍTULO 1
GEOPOLÍTICA DEPORTIVA

PRIMERA PARTE:
CIENTO VEINTIOCHO AÑOS DE JUEGOS, CIENTO VEINTIOCHO AÑOS DE POLÍTICA

Hoy día hablamos mucho de geopolítica. Si buscamos la definición en el diccionario de la RAE, dice que es el «estudio de los condicionamientos geográficos de la política». Aunque se ha normalizado asociar el término al deporte, naciendo la expresión «geopolítica deportiva», seguramente esta no resistiría un comentario de texto. Pero como dice Pascal Boniface, director del Instituto de Relaciones Internacionales y Estratégicas de Francia, «actualmente, un gran campeón/a o un equipo de deporte colectivo contribuye más al prestigio nacional, a la influencia de un país y a su notoriedad positiva que los grandes escritores, cineastas o actores». Y añade que, en un mundo globalizado, «la hazaña deportiva se ha convertido en la forma más eficaz de generar popularidad y atractivo». Y también lo contrario cuando no se alcanzan los objetivos. A modo de ejemplo, acabados los Juegos de París y después de no haber ganado ninguna medalla, el presidente de Turkmenistán, Serdar Berdimujamédov, le dio una «severa reprimenda» al jefe de la delegación turkmena por la mala actuación de sus deportistas. ¡Se había perdido una gran oportunidad de posicionarse en esa geopolítica deportiva! Porque las naciones que quieren ser potencia no pueden estar en el lado de los perdedores.

El deporte se ha convertido, pues, en un elemento clave del poder internacional. Nada hay más democrático porque impacta en todos por igual, sin distinción de género, edad, raza, religión o estrato social. Y no hay más poder deportivo que un oro en los Juegos, que son la cereza del pastel. Estaríamos de acuerdo, pues, que esto sería lo más parecido a geopolítica deportiva.

No mezclar política y deporte es un mantra que recuerdan permanentemente y con total hipocresía los políticos que usan el deporte para sus fines. El planeta está viviendo momentos cruciales. Cuando escribo este libro, estamos envueltos en una guerra en Ucrania y en un conflicto terrible en Gaza y Cisjordania, aunque se firmó un alto el fuego en enero de 2025. El incremento de la actividad terrorista ha afectado notablemente a los países de África. Y a todo esto, cuando llegan los Juegos Olímpicos, estos países participan con orgullo aunque es imposible que hagan abstracción de la realidad que viven.

Esto ya lo sabía hace más de cien años Pierre de Coubertin. El barón tuvo que lidiar con interferencias gubernamentales en los Juegos de París 1900 y San Luis 1904, dos Juegos «diluidos» en sendas exposiciones universales que lo devoraban todo e influían incluso en la competición. Muy a su pesar, tuvo que prescindir del boxeo en los Juegos de Estocolmo de 1912 porque era un deporte ilegal en Suecia en aquellos tiempos y las autoridades no permitieron la competición olímpica en su territorio. E incluso Hitler en los Juegos de Berlín quiso imponer sus reglas. Es histórico como en los Juegos de 1936, el presidente del COI de entonces, el belga Henri de Baillet-Latour[27], puso en su sitio a Adolf Hitler, recordándole que a pesar de ser el jefe del Estado, en los JJ. OO. era solo

---

27   Nacido en Bélgica, Henri de Baillet-Latour fue el tercer presidente de la historia del COI. Sucedió a Coubertin y ejerció en el cargo de 1925 a 1942.

un invitado y que debía limitarse a esa función. Hitler quería recibir en su palco solo a los medallistas alemanes y el conde francés le tuvo que recordar al mismísimo Führer que su papel en los JJ. OO. era meramente protocolario. O recibía a todos los competidores que habían ganado medalla o a ninguno. Y se dice que optó por lo segundo para no tener que estrechar la mano de los atletas afroamericanos como Jesse Owens[28].

Con estos antecedentes, había que blindarse, porque los Juegos son del COI. Sin dobleces ni fisuras. Y Coubertin, un visionario, y fundamental en esta maravillosa historia, creó las herramientas para regular cualquier injerencia externa redactando la Carta Olímpica[29]. Según la regla 40 de la Carta, «todos los competidores, oficiales de equipo y demás personal participante en los Juegos Olímpicos disfrutarán de libertad de expresión», pero, simultáneamente, la regla 50 establece que «ningún tipo de manifestación política, religiosa o racial está permitida en cualquier sede, podio u otras áreas olímpicas». Sí se puede hacer en cambio en la villa y en las ruedas de prensa. Se respetaba la libertad de expresión, sí, pero se cerraba la puerta a la entrada en los JJ. OO. de los conflictos políticos.

Abundando en ello y volviendo a la descalificación de Manizha Talash por reclamar la libertad de las mujeres afganas, por muy dolorosa que la sintiésemos, era evidente para el COI. En esta realidad mundial tan convulsa que estamos viviendo, si el Comité Olímpico empezase a permitir reivindicaciones «adecuadas» y justas, los podios y las pistas se convertirían en un atril para cualquier manifestación política o social, con la elevada posibilidad de que se colasen mensajes indeseables. De hecho, en los últimos Juegos estaban empezando a proliferar de manera más o menos evidente algunos mensajes, aunque sin acarrear sanciones. Y con

---

28   Jesse Owens fue el primer atleta en ganar cuatro medallas de oro en unos mismos JJ. OO. Lo hizo en 100 m, 200 m, salto de longitud y el relevo 4 x 100 m en Berlín'36.

29   La Carta Olímpica es la codificación de los principios fundamentales del olimpismo, de las normas y de los textos de aplicación adoptados por el COI. Rige la organización, la acción y el funcionamiento del movimiento olímpico y fija las condiciones para la celebración de los JJ. OO.

Manizha ha habido una decisión tan contundente como aviso a navegantes.

Una reivindicación sonada, pero sin penalizar, sucedió en Río'16, cuando el atleta etíope Feyisa Lilesa[30] cruzó la meta de la carrera de maratón. Entonces Feyisa levantó los brazos, cruzó sus muñecas por encima de su cabeza y simuló tener unas esposas en sus manos, como señal de protesta por la represión del Gobierno a su etnia de los oromo[31]. «Allí si hablas sobre democracia te matan. Si vuelvo a Etiopía, tal vez me maten o me metan en prisión. Es muy peligroso vivir allí. Tal vez me tenga que ir a otro país», dijo Lilesa. Por su parte, la lanzadora de peso estadounidense Raven Saunders[32] se hizo notar en Tokio'20 cuando en el podio se saltó la prohibición de expresar cualquier tipo de gesto político poniendo sus brazos en forma de X sobre su cabeza al querer reivindicar a las «minorías oprimidas».

Tras los Juegos, el judoca serbio Nemanja Majdov fue sancionado con cinco meses de suspensión por parte de la Federación Internacional de Judo (IJF) tras un procedimiento disciplinario abierto por los incidentes sucedidos durante su actuación en París. Más concretamente, se le acusó de haber mostrado un claro signo religioso al entrar en el área de competición, haberse negado a inclinarse ante su oponente al final del combate y haberse quitado el judogi antes de salir del tatami. Sin entrar en consideraciones sobre las sanciones por el nulo *fair play* del serbio, la acusación por el signo religioso es cuando menos curiosa. Parece ser que el 31 de julio de 2024, antes de la disputa de su combate frente al griego Theodoros Tselidis[33] en la primera ronda de -90 kg, el judoca serbio se santiguó al entrar al tatami. Veremos cómo es la evolución de situaciones como esta y si hay mar de fondo con Majdov y sus gestos, porque santiguarse no viola en absoluto el

---

30   Feyisa Lilesa fue medalla de plata de maratón en Río'16.
31   Los oromo son un grupo étnico que se encuentra en el centro-sur de Etiopía, norte de Kenia y partes de Somalia. Con más de treinta millones de miembros, constituye hoy el mayor grupo étnico en Etiopía.
32   Raven Saunders fue medalla de plata de lanzamiento de peso en Tokio'20.
33   Theodoros Tselidis fue medalla de bronce de judo en -90 kg en París'24, batiendo en la final de consolación al español Tristani Mosakhlishvili.

espíritu de la regla 50. Si empiezan a sancionar por un habitual gesto cristiano, por esta regla de tres terminarán prohibiendo ponerse la mano en el pecho cuando suenen los himnos.

En 2008, el serbio Milorad Cavic[34] fue sancionado en el Campeonato de Europa de Natación de piscina corta de Eindhoven, en los Países Bajos, cuando subió al podio a recoger su medalla de 50 m mariposa con una camiseta que decía «Kosovo es Serbia». La Liga Europea de Natación (LEN) decidió no sancionar a Cavic más allá de no dejarle competir en más pruebas individuales de aquel campeonato, a pesar de que lucir símbolos políticos en un podio es una falta muy grave. Meses después, Cavic fue el rival de Michael Phelps en los 100 m mariposa de los Juegos de Pekín'08, y a punto estuvo de arruinar el cuento de hadas de las ocho medallas de oro de Phelps.

A rueda del COI, casi todas las organizaciones deportivas se han blindado para aislarse de presiones políticas o gubernamentales preservando de propaganda política sus áreas de competición. Sin ir más lejos, durante la Eurocopa de Fútbol de 2024 que ganó España, el defensa turco Merih Demiral fue suspendido dos partidos por la UEFA tras el partido de cuartos ante Austria por hacer con las manos el símbolo del Lobo Gris, un grupo ultranacionalista de Turquía. Pero esto no ha sido siempre así, ya que algunos futbolistas kosovares que se han nacionalizado suizos, tales como Xherdan Shaqiri o Granit Xhaka, este de procedencia albanokosovar, cuando le marcaron a Serbia en el Mundial 2018, lo celebraron con las manos juntas recreando el águila albanesa. Y no fueron sancionados.

EL BARÓN OLVIDADO

El 25 de noviembre de 1892, en el claustro de la Sorbona de París, Coubertin anunció su idea de restablecer los Juegos Olímpicos de la Antigüedad. La idea fue muy bien recibida, pero no fue apro-

---

34   Milorad Cavic fue medalla de plata en 100 m mariposa en Pekín'08.

bada. Para la época, era un proyecto de un coste y una envergadura excepcionales. Pero solo dos años después, en el mismo lugar, y costeando esta vez los gastos de la reunión de su propio bolsillo, Coubertin obtuvo un apoyo unánime. Se creó entonces el Comité Olímpico Internacional. Y con una gran astucia política, Coubertin se dio cuenta de que el primer presidente del COI tenía que ser griego. El elegido fue Demetrius Vikelas, quien ejerció de 1894 hasta el final de los JJ. OO. de Atenas 1896. Y entonces le sucedió el barón. Y se designó Atenas como primera sede. Ese fue otro acierto estratégico de Coubertin, a quien el corazón le pedía que los primeros Juegos fuesen en París, su ciudad. Pero era fundamental que Grecia acogiese el evento para dar credibilidad al restablecimiento de los Juegos. Y, además, consiguió el pleno apoyo social y económico de la familia real de Grecia. El rey Jorge I presidió los Juegos, y el príncipe heredero Constantino, el abuelo de la reina Sofía, fue el presidente del Comité Organizador. Hacer los JJ. OO. en Olimpia hubiese sido el deseo griego y del COI, pero a finales del s. XIX desplazarse por la península del Peloponeso era una entelequia.

Para el nacimiento de su idea, Pierre de Coubertin tomó nota de los Juegos Olímpicos de la villa medieval de Much Wenlock en Shropshire, entre el oeste de Inglaterra y Gales. Allí, un cirujano local llamado William Penny Brookes revivió la llama olímpica en 1850 con el objetivo de «promover la moral y mejorar física e intelectualmente a los habitantes del pueblo y del distrito de Wenlock, especialmente de las clases trabajadoras». Por cierto, que, reconociendo la importancia que tuvo la localidad de Wenlock en la historia olímpica, los organizadores de los Juegos de Londres'12 llamaron Wenlock a su mascota. Esta inspiración británica, que fundó la Sociedad Olímpica Wenlock, fue adoptada por el barón para crear los Juegos Olímpicos modernos. El 23 de junio de 1894, en la Sorbona de París, el barón dio el discurso fundacional del COI. Y la historia olímpica moderna se puso en marcha.

En la ceremonia de inauguración de Atenas 1896, Pierre de Coubertin pronunció las palabras que por siempre han sido el emblema olímpico: «Citius, Altius, Fortius» (más rápido, más alto, más fuerte). El lema olímpico no fue usado oficialmente hasta los Juegos de París 1924 y se atribuye al abad francés Henri Didon, sacerdote dominico, pionero del movimiento deportivo internacional.

Pero a pesar de lo importante que fue recuperar tres mil años después los Juegos Olímpicos, la figura del barón no genera unanimidad en su país. Poco antes de París'24 hubo una pequeña «polémica» alrededor de su figura. ¿Por qué Pierre de Coubertin no está enterrado en el Panteón, el lugar destinado a honrar a los grandes personajes que han marcado la historia de Francia? Parece ser que sus citas antisemitas y racistas, su postura en contra de la participación de las mujeres en el atletismo de los JJ. OO. y el estar a favor de los Juegos de Berlín 1936 son considerados ideales muy alejados de los de la República de Francia. Aunque no es menos cierto que, bajo su presidencia y desde París 1900, las mujeres accedieron por primera vez a los JJ. OO. Y que Coubertin no se desplazó a Berlín en 1936, a pesar de la invitación de Hitler.

Hay que decir que, a pesar de sus declaraciones y pensamientos controvertidos, y para mí totalmente equivocados, estos son de principios del s. XX y en aquella época fueron compartidos por muchos otros de su clase. Sin ir más lejos, durante los Juegos de Ámsterdam 1928, Henri de Baillet-Latour sugirió que se eliminasen los deportes femeninos de los JJ. OO. después que, tras cruzar la meta en la final de 800 m lisos femeninos, la mayoría de las participantes se desplomaran exhaustas en el suelo. En aquella época, las mujeres no tenían derecho al voto, se empezaba poco a poco a hablar de la emancipación, pero el movimiento feminista no había ni nacido. Y si Coubertin quería volver a los valores clásicos de los Juegos, en la antigua Olimpia, entonces solo participaban ciudadanos griegos, libres… ¡y hombres! Las mujeres como mucho podían ser propietarias de los caballos participantes.

Hoy día, y con razón, sería considerado un machista, un misógino, un racista xenófobo, un reaccionario…, pero también fue un visionario. Sus defensores argumentan que el barón tenía clara la vital importancia del deporte como vehículo de paz en el mundo. Consideraba básico en la educación de los jóvenes aunar arte y deporte, música y gimnasia. Y creía a pies juntillas que el deporte era importante por sí mismo, que era fundamental practicarlo más allá de los resultados: «Lo importante no es ganar, sino participar». Aunque la cita no fuese específicamente suya, siempre la tuvo a gala. De hecho, este axioma olímpico por excelencia nació en Londres 1908, cuando, el primer domingo de los JJ. OO., se ofició una ceremonia en la Catedral de St. Paul's. Y el obispo de Pensilvania Ethelbert Talbot pronunció unas palabras que han pasado a la historia: «Lo importante de estos JJ. OO. no es ganar, es participar. Como en la vida, lo esencial no es el triunfo, sino la manera de luchar. Lo esencial no es vencer, es hacerlo bien».

A pesar de los pesares, en los Juegos de París 2024 Coubertin no figuró en la narrativa oficial ni hay ningún estadio importante en la capital de Francia que lleve su nombre, aparte de un polideportivo municipal en el suroeste de la ciudad que se utilizó como sede de entrenamiento. Eso sí, cuando el 2 de abril de 1976 el astrónomo soviético Nikolai Stepánovich Chernyj, del observatorio astrofísico de Crimea, descubrió un nuevo asteroide en el cinturón entre las órbitas de Marte y Júpiter, no dudó en bautizarlo como 2190 Coubertin.

Supongo que teniendo en cuenta que, en cualquier otro país, la figura del inventor de los Juegos sería la de un ciudadano reconocido y condecorado, como pequeño desagravio, el 18 de junio inauguraron su estatua en el Museo de Cera Grevin de París. Esculpida por el artista alemán Claus Velte, el padre del olimpismo moderno fue inmortalizado a la edad de treinta y un años, la misma edad que tenía el 23 de junio de 1894 cuando fundó el COI durante la ya comentada ceremonia en la Universidad de la Sorbona. Por cierto, que desde entonces el 23 de junio ha sido designado como «Día Olímpico». Velte tardó casi seis meses en completar la estatua, con la ayuda de un solo fotógrafo y bajo el escrutinio de los miembros de la Asociación de la Familia Pierre de Coubertin, muy celosos de la figura histórica. Ahora, incluyendo esta estatua, la cuenta de lugares que llevan el nombre del barón asciende a poco más de seiscientos en Francia y solo unos cuarenta en el mundo. Muy pocos para su enorme legado.

En paralelo, en la Universidad de la Sorbona de París se hizo un homenaje para conmemorar el discurso del 23 de junio de

1894, pero las autoridades francesas le dieron la espalda por motivos ideológicos. No estuvieron ni la ministra de deportes, Amélie Oudéa-Castéra, ni la alcaldesa de París Anne Hidalgo, ni por supuesto el presidente Emmanuel Macron. En cambio, por invitación expresa de la asociación de la familia, presidida por su heredera Alexandra de Navacelle de Coubertin, sí que estuvieron la mayoría de los miembros del movimiento olímpico, reconocedores de la importancia de la figura[35]: el presidente del COI Thomas Bach[36], el presidente del Comité Organizador de París'24 (COJOP) Tony Estanguet[37], el presidente del Comité Olímpico francés David Lappartient, la princesa Charlene de Mónaco[38] o la actriz ganadora del Óscar Michelle Yeoh, elegida a finales de 2023 nuevo miembro del COI.

Pierre de Coubertin fue muchas cosas. Un humanista, un universalista. Escribió la Carta Olímpica en 1908 y tuvo la visión de las ceremonias de apertura y clausura. Diseñó los cinco anillos del emblema olímpico, que representan los cinco continentes habitados del planeta. Y sus seis colores, azul, amarillo, negro, verde, rojo y el fondo blanco, se escogieron porque todas las banderas nacionales tienen al menos uno de ellos. En su espíritu de expandir el deporte, y al contrario de lo que querían los griegos, que era que Atenas fuese sede permanente de los recuperados Juegos, Coubertin propuso que se rotaran por todo el mundo[39]. Y a su

---

35   En el COI se respeta tanto la figura del barón que desde 1997 se hace entrega de la medalla Pierre de Coubertin o medalla al espíritu deportivo. La medalla, hecha de oro, es una de las mayores distinciones y honores que se pueden recibir en el mundo olímpico.

36   Thomas Bach fue el noveno presidente de la historia del COI. Como deportista fue campeón olímpico de florete por equipos con Alemania en los Juegos de Montreal'76.

37   Tony Estanguet fue triple campeón olímpico de C1 de piragüismo en aguas bravas en Sídney'00, Atenas'04 y Londres'12.

38   Cuando la princesa de Mónaco era todavía Charlene Wittstock fue olímpica en Natación en Sídney'00, siendo quinta con el equipo sudafricano de relevos 4 x 100 m estilos.

39   Veintitrés países distintos han albergado los JJ. OO.: diecinueve en ediciones de verano (Grecia, Francia, EE. UU., Gran Bretaña, Suecia, Bélgica, Países Bajos, Alemania, Finlandia, Australia, Italia, Japón, México, Canadá, Rusia/URSS, Corea del Sur, España, China y Brasil) y cuatro más en ediciones de invierno (Suiza, Noruega, Austria y Bosnia-Herzegovina, que pertenecía todavía a

Comité tuvo el acierto de etiquetarlo como «internacional», ya que tenía que abarcar el mundo para que los Juegos perdurasen en el tiempo. Y, además, para que los Gobiernos no influyesen en el COI, sus miembros son cooptados. O sea, se llenan las vacantes que se producen en su seno mediante el voto entre sus integrantes. Los países no designan a los «cardenales olímpicos» y estos no representan a sus Estados, lo que asegura la neutralidad.

Pero es verdad que, sin saberlo, Pierre de Coubertin era una contradicción permanente en sí mismo, ya que alternaba frases como «el deshonor no consistirá en ser vencidos, sino en no luchar» o «el deporte une a las personas más allá de las fronteras y las diferencias», con auténticas barbaridades como «la presencia de las mujeres en los Juegos es poco interesante, antiestética e inapropiada». Está claro que Coubertin genera sentimientos encontrados. La dicotomía de lo que genera el barón sería como tener el corazón partido. Y, de hecho, Coubertin lo hizo real al dejar escrito en su testamento que quería que su corazón fuese enterrado en Olimpia y su cuerpo en Lausana, en la sede del COI.

UN PLANETA DEPORTIVO CONVULSO

Según la Geneva Academy of International Humanitarian Law and Human Rights, un organismo docente especializado en derecho Internacional, durante el año de los Juegos de París el mundo convivió con más de 110 conflictos armados. Y muchos afectaron al deporte. La guerra de Rusia y Ucrania, el conflicto Israel-Palestina, Oriente Próximo, los millones de refugiados, las relaciones diplomáticas Argelia-Marruecos o Armenia-Azerbaiyán alteraron el ecosistema deportivo.

<hr>

Yugoslavia cuando acogió los JJ. OO. de Sarajevo'84). Solo nueve países (Francia, Japón, China, Estados Unidos, Corea del Sur, URSS/Rusia, Canadá, Alemania e Italia) han albergado ediciones de ambos Juegos.

Pero al COI no le tiembla la mano cuando tiene que sancionar a países que quieran utilizar los Juegos en su propio beneficio. Sobre todo, no permite ninguna injerencia gubernamental en comités o federaciones nacionales, que son soberanos. Y penaliza duramente a los que no siguen las normas deportivas internacionales. Además de las sanciones a Rusia y Bielorrusia que merecen un capítulo aparte en este libro, el COI amenazó a Venezuela y Nigeria con no poder usar su bandera en competición y en la ceremonia de apertura de los JJ. OO. de París'24 por no conformidad de sus Gobiernos y sus agencias nacionales antidopaje con la Agencia Mundial Antidopaje (AMA). Y en los Juegos de Río'16, el COI suspendió al Comité Nacional de Kuwait debido a la aprobación en el país de leyes que permitían la interferencia directa del Gobierno en el deporte. Sus deportistas pudieron participar, sí, pero como neutrales[40].

Guatemala, por su parte, no recibió la carta de invitación para los JJ. OO. de París'24, puesto que estaban sancionados desde octubre de 2022 por la suspensión parcial de los estatutos del Comité Olímpico de Guatemala (COG). El 27 de febrero, el Comité derogó sus estatutos y veinticuatro federaciones nacionales advirtieron que la decisión era ilegal y podría generar una suspensión por parte del COI. De hecho, Jorge Rodas, presidente del COG, era un directivo no reconocido por Lausana y abandonó su cargo en marzo de 2024. Por dicha sanción, los guatemaltecos tuvieron que participar en los Juegos Panamericanos de Santiago de Chile 2023 y en los Juegos Centroamericanos y del Caribe de San Salvador 2023 sin himno ni colores ni bandera. Visto que se acercaba París, en febrero de 2024 el presidente de Guatemala Bernardo Arévalo, en persona, tuvo que viajar a Lausana para

---

40   Para Kuwait fue un gran castigo porque el tirador Fehaid al Deehani, oficial del Ejército kuwaití, ganó la medalla de oro en tiro en Río'16 en doble trap. Pero ni figura en el medallero ni ondeó su bandera ni sonó su himno. Fue el primer deportista de la historia en ganar un oro como atleta independiente. Y, además, otro kuwaití, Abdula al Rashidi, ganó también un bronce en *skeet*, que tampoco cuenta. En catorce participaciones en los JJ. OO. desde México'68, Kuwait solo ha ganado tres medallas «legales», y todas de bronce: el propio Fehaid al Deehani en Sídney'00 y Londres'12, y Abdula al Rashidi en Tokio'20.

visitar a Thomas Bach y «arreglar» el tema. Gracias a eso pudo sonar por vez primera en la historia de los Juegos Olímpicos el himno de Guatemala en honor de la primera campeona olímpica del país, la tiradora Adriana Ruano, oro en trap femenino.

Una de las injerencias políticas más sonadas antes de París'24 sucedió en Túnez. La AMA suspendió en abril a la Agencia Nacional Antidopaje del país por incumplimiento de su código internacional. Entre las sanciones, la bandera de Túnez no podría ondear en los campeonatos regionales, continentales o mundiales. En mayo, en el Open Masters de Natación de Túnez en Radès, acatando la sanción de la AMA, la bandera de Túnez fue cubierta. Al verlo, el presidente del país, Kaïs Saied montó en cólera, disolvió la junta directiva de la Federación de Natación, metió en la cárcel al presidente y al director general de la Agencia Nacional Antidoping y, en un gesto simbólico, izó personalmente la bandera y cantó el himno nacional en la piscina olímpica de Radès. Pero a pesar del orgullo presidencial, ¿qué tuvo que hacer el Gobierno tunecino para que sus deportistas fuesen a París con su bandera? Pues callar y acatar el código de la AMA. Y el 15 de mayo se les levantó la suspensión. Lo dicho. Sin dobleces ni fisuras.

DONALD TRUMP,
¿EL PRÓXIMO PROBLEMA OLÍMPICO?

En el nuevo ciclo olímpico 2024-2028, Estados Unidos organizará varias competiciones muy importantes, entre ellas el Mundial de Fútbol y los Juegos Olímpicos. Con su talante intervencionista y maximalista, la reelección de Donald Trump como presidente de Estados Unidos ¿puede ser el siguiente conflicto deportivo en ciernes? Vamos por partes.

Trump tiene una gran relación con la Federación Internacional de Fútbol (FIFA) y con su presidente Gianni Infantino. El 11 de febrero de 2025, el día en el que el hijo de Elon Musk[41], de nombre impronunciable, campaba a sus anchas por la Casa Blanca, Trump había colocado incluso una réplica de la Copa del Mundo en una mesa del despacho oval. Ya en el Foro Económico de Davos de 2020, Trump había calificado al presidente de la FIFA como «mi gran amigo». Incluso Infantino asistió el 20 de enero a Washington a la toma de posesión del nuevo presidente. Estados Unidos va a organizar en junio y julio de 2025 el Mundial de Clubes de Fútbol con su nuevo formato de treinta y dos equipos. Y, junto a Canadá y México, va a ser organizador del Mundial de Fútbol de 2026. Así que veremos en estos dos próximos años cómo afecta a la organización del Mundial el deseo de Trump de que Canadá sea el estado n.º 51 de Estados Unidos o las masivas deportaciones de inmigrantes ilegales de vuelta a México, Colombia, Guatemala o Venezuela prometidas en campaña.

En el lado totalmente opuesto a Infantino está el COI. Trump no tiene una gran relación con el Comité Olímpico Internacional. A diferencia del presidente de la FIFA, al que le faltó tiempo para felicitar a Trump en RR. SS. tras su reelección, el COI, en su línea de neutralidad política, no dijo nada tras la victoria de Trump ante Biden. Volviendo a la relación, sería más correcto precisar que Trump no tenía una buena relación no tanto con la institución como con el presidente Thomas Bach tras una visita «no muy agradable» del alemán a la Casa Blanca en junio de 2017. Lo cierto es que no se sabe exactamente qué pasó en esa visita. Porque no hubo fotos ni resumen de prensa. Parece ser que Trump fue despectivo con la concesión de los Juegos a París. Y solo fue años después, tras diversas filtraciones, que se constató lo sospechado: que la reunión fue fría y tensa. Incluso se dice que al salir del despacho oval se oyó a Bach en una conversación telefónica diciendo «recen por nuestro mundo». El hecho es que los Juegos de 2028 serán en Los Ángeles, pero Bach ya no estará porque no se pre-

---

41 Elon Musk, estadounidense de origen sudafricano, es un magnate, empresario y político, dueño entre otros negocios de SpaceX, Tesla y X, lo que antes era Twitter. Según la revista *Forbes*, es el hombre más rico del mundo. Y la mano derecha del presidente de Estados Unidos, Donald Trump.

sentó a la reelección en el marco de la 144.ª Sesión del COI, que discurrió del 18 al 21 de marzo de 2025 en Atenas[42]. Y la figura de la nueva presidenta Kristy Coventry[43], la primera mujer de la historia en presidir el COI, será fundamental en la relación. Coventry nació en Zimbabue, donde ha ejercido dos mandatos como ministra de Deportes. Pero su carrera universitaria la cursó en Estados Unidos, en la Universidad de Auburn, Alabama, y ese bagaje *yankee* la podría acercar a Trump.

Durante su campaña, Donald Trump ha sido muy beligerante con los deportistas transgénero. Su lema es «mantener a los hombres fuera de los deportes femeninos». Y su actitud contra las dos boxeadoras cisgénero, a las que llamó trans y que participaron en París'24, sobre todo contra la argelina Imane Khelif como se analiza en otro capítulo de este libro, estaban en contra totalmente de la doctrina promulgada por el COI que las consideraba totalmente aptas para competir. «Su participación es degradante contra las mujeres», declaró el entonces todavía candidato. El primer día de su segundo mandato, el 20 de enero de 2025, Trump emitió una orden que instruía al Gobierno federal a definir el sexo únicamente como masculino o femenino en documentos oficiales.

Dos semanas después, el 5 de febrero de 2025, Trump dio otra vuelta de tuerca para cumplir sus promesas electorales. En Washington y rodeado de jóvenes deportistas, firmó una orden ejecutiva para prohibir a las mujeres transgénero participar en los deportes femeninos. «A partir de ahora, el deporte femenino será solo para mujeres», declaró orgulloso. La orden se llama Keeping Men Out of Women Sports (mantengamos a los hombres fuera de los deportes femeninos). La orden fue recibida con oposición por Amnistía Internacional, que la ha denunciado como «otro ataque cruel contra las personas transgénero». Lo que Trump parece

---

42   Thomas Bach fue elegido presidente el 10 de septiembre de 2013, en la 125.ª Sesión del COI celebrada en Buenos Aires, para un mandato de ocho años. Y fue reelegido en 2021. El tope según la Carta Olímpica son doce años que se cumplieron en 2025.

43   Kirsty Coventry fue elegida en marzo de 2025 como la décima presidenta de la historia del COI. Como deportista ganó siete medallas olímpicas de natación, incluidas dos de oro en 200 m espalda en Atenas'04 y Pekín'08.

ignorar es que la participación de deportistas transgénero está permitida en los JJ. OO. Es cierto que desde 2021 algunas federaciones internacionales como la de atletismo, natación y *rugby* tienen sus propias reglas restrictivas al respecto. Pero en el resto de los deportes todavía tienen que definir una política clara. Y claramente este será uno de los caballos de batalla de la nueva presidenta del COI, Kirsty Coventry.

El pensamiento del presidente Trump va calando entre las atletas. De hecho, en la competición de florete femenino del torneo Cherry Blossom de la Universidad de Maryland, celebrada en abril de 2025, la descalificación de Stephanie Turner por negarse a competir contra Redmond Sullivan, una oponente transgénero, poniendo la rodilla en el suelo fue muy comentada en redes.

Será el turno ahora para el secretario de Estado Marco Rubio, quién tendrá que trasladar al COI el pensamiento de su presidente de «poner fin a la locura transgénero». En este 2025 no se puede saber cómo estas políticas afectarán a los JJ. OO. de Los Ángeles dentro de tres años. Porque ¿qué pasará cuando en 2028 vuelvan a participar Khelif y la taiwanesa Lin Yu-Ting? Khelif ya declaró en marzo de 2025 a la cadena británica ITV News que estará en LA'28 y que no se va a dejar intimidar por Trump. «Os voy a dar una respuesta directa —dijo—. El presidente de EE. UU. ha publicado un decreto relativo a los deportistas transgénero. Yo soy una mujer, así que este decreto no me concierne». Para el COI las dos boxeadoras son mujeres, pero a Trump le da igual, las cataloga como transgénero cuando no como hombres, y con la aplicación de las leyes federales del país no les daría visado de entrada. Ha avisado, además, que cualquier deportista transgénero que ingrese en el país para competir y no lo declare estará cometiendo un delito. Y aún más, ¿permitirá Trump la entrada en Estados Unidos de delegaciones o simples espectadores procedentes de países «no amigos» con los que tiene conflictos? Aunque Casey Wasserman, presidente del Comité Organizador de Los Ángeles 2028 (LAOCOG) se esforzó durante la sesión 144 del COI, celebrada en Grecia, en tranquilizar a los cardenales olímpicos de que no habrá problemas con los visados, el Gobierno estadounidense negó el acceso a Puerto Rico a la selección cubana de baloncesto que tenía que jugar un partido clasificatorio en el torneo de las Américas de la Federación Internacional de baloncesto (FIBA).

Veremos cuánto presiona Trump al Comité Olímpico Internacional. Aunque el COI no parece muy preocupado, ya que, como hemos dicho, tiene la sartén por el mango. El máximo órgano olímpico marca las reglas y no concede la organización de los Juegos a ninguna ciudad si antes no hay un reconocimiento por escrito de apoyo económico y gubernamental del Estado al proyecto. Y han dejado claro con ejemplos qué les sucede a los países cuando un Gobierno interviene en el ámbito deportivo. Thomas Bach recordó que la buena relación con la Administración Trump compete al Comité Organizador de los Juegos de Los Ángeles, no al COI que está para ayudar.

Pero no es menos cierto que antes de su marcha del COI, y en los días previos a la proclamación de Trump como presidente, Bach multiplicó los mensajes positivos. En una de sus últimas reuniones ejecutivas de 2024 en Lausana dijo: «El presidente electo Trump declaró repetidamente su apoyo a los Juegos, lo que nunca dudamos porque ha declarado este apoyo desde el principio. Así que, en este momento, estamos muy confiados y tranquilos». Y en enero de 2025, en una entrevista a la Agencia Alemana de Prensa (DPA) fue más allá al afirmar que «Trump lleva los deportes en el corazón». Trump sabe lo importante que es para la imagen del país la organización del Mundial y de los Juegos. Y, de hecho, al final de la quincena olímpica de París sacó pecho en varios *podcasts* recordando que esos dos eventos fueron adjudicados a Estados Unidos bajo su anterior presidencia.

El problema, y grave, sería que Trump dijese amén a todo y guardase sus verdaderas intenciones hasta el verano de 2028. Si en ese momento le echase un pulso al COI, algo que no ha pasado nunca en la historia olímpica, sería tarde para reasignar los Juegos. Veremos cuánto quiere presionar Trump.

LOS JUEGOS DE INVIERNO DE 2034, ¿EN SALT LAKE CITY?

Otra cosa es qué va a pasar con los Juegos de Invierno de 2034, concedidos a Salt Lake City. Cuando se firmó el acuerdo entre el COI, el Comité Nacional de Estados Unidos y el Gobierno del estado de Utah, se introdujo una cláusula de rescisión: si el Gobierno estadounidense no respetaba la autoridad de la AMA, el COI podía retirar los Juegos de 2034 a la capital mormona. ¿Y a qué viene esta prevención? Pues todo arranca de la previa de los Juegos de París que fue muy tensa en el tema *doping* por un posible positivo en 2021 de veintitrés nadadores chinos[44]. La denuncia la destaparon la cadena de TV pública alemana ARD y el periódico *The Times*. La AMA fue acusada de permisividad, al aceptar la tesis de la Agencia China Antidopaje, que decía que el positivo por trimetazidine[45] fue por contaminación tras una exposición accidental en el hotel donde los nadadores estaban alojados, ya que se encontraron restos de la sustancia en una campana de extracción de la cocina.

Empezaron las críticas y, cómo no, la Agencia Anti-Dopaje de Estados Unidos (USADA) fue la más beligerante. El entrenador australiano de natación que trabaja con la Federación china, Denis Cotterell, negó que se tratase de un *doping* de Estado. Pero el nadador australiano Mack Horton[46], que se negó a subir al podio del Mundial de Gwangju 2019 para hacerse una foto con el chino sancionado Sun Yang[47], dijo que el sistema le había fallado a los deportistas limpios. Las autoridades de Gran Bretaña y Australia

---

44   Entre ellos había seis medallistas de Tokio'20 incluidos los campeones olímpicos Zhang Yufei, Wang Shun y Yang Junxuan.

45   El trimetazidine es un medicamento contra la angina de pecho. También dio positivo por la misma sustancia la joven patinadora rusa Kamila Valieva durante los Juegos Olímpicos de Invierno de Pekín'22. Y posteriormente la n.º 1 del tenis, la polaca Iga Swiatek.

46   Mack Horton es campeón olímpico de natación de 400 m libres en Río'16 y medalla de bronce en el relevo 4 x 200 libres en Tokio'20.

47   Sun Yang, triple campeón olímpico de natación de 400 m y 1500 m en Londres'12 y de 200 m en Río'16, estuvo involucrado en un escabroso tema de dopaje.

pidieron a la AMA que iniciase una revisión independiente. Y, ante la indignación en el deporte mundial, Estados Unidos entró en el debate cuando el FBI abrió una investigación.

En junio, *The Times* detalló que al menos tres de los nadadores que aparecen como positivos en su primer relato eran reincidentes en 2016 y 2017. La AMA y las autoridades chinas arremetieron contra lo que han considerado una cobertura mediática «sensacionalista, inexacta, politizada y éticamente cuestionable». Por esas fechas, el movimiento Global Athlete[48] envió una carta abierta a la AMA manifestando su desconfianza en la organización y solicitando transparencia sobre las investigaciones realizadas en el caso de nadadores y las acciones que se deben tomar en el futuro para garantizar un marco de juego justo. La leyenda estadounidense de la natación Michael Phelps, acompañado de su compatriota Allison Schmitt[49], compareció ante una subcomisión del Congreso en Washington. Pidió al Congreso usar su influencia sobre la AMA para hacer que la organización sea de verdad independiente y eficaz. En julio de 2024, un informe independiente realizado por el investigador suizo Eric Cottier dijo que nada hace indicar que la AMA actuase con favoritismo respecto a los veintitrés nadadores. Y a pesar del ruido externo, los chinos participaron en París, «vigilados» muy de cerca por la Agencia Internacional de Controles (ITA), una agencia independiente encargada de realizar controles antidopaje para las federaciones internacionales.

Volviendo a Salt Lake City, el gobernador de Utah, Spencer Cox, reconoció que no tuvieron más remedio que firmar la cláusula de rescisión. «Esa era la única forma de garantizarnos la celebración de los Juegos», dijo Cox. Pero desde entonces, según el prestigioso periódico *The New York Times*, nadie parece haber hecho nada para cumplir las promesas. Y lo peor de todo es que la

---

48 Global Athlete es un movimiento internacional dirigido por deportistas que inspira y lidera el cambio positivo en el deporte mundial y que aborda colectivamente el desequilibrio de poder entre deportistas y administradores.

49 Allison Schmitt ha ganado diez medallas olímpicas. Fue campeona olímpica de 200 m libres en Londres'12 y poseedora de tres oros más en relevos.

Oficina de Política Nacional de Control de Drogas (ONDCP) de la Casa Blanca informó a la agencia Reuters que iban a retener el pago de las cuotas[50] a la AMA de 2024 hasta que esta aceptase una auditoría independiente de sus operaciones. Algo que no quiere aceptar ni permite el COI. Veremos dónde acaban los Juegos de Invierno de 2034 y si este asunto «salpica» también a LA'28, que no firmó ninguna cláusula.

Y lo peor de todo es que la confianza en la AMA ha ido a peor en 2025. La decisión de suspender solo tres meses al n.º 1 del tenis mundial, el italiano Jannik Sinner, tras dar dos veces positivo por clostebol[51] en 2024, ha levantado muchas ampollas. Sinner ha pasado de hacer frente a una posible sanción de dos años a una de tres meses tras reconocer ante la AMA una responsabilidad parcial. Y la sanción impuesta, del 9 de febrero al 4 de mayo, fue «a la carta», ya que este periodo era el deseado por el tenista para no perderse ningún torneo importante.

Eso provocó que un referente deportivo como Novak Djokovic[52] dijese que el sistema no es «justo» y que hay «favoritismo» respecto a los jugadores con mejor *ranking*. El suizo Stan Wawrinka[53], triple ganador de Grand Slam, fue aún más lejos al afirmar: «Ya no creo en un deporte limpio». Aunque Ross Wenzel, asesor de la AMA, cree que la ciencia ha demostrado que Sinner no se dopó intencionadamente, la polémica alrededor del italiano

---

50 Aunque la AMA es una agencia independiente, su presupuesto se sufraga en un 50 % gracias a la aportación del COI y el resto lo aportan los países, siendo Estados Unidos es el que más colabora.

51 El clostebol es un esteroide anabolizante que mejora el rendimiento deportivo. En el caso de Sinner, el tenista italiano alegó que la mínima cantidad de clostebol detectada en su orina había entrado en su organismo por culpa de su fisioterapeuta. Parece ser que este le dio un masaje después de haberse tratado una herida con una crema que contenía el producto.

52 En París'24, Novak Djokovic fue por fin campeón olímpico de tenis. A pesar de que es el jugador con mayor número de Grand Slams de tenis de la historia, su verdadero objetivo en 2024 era ser campeón olímpico. Se trataba de «corregir la anomalía» de no haber ganado nunca el oro olímpico en cuatro participaciones; hasta entonces, solo había ganado la medalla de bronce en individuales en Pekín'08. En la final de París'24 batió al español Carlos Alcaraz.

53 Stan Wawrinka ganó el oro en dobles de tenis en Pekín'08 junto a Roger Federer.

ha vuelto a encender la brasa del caso de Iga Swiatek[54]. La polaca, también n.º 1 del tenis como Sinner, aceptó una sanción de un mes a finales de 2024 tras dar positivo por trimetazidine, sanción considerada como muy leve por los tenistas.

EL BLANQUEO DEPORTIVO

En cualquiera de las listas sobre violación de los derechos humanos, que increíblemente año tras año van en aumento a pesar de estar en el s. XXI, aparecen regularmente los mismos países: Siria, Sudán, Congo, Pakistán, Somalia, Afganistán, Irak, Myanmar, Yemen o Nigeria. En esos territorios están en juego la libertad de expresión, los derechos de las mujeres y las niñas, de los migrantes, de los homosexuales, hay pena de muerte, se aplican torturas, hay persecuciones étnicas, religiosas, etc.

Pero, aunque esta realidad debería ser escandalosa a ojos de la comunidad internacional y no permitirla, desde el punto de vista deportivo no afecta en absoluto. El COI controla a sus comités nacionales respectivos y les impone sus reglas, al margen de las políticas de sus países, si quieren participar en «sus» Juegos. Pero lo más preocupante es que en esa lista también aparecen regularmente, aunque no en el top 10, varios países de Oriente Próximo, que desde el punto de vista deportivo sí son actores estratégicos deportivos, como Emiratos Árabes, Arabia Saudí y Catar.

En estos países las libertades están igual de cuestionadas que en los anteriormente nombrados. Y, por tanto, estos países también son denunciados por Amnistía Internacional, buena parte de las ONG mundiales y todos los observatorios independientes. Pero desde hace tiempo tienen claro que su línea estratégica para defenderse de todas las denuncias por violación sistemática de los derechos humanos más fundamentales es potenciar el deporte en sus territorios. Para dar a conocer sus bondades y blanquear sus políticas, Catar y Arabia Saudí optan por pagarlo todo y por que-

---

54   Iga Swiatek ganó la medalla de plata de tenis en París'24.

rer organizarlo todo. Hablo de blanqueo deportivo o *sportwashing,* como dicen los anglosajones, porque en estos países el listado de eventos que organizan y los petrodólares que invierten para traer grandes estrellas no para de crecer, mientras que el listado en avances en derechos humanos no mejora en la misma proporción.

PETRODÓLARES DE ARABIA SAUDÍ

Arabia Saudí fue el último país en incorporar mujeres a sus equipos olímpicos. Las primeras mujeres saudíes en competir en unos JJ. OO. lo hicieron en Londres'12 y fueron dos. Sarah al-Attar, tocada con su hiyab, el velo que cubre la cabeza y el pecho de las mujeres musulmanas y que cumplía con la *sharía,* la ley islámica, fue última en su serie de 800 m, pero se llevó la ovación del estadio. Y Wojdan Ali Seraj Abdulrahim Shahrkhani compitió en judo con un hiyab específico como si fuese una gorra.

A Río ya enviaron a cuatro mujeres: las atletas Sarah al-Attar, que repetía, y Kariman Abuljadayel, la tiradora Lubna al-Omair y la judoca Wujud Fahmi. Pero en los siguientes Juegos, en lugar de aumentar el número, lo volvieron a reducir. A Tokio solo fueron dos, la judoca Tahani al-Qahtani y la velocista Yasmeen al-Dabbagh, quien fue abanderada, en un intento de mostrar normalidad con la participación femenina.

Y a París otra vez fueron solo dos mujeres, la taekwondista Dunya Ali M Abutaleb, abanderada de la delegación, y la joven nadadora de diecisiete años Mashael Meshari A Alayed. Durante el torneo, Dunya se enfrentó en primera ronda a la israelí Abishag Semberg[55]. El momento, que podía ser significativo por las contundentes denuncias de Arabia Saudí al «genocidio israelí en Gaza», no generó más controversia que los ruidosos ánimos de las dos hinchadas en la grada. Dunya Ali, de veintisiete años, representaba a un país en el que catorce años atrás tuvo que entrenarse en casa porque ya no podía ir más al club de los chicos al que llevaba yendo cinco años. Y Mashael Meshari A Alayed compitió en 200

---

55   Abishag Semberg fue medalla de plata de taekwondo en -49 kg en Tokio'20.

m libres y cayó en primera ronda. La princesa Reema bin Bandar al Saud, embajadora en EE. UU. y miembro del Comité Olímpico Internacional, saludó en RR. SS. la participación de la nadadora como un paso adelante del deporte femenino en el reino saudí.

En Arabia Saudí, el deporte se ha convertido en una de las grandes líneas estratégicas del príncipe heredero, Mohammed bin Salman, a través de una estrategia llamada «Visión 2030». Han potenciado la liga de fútbol con fichajes como los de Cristiano Ronaldo, Neymar Jr.[56] o Benzema. Han comprado el Newcastle de la Premier inglesa. Van a organizar la Copa de Asia de Fútbol de 2027. Han creado el circuito LIV Golf en el que juega Jon Rahm entre otros. Han nombrado embajador de tenis a Rafa Nadal. Organizarán los Juegos Asiáticos en 2034. Y sobre todo no pierden oportunidad de celebrar todo tipo de acontecimientos como la Supercopa de Fútbol de España en Yeda o la de Italia en Riad, mundiales de boxeo[57], las finales del Next Gen de tenis hasta 2027, el Six Kings Slam[58] de tenis, el GP de Yeda de F1 o el Rally Dakar. Están interesados en un GP de MotoGP, un Masters 1000 de tenis que abra la temporada en 2027 y la próxima edición de la Copa América de vela. Y en el libro de ruta está una superliga de ciclismo y una liga mundial de boxeo de acuerdo con la Ultimate Fighting Championship (UFC), la mayor empresa de artes marciales mixtas (MMA) del mundo.

Todo esto con un objetivo: que al hablarse de Arabia Saudí en el mundo solo se mencionen cosas positivas. Y para eso falta el remate, la cereza del pastel. De momento, el Mundial de Fútbol ya les ha sido otorgado por Infantino & Cia para 2034 con sedes en la capital Riad, Yeda en el mar Rojo, Al Khobar, Abha y NEOM,

---

56   Neymar Jr. fue campeón olímpico de fútbol en Río'16 y medalla de plata en Londres'12. Solo jugó una temporada en la liga saudí.

57   Arabia Saudí ha organizado los dos últimos combates por el título mundial de los pesos pesados de boxeo entre Oleksandr Usyk y Tyson Fury, además del Joshua-Ruiz 2 y el Bivol-Beterbiev, entre otros. Y no contento con eso, Turki al-Sheik, responsable de la autoridad saudí de la diversión, ha comprado por diez millones de dólares la cabecera de la más prestigiosa revista de boxeo de la historia, *The Ring*, la Biblia del boxeo.

58   El italiano Jannik Sinner, ganador de este primer torneo amistoso, se llevó más de seis millones de dólares de premio.

una megaciudad futurista con un presupuesto de 500 billones de dólares y que se está construyendo en medio del desierto. Las fechas del Mundial no han sido confirmadas todavía, pero, como en la edición de Catar 2022, las altas temperaturas en junio y julio seguramente aconsejarán que el torneo se juegue en noviembre-diciembre. Por cierto, que el Gobierno saudí ya ha avisado que, como en Catar, no se venderá alcohol ni en los campos ni en los hoteles y *fanzones*.

Y conseguido el Mundial, claramente el siguiente objetivo son los Juegos Olímpicos de Verano. Arabia Saudí se postula con fuerza y dinero para los de 2036. Como antesala, desde 2025 y durante doce años, la capital Riad fue designada por el COI sede de los nuevos Juegos Olímpicos de los *e-sports*[59]. Y cuidado que la ambición es máxima y que no nos sorprendan pidiendo los Juegos de Invierno de 2038 también. Porque NEOM tendrá un complejo permanente de deportes invernales llamado Trojena. Y ya ha sido designado sede de ¡los Juegos Asiáticos de Invierno de 2029! Será la primera vez que un país de Asia occidental organice una competición invernal.

Las mayores críticas a la política deportiva saudí vienen desde el deporte femenino. Arabia Saudí opta a la organización del Mundial femenino de Fútbol de 2035. Y ARAMCO, la principal petrolera saudí, y que ya estaba en el mundo del deporte al ser el *sponsor* principal del equipo de F1 Aston Martin en el que corre Fernando Alonso, se ha convertido en socio mundial principal de la FIFA para el Mundial masculino 2026 en Estados Unidos, Canadá y México y para el femenino de 2027 en Brasil. Nada más conocerse la noticia del acuerdo con ARAMCO en octubre de 2024, ciento seis jugadoras de veinticuatro países mandaron una carta a la FIFA considerando este acuerdo como «una pei-

---

59 A pesar de que el COI había nombrado a Zeynep Gencaga Dechelotte como directora adjunta de Deportes Electrónicos, en febrero de 2025 se anunció que los Juegos Olímpicos de los *e-sports* se posponían hasta 2027. Adaptar los *e-sports* a los principios olímpicos ha sido más complejo de lo que se esperaba, ya que muchos de los juegos más populares entre los jóvenes como *Valorant*, *League of Legends*, *Call of Duty* o *Fortnite*, colisionan con la política olímpica de no promover la violencia ni la discriminación.

neta al fútbol femenino». En la carta se dice que las violaciones de los derechos humanos en Arabia Saudí, particularmente contra las mujeres y los miembros de la comunidad LGTBIQ+, van en contra de los valores deportivos de igualdad e inclusión. La carta enfatiza que en un país que considera la homosexualidad como un delito «muchas de las heroínas de nuestro deporte que han expresado su orientación sexual» corren un riesgo particular.

En la carta, las jugadoras también señalaron su preocupación por el impacto ambiental de ARAMCO, el mayor productor de petróleo del mundo. «Una empresa que tiene una responsabilidad evidente en la crisis climática y que es propiedad de un Estado que criminaliza a las personas LGTBIQ+ y que oprime sistemáticamente a las mujeres no tiene derecho a patrocinar nuestro hermoso deporte». «Queremos que todos los habitantes de Arabia Saudí, incluidas las mujeres y las niñas, tengan acceso al deporte y disfruten de él», cerraba la carta.

En el mundo del tenis femenino, las jugadoras no fueron tan beligerantes. En noviembre de 2024 se celebraron en Riad las finales femeninas del circuito de tenis WTA. La rusa Daria Kasatkina, que se declaró homosexual, dijo que había recibido garantías de seguridad por parte de Arabia Saudí para poder participar en la Copa de maestras. Kasatkina era suplente para el torneo, pero al final entró por Jessica Pegula. Por su parte, la estadounidense Coco Gauff[60], ganadora del torneo, comentó tras jugar en Riad:

> Te mentiría si dijera que no tengo reservas (…) Obviamente, soy muy consciente de la situación de los derechos humanos aquí en Arabia Saudí. Mi opinión es que el deporte puede ser una manera de abrir puertas a la gente (…) Creo que, para querer cambios, tienes que ver las cosas por ti misma.

---

60   Coco Gauff, abanderada de EE. UU. en la ceremonia de apertura de París'24, cayó eliminada en tercera ronda de los individuales de tenis femeninos ante la croata Donna Vekic. Y fue eliminada en dobles femeninos haciendo pareja con Jessica Pegula. Acabados los JJ. OO., se supo que Coco fue la deportista mejor pagada del mundo en 2024 con treinta millones de dólares en ganancias, de los cuales solo el treinta y tres por ciento provenían de premios del deporte.

Por su parte, la bielorrusa Aryna Sabalenka dijo que no tenía ningún problema en jugar donde fuese.

CATAR Y SU MUNDIAL

Durante años, Catar y Arabia Saudí rompieron todo tipo de relaciones diplomáticas. Pero, aun así, a la hora de usar el deporte en su beneficio, son primos hermanos. El emir Tamim bin Hamad Al Thani vio mucho tiempo antes que el resto las virtudes y posibilidades estratégicas que producía organizar deportes. Su primer movimiento fue comprar en 2011 el PSG, que es propiedad del fondo soberano de Catar, Qatar Sports Investments (QSI).

En los últimos años se han celebrado en la capital Doha o en el país importantes eventos deportivos:

- Mundial de Natación en Piscina Corta en 2014
- Mundial de Balonmano masculino en 2015
- Mundial de Ciclismo en Ruta en 2016
- Mundial de Gimnasia Artística en 2018
- Mundial de Atletismo en 2019
- Mundial de Fútbol en 2022
- Mundial de Natación en 2024.

Y organizan un GP de MotoGP desde 2004, un GP de F1 desde 2021 y organizarán los Juegos Asiáticos de 2030. En diciembre de 2024 albergaron la Copa Intercontinental de Fútbol entre el Real Madrid y el Pachuca, y la Supercopa de Francia. Catar tendrá, además, una participación mínima del equipo de F1 que saldrá de la compra de Sauber por Audi en 2025. El fondo soberano catarí tiene el 17 % de Volkswagen. La compañía aérea local Qatar Airways ya es *sponsor* mayor de la F1 y lo fue durante un tiempo del FC Barcelona. Y están en contacto con la NBA para poder tener una franquicia europea, después que, en marzo de 2025, la liga estadounidense anunciase su desembarco en Europa. Solo les falta, como a sus vecinos saudíes, los Juegos Olímpicos. Y optan como ellos a los de 2036.

Catar acabó orgulloso de su Mundial de Fútbol 2022 que ganó Argentina. Pero en realidad recibieron muchas críticas sobre la integridad de los trabajadores que construyeron los estadios entre 2010 y 2022, la mayoría de ellos inmigrantes[61]. Muertes, lesiones, enfermedades, salarios no pagados durante meses e importantes deudas a las que tuvieron que hacer frente los trabajadores y sus familias para devolver las tasas pagadas para obtener trabajo en Catar es el legado del Mundial según informó la televisión pública británica BBC.

En 2021 se reveló que 6500 trabajadores inmigrantes de India, Pakistán, Nepal, Bangladesh y Sri Lanka habían muerto en Catar desde 2010. El Gobierno catarí alegó que no todas las muertes estaban vinculadas al trabajo en proyectos relacionados con la Copa Mundial. Los organizadores del evento dijeron que la cifra de muertos era de «entre 400 y 500». Finalmente, la subcomisión de Derechos Humanos y Responsabilidad Social de la FIFA concluyó un informe por el cual argumentan que la FIFA tiene la responsabilidad de contribuir a la indemnización de los trabajadores afectados por el torneo, máxime teniendo en cuenta que los beneficios de la competición alcanzaron un récord de más de 7000 millones de dólares. Pero a finales de noviembre de 2024, FIFA publicó un informe sobre el legado del Mundial en el que hace caso omiso de la recomendación de su Comité de compensar a las familias por las pérdidas humanas. En su lugar estableció un «fondo de legado» de casi cincuenta millones de euros, cifra muy alejada de la cantidad que habría que afrontar por las indemnizaciones.

EL RESTO DEL MUNDO ÁRABE

Los Emiratos Árabes, sin hacer tanto ruido, también se van posicionando en el mundo del deporte, sobre todo en la capital Abu Dabi. Desde 2009 celebran ahí el GP de F1 en el Circuito de Yas Marina. Organizan muchas veladas de la UFC. El Manchester City es propiedad del fondo soberano de Abu Dabi. Tienen el equipo

---

61   La población de Catar está estimada en casi tres millones de habitantes, de los cuales el 80 % son inmigrantes. Catar es el segundo país con más porcentaje de inmigrantes del mundo tras Emiratos.

ciclista UAE, en el que corre Tadej Pogacar[62]. La NBA juega cada mes de octubre en Abu Dabi un partido deslocalizado de la liga regular. Y Abu Dabi organiza la final de la SailGP, la F1 del mar y la Final-Four de la Euroliga de Baloncesto en 2025. Querían tener también una franquicia de la máxima competición europea de baloncesto en Dubái, pero no se la concedieron.

Y si esto no fuese poco, para demostrar el poderío de los Emiratos, desde 2025 Abu Dabi acoge una prueba de la Copa del Mundo de… ¡surf! Una ola artificial creada en una piscina de más de 700 metros de largo en la isla de Hudayriyat y diseñada por la leyenda Kelly Slater, once veces campeón del mundo de surf, será durante tres años la sede de la segunda manga de la World Surf League (WSL). Los Emiratos se posicionan así en un deporte del que algunos observadores dicen que tiene un futuro lejos del océano. Y Catar y Arabia Saudí pueden ser los próximos en construir este tipo de instalaciones. Pero las críticas arrecian. Por un lado, por el impacto ecológico de una obra tan faraónica. De hecho, no se sabe el consumo de agua y de energía usados para crear esta piscina artificial de cincuenta y un millones de metros cuadrados. Todo lo que sabemos es que la ola fue diseñada utilizando agua salada. Y, por otro lado, la ya mencionada crítica a la falta de derechos de la comunidad LGTBIQ+ en los países árabes. En este caso la que se manifestó fue la australiana Lilli Baker-Wright, pareja de la doble campeona del mundo de surf en 2016 y 2017, Tyler Wright.

> La homosexualidad de Tyler no debería ser una carga ni un obstáculo en su lugar de trabajo. Mi esposa puede ser legalmente condenada a muerte o enviada a prisión. La WSL tiene el deber de cuidar a sus deportistas y no exponerlos a circunstancias potencialmente peligrosas como esta.

Estas declaraciones las publicó la australiana en sus RR. SS. antes del evento refiriéndose al hecho que en los Emiratos la homosexualidad es un delito penado con hasta catorce años de

---

62   Tadej Pogacar fue medalla de bronce de ciclismo en carretera en Tokio'20.

cárcel. Antes de desplazarse a Abu Dabi, Tyler recibió garantías sobre su seguridad y, como siempre, surfeó con la bandera arcoíris cosida en su neopreno.

Desde 2004, Baréin también tiene un GP de F1 en la capital Manama. Pero en el llamado «Emirato pobre», el deporte y los Juegos suenan de otra manera. En 2016 hubo mucha controversia porque el 80 % del equipo de Río era no nacido en el país. Y de las ocho medallas conseguidas en once ediciones de los Juegos, de LA'84 a París'24, todas han sido ganadas por deportistas nacionalizados.

En París, los bareinís ganaron cuatro medallas: dos de oro, una de plata y una de bronce.

- Winfred Yavi, oro en los 3000 m obstáculos. Nacida en Kenia.

- Akhmed Tazhudinov, oro en lucha 97 kg. El abanderado de la clausura nació en Daguestán, Rusia, y se nacionalizó en otoño de 2022.

- Salwa Eid Naser, plata en 400 m. Nacida en Nigeria.

- Gor Minasyan, bronce en halterofilia +102 kg. Nació en Armenia, país con el que ganó la medalla de plata de halterofilia en -105 kg de Río'16. Pero el COI le concedió el cambio de nacionalidad en su último Comité Ejecutivo, lo mismo que al halterófilo colombiano Lesman Paredes Montano, sexto en París'24 en 102 kg.

Y tres cuartos de lo mismo para las otras cuatro medallas de la historia bareiní, todas de atletismo y obtenidas por mujeres. Las ganaron Maryam Yusuf Yamal, oro en 1500 m en Londres'12 y nacida en Etiopía; Ruth Jebet, oro en 3000 m obstáculos en Río'16 y nacida en Kenia; Eunice Jepkirui Kirwa, plata en maratón en Río'16 y nacida en Kenia; y Kalkidan Gezahegne, plata en 10 000 m en Tokio'20 y nacida en Etiopía.

Por cierto, que un bareiní ganó otra medalla de oro. Fue el marroquí de nacimiento Rashid Ramzi en 1500 m en Pekín'08. Pero se la quitaron por positivo por EPO Cera[63].

---

63   La eritropoyetina o EPO aumenta los glóbulos rojos y con ello la cantidad

LA SANCIÓN A RUSIA

El Comité Nacional Olímpico de Rusia fue sancionado por el COI por el ataque militar ruso a Ucrania el 24 de febrero de 2022, justo entre el final de los JJ. OO. de Invierno de Pekín y el inicio de sus Juegos Paralímpicos (JJ. PP.), violando así la Tregua Olímpica votada en la ONU. Ese fue el motivo real por el cual Rusia y su aliado Bielorrusia no pudieron competir con delegación propia en los Juegos de París. Hay que dejarlo claro porque mucha gente lo confunde con lo sucedido en los anteriores Juegos[64], cuando Rusia no pudo participar bajo sus siglas y lo hizo bajo las del Comité Olímpico Ruso (ROC). Aquello respondía a una sanción por *doping* de Estado generalizado, algo sospechado ampliamente, pero solo confirmado sin sombra de duda tras la declaración en 2016 de Grigori Rodchenkov[65].

La sanción a Rusia y Bielorrusia para los JJ. OO. de París no tuvo marcha atrás el 5 de octubre de 2023 cuando los rusos inclu-

---

de oxígeno que llega a los músculos. Esto permite un mejor rendimiento del deportista en actividades de ejercicio aeróbico. En ejercicios de larga duración, disminuye la frecuencia cardíaca y aumenta el tiempo de agotamiento, es decir, el deportista tarda más en cansarse. Cera es la tercera generación de la EPO, dura más y es más difícil de detectar.

64   En los Juegos de Verano de Río'16 y Tokio'20, y en los de Invierno de Pyeongchang'18 y Pekín'22, se autorizó a competir, en calidad de Atletas Neutrales Independientes, sin bandera ni himno, a los deportistas rusos que hubiesen demostrado, por medio de controles efectuados fuera de Rusia, su inocencia ajena al sistema.

65   Grigori Rodchenkov fue director del laboratorio antidopaje de Moscú, huido a EE. UU., y que contó cómo se utilizaron todos los recursos del Estado para dopar y encubrir a los deportistas rusos en los Juegos Olímpicos de Invierno de Sochi 2014, en los que Rusia lideró el medallero. La declaración de Rodchenkov corroboraba que Rusia había heredado, y mejorado, las prácticas dopantes sistemáticas de la URSS. Estas prácticas ya fueron denunciadas por un reportaje de la televisión alemana ARD en 2014 llamado *Dopaje confidencial: cómo Rusia fabrica a sus campeones*. En él, la atleta rusa Yuliya Stepanova, considerada la primera «garganta profunda» de todo este escándalo, y su marido Vitali, extrabajador de la Agencia Rusa Antidopaje, destapaban las prácticas del Estado ruso. Tuvieron que huir del país y vivir escondidos. Vitali aportó más de quince horas de grabación oculta a Rodchenkov, que dio paso al Informe McLaren, un informe independiente encargado por la AMA al catedrático de derecho canadiense Richard McLaren y que condujo a la sanción a Rusia.

yeron entre sus miembros a las organizaciones deportivas regionales que están bajo la autoridad del Comité Olímpico Nacional de Ucrania, Donetsk, Jersón, Lugansk y Zaporiyia, lo que suponía una violación de la Carta Olímpica. Así pues, el único camino de rusos y bielorrusos para estar en París era hacerlo como Atletas Individuales Neutrales (AIN). Solo deportistas, nunca como equipos. Y bastante bien les fue, puesto que había miembros del COI y representantes de federaciones internacionales que no los querían en los Juegos de ninguna de las maneras.

ATLETAS INDIVIDUALES NEUTRALES

La figura del Atleta Individual no es nueva en la historia de los Juegos. En los últimos treinta años, a medida que la geografía del mundo ha ido cambiando, encontramos varios precedentes:

- Serbia y Montenegro compitieron en BCN'92 como Atletas Olímpicos Independientes y solo en deportes individuales. Y cuando entraban al estadio o ganaban medalla, usaban la bandera y el himno del COI.

- También en los Juegos de BCN'92, aunque no fuese bajo las siglas AIN, los deportistas de la extinta URSS compitieron como Equipo Unificado (CEI). Aunque cuando algún deportista del equipo subía al podio, y pasó muchas veces porque la CEI fue líder del medallero de BCN'92 con ciento doce medallas, cuarenta y cinco de ellas de oro, se izaba la bandera de su nuevo país. Hasta doce nuevas repúblicas aparecieron en Barcelona.

- En los JJ. OO. de Sídney'00, cuatro deportistas de Timor Oriental, país conocido oficialmente como República Democrática de Timor-Leste, compitieron como independientes. Y es que el COI no reconoció su Comité Nacional Olímpico hasta 2003, un año después de independizarse de Indonesia.

- En 2011, se disolvió el Comité de Antillas Neerlandesas. Y tres deportistas de ese país, más uno de Sudán del Sur, compitieron como Equipo Neutral en los JJ. OO. de Londres'12.

– Y en Río'16, nueve deportistas de Kuwait compitieron bajo la bandera olímpica, pues su Comité Nacional fue suspendido por el COI debido a injerencias gubernamentales.

Para la participación de los Atletas Individuales Neutrales de Rusia y Bielorrusia en París, se diseñó una bandera de fondo verde manzana con el anagrama AIN, y un himno nuevo, corto y sin letra. Y sus medallas no figuraron en el medallero. Algo parecido había sucedido con el equipo del ROC en Tokio y Pekín, cuando en la ceremonia de entrega de medallas, les ponían el Concierto para piano y orquesta n.º 1 de Chaikovski. Entonces, ellos quisieron usar la canción *Katyusha*, una canción patriótica usada en los desfiles militares. *Katyusha* se hizo muy popular durante la Segunda Guerra Mundial, ya que hablaba de una chica que añoraba a su amado y que estaba en el servicio militar. Posteriormente, *Katyusha* fue el nombre que se puso a un lanzacohetes. Claramente la petición fue desestimada por el COI.

Todavía una vuelta más de tuerca del COI el 19 de marzo de 2024. Ese día, su comisión ejecutiva anunció que prohibía a los deportistas rusos y bielorrusos desfilar en la apertura de los Juegos de París. Los deportistas AIN no estaban invitados a la gran parada náutica, pero, si querían, podían asistir como espectadores al espectáculo de la plaza de Trocadero. Eso sí, durante los JJ. OO. se informó que, en cambio, sí podrían estar en la ceremonia de clausura. El COI consideraba que en la apertura se desfila representando a tu país, prohibido para rusos y bielorrusos, mientras que la clausura es una fiesta de los deportistas.

CRITERIOS DE ELEGIBILIDAD

Por supuesto, Rusia recurrió la decisión de todas las maneras posibles y llegó hasta la más alta instancia del arbitraje deportivo internacional, el Tribunal de Arbitraje del Deporte (TAS). El 23 de febrero de 2024, el organismo con sede en Lausana confirmó la sanción al Comité Ruso. Desde el Kremlin lo consideraron «una discriminación sin precedentes contra sus deportistas que tendrán que ser sometidos a criterios humillantes para participar». Pero, a pesar de no estar contentos con las restricciones, el ministro ruso de deportes, Oleg Matytsin, confirmó en marzo que no habría boicot a París. Por su parte, Bielorrusia nunca se manifestó sobre su participación o no en los Juegos. Pero en mayo, su presidente Aleksandr Lukashenko «luciendo sus mejores galas verbales», lo dejó claro. Dirigiéndose a sus deportistas, les dijo: «Si eliges ir allí, bajo el estatus de neutral, machaca a los rivales para demostrarles que eres un auténtico bielorruso». Un apunte para conocer al personaje Lukashenko. La atleta bielorrusa Krystsina Tsimanouskaya se escapó en los JJ. OO. de Tokio a través de la embajada de Polonia, con la ayuda del COI, porque había osado criticar al presidente de su país. Y si volvía a Bielorrusia, iría a la cárcel. Krystsina estuvo en los Juegos de París, pero ya representando a Polonia, su nueva nacionalidad.

Llegados a este punto, había que designar a los deportistas que viajarían a París. Y los criterios «humillantes» de selección a los que se refería Matytsin para ser seleccionados eran estos:

- No podrían participar deportistas que apoyasen o hubiesen apoyado la guerra.

- No podrían participar los deportistas que perteneciesen al ejército o a las agencias de seguridad rusas o bielorrusas.

- Y, por último, para participar, deberían superar un test de neutralidad por parte de una comisión independiente.

A pesar de las normas del COI, la participación dependía de las federaciones: la de atletismo no permitió la presencia de ningún atleta bajo ninguna premisa; la de remo, por ejemplo, solo aceptaba presencia en la modalidad de *skiff* y de dos sin timonel; no hubo ningún ruso en el torneo de clasificación olímpica de esgrima de Luxemburgo en abril[66]; y los taekwondistas, luchadores y gimnastas rusos decidieron renunciar… De hecho, en abril, la Federación Internacional de Lucha, sin esperar doctrina, ya había excluido del preolímpico europeo de Bakú a Abdulrashid

---

66 Sin acudir al Preolímpico, no había posibilidad de que hubiese tiradores rusos en París. A modo de ejemplo de la pérdida deportiva que eso podía significar, hay que decir que el ROC fue el líder del medallero de esgrima en Tokio'20 con ocho medallas: tres oros, cuatro platas y un bronce.

Sadulaev[67] por su apoyo a la guerra y por ser miembro del Dínamo de Moscú, considerado el equipo del Ministerio del Interior ruso.

Una comisión independiente examinó cada caso, deportista por deportista, para ver si se cumplía el criterio de neutralidad. La comisión tenía tres miembros. La presidía Nicole Hoevertsz, vicepresidenta del COI y exnadadora olímpica de sincronizada de Aruba. Y contaba con el español Pau Gasol[68], miembro de la Comisión de ética del COI y triple medallista olímpico de baloncesto y con el surcoreano Ryu Seung Min[69], miembro de la Comisión de Atletas del COI y, desde enero de 2025, presidente del Comité Olímpico de Corea del Sur (KSOC). La dificultad estaba en descubrir a los deportistas que habían dado apoyo a la guerra de forma más críptica o a los que habían «limpiado» sus RR SS. Para ello, el Comité recurrió a las empresas de inteligencia de la información.

De hecho, lo que intentaron los dos bandos fue una interesada política de información o desinformación para intentar ampliar o reducir el equipo según viniesen los datos de Ucrania o de Rusia y Bielorrusia. El presidente del Comité Nacional de Ucrania, Vadym Huttsait[70], movió ficha rápidamente y mandó una carta al COI con una lista de veintidós deportistas rusos y bielorrusos que según ellos no cumplían el criterio de elegibilidad para los JJ. OO.

En ella, el judoca Inal Tasoev era uno de los cuestionados, ¡y de los más conocidos! Como cocampeón[71] del mundo de judo en Doha en 2023 en +100 Kg era potencialmente el gran rival de una de las grandes estrellas de París, el francés Teddy Riner[72]. Inal le

---

67   Abdulrashid Sadulaev fue campeón olímpico de lucha libre en 97 kg de Tokio'20.
68   Pau Gasol fue medalla de plata en baloncesto en Pekín'08 y Londres'12 y bronce en Río'16.
69   Ryu Seung Min fue campeón olímpico de tenis de mesa en Atenas'04.
70   Vadym Huttsait fue campeón olímpico de esgrima en sable por equipos con el Equipo Unificado en BCN'92.
71   Durante la final del Mundial 2023 entre Teddy Riner e Inal Tasoev, hubo una situación en la que ni el árbitro en el tatami ni la Comisión de Arbitraje de la Federación Internacional de Judo otorgaron puntuación alguna. Tras un exhaustivo análisis pericial, se consideró que se podría haber concedido un punto a favor del contraataque de Tasoev. Por tanto, la IJF declaró a ambos judocas ganadores *ex aequo* del título.
72   Teddy Riner es quíntuple campeón olímpico de judo: ganador de tres medallas

dio *like* a la publicación de Instagram de un soldado ruso en el frente, con uniforme militar, armado y con una «Z» en su gorra. El signo «Z» es uno de los pocos criterios establecidos por el COI como señal inequívoca de apoyo a la guerra[73]. Aunque hay varias versiones, se cree que la Z proviene de *za pobedy*, victoria en ruso, aunque otros lo identifican con la palabra *zapad,* que quiere decir oeste en ruso. En cualquier caso, en el inicio de la guerra, una simple letra se convirtió en un símbolo de la identidad nacional rusa.

Volviendo a Tasoev, este dio otro *like* a un *post* que rendía homenaje a un soldado que murió en Ucrania. Y para acabar de despejar dudas, los ucranianos encontraron una fotografía del judoca ruso, miembro del club CSKA, el Club Deportivo Central del Ejército Ruso, con uniforme militar y fechada el 21 de noviembre de 2022, es decir, fechas después de la invasión rusa. Claramente Tasoev no cumplía los criterios de elegibilidad y no se permitió su participación en París[74]. Fue el primer golpe para los rusos. El judoca ruso declaró en febrero de 2025 que «los campeones olímpicos de 2024 no pueden sentirse verdaderos campeones, ya que en París faltaban judocas de alto nivel. Es triste para ellos porque no podrán decir que han batido a todo el mundo».

En esa lista de no aptos para los Juegos, figuraba también el taekwondista Maksim Khramtcov[75] que es miembro del Ejército ruso y recibió una medalla por «aumentar el prestigio del Ejército», apoyando la guerra en las redes sociales. O la también taekwondista Tatiana Minina, por el mismo motivo. Otros miembros del equipo ruso de Taekwondo, Vladislav Larin[76] y

---

de oro individuales en +100kg en Londres'12, Río'16 y París'24 y dos por equipos mixtos en Tokio'20 y París'24. Y además tiene dos medallas de bronce, en Pekín'08 y Tokio'20.

73   El gimnasta Ivan Kuliak se colocó una letra Z en su pecho antes de recibir la medalla de bronce en las barras paralelas durante la Copa del Mundo de Gimnasia Artística de Doha'22, que, para más inri, ganó un ucraniano, Illia Kovtun. Kuliak fue sancionado un año sin competir por la Federación Internacional.

74   Tasoev asistió a los JJ. OO. de París como espectador. Y en enero de 2025, también en París, ganó la competición del Grand Slam francés.

75   Maksim Khramtcov fue campeón olímpico de taekwondo -80 kg en Tokio'20.

76   Vladislav Larin fue campeón olímpico de taekwondo +80 kg en Tokio'20.

Georgii Gurtsiev, también apoyaron la agresión rusa en redes sociales. Los ucranianos también tenían pruebas para los luchadores Nadiechda Sokolova, Artur Naifonov[77], Sergey Semenov[78] o Natalia Malysheva, para la judoca Madina Taimazova[79] y para la especialista en trampolín Iana Lebedeva. ¡Todos descartados! Poco a poco, pesquisa tras pesquisa, la lista de elegibles se fue «adelgazando».

Por cierto, que el Comité Olímpico Ruso dijo que pensaba compensar con doscientos millones de rublos, más de dos millones de dólares, a los 245 deportistas que fueron excluidos de los JJ. OO. Sin noticias de si han recibido o no el premio. Pero apostaría que no.

POLÍTICA MUNDIAL Y LA TREGUA OLÍMPICA

Tras los progresivos descartes de los deportistas propuestos, las críticas de Rusia fueron feroces contra el COI. La portavoz de la diplomacia rusa, María Zakharova, dijo que la decisión era «ilegal, injusta e inaceptable». Y añadió que «el COI se está alejando de sus principios, basculando entre el racismo y el neonazismo». Atónito por la dureza del mensaje, su presidente, Thomas Bach, contratacó declarando que el Gobierno ruso no podía haber caído más bajo con estas declaraciones. El doble oro olímpico en biatlón Dmitri Vasiliev fue aún más lejos. Acusó al presidente del COI de recurrir a medidas desesperadas antes de París 2024, alegando que era posible que los Juegos ni siquiera se celebrasen. Y aprovechando que se había valorado la posibilidad que Bach, junto con la alcaldesa de París, Anne Hidalgo, y el presidente Emmanuel Macron, pudiesen bañarse en el Sena, el exdirector general de la Unión Rusa de biatlón dijo al medio *Sport-Express*: «Ahora mismo, Thomas Bach correría desnudo por París para ser el centro de atención y salvar los Juegos Olímpicos».

---

77   Artur Naifonov fue medalla de bronce en lucha libre 86 kg en Tokio'20.
78   Sergey Semenov fue doble medallista de bronce en lucha grecorromana 130 kg en Río'16 y Tokio'20.
79   Madina Taimazova fue medalla de bronce en judo -70 kg en Tokio'20.

A medida que se acercaban los Juegos, más políticos empezaron a expresar su opinión. La propia alcaldesa Anne Hidalgo dijo que la participación de rusos y bielorrusos era obscena. Y el Consejo de Europa declaró que sería un insulto a los deportistas de Ucrania la participación de esos deportistas. El presidente de Francia declaró a la televisión de Ucrania en marzo que iba a pedir el alto el fuego a Vladímir Putin. Y en mayo, Macron pidió el respeto a la Tregua Olímpica junto al presidente de China, Xi Jinping.

Lo que pedía el presidente Emmanuel Macron no era ni más ni menos que la aplicación de la Tregua Olímpica, una tradición de alto el fuego heredada de los Juegos de la Antigüedad. En los tiempos modernos, la Tregua se estableció en 1993 y se aplicó por primera vez para los JJ. OO. de Invierno de Lillehammer'94. La Tregua de París fue votada en la ONU el 21 de noviembre de 2023 y su resolución se adoptó el 15 de diciembre. Por primera vez se sometió al voto de la Asamblea, ya que antes era por consenso. Se votó porque Rusia pidió que se incluyese una cláusula por la que se pedía sostener la participación de todas las delegaciones y de sus deportistas bajo su bandera. La Tregua se aprobó por 118 votos a favor, ninguno en contra y las abstenciones de Rusia y su aliado Siria.

La Tregua de París'24 empezó siete días antes del inicio de los JJ. OO., el 19 de julio, y acabó siete días después del cierre de los Paralímpicos, el 8 de septiembre. Por supuesto, la respuesta de Putin fue rechazar el llamado del presidente francés a un alto el fuego durante los Juegos. Pero lo que sorprendió más a Macron fue la respuesta del presidente de Ucrania Volodímyr Zelensky. En una entrevista el 18 de mayo a la Agencia de Noticias France Presse (AFP), Zelensky rechazó la idea de una Tregua Olímpica. «Eso sería dar un voto de confianza a Putin, que no va a retirar las tropas, y además nada garantiza que en esa Tregua Rusia no invada nuestro territorio». Y aunque estaba anunciada su presencia en París durante la quincena olímpica, el presidente ucraniano no se desplazó a la capital de Francia. «Es un triunfo en tiempos de guerra que haya deportistas de Ucrania en los Juegos. Pero no es tiempo de fiestas», sentenció el presidente ucraniano.

Las manifestaciones políticas a favor de la Tregua fueron *urbi et orbi*. Los líderes del G7, al final de la cumbre de junio en Italia, pidieron que se respetase la Tregua Olímpica. «Instamos a todos los países a respetarla, individual y colectivamente, como se describe en la resolución de la Asamblea General de la ONU». El papa Francisco[80], invitado a la cumbre, también se sumó al llamamiento dado el actual «momento histórico especialmente oscuro», como escribió en el prefacio del libro *Juegos de la paz. El alma de los Juegos Olímpicos y Paralímpicos*, una iniciativa de Athletica Vaticana, la única asociación polideportiva oficial del Vaticano. Y desde la ONU, su secretario general, Antonio Guterres, llamó a «deponer las armas» en todo el mundo en un mensaje en video que se retransmitió durante la ceremonia de apertura de los JJ. OO. de París el 26 de julio. Así, declamó un emocionado Guterres desde la plaza de Trocadero:

> El mundo se reúne para celebrar el poder del deporte. Para traer esperanza. Trascender las culturas. Unir a la gente. Promover el respeto mutuo y el juego limpio. Estos son también los ideales de la ONU. En el espíritu de la Tregua Olímpica, pido a todos que depongan las armas. Para construir puentes. Fomentar la solidaridad. Y luchar por el objetivo último: la paz para todos. Deseo mucho éxito a los deportistas olímpicos y paralímpicos. Nos inspiráis a soñar en grande. Que la llama olímpica ilumine el camino hacia un mundo de paz y armonía.

¿DISENSIONES INTERNAS EN RUSIA?

Los Juegos se acercaban y había que definir el número total de participantes. John Coates, vicepresidente del COI, declaró en marzo al *Daily Telegraph* que como mucho habría cuarenta deportistas neutrales en París, cuando en Tokio'20 participaron trescientos treinta deportistas rusos y ciento cuatro bielorrusos. Posteriormente se dijo que serían unos cincuenta y ocho, aunque Kit McConnell, director de Deportes del COI, subió la cifra a

---

80   Cerrando este libro el Papa Francisco falleció el 21 de abril a los 88 años. DEP Jorge Mario Bergoglio.

ochenta y tres. Finalmente, y tras esta «guerra» de números, fueron treinta y dos los deportistas autorizados a viajar a París, quince rusos y diecisiete bielorrusos, participando en diez deportes:

- Tres RUS y un BLR en ciclismo.
- Un RUS y dos BLR en trampolín.
- Un BLR en taekwondo.
- Un BLR en lucha.
- Dos BLR en halterofilia, tiro y remo.
- Siete RUS en tenis.
- Tres RUS y dos BLR en piragüismo.
- Un RUS y cuatro BLR en natación.

A pesar de que cuatro nadadores bielorrusos participaron ya como neutrales en el Mundial de Natación de Doha'24, la primera deportista en adquirir el estatus olímpico de neutral fue la rusa afincada en EE. UU. Yuliya Efimova[81] el 14 de junio. Aunque cumplía el estatus de neutral, Efimova dijo que podría tener dificultades para alcanzar la mínima, ya que no podía competir en eventos clasificatorios porque no tenía visado para Europa. Y finalmente no se clasificó para los JJ. OO.

Dentro del Equipo Neutral, el contingente más numeroso era el de los tenistas. La Federación Internacional de Tenis permitía a rusos y bielorrusos participar como neutrales en individuales y dobles. Y aunque estrellas mundiales como Aryna Sabalenka y Victoria Azarenka de Bielorrusia o Andrey Rublev, Karen Kachanov y Daria Kasatkina de Rusia habían declinado participar, siete rusos, encabezados por Daniil Medvedev estuvieron en las pistas olímpicas de Roland Garros. Y, de hecho, la pareja rusa formada por Mirra Andreeva, entrenada por Conchita Martínez[82], y Diana Shnaider ganaron la medalla de plata en dobles femeninos.

---

81   Yuliya Efimova fue medalla de plata en 100 y 200 m braza en Río'16 y bronce en 200 m braza en Londres'12.
82   Conchita Martínez fue medalla de plata de tenis en dobles en BCN'92, bronce en Atlanta'96 junto a Arantxa Sánchez Vicario y plata en Atenas'04 con Vivi Ruano.

Los y las tenistas de Rusia y Bielorrusia están acostumbrados a viajar sin limitaciones por todos los torneos del mundo, a pesar de las restricciones deportivas y políticas. De hecho, en todos los torneos que juegan, de la ATP, WTA o Grand Slams, lo hacen a nivel individual, sin bandera y sin representar a Rusia o Bielorrusia. Y eso en ciertos momentos ha levantado algunas ampollas en casa. De hecho, el presidente de la Federación de Tenis de Rusia, Shamil Tarpishchev, miembro del COI, tuvo que defender a sus tenistas de las críticas del presidente del Comité Olímpico Ruso Stanislav Pozdniakov, que los llegó a catalogar de «equipo de agentes extranjeros».

Visto desde fuera, y a pesar del hermetismo, daba la sensación de que en Rusia había una guerra interna entre los partidarios de ir a los JJ. OO. y los que optaban por el boicot. La exgimnasta, seleccionadora nacional y presidenta de la Federación de Gimnasia Rítmica, Irina Viner[83] calificó al equipo que fuese a París de «equipo de vagabundos» y de «marcha fúnebre», la música que suena cuando un deportista neutral recibe el oro. Y la Federación Rusa de Pentatlón moderno expulsó a Uliana Batashova por recibir simplemente el estatus de neutral. En cambio, el presidente de la Federación Rusa de Natación, la leyenda Vladímir Salnikov[84], dijo a la agencia estatal de noticias TASS que dependía de cada nadador solicitar el estatus neutral, pero que Rusia no se interpondría en su camino. «No hemos prohibido a los deportistas solicitar este estatus, es un asunto personal de ella», refiriéndose a Efimova.

En mayo de 2024, otro movimiento en el Kremlin todavía alimentaba más el pensamiento de varias corrientes internas de opi-

---

83 Irina Viner presentó su dimisión como entrenadora de la selección rusa en febrero de 2025. Los medios rusos hablaron de un conflicto con Alina Kabaïeva, campeona olímpica en Atenas'04, de la que se dice hace mucho tiempo que tendría una relación sentimental secreta con el presidente Putin. Desde el divorcio de su esposa, Lioudmila Putina, anunciado en 2013, Putin es muy celoso con su vida personal. De hecho, en 2008 se cerró el periódico ruso *Moskovsky Korrespondent* por haber publicado que Putin se habría casado con Kabaïeva tras divorciarse de su esposa.

84 Vladímir Salnikov, el Expreso de Leningrado, fue campeón olímpico de natación en 400 m y 1500 m libres y del relevo 4 x 200 m en Moscú'80 y de 1500 m libres en Seúl'88.

nión. El ministro de Deportes Oleg Matytsin fue sustituido por el dirigente nacionalista de la región siberiana de Jabárovsk, Mijaíl Degtyarev. El saliente Matytsin había condenado la participación de los deportistas como neutrales, pero también dijo que no podían evitarlo a costa de romper las relaciones con las federaciones internacionales.

CIBERGUERRA

El conflicto Francia/COI vs. Rusia subió de nivel y pasó a dirimirse también en internet, lo que se ha dado en llamar «Guerra Híbrida». Con los ciberataques como paradigma del terrorismo moderno, Emmanuel Macron dejó caer en abril que no tenía duda de que los JJ. OO. eran un objetivo para Rusia a base de campañas de desinformación. Ya en noviembre de 2023 se había detectado una campaña llamada a boicotear los JJ. OO. de París procedente de Azerbaiyán. El portavoz del Kremlin Dmitri Peskov dijo que las afirmaciones de injerencias rusas eran absolutamente infundadas.

En junio, y según un informe del Centro de Análisis de Amenazas de Microsoft, se confirmaba que Rusia estaba librando una intensa campaña de desinformación destinada a manchar la reputación del COI y avivar los temores de violencia en los Juegos de París. Según Microsoft, las operaciones de influencia utilizarían una combinación de videos falsos, noticias ficticias y suplantaciones generadas por inteligencia artificial.

El informe reveló que dos grupos de ciberactores rusos, Storm-1679 y Doppelganger, habían modificado sus operaciones durante 2023 para apuntar directamente a los JJ. OO. Sus actividades maliciosas se intensificaron en junio de ese año con el lanzamiento en la aplicación de Telegram de un largometraje documental falso titulado *Olympics Has Fallen* (los Juegos han caído). Utilizando audio generado por IA que se hacía pasar por el actor estadounidense Tom Cruise, gráficos por ordenador y un sofisticado despliegue de *marketing*, la película menosprecia al COI en un intento de erosionar el apoyo global a los Juegos. «Rusia está intensificando estas campañas malignas contra Francia, el presidente Macron, el COI y los Juegos Olímpicos de París», dijo Clint

Watts, director general del Centro de Análisis de Amenazas de Microsoft. Desde Rusia hablaban de calumnias sin fundamento.

En junio de 2024, tres personas, menores de treinta años y procedentes de Bulgaria, Alemania y Ucrania, fueron detenidas después de que se encontraran cinco ataúdes vacíos envueltos en banderas francesas con la inscripción «Soldados franceses de Ucrania» cerca de la Torre Eiffel. Los fiscales consideraron este acto como una forma de violencia psicológica. La embajada rusa en París tuvo que declarar que no interfería en los asuntos de Francia, después que se publicase que Moscú estaba detrás de la acción. En un comunicado, la embajada protestó contra la última campaña «rusofóbica» desatada por los medios franceses.

Y la polémica no amainó con los Juegos a la vuelta de la esquina. El 22 de julio, el Kremlin consideró «inaceptable» la negativa a acreditar a cinco periodistas deportivos rusos de la agencia de noticias Ria Novosti. Rusia calificó esta decisión de «violación de la libertad de prensa». E inasequibles al conflicto, con los Juegos ya empezados, el COJOP retiró la acreditación a cuatro periodistas rusos después que ya hubiesen asistido a la ceremonia de apertura y a algunas pruebas. Se descartó también a veinte voluntarios de nacionalidad rusa, quienes presentaron una queja por carta al ministro del Interior recordando que fueron ya seleccionados en 2023 y que su objetivo no era otro que ayudar.

LA ALTERNATIVA RUSA: DE LOS JUEGOS DEL FUTURO A LOS BRICS

Rusia ha sido y es el paradigma del uso del deporte con fines políticos. En la época de la URSS, los soviéticos no participaron en los JJ. OO. hasta 1952. Pero organizaron las Espartakiadas[85] para hacer sombra a los Juegos oficiales. En la era de la Guerra Fría empezaron ya a medirse con los países occidentales y sus depor-

---

85   Las Espartakiadas eran la versión soviética de los JJ. OO. Se empezaron a celebrar en 1928, en paralelo a los JJ. OO. de Ámsterdam, y desaparecieron, como el país, en 1991. A partir de 1952 y el debut de la URSS en los JJ. OO. de Helsinki, pasaron a convertirse en una competición solo para deportistas soviéticos.

tistas insuflaban honor patrio batiendo en muchos deportes, y sobre todo en los Juegos Olímpicos, a los países capitalistas, con Estados Unidos a la cabeza. Liderar el medallero en los JJ. OO. de Melbourne'56, Roma'60, Múnich'72, Montreal'76, Moscú'80, Seúl'88 o Barcelona'92 era tan importante como ganar la carrera del espacio. Era la vía para demostrar que el comunismo era la mejor opción.

Desde la caída de la URSS, y la división en múltiples repúblicas, Rusia no ha vuelto a dominar el medallero de los JJ. OO. Pero no por eso ha dejado de entender la importancia de sobresalir en las competiciones deportivas. Al revés. Apartada del deporte mundial, primero por el dopaje y después por la invasión de Ucrania, Rusia se mueve entre las ganas de ser reintegrada en las competiciones internacionales y el convencimiento de crear otras nuevas. Cerrada la década 2010-2020 con los «éxitos deportivos» de los JJ. OO. de Invierno de Sochi'14 y el buen nivel organizativo del Mundial de Fútbol de 2018, la mirada de Putin está puesta en la agenda deportiva 2030.

El libro de ruta arrancó del 22 de febrero al 3 de marzo de 2024, en Kazán. Ahí y bajo el auspicio de Rusia, se disputaron los primeros Juegos del Futuro[86]. Fue el primer torneo internacional que combinaba las tecnologías digitales modernas y la actividad física, e incluyó disciplinas de ciberdeportes. El torneo contó con partidos de fútbol y *hockey* tanto físicos como en juegos de ordenadores. Participaron dos mil competidores de más de cien países con una bolsa de premios que ascendía a diez millones de dólares, todos procedentes de fondos privados. El torneo, cómo no, fue inaugurado por Vladímir Putin, quien aprovechó para «pasar» su mensaje.

Estos son realmente los Juegos del Futuro. Nuestro país ha sido y continúa siendo una de las principales potencias deportivas del planeta, la patria de grandes deportistas, de victorias y récords. Siempre abogamos por promover el deporte y sus altos

---

86   La segunda edición de los Juegos del Futuro será en noviembre de 2025 en los Emiratos Árabes.

valores humanos. Los Juegos del Futuro son nuestro regalo a la familia deportiva mundial.

No sabemos si estos Juegos tendrán futuro, valga la redundancia, pero Rusia se ha adelantado a todos en este campo y más después que, durante 2024, el COI anunciase el nacimiento de los Juegos Olímpicos de los *e-sports*, como se ha dicho, pospuestos hasta 2027.

Con esta agenda y tras lo que entendían como una injusticia, una falta de respeto y un socavo de su papel en el tablero global deportivo y sobre todo político, estaba claro que Rusia «contraatacaría» con un evento macro deportivo. Así pues, como respuesta a no estar en los JJ. OO. de París, quiso organizar sus propios juegos, los de la Amistad[87] de verano en Yekaterimburgo, del 15 al 29 de septiembre de 2024, y los de invierno en Sochi en 2026. Iban a ser unos Juegos en lo que se invitaba a los deportistas, no a los países. Pero en su comisión ejecutiva de marzo, el COI condenó «el cínico atentado que era la politización del deporte con estos Juegos». Una vez más, el portavoz del Kremlin Dmitri Peskov contestó diciendo que lo que quería el COI «era intimidar a los deportistas que quieren participar libremente en los Juegos de la Amistad». La AMA mostró además su inquietud por el nulo control *antidoping* que iba a haber en la competición. Y ante tanta presión y sin el convencimiento de cuáles y cuántos deportistas iban a participar y qué nivel tendrían, los Juegos de la Amistad se pospusieron hasta 2025[88].

---

87   Los Juegos de la Amistad, los Goodwill Games, fueron creados en 1986 por Ted Turner, el magnate estadounidense fundador de la CNN. El mundo olímpico venía de dos boicots consecutivos y se quería que estos Juegos fuesen una alternativa para los deportistas afectados. La primera edición fue en Moscú 1986 y la quinta y última se celebró en Brisbane en 2001.

88   El 2 de diciembre de 2024, el presidente ruso Vladímir Putin aplazó indefinidamente los Juegos Mundiales de la Amistad a través de un decreto publicado por el Kremlin: «Con el fin de proteger el derecho de los deportistas y las organizaciones deportivas al libre acceso a las actividades deportivas internacionales, decretamos aplazar la celebración de la competición internacional de los Juegos Mundiales de la Amistad hasta nuevas instrucciones del presidente de la Federación Rusa», recoge el decreto.

Pero los rusos no claudicaron. Tenían concedida la organización de los Juegos de los BRICS[89], del 12 al 23 de junio de 2024, también en Kazán. E iban a ir a fondo con un presupuesto de más de 14 000 millones de euros, superior incluso al de los propios JJ. OO. de París. La de Kazán fue la quinta edición de estos Juegos, que se llevan realizando anualmente desde 2018. Y tuvieron participación récord: ochenta y dos países en veintisiete modalidades[90] para un total de más de cuatro mil deportistas[91] en diecisiete sedes. Aunque el Kremlin tiró la casa por la venta, los Juegos de los BRICS pasaron sin pena ni gloria, con la participación de diversos territorios sin Estado propio: la República Srpska también conocida como República Serbia de Bosnia, Osetia del Sur[92] o Abjasia[93], además de un combinado mundial. Muchos países mandaron solo un deportista y algunos dos, como Gran Bretaña. Otras potencias como Francia o Alemania solo tres, e Italia, cinco. El caso de España fue curioso. No se envió ninguna delegación oficial ni oficiosa a Kazán, pero la bandera española ondeó en la ceremonia de apertura.

En cualquier caso, Rusia consiguió su «mini victoria» liderando el medallero general de los Juegos con 509 medallas inclui-

---

89 Las siglas de BRICS corresponden a Brasil, Rusia, India, China y Sudáfrica, países fundadores a los que se unieron, el 1 de enero de 2024, Egipto, Emiratos Árabes, Etiopía e Irán. Los BRICS son, de hecho, un grupo de economías emergentes, con un gran potencial, que pueden llegar a estar entre las economías dominantes a mediados de siglo. Son además países que se caracterizan por estar entre los más grandes y poblados del planeta. Todos ellos son ricos en recursos naturales y su PIB ha crecido mucho en los últimos años.

90 Se compitió en disciplinas que no son olímpicas como ajedrez, algunas disciplinas de lucha como el *wushu*, sambu, *kurash* o lucha con cinturón coreano, e incluso *rock&roll* acrobático.

91 A modo de comparación, en la anterior edición de los Juegos de los BRICS de Durban, en Sudáfrica, participaron 450 deportistas de cuatro países en seis disciplinas.

92 Osetia del Sur es una región separatista de Georgia, cuya independencia se reconoció por Rusia en 2008, y que generó un conflicto armado que estalló en medio de los JJ. OO. de Pekín. Entonces, se llegó a anunciar que los treinta y cinco componentes olímpicos de Georgia se retiraban de los JJ. OO. en señal de protesta por la invasión de Rusia.

93 Abjasia es una república independiente *de facto* desde 1992. Sin embargo, Georgia y la mayoría de la comunidad internacional la consideran una república autónoma georgiana, mientras que Rusia, Nicaragua, Venezuela, Nauru y Siria la consideran un Estado independiente.

das 266 de oro. Y, por su parte, su aliado Bielorrusia fue segundo en la tabla con 247 medallas, cincuenta y cinco de oro. China fue la tercera nación del medallero. No eran los JJ. OO., no eran los Juegos de la Amistad, pero los BRICS sirvieron para elevar la moral deportiva de Putin y los suyos. Y para recordar al mundo que estaban vivos.

Desde un punto de vista político, y a pesar de los muchos intereses comunes del grupo de los BRICS con Rusia, nunca ha habido ningún comunicado oficial público apoyando específicamente la intervención rusa en Ucrania. De hecho, en la cumbre de los BRICS de octubre de 2024, otra vez en Kazán, el presidente de la India, Narenda Modi, le pidió cordial y diplomáticamente a Putin que cesase la guerra en Ucrania. «El conflicto debe terminar pacíficamente» dijo Modi.

Es muy curioso en la política, y ahora hago una reflexión personal, cómo los políticos usan el deporte para hablar a su electorado sin entender muy bien de qué están hablando. Pero el deporte vende. En la cumbre de Kazán, al margen de acuerdos económicos, Putin, Modi y el presidente de la República Popular de China, Xi Jinping, pidieron un alto el fuego en Gaza. ¡Putin pidiendo un alto el fuego! Es lo mismo que cuando Macron dijo en la televisión de Ucrania que pediría al presidente ruso el respeto a la Tregua Olímpica. La Tregua ya estaba votada, aplicada…, había argumentos para penalizar económica, política y deportivamente a Rusia, el resto es palabrería, postureo para la galería. Pero la palma se la llevó el Gobierno de Letonia, cuyo Parlamento prohibió a sus selecciones enfrentarse a equipos rusos o bielorrusos en París. ¡Pero si no había ni un solo equipo ruso ni bielorruso en los Juegos! ¡Estaban sancionados! Pero que la verdad no te arruine una bonita historia.

MIRANDO AL FUTURO: LOS ÁNGELES 2028

Acabados los Juegos de París, los rescoldos de la polémica no se han apagado. El ministro de Deportes ucraniano Matviy Bidnyi pidió al COI que actúe rápidamente contra Bielorrusia después de que una ceremonia de Estado en Minsk pudiera incumplir las normas de neutralidad del COI para los Juegos de París 2024. En ella, el líder bielorruso, Aleksandr Lukashenko, rindió honores de Estado a tres de los cuatro medallistas olímpicos del país[94], una medida que, según Ucrania, viola las directrices del COI. «Esperamos que el COI tome medidas inmediatas en relación con este acontecimiento», declaró el ministro ucraniano de Deportes. «La participación de deportistas en una ceremonia que contradice los principios de neutralidad muestra un flagrante desprecio por los requisitos del COI. Ucrania insiste en reforzar las sanciones contra los deportistas rusos y bielorrusos». Aunque los Juegos sean historia, en Ucrania no bajan la guardia.

¿Está Bielorrusia más cerca de reintegrarse a la familia olímpica que Rusia? Para ello debería haber un alto el fuego o romper su alianza con Rusia. Pero en febrero de 2025, se produjo un primer paso: el COI validó el resultado de las elecciones a la presidencia del CON bielorruso y restableció el acceso del país a los programas de solidaridad. Viktor Lukashenko, hijo del presidente del país, que accedió a la presidencia del CON en 2021 tras la marcha de su padre Aleksandr, fue reelegido y dirigirá ahora el deporte de Bielorrusia hasta Los Ángeles 2028.

Según datos del COI, los de París han sido los Juegos más seguidos por TV de la historia. Se estima que más de 5000 millones de personas los vieron. Y cada espectador en el mundo los sintonizó al menos nueve horas de media, otro récord. El aumento respecto a Tokio'20 fue del 20 %. Y Rusia no puede permitirse no estar en ese expositor global sin su bandera. Para ser readmitidos deberán acabar con la guerra. Pero en paralelo también deben ir renovando los cargos deportivos propios[95], amén de adecuarse a las políticas de la AMA, siempre en controversia con la

---

94   Las cuatro medallas para Bielorrusia en París'24 fueron las siguientes: Ivan Litvinovich, quien revalidó su oro de Tokio volviendo a ser campeón olímpico de gimnasia en trampolín; Viyaleta Bardzilouskaya, bronce también en trampolín; Yauheni Zalaty plata en remo, en *skull* individual; y Yauheni Tsijantsou, bronce en halterofilia en 102 kg.

95   En diciembre de 2024, Mijaíl Degtyarev miembro del Partido Liberal Democrático, derechista cercano a Putin, fue elegido presidente del Comité Olímpico Ruso. El anterior, Stanislav Pozdniakov, dimitió en octubre. El nuevo presidente del ROC es el gran hombre fuerte de los deportes en Rusia, ya que combinará el cargo con el de ministro de Deportes que ejercía desde mayo.

Agencia Rusa Antidopaje (RUSADA). Pero de cara a participar en los Juegos de LA'28, juegos que en 1984 boicotearon, Rusia espera también que el COI y las diferentes federaciones vayan dando pasos hacia la vuelta a la normalidad. De hecho, de cara a los Mundiales de piscina corta de Budapest de finales de 2024, la Federación Internacional de Natación mantuvo el estatus de neutral para los deportistas rusos y bielorrusos participantes, pero ya les permitió participar en los relevos, que es una forma de competir en equipo. Eso sí, todavía no tuvieron equipo de waterpolo propio, puesto que se considera un deporte de «contacto».

El 9 de agosto de 2024, un anuncio fue acogido como bálsamo en Rusia. El presidente del COI Thomas Bach anunció que no modificaría la Carta Olímpica, que no haría un tercer mandato y que no se presentaría a la reelección. El primero en valorar la noticia fue el presidente de la Federación de Tenis, Shamil Tarpishchev, quien declaró que «Rusia puede tener la oportunidad de volver a la competición internacional una vez el COI elija a su nuevo presidente». Y es que desde Rusia siempre se ha visto a Bach como un enemigo para la causa, aunque el alemán fue uno de los más grandes valedores de la participación de los atletas rusos y bielorrusos como individuales neutrales. Bach siempre ha querido proteger a los deportistas por encima de todo, máxime tras el boicot a los Juegos de Moscú'80 que le impidieron a él mismo defender su título olímpico de florete por equipos conseguido en Montreal'76. «No castigar a los deportistas por las decisiones de sus Gobiernos» es su mantra.

Entre los siete candidatos[96] a la presidencia del COI, la opción ganadora podía haber sido incluso peor para los intereses rusos que la del propio Bach. Si el elegido hubiese sido Sebastian Coe[97], su postura al frente de la internacional de atletismo había sido clara

---

96   Los siete candidatos eran Sebastian Coe, Kirsty Coventry, David Lappartient, Juan Antonio Samaranch Jr., el príncipe Faisal al-Hussein de Jordania, Morinari Watanabe y Johan Eliasch.

97   Lord Sebastian Coe es presidente de World Athletics (WA), fue presidente del Comité Organizador de Londres'12 y ganador de cuatro medallas olímpicas, dos de oro en 1500 m lisos en Moscú'80 y LA'84, y dos de plata en 800 m en Moscú'80 y LA'84.

y sin fisuras desde el primer minuto: no a la participación de rusos y bielorrusos ni tan siquiera bajo el estatus de neutrales. Lo mismo que Johan Eliasch, presidente de la Federación Internacional de Esquí (FIS) y el japonés Morinari Watanabe, presidente de la Federación Internacional de Gimnasia, quien impidió competir a los gimnastas rusos y bielorrusos en las competiciones internacionales de gimnasia desde el estallido de la guerra hasta el 1 de enero de 2024. En cambio, el Kremlin creía que la situación podría cambiar radicalmente si el ganador fuese Juan Antonio Samaranch Jr[98]. El vicepresidente del COI siempre ha pensado que la familia olímpica debe trabajar para recuperar a Rusia.

Finalmente, la ganadora por mayoría absoluta en la primera ronda de las votaciones fue Kirsty Coventry, que ya estuvo a favor de la participación bajo bandera neutra de los deportistas rusos y bielorrusos en París. No es de extrañar que una de las primeras felicitaciones que recibiese fuera la del mismísimo Vladímir Putin. «Estoy convencido de que su experiencia única y su compromiso con la promoción de los nobles ideales del olimpismo contribuirán a nuestro éxito», escribió el presidente de Rusia.

Aunque Putin fue el más importante, no fue el único dirigente de Rusia que felicitó a la nueva presidenta. Mijaíl Degtyarev, jefe del Comité Olímpico Ruso y ministro de deportes, escribió en una publicación de Telegram: «Nos complace ver el liderazgo de una nueva presidenta y ver a Rusia recuperar su lugar en el podio olímpico». El hombre fuerte del deporte ruso felicitó a Coventry por su «brillante carrera deportiva, victorias olímpicas, récords y contribuciones al desarrollo del deporte». Y el portavoz del Kremlin, Dmitri Peskov, apuntó el verdadero objetivo de tanta cordialidad: «Esperamos que nuestros atletas puedan seguir participando en competiciones internacionales».

Cuando este libro esté en la calle, las decisiones de la nueva líder del COI, que no tomará posesión del cargo hasta el 23 de junio, el día olímpico, nos harán atisbar cuán cerca o lejos estarán Rusia y Bielorrusia de volver al seno del movimiento olím-

---

98   Juan Antonio Samaranch Jr. es hijo del expresidente. Miembro del COI desde 2001 y actual vicepresidente.

pico. Los rusos tienen prisa para que se tomen decisiones antes de los Juegos de Invierno de Milán-Cortina d'Ampezzo 2026. Y Kirsty Coventry siempre ha dicho que «nuestro deber como COI es garantizar que todos los atletas puedan participar en los JJ. OO.». Eso sí, para competir de nuevo bajo su bandera, que es lo que quiere Rusia, deberá imperiosamente poner punto final a su intervención militar en Ucrania.

UCRANIA

Desde la invasión rusa del 24 de febrero de 2022, Ucrania se ha intentado defender en todos los ámbitos posibles. En el deportivo, la única victoria posible era impedir a los deportistas rusos participar en los Juegos de París. Para ello, el Gobierno de Volodímyr Zelensky, a través del Ministerio de Defensa ucraniano, encargó una campaña publicitaria, original y agresiva, que removiese conciencias y convenciese a los Gobiernos occidentales que no se debía invitar a Rusia a la gran fiesta olímpica.

La campaña constaba de cuatro videos posteados en febrero de 2023. El más viral duraba veinticinco segundos y tuvo más de un millón de visualizaciones en dos meses en TikTok y Twitter. En él se veía a un atleta ruso, Dmitri Tarabin, lanzar una jabalina en una imagen sacada del Mundial de Atletismo de Daegu 2011. En el siguiente plano, la jabalina se convertía en un misil. Y en el siguiente, el proyectil se estrellaba contra un edificio ucraniano en lo que era una imagen real de la guerra. El video terminaba con un rótulo: «La bandera blanca de Rusia pertenece al campo de batalla, no a los Juegos Olímpicos. Boicot a los deportes rusos». En los otros tres videos, la pauta era la misma. El lanzamiento de peso de la rusa Avdeeva o un saque de voleibol de un jugador ruso se convertían en bombas en el siguiente plano. Y en el último video se veía apuntar al tirador ruso Leonid Ekimov y su disparo se convertía en «la masacre de Bucha», una matanza de civiles ucranianos en la ciudad de Bucha a cargo del ejército ruso.

Ucrania no consiguió su objetivo, y entonces se especuló que pudiesen boicotear los Juegos al no estar de acuerdo con que deportistas rusos y bielorrusos pudiesen participar en París, ni que fuera bajo bandera neutral. Matviy Bidnyi, ministro de Deportes de Ucrania, dijo que «Rusia ha demostrado que ignora los principios del olimpismo y que simplemente intenta utilizar el deporte para su propaganda». Y posteriormente en una entrevista en Alemania dijo que rusos y bielorrusos no deberían participar en los JJ. OO. porque «no existen los atletas neutrales».

El 20 de mayo los ucranianos confirmaron su presencia en los JJ. OO. El luchador de origen ruandés Zhan Beleniuk[99], diputado del partido gubernamental del presidente Zelensky, era de los que creían que las nuevas restricciones impuestas a Rusia harían que ellos mismos boicoteasen los Juegos, «lo cual sería una buena cosa para nosotros». Pero no fue así.

El Gobierno ucraniano emitió entonces una serie de recomendaciones a sus deportistas para asesorarlos sobre cómo comportarse ante rivales rusos y bielorrusos. Debían evitar el contacto, en persona o por RR. SS., no participar en ruedas de prensa conjuntas ni ser fotografiados con ellos. Y el 26 de junio, en Kiev, desvelaron la ropa que lucirían en París: trajes de color amarillo pálido con tallos de trigo azules y tridentes ucranianos. «Los nuevos uniformes, los colores de nuestra bandera durante la guerra, me conmueven hasta las lágrimas», dijo Vadym Huttsait, presidente del Comité Olímpico de Ucrania.

Los actos simbólicos han sido importantes para un país ensombrecido por la guerra. Los deportistas olímpicos fueron apoyados con el lanzamiento de un sello puesto en circulación por el Servicio Postal de Ucrania. El sello fue presentado el 19 de julio en la Casa Olímpica de Kiev. Parte de la carcasa de un estadio ucraniano destruido por las bombas rusas fue trasladada a París y presidió la entrada de la Casa de Ucrania toda la quincena olímpica parisina. Y en el debut olímpico del fútbol, los jugadores salieron envueltos en su bandera.

---

99   Zhan Beleniuk fue campeón olímpico en Tokio'20 de lucha grecorromana -87 kg. Antes había sido medalla de plata en Río'16 y fue medalla de bronce en París'24.

En enero, Morinari Watanabe, presidente de la Federación Internacional de Gimnasia, dirigió un minuto de silencio en recuerdo de Kateryna Dyachenko, una joven gimnasta ucraniana de once años y de su padre, asesinados durante el asedio a la ciudad ucraniana de Mariúpol. La diputada ucraniana Anna Purtova anunciaba así la muerte de la joven gimnasta junto a una foto de la niña.

> Esta es nuestra gimnasta Katya Dyachenko. Tiene once años. Murió bajo los escombros de su casa en Mariúpol cuando un proyectil ruso la golpeó. Podía haber tenido un futuro brillante por delante como joven campeona de Ucrania. Pero en un segundo ella simplemente se ha ido.

Por su parte, Sebastian Coe viajó en julio de 2024 a Lviv con motivo del Campeonato Nacional de Atletismo. Y aprovechó para reunirse con el presidente Zelensky, a quien confirmó el apoyo financiero «inquebrantable» para con los atletas locales de cara a París 2024. «Me conmovió profundamente la resistencia y la determinación de los atletas. Cuando llegamos al estadio, una sirena antiaérea retrasó la salida de los 200 m lisos. Esta es la dura y aleccionadora realidad de los desafíos que enfrentan a diario», dijo el presidente de World Athletics (WA), nombre que desde junio de 2019 recibe la Federación Internacional de Atletismo, lo que era la IAAF.

El boxeador Oleksandr Usyk[100], campeón del mundo unificado del peso pesado, había ayudado a los boxeadores ucranianos en la preparación. Y como acicate, dijo que pagaría de su bolsillo un premio a los boxeadores de su país que hiciesen medalla. Se gastó «solo» 80 000 dólares, puesto que únicamente hubo una medalla ucraniana en boxeo: Oleksandr Khyzhniak[101], oro en la categoría de 80 kg.

---

100 Oleksandr Usyk fue campeón olímpico de boxeo -91 kg en Londres'12. Y es el actual campeón del mundo de los pesos pesados tras ganar en la última pelea a Tyson Fury en diciembre de 2024 en Riad, Arabia Saudí.

101 Además del oro en París'24, Oleksandr Khyzhniak fue medalla de plata en Tokio'20 en la categoría de los medios.

Según AFP, unos tres mil deportistas ucranianos se levantaron en armas cuando estalló la guerra, de los cuales cuatrocientos ochenta y siete murieron. La revista de los estragos de la guerra durante la preparación de los deportistas ucranianos para los JJ. OO. es interminable:

- Yaroslava Mahuchikh[102] tuvo que huir de su casa de Dnipró tras estallar la guerra.

- Las gemelas Maryna y Vladyslava Aleksiiva[103], participantes en natación artística, tuvieron que dejar Járkov, donde había de cinco a diez explosiones diarias para desplazarse a Kiev y poder entrenar.

- La judoca Anastasia Chyzhevska perdió a su padre, quien le había iniciado en el deporte. El padre murió en el frente.

- La vida de la escaladora de bloques y dificultad Jenya Kazbekova se puso patas arriba a las cinco de la mañana del 24 de febrero de 2022, cuando empezaron a caer bombas frente a su casa en Kiev. Ahora vive en Salt Lake City, EE. UU.

- Oleksandr Pielieshenko, cuarto en Río'16 en halterofilia, murió en combate, convirtiéndose en el primer deportista olímpico en fallecer en el frente. La Federación de Halterofilia de Ucrania anunció su muerte a través de un sentido mensaje en RR. SS.: «Con gran tristeza, les informamos de que el corazón del gran deportista ucraniano Oleksandr Pielieshenko ha dejado de latir». Y el entrenador jefe del equipo ucraniano Victor Slobodianiuk añadió: «Murió como un héroe defendiendo a Ucrania».

En mayo, el Comité Olímpico Ucraniano protestó contra la participación de deportistas de Rusia y Bielorrusia en el torneo clasificatorio de piragüismo en Szeged en la modalidad de dobles. Consideraban que vulneraba el dictamen del COI de no permitir la participación de equipos rusos y bielorrusos. Y exigieron la exclusión de un total de nueve piragüistas en una carta conjunta

---

102   Yaroslava Mahuchikh fue campeona olímpica de salto de altura en París'24.
103   Maryna y Vladyslava Aleksiiva ganaron la medalla de bronce por equipos en natación artística en Tokio'20.

dirigida al COI y a la Federación Internacional, que consideró infundada la protesta. «En nuestras normas y reglamentos definimos a los equipos de forma diferente. Las tripulaciones individuales, dobles y cuádruples son embarcaciones tripuladas y no equipos», dijo el presidente de la internacional, Thomas Konietzko.

Una de las mejores deportistas ucranianas, la tiradora Olga Kharlan[104], fue descalificada del Mundial de Esgrima de Milán'23 por no darle la mano a su rival rusa, Anna Smirnova. Tras esta descalificación, el COI mandó una carta a las federaciones pidiendo sensibilidad respecto a los deportistas de Ucrania. Posteriormente, en el Europeo de Esgrima de Basilea'24, la ucraniana Olena Kryvytska se negó a darle la mano a Maia Guchmazova, georgiana, pero nacida en Rusia. La georgiana, indignada, se puso a gritar y a jurar en «arameo».

Ucrania ha participado en ocho ediciones de JJ. OO. desde Atlanta 1996. Antes de la disolución de la URSS en 1991, compitieron de 1952 a 1988 bajo la bandera de la Unión Soviética y en 1992 como parte del Equipo Unificado. En París estuvieron con un equipo de 140 deportistas en veintitrés disciplinas. Este fue el número más bajo de deportistas que ha presentado el país en su historia en los JJ. OO. Como comparación, a Tokio'20 fueron 155 ucranianos. En París, ganaron doce medallas, tres de ellas de oro.

La primera medalla de la delegación la ganó la mencionada Olga Kharlan, bronce en sable individual. Su imagen en el podio fue muy emotiva y se volvió viral en RR. SS. Puso la medalla delante de su cara mientras abrazaba su máscara con los colores de la bandera amarilla y azul del país. Y posteriormente llegaría el oro con todo el equipo de sable femenino de Ucrania. Lideradas por Olga, ganaron en la final a Corea del Sur.

Y qué decir de Yaroslava Mahuchikh. La saltadora de altura que hacía pocos días había batido el WR[105] en el propio París,

---

104 Olga Kharlan ha ganado seis medallas olímpicas de sable, dos de ellas de oro por equipos en Pekín'08 y París'24.

105 Yaroslava Mahuchikh saltó 2,10 m, batiendo uno de los récords mundiales femeninos más antiguos de la historia. La búlgara Stefka Kostadinova lo tenía desde el Mundial de Roma de 1987 con 2,09 m.

mejoró su medalla de bronce de Tokio'20, ganando esta vez el oro. Medalla que dedicó a los deportistas caídos por la patria.

Meses después de los Juegos, el deporte ucraniano tuvo un gran disgusto a cuenta del gimnasta Ilia Kovtun[106]. Ilia Kovtun y su entrenadora Iryna Horbachova, cambiaron de nacionalidad y solicitaron la ciudadanía croata sin comunicar su decisión a las autoridades ucranianas. Ambos ya habían estado entrenando en Osijek, Croacia, desde la invasión rusa. «En medio de la guerra, esto es especialmente doloroso. Si no quieren seguir siendo ucranianos, es una decisión personal, pero es inaceptable», declaró el presidente del Comité Olímpico Nacional de Ucrania, Vadym Huttsait. El exasesor del ministro de Juventud y Deportes de Ucrania, Pavlo Bulgak, todavía fue más lejos en sus declaraciones. «Solo en los últimos dos años, Kovtun y su entrenadora han recibido 8,5 millones de grivnas (187.229 euros) en premios a costa de los contribuyentes ucranianos. A esto hay que sumar los salarios, las becas y las matrículas pagadas. Si finalmente han decidido irse, que devuelvan lo que Ucrania les dio en tiempos tan difíciles».

Al margen de los deseos anexionistas de Putin respecto a Donetsk, Lugansk y el Dombás, muchos observadores creen que el presidente ruso no perdonó a Ucrania su actitud en 2014, «manchando» sus impecables Juegos de Invierno de Sochi. Todo empezó con el Euromaidán, con las protestas, de índole europeísta, independentista y nacionalista desencadenadas a raíz de la repentina decisión del presidente ucraniano Viktor Yanukovich de suspender el Acuerdo de Asociación entre la UE y Ucrania y fortalecer sus lazos con Rusia.

Coincidiendo prácticamente con la ceremonia de apertura de los Juegos de Invierno de 2014, los manifestantes de Kiev obligaron a Yanukovich a abandonar la capital y huir a Rusia. Putin vio esas manifestaciones como parte de un complot orquestado por Estados Unidos para humillar a Moscú y robarle los titulares. Acabados los Juegos, Rusia invadió Crimea. Se hablo de boicot de

---

106   Ilia Kovtun ganó la medalla de plata de gimnasia en barras paralelas en París'24.

Ucrania a los Juegos Paralímpicos de Sochi. Pero la única medida de protesta fue durante la inauguración, cuando la delegación de veintitrés deportistas ucranianos decidió que solo su abanderado, el esquiador Mykhaylo Tkachenko, recibido con una ovación por el público, saldría al estadio durante el desfile.

Pues eso. Que seguro que los motivos de Putin son de muchos tipos. Pero ante un hombre tan orgulloso de sus Juegos, la actitud de Ucrania le debió herir el amor propio.

EL CONFLICTO ISRAEL-PALESTINA

El conflicto entre los dos países se recrudeció después del ataque del 7 de octubre de 2023, cuando el grupo terrorista Hamás penetró en Israel, mató a más de mil personas y secuestró a más de 200. El contrataque de Israel sobre la franja de Gaza fue brutal. La Corte Internacional de Justicia dijo el 19 de julio que la presencia de Israel en los territorios palestinos ocupados es ilegal, y pidió poner fin a dicha presencia y a detener de inmediato la construcción de asentamientos, emitiendo una condena generalizada y sin precedentes del dominio israelí sobre las tierras que ocupó hace cincuenta y siete años.

En el ámbito del deporte, el Comité Olímpico Palestino y el de Israel conviven en el seno de la familia olímpica desde 1995, a pesar de que Palestina no tiene un Estado reconocido. Pero eso va cambiando poco a poco porque la ONU los reconoció el 10 de mayo de 2024. Y España, el día 29 del mismo mes. En junio de 2024, habían reconocido a Palestina 145 de los 193 Estados miembros de pleno derecho de la ONU, el 75'1 % del total.

En cifras computadas al inicio de los JJ. OO., de los más de 38 000 muertos en el conflicto de Gaza, más de cuatrocientos eran deportistas. Y, además, todas las instalaciones deportivas de Palestina quedaron destruidas por los bombardeos. Para ayudar a algunos deportistas palestinos en su preparación para los JJ. OO. de París, Estados árabes como Argelia, Kuwait, Catar, Libia o Egipto les permitieron entrenar en su territorio. Fue el caso del corredor de 800 m lisos, Mohammed Dwedar, quien dijo que su participación en París era una victoria en sí misma. Dwedar tuvo que abandonar su Ramala natal para dirigirse a Argelia, donde pasó casi dos meses preparándose.

El jefe del Comité Olímpico Palestino, Jibril Rajoub, dijo en junio que esperaba que los JJ. OO. atrajeran más atención a la guerra en Gaza y la «ocupación israelí de Cisjordania». Y cuando quedaban pocos días para el inicio de la competición, pidió que se excluyese a Israel porque, según él, habían violado la Carta Olímpica. Además de recordar los muertos y las instalaciones destruidas, habló de cómo algunos estadios fueron utilizados como «centros de arresto y humillación de la gente de manera vergonzosa», en referencia a las imágenes de palestinos detenidos, en ropa interior, con los ojos vendados y arrodillados en filas dentro del Estadio Yarmouk de Gaza, el estadio nacional palestino. «Todos estos incidentes ponen a Israel en una posición en la que se le debería impedir participar», dijo Rajoub. «Esperamos que el movimiento olímpico deje fuera a Israel».

También, la Asociación Palestina de Fútbol pidió a la FIFA, en el Congreso de Bangkok de 2024, que suspendiesen a la Federación de Israel, moción secundada por Jordania. El presidente Gianni Infantino dijo que buscarían orientación legal independiente para tomar la decisión. El 20 de julio, la FIFA volvió a posponer su votación pidiendo más tiempo para preparar sus argumentos. La FIFA continúa echando balones fuera porque nunca tomó más decisión que no tomar ninguna.

Desde octubre y a lo largo y ancho del mundo muchas personas, deportistas o no, se fueron significando sobre el conflicto. Y la mayoría a favor de Palestina. Ante la presión israelí, la francesa Emilie Gomis[107] tuvo que dejar su puesto de embajadora de los JJ. OO. tras una publicación polémica en Instagram sobre el conflicto. El Comité de Ética del Comité Olímpico Francés la suspendió y también tuvo que renunciar a su cargo en la Comisión de Atletas del COI.

La polémica político-deportiva llegó al mundo de la publicidad cuando la modelo Bella Hadid[108], conocida por su defensa

---

107   Emilie Gomis fue medalla de plata en baloncesto femenino en Londres'12.
108   En 2021, Bella Hadid, su hermana Gigi y la cantante Dua Lipa fueron catalogadas

propalestina, fue retirada de una campaña de la marca deportiva Adidas. La compañía alemana de ropa deportiva se tuvo que retractar de una campaña de zapatillas, la SL 72, que hacía referencia a los Juegos Olímpicos de Múnich'72, de infausto recuerdo para Israel. La embajada israelí en Berlín cuestionó públicamente que Adidas eligiese a una modelo estadounidense de padre palestino para la campaña, intensificando la polémica.

¿DEBÍAN HABER PARTICIPADO?

A tenor de la situación reinante en la zona, muchas competiciones clasificatorias, sobre todo de la Euroliga de Baloncesto y partidos continentales clasificatorios de fútbol, fueron deslocalizadas de Israel. El Europeo de Waterpolo en enero de 2024 tenía que haber sido en territorio israelí, pero fue Croacia la que organizó la edición masculina, y Países Bajos, la femenina. A Israel se le retiró la organización de los Europeos de Gimnasia de 2025 en Tel Aviv, la que será la primera competición del nuevo ciclo olímpico tras París. Y después de la suspensión de las relaciones comerciales por parte de Turquía, la Agencia de Seguridad de Israel, la Shin Bet, prohibió competir a su delegación de lucha libre en el clasificatorio de Estambul a principios de mayo. Tuvieron que esperar a las invitaciones del COI para estar en París.

Antes de los JJ. OO., las protestas contra la participación del Estado de Israel se multiplicaron por todo el planeta. Este es un pequeño compendio de algunas de las más relevantes:

- Treinta diputados de la ultraizquierda francesa y ecologistas pidieron por carta al COI que no se permitiese a Israel participar en los JJ. OO. bajo su bandera, sino bajo una neutral para sancionar los crímenes de guerra en Gaza.

- El grupo Sumar presentó una proposición no de ley en el Congreso español para emplazar al Gobierno a que pidiese al COI la exclusión de Israel de París'24.

---

de antisemitas en un artículo del *New York Times*. Y en 2022, Adidas puso fin a su asociación con el rapero Kanye West tras sus comentarios antisemitas, a pesar del éxito de la colaboración. La marca alemana destacó que el discurso antisemita es intolerable.

- El Parlamento de Navarra aprobó el 2 de mayo una moción que instó al COI a no admitir a Israel en los JJ. OO.

- La portavoz de Podemos pidió el lunes postfestival de Eurovisión que se retirase a España de cualquier acontecimiento donde participe Israel. La representante israelí en Eurovisión, Eden Golan, fue abucheada en Malmoe, Suecia.

- El Comité Organizador de la Cumbre Mundial para Palestina pidió a finales de mayo la dimisión de Thomas Bach por su doble rasero, a la vez que entregaban una carta en la sede del COI avisando que o expulsaban a Israel o se exponían a un boicot.

- En junio, el exjugador de baloncesto francés Tariq Abdul-Wahad[109] pidió que más deportistas se pronunciasen contra el actual conflicto entre Israel y Palestina a través del *hastag* #celebrityblockout. Tariq decía que estar en los Juegos es un privilegio y que Israel hace tiempo que perdió ese derecho. Abdul-Wahad señaló que, cuando Moscú lanzó su operación militar en Ucrania, a los deportistas rusos no se les permitió representar a su país y se les obligó a competir bajo una bandera neutral.

  Si no va a haber ninguna consecuencia en la Corte Internacional de Justicia, al menos necesitamos consecuencias en el ámbito del deporte (...). Si quieres competir en una competición internacional reconocida por organizaciones internacionales, tienes que respetar el derecho internacional. Rusia no cumplió la ley. Sus deportistas fueron prohibidos. No seamos hipócritas aquí. Tratemos a todos por igual.

- El 13 de junio hubo una protesta promovida por el Foro Musulmán Europeo delante de la sede del COI con manifestantes con las manos pintadas de rojo preguntándose

---

109 Tariq Abdul-Wahad es un exjugador francés de baloncesto que estuvo siete temporadas en la NBA. En el año 2000 no fue convocado por la Federación Francesa para los Juegos de Sídney por acusar a otros jugadores de la selección de racismo.

cómo podía un deportista de un país con las manos manchadas de sangre participar en los JJ. OO.

– Thomas Portes, diputado del grupo de extrema izquierda Francia Insumisa, afirmó el 20 de julio que «los israelíes no son bienvenidos en los JJ. OO. de París» y pidió «movilización». Tras la ola de indignación que suscitó su comentario, lejos de retractarse, el diputado se reafirmó. «Considero que la diplomacia francesa debe presionar al COI para que la bandera y el himno de Israel no sean admitidos durante estos Juegos Olímpicos como se hace con Rusia. Necesitamos poner fin a los dobles raseros».

– El Ministerio de Asuntos Exteriores de Irán condenó la presencia de la delegación hebrea y pidió a los organizadores que vetaran a Israel en la red social X:

> Anunciar la recepción y protección de la delegación del régimen terrorista sionista del apartheid significa dar legitimidad a los asesinos de niños (…) No merecen estar presentes en los Juegos Olímpicos de París debido a la guerra contra el pueblo inocente de Gaza.

– Y la iniciativa ciudadana Gernika-Palestina pidió a los organizadores de la Clásica de San Sebastián que excluyese al equipo ciclista Israel Premier Tech de la carrera que tiene rango UCI World Tour.

Como no cabía ninguna duda, Israel participó en París con ochenta y ocho deportistas. Y se llevaron siete medallas, su mejor resultado en dieciocho ediciones olímpicas. Pero solo ganaron una de oro a cargo del regatista Tom Reuveny en vela, modalidad IQfoil. La primera medalla de la delegación la ganó el polémico judoca nacido en Crimea Peter Paltchik, bronce en -100 kg. Según el presidente del Comité Olímpico palestino Jibril Rajoub, el mencionado Paltchik, abanderado de Israel en la ceremonia de apertura, era culpable de «alentar» al ejército israelí. Paltchik había publicado en RR. SS. una fotografía de varios misiles firmados por él mismo todo acompañado por el texto: «De mí para ustedes con mucho gusto». «Está firmando misiles y enviándolos como regalo a los niños de Gaza», denunció Rajoub presentando una copia del *post* impresa en papel.

En la competición de judo, deporte muy seguido en Israel[110], el marroquí Abderrahmane Boushita se negó a estrechar la mano del israelí Baruch Shmailov tras perder con él en el primer combate de -66 kg. En el siguiente combate, el tayiko Nurali Emomali se retiró sin darle tampoco la mano al israelí después de ganarle. Y en la categoría de judo -73 kg, el argelino Messaoud Redouane Dris se retiró de la competición el día antes de enfrentarse al israelí Tohar Butbul por no dar el peso requerido. ¡Se pasó cuatrocientos gramos en la báscula! La Federación israelí dijo que era intencionado, que se había borrado para no competir contra ellos. Y es que eso ya había pasado en Tokio'20. Entonces, el también argelino Fethi Nourine fue suspendido diez años por no querer enfrentarse al propio Butbul. De hecho, Nourine ya se había negado a lo mismo en el Mundial 2019 otra vez ante Butbul, aunque entonces no fue sancionado. En otros deportes también han sucedido situaciones semejantes. Sin ir más lejos, Túnez fue suspendido de la Copa Davis 2014 porque la Federación tunecina ordenó a su tenista Malek Jaziri no competir contra el israelí Amir Weintraub.

El presidente israelí Isaac Herzog estuvo en París para la inauguración de los JJ. OO. Y también en la ceremonia que organizó Emmanuel Macron en el Elíseo para los jefes de Estado que asistieron a la inauguración de los Juegos. En París, la seguridad alrededor de la delegación macabea era máxima. Los miembros que participaron en la ceremonia de apertura fueron abucheados a lo largo de su navegación por el Sena. Tres deportistas israelíes recibieron *mails* con amenazas de muerte. El himno israelí fue

---

110 El judo se volvió muy popular entre los niños israelíes en las actividades extraescolares desde que se consiguiese la primera medalla olímpica de la historia del país. La consiguió en judo Yael Arad, plata en -61 kg. Arad fue la jefa de la delegación israelí en París. El judo es el deporte que más medallas ha dado a Israel, nueve, pero nunca una de oro. En París estuvieron cerca con Inbar Lanir, quien perdió la final de -78 kg ante la italiana Alice Bellandi. A más abundamiento, en los JJ. OO. de París, Israel clasificó a una judoca en cada categoría de peso femenino algo que solo Francia, Italia y Japón habían hecho.

abucheado en el debut ante Mali del torneo de fútbol. También se investigaron gestos antisemitas en el partido ante Paraguay, cuando entre el público se exhibieron pancartas en las que se leía: «Juegos Olímpicos del Genocidio». Y el Comité Olímpico de Irak pidió que en la sede del fútbol de Lyon no pusiesen su bandera al lado de la de Israel, que además no jugaba ahí. El COI desestimó la petición, ya que, en la normativa olímpica, las banderas de todos los países ondean en todas las sedes y por orden alfabético.

Y la fiscalía francesa investigó la difusión no consentida de datos sensibles de los deportistas israelíes. El 25 de julio, las autoridades del Estado judío atacaron públicamente a Irán, acusándolo de liderar una «campaña de influencia destinada a intimidar y amenazar a la delegación olímpica israelí en París». En un comunicado conjunto, la Dirección Nacional del Ciberespacio de Israel y el Ministerio de Cultura y Deportes denunciaron también actos de suplantación de identidad e intimidación. «Como parte de esta campaña, un grupo de piratas informáticos abrió canales en las redes sociales donde publicaron información personal sobre los miembros de la delegación y les enviaron mensajes amenazantes», rezaba el comunicado.

Sería este un buen momento para recordar un gesto de los Juegos de Tokio que congracia con el espíritu de los Juegos. Que nos demostró que el deporte está muy por encima de la política. Aunque sería justo decir que la situación en 2021 entre Israel y Palestina no era la misma que ahora. En Tokio, la judoca israelí Raz Hershko[111] fue noticia en el Nippon Budokan cuando ella y la saudí Tahani al-Qahtani se estrecharon la mano y se abrazaron después de su combate. Arabia Saudí no reconoce el Estado de Israel y había runrún previo a ese combate.

Tres años después, Raz Hershko regresó a los JJ. OO. en medio de un clima mucho más tenso con la guerra entre Israel y Hamás en Gaza. Experimentó «un poco de hostilidad» en las competiciones previas de los nueve meses anteriores, incluido el Grand Slam de París en febrero de 2024, donde ganó una medalla de bronce.

---

111   Raz Hershko fue medalla de plata de judo en +78 kg en París'24 y de bronce en Tokio'20.

Dijo estar «lista» para cualquier escenario, incluidos abucheos de la multitud o un oponente que se negase a competir contra ella o estrecharle la mano, pero le dijo al diario *Times of Israel* que «los deportes y la política no se deben mezclar». En París, Raz llegó a la final y perdió en el combate por la medalla de oro ante la brasileña Beatriz Bia Souza. Antes, en semifinales, Raz derrotó por *ippon* en catorce segundos a la turca Kayra Ozdemir. La televisión turca TRT que difundía el combate cortó inmediatamente la señal desde París para no ver la celebración de la israelí.

El resultado de Israel en París podía haber mejorado si Amit Helor hubiese optado por la nacionalidad de sus ancestros. Amit fue campeona olímpica de lucha libre en 68 kg representando a Estados Unidos, ya que nació en California aunque sus abuelos son judíos que emigraron tras sobrevivir al Holocausto. «Soy una estadounidense que lucha orgullosa por mi país, pero en mi corazón también lucho por Israel» dijo Amit.

EL DRAMA EN GAZA

La única crónica deportiva de Palestina previa a los Juegos era el recuento de deportistas fallecidos. Como hemos dicho, más de cuatrocientos. El penúltimo fue el sexagenario Majed Abu Maraheel, el primer deportista palestino olímpico de la historia y abanderado en Atlanta'96, quien falleció en el campo de refugiados de Nuseirat, en Gaza, por falta de tratamiento médico para su insuficiencia renal. Y el último… por ahora… fue el seleccionador olímpico de fútbol Hani al-Masdar, quien falleció en un bombardeo en Gaza. Como no podía ser de otra manera, el acto en Cisjordania de despedida a la delegación que viajó a París fue muy emotivo. El *leitmotiv* de todos los seleccionados era participar para honrar a los familiares y amigos fallecidos y contar al mundo lo que pasaba en Gaza.

Palestina ha participado en ocho ediciones de JJ. OO. desde Atlanta 1996. Nunca ha ganado una medalla olímpica. Eso sí, en los JJ. PP. ha conseguido tres medallas: una de plata y dos de bronce. La delegación palestina se presentó en París con ocho deportistas en seis disciplinas. Había dicho Thomas Bach a finales de abril que, si sus deportistas no conseguían clasificarse para los

JJ. OO., se aplicaría el criterio de asignarles plazas de universalidad[112]. Siete de ellos compitieron invitados, pero el taekwondista Omar Yaser Ismail hizo historia en -58 kg al convertirse en el primer palestino sin cuotas de universalidad en participar en unos Juegos. Tal vez por eso, todos sentimos su derrota en segunda ronda como propia, aunque le hubiese eliminado el español Adrián Vicente. Estaba cerca de luchar por una medalla. Y tras perder en el último suspiro, cayó de rodillas, incrédulo. Adrián le consoló, el público le premió con una larga y calurosa ovación, pero él permaneció clavado en el suelo, incapaz de aceptar la derrota. No solo peleaba por sí mismo, lo hacía por su pueblo.

Wasim Abusal, primer palestino en participar en boxeo en unos Juegos, preparó la competición parisina a través de WhatsApp. Su entrenador Ahmad Harara vive en El Cairo y no podía acceder a Cisjordania por la restricción de movimientos que aplica Israel. Solo se veían en torneos internacionales y la única opción era mandarle mensajes a Wasim a través del móvil. Precisamente Abusal fue el abanderado de Palestina en la ceremonia de apertura. En ella llevó una camisa blanca bordada con aviones de caza negros bombardeando a niños que juegan al fútbol y en el cuello, bordadas ramas de olivo. «Es un mensaje de paz. Es un mensaje para llamar la atención —dijo. —Esto es contra la guerra, contra la matanza. Esto respeta la Carta Olímpica». Según Jibril Rajoub, la camisa había sido revisada por el COJOP, el cual, según él, la aprobó.

Por su parte, el nadador Yazan al-Bawwab apareció en la piscina con la bandera palestina pintada en el pecho, bien a la vista de todos antes, durante y después de su prueba, los 100 m espalda. Era su manera de reivindicarse, ya que Francia no reconoce a Palestina. Yazan, ingeniero aeromecánico está ahora estudiando un grado en Deporte Internacional en Londres. Y ha creado un proyecto llamado «SwimHope Palestine», una iniciativa integral y específica diseñada para empoderar a las comunidades desfavo-

---

112 El COI tiene la potestad de invitar a los JJ. OO., bajo una cuota de universalidad, a deportistas que no tienen las marcas mínimas exigidas. El objetivo es globalizar la competición y el deporte, y ayudar a pequeños países con menos medios y poca tradición deportiva.

recidas y refugiadas de Palestina proporcionándoles acceso a una educación esencial en natación y a habilidades acuáticas que salvan vidas. Mediante la creación de piscinas temporales y el desarrollo de un plan de estudios de natación a medida, «SwimHope Palestine» se centra en enseñar a niños de seis años técnicas esenciales de natación y técnicas para salvar vidas. Por cierto, Yazan podía haberse enfrentado al israelí Adam Maraana, también inscrito en 100 m espalda. Pero no coincidieron en la misma serie.

Curiosamente, en Santiago de Chile existe una entidad social, cultural y polideportiva llamada el Club Deportivo Palestino. Fue fundado originalmente como club de fútbol el 20 de agosto de 1920 por miembros de la colonia palestina residente en el país, mayoritariamente cristianos y que huyeron del régimen otomano a finales del s. XIX y principios del XX. El palestino actualmente compite en la Primera División de fútbol de Chile. Pues bien, uno de los ocho representantes palestinos en París era nacido en Chile, el tirador Jorge Antonio Salhe. Su familia huyó de Palestina cuando la diáspora de mitad del s. XX, y se establecieron en la capital de Chile. Jorge creció bajo las tradiciones y cultura palestina. Y mantuvo la doble nacionalidad. Así que cuando se le presentó la oportunidad de representar a Palestina en París, gracias a una plaza de universalidad del COI, no se lo pensó dos veces. Quedó último de la ronda clasificatoria de tiro en *skeet*…, ¡pero eso era lo de menos para él!

Cada una de las historias de los ocho participantes palestinos en París merecería un capítulo por sí mismo. La corredora de 800 m lisos Layla al-Masri, quien nació en Colorado Springs, EE. UU., decidió representar al país de sus ancestros. Lo mismo que la nadadora palestino-estadounidense Valeri Rose Tarazi, quien, junto a Wasim Abusal, llevó la bandera de Palestina en la ceremonia de apertura. Y ambos iban tocados con el tradicional pañuelo palestino cuando la realización de la ceremonia les enfocó. Tarazi nació en Illinois, Estados Unidos, en el seno de una familia originaria de Gaza. Y en París compitió en la prueba de los 200 m estilos. «Cuanto más duro me entreno y mejor lo hago, más reconocimiento recibe Palestina. Esa es nuestra misión, lucho por mi país a través del deporte», dijo Tarazi. La suerte de las series tampoco emparejó a Valeri Rose con las dos israelíes que nadaban en su misma prueba, Anastasia Gorbenko, hija de emigrantes ucranianos y Lea Polonsky, de origen ruso.

El «octavo pasajero» palestino fue Fares Badawi. Nació en 1996 en el campo de refugiados de al-Yarmouk, en Damasco, Siria. Y posteriormente se trasladó a Alemania. En París compitió en judo -81 kg y perdió en primera ronda contra el tayiko Somon Makhmadbekov, que a la postre se hizo con la medalla de bronce. Pero lo curioso es su trayectoria. Fares formó parte del Equipo Olímpico de Refugiados en los Mundiales de Judo de 2019 en Tokio. Y en París terminó siendo olímpico con el país de su corazón. El sorteo del cuadro también evitó que Fares Badawi se enfrentase en primera ronda al israelí Sagi Muki[113], sargento del ejército de Israel.

EQUIPO DE REFUGIADOS

No hay nada más político en los JJ. OO. recientes que el Equipo Olímpico de Refugiados (EOR). Un refugiado es aquella persona que huye de su país a causa de persecuciones, guerras o violencia. Es una figura reconocida y protegida por el derecho internacional. Ciento veinte millones de personas en todo el mundo son refugiados, o sea, una de cada setenta personas del planeta. El crecimiento es exponencial, ya que antes de los Juegos de Río'16 había «solo» sesenta millones de refugiados. La condición de refugiado la otorga la Oficina del Alto Comisionado para los Refugiados (ACNUR), una de las múltiples agencias de la ONU.

Ante esta nueva realidad mundial, que concernía a miles de deportistas desplazados y que, las más de las veces, tuvieron que dejar de entrenar y competir para salvar sus vidas huyendo de su país natal, el movimiento olímpico supo adaptarse. En 2017, el

---

113 Sagi Muki fue medalla de bronce de judo en la competición mixta por equipos en Tokio'20.

COI lanzó la Fundación Olímpica para Refugiados para ayudar a crear proyectos seguros, accesibles y organizados para las comunidades desplazadas, de acogida y otras comunidades vulnerables a través del deporte. Y posteriormente se creó, a partir de los Juegos de Río'16, el Equipo Olímpico de Refugiados. París'24 fue, pues, la tercera participación olímpica, y por primera vez compitieron bajo su propio emblema, un círculo de flechas con un corazón en el centro. El simbólico corazón que late al unísono por una comunidad que no tiene Estado propio, pero comparte vivencias comunes.

El nivel deportivo de los refugiados no es alto. La mayoría de ellos han perdido el hilo de su vida deportiva por no poder entrenar en sus países de origen. Y tampoco lo han podido hacer luego al llegar a los países donde se han refugiado. Bastante tenían con resolver sus problemas de visado, además de encontrar trabajos para vivir, como para mejorar su rendimiento. Por eso los Juegos de París nos obsequiaron un momento emocionante cuando se consiguió la primera medalla de la historia del equipo. Fue de bronce y la alcanzó la boxeadora camerunesa, refugiada en Gran Bretaña, Cindy Ngamba[114] en la categoría de -75 kg. Seguramente será la primera de muchas en Los Ángeles'28. Y es que, para ir recortando las diferencias deportivas, la Fundación de Refugiados Olímpicos (ORF) ha llegado a un acuerdo con la marca Nike para ayudar a los desplazados a preparar los JJ. OO., sobre todo centrados en ayudar a mujeres y niñas. Entre otras acciones, se trata de aumentar el número de entrenadores y donar los uniformes de competición.

TERCERA PARTICIPACIÓN OLÍMPICA

El Equipo de Refugiados ha ido «engordando» a medida que iban pasando los Juegos. En los de Río'16, estuvo formado por diez deportistas: cinco de Sudán del Sur, dos de la República Democrática del Congo, dos de Siria y uno de Etiopía.

El éxito del Equipo Olímpico de Refugiados en Río'16 llevó a la creación de un programa para los deportistas refugiados. A través

114 Al acabar los Juegos, Cindy Ngamba pasó a profesional y, además, fue introducida en el «Wall of Fame» del Instituto Británico de Deportes. Y fue elegida boxeadora del año 2024 en Gran Bretaña.

de Solidaridad Olímpica[115], el COI organiza asistencia para todos los comités olímpicos nacionales, en particular los más necesitados. En total, unos 1700 deportistas de 185 comités se benefician actualmente de las Becas Olímpicas para Atletas Refugiados que ofrecen la oportunidad de identificar a los deportistas que viven en sus países y apoyarlos en su entrenamiento, preparación y participación en competiciones de alto nivel.

Posteriormente, en septiembre de 2017, el COI lanzó la Olympic Refuge Foundation como el siguiente capítulo de su compromiso a largo plazo de apoyar la protección, el desarrollo y el empoderamiento de los jóvenes desplazados a través del deporte, todo el año en todo el mundo. A finales de 2023, casi 400 000 jóvenes afectados por el desplazamiento tenían acceso al deporte seguro gracias a la labor de la fundación. Tras una inversión de más de veintitrés millones de dólares, pusieron en marcha dieciséis programas en once países diferentes.

Con todas estas ayudas, para Tokio'20 ya fueron seleccionados veintinueve deportistas: nueve de Siria, cinco de Irán, cuatro de Sudán del Sur, tres de Afganistán, dos de Eritrea y uno de Venezuela, República del Congo, República Democrática del Congo, Sudán, Irak y Camerún.

Y el 2 de mayo de 2024, la ejecutiva del COI nominó a los treinta y seis deportistas para los Juegos de París'24, veintitrés hombres y trece mujeres, que compitieron en doce deportes. El COI los eligió entre los setenta y tres deportistas refugiados que disponen de beca olímpica. Venían de once países distintos: Afganistán, Siria, Irán, Sudan, Sudán del Sur, República Democrática del Congo, Eritrea, Etiopía, Camerún, Cuba y Venezuela.

Antes de París'24, los treinta y siete deportistas se concentraron el 19 de julio de 2024 en la histórica ciudad de Bayeux, en Normandía, donde fueron recibidos por el alcalde frente a la

---

115 Solidaridad Olímpica es un programa de desarrollo del COI dedicado a garantizar la universalidad de los Juegos Olímpicos, proporcionando financiación y apoyo técnico, financiero y administrativo a aquellos deportistas, entrenadores, administradores deportivos y comités olímpicos nacionales que más lo necesiten. El presupuesto total para el ciclo de Solidaridad Olímpica 2021-2024 fue de 590 millones de dólares.

famosa catedral de la ciudad. Fue la primera vez en que tuvieron sentimiento de pertenencia, y les dio la oportunidad de unirse como equipo y crear vínculos antes de dirigirse a la villa olímpica. Y para apoyar al equipo, el COI lanzó en mayo de 2024 la campaña «Uno entre cien millones», un cortometraje presentando historias personales de los deportistas. Y es que todos y cada uno de ellos tiene una historia de superación y resiliencia a sus espaldas que daría para treinta y siete documentales en una plataforma de *streaming*.

HÉROES Y HEROÍNAS DE PARÍS'24:

- Farida Abaroge, 1 de enero de 1994. Creció en Jimma, Etiopía. Con veintidós años, en 2016, dejó Etiopía por motivos políticos y, antes de asilarse en Estrasburgo, Francia, pasó por Sudán, Egipto y Libia. Participó en el Mundial de Cross de Belgrado'24 ya como refugiada.
  Segunda deportista clasificada para unos Juegos por *ranking*, y no por invitación o cuota de universalidad, tras Cindy Ngamba (luego lo lograron siete deportistas africanos más).
  En París'24, participó en la primera ronda de 1500 m (última de su serie) y luego en la repesca (última). Abanderada en la ceremonia de clausura.

- Omid Ahmadisafa, 24 de septiembre de 1992. Campeón del mundo de *muay thai* representando a Irán. Abandonó el país durante una competición en Italia, para instalarse en Alemania.
  En París'24, perdió su combate de boxeo de 51 kg de dieciseisavos de final ante el estadounidense Roscoe Hill.

- Yahya al-Ghotany, 9 de agosto de 2003. Huyó de Siria cuando empezó la guerra. Pasó por el campo de refugiados de Azraq en Jordania, donde comenzó a practicar taekwondo. En cinco años de entrenar dos veces al día en la Academia de Azraq, con los miembros del Taekwondo Humanitarian Foundation, alcanzó el cinturón negro segundo Dan.

En París'24, abanderado en la ceremonia de apertura. Perdió el combate de clasificación de taekwondo -68 kg ante el hongkonés Wai Fung Lo.

- Mohammad Amin Alsalami, 25 de julio de 1994. Nació en Alepo en Siria. Tras estallar la guerra, estuvo un tiempo en Turquía, pero ahí no podía competir. Y volvió a Siria, a Damasco. Pero la guerra no acababa y tuvo que huir a Berlín.
  En París'24, penúltimo de su grupo en la clasificación de salto de longitud.

- Amir Ansari, 19 de agosto de 1999. Nació en Irán, pero creció en Afganistán, antes de huir a Estocolmo, Suecia, en 2015. En su huida atravesó Irán, Turquía y Grecia, y tuvo que luchar contra la depresión y los pensamientos suicidas. En París'24, trigésimo en la contrarreloj individual de ciclismo.

- Matin Balsini, 19 de febrero de 2001. De Irán. Era saltador de trampolín, pero un accidente le hizo decantarse por la natación. Huyó de su país y pidió asilo en Guildford, Surrey, Gran Bretaña. Estuvo siete meses para conseguirlo y en ese tiempo no pudo nadar. Trabajó como socorrista los fines de semana para vivir.
  En París'24, quedó penúltimo de la primera ronda de los 200 m mariposa de natación.

- Mahboubeh Barbari Yharfi, 28 de diciembre de 1991. Refugiada iraní en Alemania y madre soltera. En 2023, compitió en el Mundial de Judo, convirtiéndose en la primera mujer procedente de Irán en competir en la disciplina sin el hiyab exigido por la República Islámica de Irán.
  En París'24, perdió el combate de dieciseisavos de final de judo +78kg ante la dominicana Moira Morillo, y como miembro del equipo mixto de judo perdió en primera ronda con España.

- Edilio Francisco Centeno Nieves, 27 de octubre de 1980. En su Venezuela natal dirigía una academia de entrenamiento de tiro. Llegó a n.º 1 de su país. Huyó a México. Las autoridades deportivas de Venezuela cuestionaron ante el COI su inclusión en el Equipo de Refugiados al negar que sea víctima de persecución política en el país caribeño. Su hermana, la también tiradora Mariale, tiene beca olímpica, pero no fue seleccionada para el equipo de París.

Trabaja de camarero en la localidad mexicana de Saltillo. Cuando pidió permiso en el trabajo para ir a los Juegos, en el restaurante no se creían que su trabajador de cuarenta y tres años fuese olímpico.

En París'24, 30º de la clasificación de tiro de 10 m con pistola de aire comprimido.

– Muna Dahouk, 27 de agosto de 1995. Huyó de Siria en 2019 para reunirse con su madre en los Países Bajos. Empezó con el judo en Damasco con seis años.

Ya estuvo en el Equipo de Refugiados en Tokio'20.

En París'24, perdió el combate de dieciseisavos de final de judo -57 kg ante la panameña Kristine Jiménez, y como miembro del equipo mixto de Judo perdió en primera ronda con España.

– Jamal Abdelmaji Eisa Mohammed, 25 de agosto de 1993. Con ocho años huyó de su casa de Darfur en Sudán, separándose de su madre y sus hermanos. Viajó a Egipto, cruzó el desierto del Sinaí y se estableció en Tel Aviv, Israel. El club Alley Runners, que ayuda a deportistas desfavorecidos, le permitió volver a entrenar.

Ya estuvo con el Equipo de Refugiados en Tokio'20 en 5000 m.

En París, 18º de la prueba de 10 000 m.

– Saeid Fazloula, 9 de agosto de 1992. En Irán era un reconocido piragüista, y llegó a ganar una medalla de plata en los Juegos Asiáticos de 2014. Pero en 2015, tras recibir amenazas, huyó para establecerse en Alemania.

Ya estuvo en el Equipo de Refugiados en Tokio'20.

En París'24, superó la primera serie de piragüismo esprint K1 1000 m y quedó eliminado en cuartos de final.

– Tachlowini Gabriyesos, 1 de enero de 1998. Huyó de Eritrea con doce años. Estuvo en Etiopía y Sudán, antes de cruzar

el Sinaí hasta Israel. Viajó con un amigo un año mayor que
él que le enseñó un truco para no perderse en el desierto.
Al dormir, se quitaban los zapatos y los dejaban apuntando
a la dirección a la que querían ir para no desorientarse al
día siguiente al despertar. Al llegar a Israel lo detuvieron
antes de enviarlo a la escuela en Hadera donde conoció a un
entrenador de atletismo que lo encauzó.
Ya estuvo en el Equipo de Refugiados en Tokio'20, en los
que fue abanderado en la ceremonia de apertura y consiguió una excelente decimosexta plaza en maratón.
En París'24 fue cuadragésimo segundo del maratón.

- Ereyu Gebru, 10 de diciembre de 1996. Ciclista etíope, que
  llegó a ganar dos veces el oro del Campeonato de África
  en contrarreloj por equipos, en 2018 y 2019 y la plata de la
  prueba en ruta individual en 2019. Durante la guerra civil
  del norte del país en 2021, huyó a Francia.
  En París'24 abandonó en la prueba individual de ciclismo
  en ruta.

- Yekta Jamali Galeh, 16 de diciembre de 2004. La más joven
  del equipo, medallista en los mundiales júnior de halterofilia compitiendo por Irán. Pero en mayo de 2022 se vio for-
  zada a huir a Alemania. Y ahí, consiguió la beca de escola-
  ridad de la Fundación Refugio Olímpico, que se otorga a
  atletas refugiados, y pudo seguir entrenando y compitiendo.
  En París'24, fue novena en halterofilia 81 kg.

- Fernando Dayan Jorge Enríquez, 3 de diciembre de 1998. El
  deportista del Equipo de Refugiados con mejor palmarés,
  no en vano representando a su Cuba natal en Tokio'20 ganó
  la medalla de oro de piragüismo en C2 1000 m.
  En marzo de 2022, el equipo cubano de piragüismo viajó
  a Ciudad de México para un campo de entrenamiento de
  tres semanas. Él desertó cruzando la frontera hacia EE. UU.
  Quería reunirse con su esposa en Miami. Y en esa huida,
  salvó a una mujer de ahogarse al cruzar el río Grande.
  En París'24, superó la primera serie de piragüismo esprint
  C1 1000 m y quedó eliminado en cuartos de final.

- Dorian Keletela, 6 de febrero de 1999. Nacido en la República Democrática del Congo, quedó huérfano cuando era todavía adolescente. Se trasladó a vivir con su tía, pero a los diecisiete años se vio obligado a huir y llegó a Portugal. Empezó tarde en el atletismo, pero su capacidad de mejora no escapó a la mirada de su entrenador, Francis Obikwelu[116]. Ya estuvo en el Equipo de Refugiados en Tokio'20.

  En París'24, fue eliminado en la primera ronda de los 100 m de atletismo al ser último en su serie.

- Adnan Khankan, 1 de mayo de 1994. Nacido en Damasco, Siria. Abandonó su país durante la guerra para ir a Alemania. «Siempre traté de no salir de mi país porque es una situación muy difícil, pierdes a tu familia, a tu novia, tu sueño». Lloró delante de la televisión durante la ceremonia de apertura de Río'16 porque, de no haber tenido que huir, hubiese sido olímpico.

  En París'24, perdió el combate de dieciseisavos de final de judo -100 kg ante el suizo Daniel Eich, y como miembro del equipo mixto de judo perdió en primera ronda con España.

- Perine Lokure Nakang, 1 de enero de 2003. Nacida en Sudán del Sur, país arrasado por la guerra, a los siete años huyó a Kapsabet, Kenia, con su tía. Inspirándose en su referente, la estadounidense Athing Mu[117], participó en el Mundial de Atletismo de Budapest'23.

  En París'24, participó en la primera ronda de 800 m (última de su serie) y luego en la repesca (antepenúltima).

- Iman Mahdavi, 12 de febrero de 1995. Iraní, nacido en la costa del mar Caspio, llamada la región de los luchadores. Naciendo ahí y con un padre luchador, su destino estaba marcado y fue siete veces campeón nacional júnior. Pero en octubre de 2020, temiendo por su vida, no tuvo más remedio que huir a Italia, donde pidió asilo.

---

116   Francis Obikwelu nació en Nigeria, pero ganó la medalla de plata en 100 m en los Juegos de Atenas'04 representando a Portugal.

117   Athing Mu es una estadounidense de origen sursudanés, campeona olímpica de 800 m lisos en los Juegos de Tokio'20.

En París'24, perdió el combate de octavos de final de lucha libre 74 kg ante el serbio Hetik Cabolov.

– Farzad Mansouri, 19 de marzo de 2002. Nacido en Parwan, Afganistán, fue abanderado de su país en Tokio'20. Pero abandonó Afganistán cuando los talibanes capturaron Kabul.

Después de dejar el país, permaneció en el centro de alojamiento de Abu Dabi durante ocho meses y fue invitado a Gran Bretaña para entrenar con el Equipo Olímpico. Fue tercero en los clasificatorios olímpicos europeos.

En París'24, perdió el combate de octavos de final de taekwondo -80 kg ante el estadounidense CJ Nickolas.

– Alaa Maso, 1 de enero de 2000. De Alepo, Siria. Abandonó el país en 2015 después que la instalación deportiva donde entrenaba sufriera daños a causa de la guerra. Tras un periplo por Europa encontró asilo en Hannover, Alemania.

Ya estuvo en Tokio'20, donde protagonizó un momento mágico en la ceremonia de apertura, al salir de las filas del Equipo de Refugiados para abrazarse con su hermano Mohamad, quien estaba en los Juegos representando a Siria en triatlón.

En París'24, quedó eliminado en su serie de 50 m libres de natación.

– Kasra Mehdipournejad, 26 de diciembre de 1992. Iraní, refugiado en Berlín, Alemania en 2017. Dice que su padre es su héroe, pero su motivación para entrenar son las mujeres de su vida, su madre y su esposa, quien es también campeona de taekwondo.

En París, undécimo en taekwondo +80 kg tras superar en el combate de clasificación al papú Mara Gibson Kaogo y perder en octavos de final ante el marfileño Cisse Cheick Sallah[118]. Abanderado en la ceremonia de clausura.

---

118   Cisse Cheick Sallah fue campeón olímpico de taekwondo en -80 kg en Río'16 y medalla de bronce en +80 kg en París'24.

–   Ramiro Mora Romero, 29 de septiembre de 1997. Cubano de nacimiento, perdió a su padre muy pronto y luego le diagnosticaron cáncer a su madre, quien murió un año después. Refugiado desde 2019 en Bristol, Gran Bretaña. Cuando llegó al país, trabajó en un circo ambulante de Blackpool para poder vivir. Pero un amigo lo animó a retomar el entrenamiento que había dejado al abandonar Cuba.
    En París'24, séptimo de halterofilia 102 kg.

–   Cindy Winner Djankeu Ngamba, 7 de septiembre de 1998. Camerunesa refugiada en Manchester desde los once años cuando tuvo que huir de su país junto a su familia. Posteriormente nunca ha podido volver a Camerún por razón de la represión penal de la homosexualidad en su país, ya que ella se ha declarado abiertamente lesbiana. Estando en Gran Bretaña fue arrestada y a punto estuvo de ser deportada de vuelta a Camerún.
    Antes de París, era la gran esperanza para ganar la primera medalla de la historia del Equipo de Refugiados, ya que en Gran Bretaña había ganado tres títulos en tres categorías. Primera deportista refugiada clasificada ella misma, sin ser invitada.
    En París'24, abanderada del equipo en la ceremonia de apertura. Y medalla de bronce en boxeo 75 kg tras ganar en octavos de final a la canadiense Tammara Amanda Thibeault y en cuartos a la francesa Davina Michel y perder en semis con la panameña Atheyna Bylon.

–   Dina Pouryounes Langeroudi, 1 de enero de 1992. Nacida en Irán, refugiada desde 2015 en los Países Bajos. Primera deportista refugiada en competir en el Mundial de Taekwondo en 2017.
    Ya estuvo en el Equipo de Refugiados en Tokio'20.
    En París'24, séptima en Taekwondo -49 kg tras perder en octavos de final con la china Qing Guo[119] y perder en la repesca con la turca Merve Dincel Kavurat.

---

119   Qing Guo fue medalla de plata de taekwondo en -49 kg en París'24.

– Mohammad Rashnonezhad, 3 de abril de 1996. De Irán. En un viaje para competir en el Gran Premio de la Haya en 2017, decidió quedarse como refugiado en los Países Bajos. En París'24, perdió el combate de dieciseisavos de final de judo -66 kg ante el francés Walide Khyar[120], y como miembro del equipo mixto de judo perdió en primera ronda con España.

– Amir Rezanejad Hassanjani, 18 de enero de 2000. De Irán, refugiado en Augsburgo, Alemania. Es un políglota, expresándose con fluidez en farsi, turco, inglés y alemán. En Alemania, continuó entrenándose solo por placer. Hasta que en 2023 se enteró de que podía ir a los Juegos como refugiado. «Ese día, la luz volvió a mi vida» dijo emocionado.
En París'24 fue decimonoveno en piragüismo eslalon C1 y 36° en kayak *cross*. En esta última prueba, nueva en los Juegos, cayó al agua tras volcar su kayak y tuvo que ser rescatado por un socorrista.

– Nigara Shaheen, 6 de julio de 1993. De Afganistán, empezó en el judo con once años cuando vivía como refugiada en Peshawar, Pakistán. Estudió Comercio Internacional en la Universidad de Ekaterimburgo. Y luego volvió a Kabul, Afganistán, para estudiar en la Universidad Americana. Desde 2022 vive en Canadá.
Ya estuvo en el Equipo de Refugiados en Tokio'20.
En París'24, perdió el combate de dieciseisavos de final de judo -63 kg ante la mexicana Prisca Awiti[121] y, como miembro del equipo mixto de Judo, perdió en primera ronda con España.

– Arab Sibghatullah, 4 de julio de 2001. De la provincia afgana de Kunduz. Dejó su país, y antes de establecerse en Mönchengladbach, Alemania, en 2022, pasó por Irán, Turquía, Grecia, Bosnia-Herzegovina y Eslovenia.

---

120   Walide Khyar fue campeón olímpico de judo por equipos mixtos en París'24

121   Prisca Awiti fue una de las grandes sorpresas de la delegación de México. Fue medalla de plata en judo en -63 kg en París'24. Prisca nació en Gran Bretaña de madre mexicana y padre keniano.

En París'24, perdió el combate de dieciseisavos de final de judo -81 kg ante el belga Matthias Case[122], y como miembro del equipo mixto de Judo perdió en primera ronda con España.

–   Luna Solomon, 1 de enero de 1994. Refugiada eritrea que llegó a Suiza en 2015 tras pasar por Siria. Su viaje, del que no alertó a su familia, duró diez días durante los cuales muchos de sus acompañantes murieron. Pero lo peor estaba por llegar, porque tuvo que cruzar el Mediterráneo en una balsa hasta que los interceptó la policía italiana y la llevaron a la isla de Lampedusa.

    Es madre de un niño. No empezó a practicar el tiro hasta que llegó a Suiza. Cuando se lo propusieron preguntó si el tiro era un deporte. «El tiro es para matar gente», dijo entristecida Luna.

    Ya estuvo en el Equipo de Refugiados en Tokio'20.

    En París'24, cuadragésimo tercera en tiro de 10 m en rifle de aire comprimido.

–   Saman Soltani, 11 de junio de 1996. De Irán. Empezó en natación artística, pero en su país había más oportunidades en piragüismo.

    En 2022, asistió a un campamento de entrenamiento de natación artística en España para potenciar sus habilidades y avanzar en su carrera deportiva. Durante su estancia, se dio cuenta de que regresar a Irán, su país de origen, no era una opción viable por motivos de seguridad personal. Ante esta situación decidió buscar asilo en Austria.

    En París'24, superó la primera serie de piragüismo esprint K1 500 m y quedó eliminada en cuartos de final.

–   Musa Suliman, 15 de junio de 2004. Nacido en Sudán. Para huir de la guerra se trasladó a El Cairo, Egipto, debido a la enfermedad de su padre. Posteriormente llegó a Suiza en 2021 y empezó a jugar al fútbol, pero cuando vieron cómo corría, le sugirieron pasarse al atletismo.

---

122   Matthias Case fue medalla de bronce en judo en -81 kg en Tokio'20.

En París'24, participó en la primera ronda de 800 m (último de su serie) y luego en la repesca (eliminado).

- Manizha Talash, 22 de diciembre de 2002. De Afganistán, entrena y reside en Vallecas, Madrid. Entrenaba en un club de Kabul, siendo la única mujer entre cincuenta y seis miembros. Cuando entraron los talibanes declararon el baile y la música de infieles. Y tuvo que huir. Estuvo un año en Pakistán, antes de viajar a España. Su madre, dos hermanos y una hermana también adquirieron el status de refugiados y vivieron juntos en España. Desde 2025 Manizha vive en París.
  Como ya se ha dicho en la «Introducción», en París'24, durante la competición de break, sacó una capa con la inscripción «Free Afghan Woman». Fue descalificada de los JJ. OO.

- Hadi Tiranvalipour, 21 de marzo de 1998. Nacido en Irán, compitió internacionalmente con su país de origen durante más de ocho años. Pasó sus primeros diez días como refugiado en Italia viviendo en un bosque. Entrena en Roma junto a Vito Dell'Aquila[123].
  En París'24, perdió el combate de clasificación de taekwondo - 58 kg ante el palestino Omar Yaser Ismail.

- Jamal Valizadeh, 26 de septiembre de 1991. Nació en Irán, trabajó en Turquía en 2014, donde descubrió la lucha, cruzó una parte del Mediterráneo a nado tras tener que abandonar la patera en la que iba y se estableció en Francia.
  En París'24, perdió en octavos de final de lucha grecorromana 60 kg ante el uzbeko Islomjon Bakhramov.

- Dorsa Yavarivafa, 31 de julio de 2003. Dejó Teherán con quince años para viajar a Turquía en 2018 con pasaporte alemán falso. Y tras un periplo por Alemania, Bélgica y Francia, se estableció con su madre en Birmingham, Gran Bretaña. Carolina Marín[124] es su inspiración.

---

123 Vito Dell'Aquila fue campeón olímpico de taekwondo en -58 kg en Tokio'20.

124 Carolina Marín fue campeona olímpica de bádminton en los Juegos de Río'16. Es la única no asiática en ganar un oro en bádminton femenino. Cayó lesionada en semifinales de París'24.

En París'24, perdió los dos partidos de la fase de grupos de bádminton ante la singapurense Jia Min Yeo y la mauriciana Kate Foo Kune.

– Y Dominic Lokinyomo Lobalu, 16 de agosto de 1998. Nació en Sudán del Sur y perdió a sus padres tras un ataque armado a su pueblo en 2007. Un año después se trasladó a Nairobi, Kenia, para vivir como refugiado en el campo de Kakuma, el campo de refugiados más grande del mundo. Desde 2019 reside en Suiza. E incluso representó a este país en el Europeo de Atletismo de Roma'24, donde ganó dos medallas para Suiza: oro en los 10 000 m y bronce en los 5000 m.

La Federación suiza había pedido a World Athletics que le dejasen participar como suizo en Roma. Pero el COI argumentó que eso no valía para los JJ. OO., porque Lobalu no tenía la nacionalidad. La única opción viable, pues, era la repesca en el Equipo de Refugiados. Y así, pasó a ser el deportista número treinta y siete del equipo.

En París'24, fue cuarto de la final de 5000 m a 14 centésimas de la medalla de bronce.

REFERENTES PARA EL FUTURO

Además de las insólitas historias de los propios deportistas que compitieron en París, cualquiera que haya pasado por este equipo en las tres ediciones olímpicas tiene una historia increíble a sus espaldas. Es el caso de la exciclista afgana Masomah Ali Zada, que fue nombrada jefa de misión del Equipo Olímpico para París'24 sucediendo a Tegla Loroupe[125]. Masomah es originaria de Afganistán, pero pasó sus primeros años en el exilio en Irán. Tras su regreso a Kabul, fue a la universidad para estudiar deporte. También empezó a practicar ciclismo con un grupo de

---

125 Tegla Loroupe fue jefa de misión del EOR en 2016 y 2020, aun no siendo ella misma refugiada. Es una atleta keniana, doble medallista mundial de 10 000 m y tuvo el WR de maratón. En 2003, fundó la Fundación Tegla-Loroupe para la Paz (TLPF), que pretende crear un mundo pacífico y justo en el que el deporte sea un factor de unión.

mujeres jóvenes, a pesar de la desaprobación de los sectores conservadores de la sociedad. Como miembro de la minoría hazara[126], las cosas fueron todavía más difíciles para ella, pero su grupo se hizo famoso y entró en el equipo nacional de ciclismo. En 2016 tuvo que huir de su país y se exilió en Lille, Francia. Compitió en ciclismo en ruta en Tokio'20. Y ahora es miembro también de la Comisión de Atletas del COI.

Todavía más lejos ha llegado el sursudanés Yiech Pur Biel, quien pasando por el Equipo de Refugiados en Río'16 y Tokio'20 es ahora miembro del COI. Pur se vio obligado a huir de la guerra en Sudán del Sur en 2005 a la edad de diez años, dejó a su madre y su hermano en Nasir y llegó solo al campamento de refugiados de Kakuma en el norte de Kenia. En 2015, se enteró de que la Fundación Tegla Loroupe organizaba pruebas de atletismo. A pesar de correr descalzo, fue seleccionado durante las pruebas para identificar atletas refugiados. Así, participó en los 800 m en los Juegos de Río'16. Y estuvo también en Tokio'20, pero esta vez solo como representante del equipo, no compitiendo en la pista. Posteriormente, fue embajador de buena voluntad para ACNUR, habló ante la Asamblea General de la ONU y se convirtió en el primer refugiado miembro del COI. Vive en Estados Unidos.

Otra gran historia de superación es la de la taekwondista Kimia Alizadeh Zenozi. Con dieciocho años, tocada con su hiyab, ganó para Irán el bronce en -57 kg en Río'16. Era la primera medalla olímpica para una mujer iraní de la historia y volvió a casa como una heroína, apodada Tsunami por su energía desbordante. Pero en enero de 2020 todo cambió. La deportista huyó de su país natal. El punto de inflexión fue un *post* de Instagram en el que se definía como «una de los millones de mujeres oprimidas en Irán. Me vestí con todo lo que quisieron. Repetí todas las frases que me pidieron. No se trata de mí, no se trata de nosotras. Solo somos herramientas». Los funcionarios del Gobierno no tardaron en denunciarla, y empezó a recibir amenazas a través de las RR. SS.

---

126 Los hazaras son un grupo étnico de lengua persa que reside en la región central de Afganistán y en el noroeste de Pakistán.

Kimia buscó refugio en Eindhoven, Países Bajos, antes de viajar a Hamburgo, Alemania, con la esperanza de competir para la Unión Alemana de Taekwondo. Pero las autoridades deportivas de Irán vetaron su participación con cualquier nación, y estuvo en Tokio'20 como refugiada. La historia ha acabado bien. En la actualidad vive con su esposo en Núremberg y consiguió la nacionalidad búlgara. Representó a su nuevo país Bulgaria en París'24, sus terceros Juegos, todos bajo una bandera distinta… ¡y volvió a ganar una medalla de bronce olímpica en su peso, -57 kg! Lo más extraordinario es que en París, en primera ronda, se enfrentó a su «antigua compatriota», la iraní Nahid Kiyanichandeh. ¡Kimia y Nahid era amigas de pequeñas! La iraní competía con el obligatorio hiyab, prenda de la que se desprendió Kimia ya en los Juegos de Tokio.

Y la película *The Swimmers*[127], las nadadoras, cuenta otra historia de refugiados olímpicos. Es la de la nadadora siria Yusra Mardini, que participó en Tokio como refugiada. En 2015, y junto a su hermana Sarah, huyó de su Damasco natal a través del Líbano y Turquía. Y cruzó el mar Egeo en bote … ¡hasta que el motor falló! Entonces Yusra y su hermana saltaron al mar, puesto que nadie más sabía nadar, y nadaron durante tres horas impulsando la embarcación para que no se hundiera, salvando así la vida de las dieciocho personas que iban a bordo. Al final, lograron llegar a la isla griega de Lesbos y desde allí continuar su viaje hasta Alemania, donde en Berlín pudo retomar su entrenamiento como nadadora. De hecho, participó en los JJ. OO. de Río'16 y Tokio'20, siempre en la modalidad de 100 m mariposa. En abril de 2017 fue nombrada la embajadora de Buena Voluntad más joven de la historia de ACNUR.

La historia del Equipo Olímpico de Refugiados también ha tenido una nota negra. La progresión de sus deportistas también los ha acercado a la peor cara del deporte. Poco antes de París, Anjelina Nadai Lohalith, nacida en Sudán del Sur, fue suspen-

---

127   *The Swimmers*, película de 2022, es un drama biográfico dirigido por Sally El Hosaini. Se puede ver en la plataforma Netflix. Las actrices que dieron vida a las hermanas Mardini, también eran hermanas, Manal y Nathalie Issa.

dida por dar positivo en una sustancia prohibida por el COI llamada trimetazidine. Anjelina fue uno de los diez deportistas que representaron al primer Equipo de Atletas Refugiados en Río'16. Y participó también en Tokio'20, en ambos JJ. OO. en la prueba de 1500 m. Entre JJ. OO. fue madre de un niño.

El Equipo Olímpico de Refugiados recibió el Premio Princesa de Asturias del Deporte 2022 en la tradicional ceremonia en el Teatro Campoamor de Oviedo, en España. El jurado señaló que «engloban los más altos valores del deporte, como la integración, la educación, la solidaridad y la humanidad, y representan un mensaje de esperanza para el mundo». Y dijo entonces Filipo Grandi[128]:

> El Equipo Olímpico de Refugiados es un poderoso testimonio de la resiliencia de los refugiados en todo el mundo. Demuestra que, cuando las personas se ven forzadas a huir de sus hogares, no tienen por qué renunciar a sus esperanzas y sus sueños. Estos jóvenes son una inspiración, han superado inmensos retos y portan con ellos la esperanza y las aspiraciones de los más de ciento veinte millones de personas desplazadas forzosas en todo el mundo.

EL CASO DE MARZIEH HAMIDI

A pesar de tener una beca como refugiada, Marzieh Hamidi, afgana nacida en Irán y huida a Francia tras la vuelta de los talibanes en 2021, no fue seleccionada para los Juegos de París. Pero su lucha merece que se cuente su historia.

Hamidi procede de una familia de «luchadores por la libertad», hija de un padre que sirvió en el ejército afgano y luego junto al fallecido líder de los muyahidines Ahmad Shah Massoud[129]. A pesar de residir en Francia, desde su exilio no ha cesado de hos-

---

128　Filipo Grandi es el Alto Comisionado de las Naciones Unidas para los Refugiados. En la ceremonia de clausura de los Juegos de París'24, Grandi recibió el Laurel Olímpico, premio creado por el COI para honrar a notables personas que, por medio del deporte, han logrado avances en materia educativa, cultural, de desarrollo y de consolidación de la paz.

129　Ahmad Shah Massoud fue una figura central en la resistencia afgana contra la ocupación soviética entre 1979 y 1989.

tigar a los talibanes con sus críticas virulentas, porque sostiene que es su deber. «Tengo que luchar porque estuve atrapada allí durante tres meses. Vi cómo era este sistema, que estaba en contra de las mujeres, que hizo de nuestro país un mal lugar para todos. Por eso hablo de este tema».

Tanta crítica provocó que la joven taekwondista recibiese miles de mensajes intimidadores y más de 500 amenazas de violación o muerte. Su abogada Inès Davau presentó una denuncia por acoso cibernético. Y en septiembre de 2024, las autoridades francesas decidieron ponerla bajo protección policial. «Eso significa que tengo más poder que ellos», refiriéndose a los talibanes, declaró Marzieh, «porque sigo hablando de la situación. No se trata solo de boicotear a los talibanes, sino también a quienes los normalizan. Puede ser un deportista, un artista o un activista». Y, de hecho, acusa a la Federación Afgana de Críquet de tener vínculos con los talibanes y aboga porque sus oponentes deberían negarse a jugar contra los equipos de críquet afganos.

Según declaró a AFP, vive aislada con la única compañía de su responsable de comunicación, Baptiste Bérard Proust.

> A mi edad, es demasiado para mí. Solo quiero vivir libremente y festejar. Estoy orgullosa de mi lucha, no me arrepiento, pero estoy triste por lo que está pasando en mi vida en este momento. Me cuesta mi seguridad, mi libertad, mi alegría de vivir.

Afortunadamente, cuenta con el taekwondo, «lo más importante» para ella, y el apoyo incondicional de sus padres, sus tres hermanas y su hermano que viven en un lugar secreto. «Mi familia tiene un verdadero espíritu de lucha contra la ideología talibán, por eso siempre me apoyarán». La joven de veintitrés años pudo ver a sus padres a finales de 2024. Su madre estaba realmente preocupada por su seguridad. Pero, aunque Marzieh Hamidi también está «asustada», tiene claro el espíritu de su lucha: «Si me quedo callada, ellos ganan». Compaginándolo con su lucha por los derechos de las niñas y mujeres afganas, Marzieh continúa entrenándose sin descanso. Su objetivo es clasificarse para el Equipo de Refugiados de los Juegos de Los Ángeles 2028.

UN MOTIVO PARA LA ESPERANZA: LAS ESTRELLAS BRILLANTES DE SUDÁN DEL SUR

Fútbol y baloncesto son los deportes más populares en Sudán del Sur. Pero las derrotas del fútbol frente a la clasificación del baloncesto para el Mundial 2023, y luego para los JJ. OO. de París'24, han desequilibrado la balanza en favor del baloncesto. Además, la gran altura media de la población, una de las más altas del mundo, en la que domina la etnia dinka[130], los beneficia a la hora de seleccionar jugadores. De hecho, uno de los más altos que hayan jugado nunca en la NBA, Manute Bol, con 2,31 m, era sursudanés. El Gobierno dedica, además, seis millones de dólares para ayudar al equipo de baloncesto, lo que genera también críticas porque es mucho más de lo que se invierte en ayuda humanitaria en un país que está entre los más pobres del mundo.

Algunos de los jugadores de las Estrellas Brillantes, como se conoce al equipo de baloncesto, juegan o habían jugado en la NBA. Es el caso de Carlik Jones, Wenyen Gabriel y JT Thor. Y gracias al programa de un exjugador de la liga estadounidense, el británico de origen sursudanés Luol Deng, era la primera vez que se clasificaba una selección de Sudán del Sur para unos JJ. OO. Tan orgullosos están en el país de su equipo que uno de sus jugadores, Kuany Kuany, fue el abanderado en la apertura. Aunque tampoco tenían mucho donde elegir, porque, aparte del equipo de baloncesto, Sudán del Sur solo mandó a París a otro deportista masculino, el corredor de 800 m Abraham Guem, además de una sola atleta femenina, Lucia Moris, corredora de 100 m, que acompañó a Kuany como abanderada.

¿Y por qué digo que las estrellas brillantes son un motivo de esperanza? Pues porque perfectamente muchos de ellos podrían haber formado parte del EOR. Empezando por Luol Deng, hijo de un miembro del Parlamento de Sudán que tuvo que huir con su familia a Egipto escapando de la segunda guerra civil antes de emigrar a Estados Unidos con dieciséis años, la mitad de los doce

---

130   Junto a los tutsis de Ruanda, los dinka son considerados el pueblo más alto de África.

jugadores de Sudán del Sur fueron refugiados. Sus historias las conocí gracias a la narración del baloncesto en París de mi amigo y compañero Jesús Cebrián, quien compartía micro en TVE con Berni Rodríguez[131]. Son estos:

- Numi Omot. Sus padres habían viajado 700 km a pie huyendo de la guerra. Fueron arrestados y trasladados a un campo de refugiados en Nairobi, Kenia, donde nació Numi. A los tres años, se trasladó a Estados Unidos, en concreto a Minnesota, junto a su madre y su hermana. Al padre no le permitieron viajar por enfermedad. Se reunió con ellos veintidós años después.

- Khaman Maluach. Nació en Rumbek, pero fue criado en Uganda como refugiado junto a su madre y hermanos. En 2019 un motorista le vio por la calle y le convenció para jugar al baloncesto.

- Bul Kuol. Nacido en Sudán, fue criado en el inmenso campo de refugiados de Kakuma, Kenia. Emigró a Australia a los nueve años.

- Wenyen Gabriel. Nacido en Jartum, Sudán. Su hermana había muerto un año antes. De hecho, en lengua dinga, Wenyen significa 'seca tus lágrimas'. Emigró con su madre y tres hermanos a El Cairo huyendo de la segunda guerra civil sudanesa. Dos años después, ya con estatus de refugiados viajaron a Estados Unidos y se instalaron en Manchester, New Hampshire, una ciudad con mucha población sursudanesa. Su familia obtuvo la nacionalidad estadounidense en 2017.

- Majok Deng. Nacido en Bor, Sudán del Sur, donde pasó sus primeros siete años de vida. Después se trasladó a un campo de refugiados en Kenia y de ahí a Australia en 2006.

- Peter Jok. Nacido en Rumbek. Su padre era general del ejército de liberación popular y murió en la segunda guerra civil cuando él tenía tres años. Tras pasar por Uganda y

---

131   Berni Rodríguez fue medalla de plata de baloncesto en Pekín'08.

Kenia, emigró con su familia en 2023 a Des Moines, Iowa. Su madre Amelia Ring Bol es miembro del Parlamento de Sudán del Sur.

París fue la tercera participación olímpica de Sudán del Sur, ya que debutaron en Río'16. Pero para el baloncesto era el debut olímpico, y todo empezó torcido con la equivocación de su himno. En su partido ante Puerto Rico el 28 de julio, les pusieron el de Sudán, país del que se independizaron tras una guerra civil en 2005. Las caras de los jugadores eran entre sorprendidos y divertidos.

En París, las Estrellas Brillantes ganaron el primer partido ante Puerto Rico, pero fueron eliminados en la primera fase tras perder con Estados Unidos y Serbia. El seleccionador sursudanés Royal Ivey estaba indignado con los árbitros tras la derrota ante Serbia y la eliminación. Por cierto, que Sudán del Sur a punto estuvo de ganar a EE. UU. en un amistoso previo jugado en Londres. Al descanso ganaban por catorce puntos y terminaron perdiendo por uno.

LOS ÚLTIMOS… POR AHORA

El primero de los atletas que participaron en París en adquirir el estatus oficial de refugiado es el nadador de la República del Congo, Freddy Mayala. Tras competir en los 50 m libres en los JJ.OO., Freddy decidió no volver a casa donde no se sentía seguro y optó por quedarse en Francia donde la Corte Nacional del Derecho al Asilo le ha concedido el derecho a vivir durante los próximos diez años. Esperemos que ahora pueda entrenar en mejores condiciones, ya que en el Congo solo se podía ejercitar en la piscina de 12,5 m de un hotel en el que trabajaba como camarero.

Freddy no fue el único deportista que renunció a volver a casa. El diario *L'Equipe* hizo un trabajo de investigación para su *magazine* semanal en febrero de 2025 a la búsqueda de los deportistas que tras los JJ.OO. de París decidieron huir. La tarea no era nada fácil, puesto que los países no reconocen que sus deportistas desertan y los deportistas se esconden hasta que se regula su situación. *L'Equipe* encontró a la boxeadora de la República Democrática del Congo y abanderada de su país Marcelat Sakobi Matshu en un centro de acogida de Bélgica. Cuando acabó su combate de primera ronda de 57 kg de los JJ. OO., y tras perder con la uzbeka Sitora Turdibekova, rompió a llorar y realizó un gesto conmovedor al colocarse la mano delante de la boca y señalarse la sien con dos dedos. Este gesto es un mensaje para concienciar sobre la violencia que se vive en la República Democrática del Congo y significa que en el país se están asesinando personas, pero nadie alza la voz para detenerlo.

Según *L'Equipe*, tres deportistas más de la República Democrática del Congo no volvieron al país: el nadador Aristote Ndombe Impelenga, el judoca Arnold Kisoka y el esprínter Dominique Lasconi Mulamba.

Tampoco Sha Mahmood Noor Zahi. Portó orgulloso la bandera de Afganistán a bordo del barco que navegaba por el Sena, barco que, en la ceremonia de apertura de París, la delegación afgana compartió con Sudáfrica, Albania, Argelia y Alemania. En el verano de París, el velocista afgano no tenía ni idea de que, al acabar los Juegos, no volvería nunca más a su hogar para refugiarse justamente en uno de los países que lo acompañaban bajo la lluvia ese 26 de julio. Schweinfurt en Alemania fue su destino cuando no quiso regresar a Afganistán, y prefirió residir en un centro de acogida para refugiados. Y mientras espera que aprueben su solicitud de asilo, entrena en el estadio local.

Cuando los talibanes tomaron el control del país en 1996, Noor Zahi huyó con su familia a Irán. Tras la intervención de Estados Unidos en 2001, pudo regresar a su hogar, la provincia de Nimroz, donde descubrió su talento como velocista. Con la ayuda de una beca, regresó a Irán, pero ya para entrenar de manera profesional. Y eso le permitió competir en los 100 m de los Juegos de Tokio'20 gracias a una de las plazas de universalidad que otorga el COI. Batió el récord nacional y volvió a casa feliz pensando que para París quedaban solo tres años. Pero su regreso a Afganistán coincidió con el resurgimiento de los talibanes. La situación era dramática, la economía estaba paralizada, las mujeres no tenían ningún derecho, se ejecutaba en las plazas públicas… Huir de nuevo a Irán era la única salida, y dejó esta vez a su familia atrás.

Sha Mahmood Noor Zahi era uno de los seis miembros de la delegación afgana en París, delegación consensuada por el COI con las antiguas autoridades deportivas afganas y no con el actual Gobierno talibán. En sus segundos Juegos, este admirador del jamaicano Usain Bolt[132] volvió a batir el récord nacional de 100 m con un tiempo de 10"64, lo que lo dejó a menos de dos décimas de pasar ronda. ¡Un éxito! Podía haber vuelto a casa. Pero se refugió en Alemania. Sin dejar de entrenar, está a la espera de resolver su situación. Necesita aprender el idioma y encontrar trabajo. Lo único bueno es que, mientras se resuelve su futuro, Alemania ha suspendido las deportaciones a Afganistán.

Estas son solo las penúltimas historias de refugiados. Porque cuando salga este libro, miles de refugiados más habrán huido de sus países soñando con la libertad y con Los Ángeles'28. Y habrá más historias que contar. Tal vez muchos de nuestros protagonistas de ahora habrán adquirido nuevas nacionalidades y vivirán los Juegos bajo la bandera del país que los acogió. La campeona olímpica de maratón en París'24, y elegida atleta del año 2024 Sifan Hassan[133], es un espejo en el que mirarse. Sifan llegó a los Países Bajos con quince años en calidad de refugiada procedente de Etiopía. Se asentó en Eindhoven con el sueño de convertirse en enfermera, pero enseguida comprendió que su futuro estaba en manos del atletismo. Gracias a sus éxitos deportivos, en 2013, obtuvo la nacionalidad neerlandesa, comenzó a competir de manera internacional… ¡y ya ha ganado seis medallas olímpicas, tres de oro y es doble campeona del mundo!

Como decía, ojalá haya muchos y muchas como Hassan. Pero lo que es seguro es que en los Juegos de Los Ángeles'28 habrá un cuarto Equipo de Refugiados. Porque, desgraciadamente, la rea-

---

132   Usain Bolt ganó ocho medallas de oro en tres JJ. OO.: oro en 100 m y 200 m en Pekín'08, Londres'12 y Río'16 y del relevo 4 x 100 m en Londres'12 y Río'16. Pero lo que sobre todo veía Noor Zahi en su móvil era el video del Mundial de Berlín de 2009, cuando el «relámpago» Bolt batió el WR de 100 m lisos con una marca estratosférica, todavía no mejorada, de 9"58.

133   Además del oro en maratón, Hassan ganó en París'24 las medallas de bronce en 5 000 y 10 000 m. Y en Tokio'20 fue campeona olímpica de 5 000 y 10 000 y medalla de bronce en 1500 m.

lidad mundial es la gran cantera de este equipo. Aunque el 8 de diciembre de 2024, con la caída del régimen sirio de Bashar al-Ásad, se abrió un pequeño rayo de esperanza para los refugiados de Siria. De los 120 millones de refugiados, más de trece son de esa nacionalidad. Algunos desplazados dentro de Siria, más de la mitad huidos del país. Esa realidad refleja también el número de sirios en el Equipo Olímpico de Refugiados. Tras tres ediciones, dieciséis de los setenta y seis refugiados olímpicos, más del veinte por ciento, eran sirios. Ojalá en el futuro puedan volver a casa y competir bajo su bandera.

SEGUNDA PARTE:
LOS JUEGOS DE LA POLÍTICA

La ONU y todas sus agencias, la OTAN, el Fondo Monetario Internacional, el Banco Mundial, la Cruz Roja, la Organización Mundial de la Salud… ninguna gran asociación supranacional tiene tantos miembros como el COI. En los Juegos de París participaron 206 delegaciones: 204 países más Rusia y Bielorrusia bajo bandera neutral y el Equipo de Refugiados. Incluidos Israel, Palestina y Ucrania. Eso significa que nadie como el Comité Olímpico Internacional tiene tanto peso en el mundo, pero a la vez nadie soporta tanta presión. Porque poner a todos los países miembros de acuerdo no es fácil. Hoy en día, el olimpismo tiene una salud de hierro, pero no siempre fue así. Pasó épocas oscuras y en algún momento llegó a estar en peligro.

Este es un breve repaso, todo lo exhaustivo que permite la historia, de cómo la política ha dejado su huella en más de la mitad de los Juegos… ¡si es que no lo ha hecho en todos!

LOS PRIMEROS AÑOS

En la edición de Atenas 1896 faltaron países que todavía no se habían adherido al movimiento olímpico y que se fueron incorporando poco a poco. Pero uno se negó a participar, Turquía. El todavía Imperio otomano no quiso tomar parte en la competición, ya que solo un año antes había estado en guerra con Grecia.

En Londres 1908, Australia y Nueva Zelanda compitieron bajo la denominación Australasia, igual que en Estocolmo'12. En la capital británica, los irlandeses se negaron a desfilar tras la bandera británica, como los finlandeses tras la rusa. Suecia tampoco quiso desfilar. El último gesto fue el de la delegación de Estados Unidos, que, al pasar junto a la tribuna real, no hizo una reverencia al rey Eduardo VII como marcaba el protocolo.

En Estocolmo 1912, Finlandia formaba parte del Imperio ruso, y, aunque participaba en los Juegos Olímpicos con un equipo propio, en las victorias de sus deportistas era la bandera rusa la que se izaba. Esto le hizo decir a Hannes Kolehmainen[134], uno de los «finlandeses voladores», que casi deseaba no haber ganado para no tener que ver ondear esa bandera. De hecho, en la ceremonia de apertura, los deportistas finlandeses no participaron para no desfilar tras la bandera rusa.

Los Juegos de 1920 fueron concedidos a Amberes como homenaje al sufrimiento del pueblo belga durante la I Guerra Mundial. En estos séptimos Juegos, no pudieron participar Austria, Alemania, Polonia, Hungría, Bulgaria y Turquía por estar en el bando perdedor de la contienda.

El primer «boicot» a un desfile inaugural lo protagonizó Francia en Ámsterdam 1928. Por una estúpida discusión con el portero del estadio olímpico de la capital neerlandesa que no les dejaba entrar por donde ellos querían, decidieron no participar en la apertura. No consiguieron el efecto que pretendían: la ausencia de su bandera y de sus deportistas pasó totalmente inadvertida. Es posible que simplemente despidiesen al portero.

BERLÍN 1936

Fueron los Juegos más controvertidos de la historia. Cuando el COI los otorgó a Alemania el 13 de mayo de 1931, Berlín era la capital de la República de Weimar. Y nadie sospechaba como los Juegos iban a ser usados por Adolf Hitler, quien triunfó en las

---

134   Hannes Kolehmainen ganó tres medallas de oro en 5000 m, 10 000 m y la prueba de *cross* en Amsterdam 1912. Y fue plata en el cross por equipos.

elecciones dos años después. A medida que el partido nazi iba creciendo, muchas voces, la mayoría provenientes de grupos judíos estadounidenses, pidieron boicotear los JJ. OO. El deporte era una de las bases del fortalecimiento de la raza aria. Y, aunque Hitler no era muy partidario de los Juegos por su carácter internacional, su ministro de Propaganda, Joseph Goebbels, lo convenció de la tremenda oportunidad que significaban para proyectar al mundo la visión de una Alemania moderna, pacífica y tolerante.

Berlín'36 es la prueba máxima de la politización deportiva. A pesar del carácter racista, militarista, expansionista y antisemita de la política de Hitler, los Juegos de 1936 nunca fueron boicoteados por los países occidentales. Y la exaltación del III Reich con los deportistas nazis saludando desde el podio con el brazo en alto es una de las imágenes que nos vienen a la mente cuando pensamos en aquellos Juegos. Aunque el deporte es imprevisible y fastidió el mensaje de Hitler sobre la superioridad de la raza aria, ya que el héroe de Berlín fue un atleta negro llamado Jesse Owens quien ganó cuatro medallas de oro.

Estados Unidos hubiese podido liderar el boicot a Berlín. Pero después de que la Unión Atlética Amateur estadounidense (AAU), ante la presión del presidente del Comité Olímpico de Estados Unidos Avery Brundage[135], votara en diciembre de 1935 a favor de la participación, los otros países siguieron su ejemplo en cascada. Quienes estaban en contra de los Juegos en Berlín y a favor del boicot eran Jeremiah Mahoney, presidente de la AAU, y el miembro del COI Ernest Lee Jahncke, antiguo secretario adjunto de la Armada de los Estados Unidos. Jahncke fue expulsado del Comité Olímpico en julio de 1936 por su frontal oposición a los Juegos de los nazis. Y entonces el COI eligió deliberadamente a Avery Brundage para sustituirle en el cargo.

---

135   Avery Brundage fue uno de los más controvertidos presidentes de la historia del COI por las decisiones que tomó antes de los Juegos Olímpicos de 1936 como presidente del Comité Nacional de Estados Unidos y durante los de 1972. Bajo su mandato, los JJ. OO. de Múnich no fueron cancelados a pesar del ataque terrorista contra la delegación de Israel que causó once muertos. También fue muy conocido por su acérrima defensa del deporte *amateur*. Avery fue el quinto presidente de la institución, entre 1952 y 1972, y único estadounidense en conseguirlo.

Cuarenta y nueve delegaciones participaron en Berlín, número que superó a todas las ediciones anteriores. Ayudó a convencer a los escépticos que Hitler mantuviese como presidente del Comité Organizador al Dr. Theodore Lewal, quien a pesar de ser cristiano había sido apartado inicialmente de la presidencia porque se descubrió que uno de sus abuelos era judío. Y que se incorporase al equipo alemán a una atleta judía. Tras la prohibición de abril de 1933[136] de que nadie que no fuese de raza aria podía hacer deporte, el COI había pedido garantías para que los deportistas judíos contasen con los mismos derechos que los participantes germánicos en el pleno respeto a la Carta Olímpica. Durante dos semanas Hitler «relajó» su política antijudía, retirando incluso de las calles carteles que habían ofendido profundamente al presidente del COI Henri de Baillet-Latour en una anterior visita a Berlín. Para dar al mundo una buena imagen, se descolgaron los carteles que rezaban «Prohibida la entrada a perros y judíos».

La única deportista elegida para «cubrir la cuota» fue la esgrimista alemana afincada en Estados Unidos Helene Mayer. Campeona olímpica individual de florete en Ámsterdam 1928, Mayer se quedó en Estados Unidos tras los Juegos de Los Ángeles'32. No se sabe muy bien por qué Alemania la eligió a ella, aunque algunos observadores apuntan a que vivir en el extranjero y tener rasgos arios pudo influir. Pero lo que no se entiende es por qué ella aceptó ser la atleta «judía simbólica» en los Juegos de Hitler. En 1936, Mayer vistió el uniforme alemán con la cruz gamada y, tras ganar la medalla de plata en florete, hizo el saludo nazi con el brazo extendido en el podio, lo que le valió duras críticas de la prensa mundial. Uno de sus más duros detractores fue el escritor alemán Thomas Mann, que había huido a Suiza en protesta por la política nazi y más tarde se instalaría en Estados

---

136   Por su condición de judíos o gitanos, tras la llegada de Hitler al poder, grandes deportistas de Alemania fueron desapareciendo del mapa como el boxeador Eric Seelig, el tenista Daniel Prenn y Johann Trollmann, boxeador de origen gitano. El caso más relevante es el de la saltadora de altura Gretel Bergmann, quien tenía la mejor marca entre las alemanas que iban a competir en Berlín. Le dijeron que estaría en Berlín'36, pero dos semanas antes de los JJ. OO. fue retirada del equipo.

Unidos. En 1952 Helene Mayer regresó a Alemania, se instaló en Múnich y se casó con el barón Falkner von Sonnenburg, y murió solo un año después de cáncer de mama. En 1968, el Correo alemán emitió un sello en su memoria, y en 1963 fue incluida en el Salón de la Fama de la Esgrima de Estados Unidos.

En Berlín'36 hubo otro episodio relacionado con dos atletas judíos, pero de la delegación de Estados Unidos. Un episodio que nunca ha quedado claro si fue una decisión deportiva o la manifestación del antisemitismo de Avery Brundage y un guiño a Hitler. Los atletas judíos Marty Glickman[137] y Sam Stoller, selecciona-

---

137   En el Museo del Holocausto de Estados Unidos, sito en Washington DC, está el audio de la reflexión de Marty Glickman tras ser apartado del equipo. Esta es la reproducción:

«Siempre fui consciente de mi condición de judío, nunca dejé de tenerlo presente, en prácticamente cualquier circunstancia. En todo momento, incluso en las competencias intercolegiales y, sobre todo, en la universidad y como integrante del equipo olímpico, me propuse demostrar que un judío puede ser igual de bueno, y hasta mejor, que cualquier otro atleta, sin importar su raza, credo o color.

»El Estadio Olímpico (de Berlín) era un lugar de por sí verdaderamente impresionante, sin embargo, lo era aún más en ese momento, con 120 000 espectadores. Cada vez que Hitler ingresaba al estadio, la multitud se ponía de pie y coreaba al unísono: "Sieg Heil, Sieg Heil" (todos juntos), un ensordecedor sonido que repercutía en todo el estadio. Parecía que todos vestían uniformes. En cuanto a las pancartas y banderas, reinaban por doquier, siempre dominadas por la esvástica. Esta era omnipresente. Prácticamente había una esvástica intercalada entre las demás banderas que veíamos. Pero corría el año 1936 y, por ese entonces, aún desconocíamos su verdadero significado.

»Había antisemitismo en Alemania. Sabía de ello. También lo había en los Estados Unidos. Era consciente de que en determinados lugares de la ciudad de Nueva York los judíos no éramos bienvenidos. En algunos hoteles, por ejemplo, había un pequeño cartel en la recepción que rezaba: "Clientela restringida", lo cual significaba, en realidad, que no se permitía el ingreso de judíos ni negros.

»La competencia en la que debía participar, la carrera de relevos de 4 x 100 m, era uno de los últimos eventos del programa de pista. En la mañana del día en que se suponía que realizaríamos las prácticas de calentamiento, nos convocaron a una reunión. Estábamos los siete velocistas además de Dean Cromwell, entrenador de pista adjunto y Lawson Robertson, entrenador de pista principal. El entrenador Robertson nos informó que había escuchado fuertes rumores de que los alemanes habían guardado a sus mejores velocistas, que los habían reservado para sorprender al equipo estadounidense en la final de la carrera de relevos. Por consiguiente, Sam Stoller y yo seríamos reemplazados por Jesse Owens y Ralph Metcalfe.

»Estábamos pasmados. Sam estaba atónito. No pronunció palabra alguna en toda la reunión. Yo era un muchacho de dieciocho años impulsivo por lo que

dos para correr el relevo 4 x 100 m, fueron sustituidos la mañana anterior de la final por Jesse Owens y Ralph Metcalfe[138]. Owens estaba en gran forma tras ganar tres medallas de oro y Metcalfe era el subcampeón de los 100 m. El relevo *yankee* ganó el oro con récord olímpico, marca que tardó veinte años en ser batida. Así que, desde la perspectiva deportiva, la decisión fue correcta. Pero ¿por qué el entrenador Dean Cromwell descartó a Marty y Sam cuando los otros dos miembros del relevo, Foy Draper y Frank Wykoff[139], tenían peores marcas? Algunos dicen que fue favoritismo porque Draper y Wykoff eran de la Universidad de Carolina del Sur en la que Cromwell ejercía de entrenador. Pero muchos apuntan a una decisión orquestada para evitarle a Hitler el mal trago de ver subir a dos judíos al podio.

A pesar de todo, varios deportistas judíos fueron medallistas en Berlín'36 y uno de ellos, Samuel Balter, oro en baloncesto, lo fue con Estados Unidos. Otros medallistas fueron Gyorgy Brody y Miklos Sarkany[140], campeones olímpicos de water-

---

atiné a decir: "Entrenador, no es posible tener como reservas a velocistas de categoría internacional". Jesse, por su parte, agregó: "Entrenador, he ganado tres medallas de oro (en los 100 m, los 200 m y el salto de longitud). Estoy exhausto. Ya he tenido suficiente. Permita que Marty y Sam compitan, se lo merecen", manifestó. Cromwell lo señaló con el dedo y dijo: "Harás lo que se te ordene". Por ese entonces, los atletas negros obedecían órdenes, por lo que Jesse guardó silencio luego de eso.

»En la final del día siguiente, observé a Metcalfe pasar a los demás corredores en el tramo de la contra recta y me dije: "Ese debería ser yo en la pista. Ese debería ser yo. Ese soy yo". Como era un muchacho de dieciocho años que acababa de finalizar su primer año en la universidad, juré que regresaría en 1940 y lo ganaría todo. Los 100, los 200 m y competiría en relevos. Apenas tendría veintidós años en 1940. Era un buen atleta y lo sabía, por lo tanto, en cuatro años estaría de regreso en la pista. Por supuesto, nunca hubo Juegos en 1940, ya que estalló una guerra. En 1944, tampoco pudo ser.

»En toda la historia de las Olimpiadas modernas, que ahora se aproximan al centenario de su inauguración, ningún atleta estadounidense apto dejó de competir en los Juegos Olímpicos, a excepción de Sam Stoller y yo mismo, los únicos judíos del equipo estadounidense de 1936».

138   Ralph Metcalfe fue campeón olímpico de 4 x 100 m y medalla de plata en 100 m en Berlín'36. Cuatro años antes, en Los Ángeles'32 había ya sido medalla de plata en 100 m y bronce en 200 m.

139   Frank Wykoff fue tres veces campeón olímpico de 4 x 100 m en Ámsterdam'28, LA'32 y Berlín'36.

140   Gyorgy Brody y Miklos Sarkany ya habían sido campeones olímpicos de

polo con Hungría; Robert Fein ganó el oro en halterofilia -67 kg por Austria; Karoly Karpati[141] logró el oro en lucha -66 kg por Hungría; Endre Kabos[142] ganó el oro en sable individual y por equipos con Hungría; Irving Meretsky fue medalla de plata en baloncesto con Canadá; y Gerard Blitz fue medalla de bronce en waterpolo con Bélgica.

He dicho que los estadounidenses no boicotearon los Juegos como país. Pero algunos deportistas, varios de ellos entre la lista de favoritos para ganar medallas en Berlín, sí lo hicieron a nivel particular, no presentándose a las pruebas preolímpicas de selección. Es el caso del velocista judío Herman Neugass o de los miembros del equipo de la Universidad de Long Island, el mejor equipo universitario del país y compuesto mayoritariamente por jugadores judíos. Por su parte, el vallista Milton Green y su compañero Norman L. Cahners, ambos judíos, decidieron no viajar a Berlín después de que el rabino del Templo de Israel en Boston, Harry Levy, los instruyese de la realidad de la Alemania nazi. Su valiente y sacrificado gesto pasó prácticamente desapercibido en aquella época. «Luego de que boicoteáramos los Juegos, nadie vino a hablar con nosotros ni a tomarnos declaración. Creo que nadie supo realmente lo que habíamos hecho», dijo tiempo después Green.

En la primavera de 1937, Adolf Hitler le dijo a Albert Speer, inspector general de Arquitectura del Reich: «En 1940, los Juegos Olímpicos se llevarán a cabo en Tokio. Pero, a partir de entonces, se realizarán aquí en Alemania, en este estadio y para toda la eternidad». Se refería a un nuevo estadio en Núremberg, proyectado para albergar los Juegos por siempre jamás una vez hubiese conquistado el mundo. El colosal modelo de estadio con capacidad para 400 000 personas que Speer sugirió satisfizo la obsesión del Führer con las formas monumentales que proyectaban la supremacía alemana. Por suerte, el resto es historia.

---

waterpolo en LA'32.

141   Karoly Karpati ya había sido medalla de plata en lucha -66 kg en LA'32.

142   Endre Kabos ya había ganado la medalla de oro en sable por equipos y el bronce en individual en LA'32.

Esos Juegos nos dejaron una única cosa buena. El relevo de la antorcha olímpica fue invención de los nazis. La primera llama olímpica fue en Ámsterdam'28. Pero la idea del relevo de la antorcha se debe a Carl Diem, miembro del Comité Organizador de Berlín'36 y secretario del Comité Olímpico alemán. Y se llevó a cabo por primera vez en los JJ. OO. de 1936. El pebetero lo encendió entonces Fritz Schilgen. Schilgen no compitió en los JJ. OO., pero fue elegido por los organizadores del relevo como símbolo de la juventud deportiva alemana y por su bello y grácil estilo de carrera, según determinó la comisión de estética. Parece ser que Leni Riefenstahl, la cineasta alemana directora de la película oficial[143] de los Juegos, también participó en su elección, ya que el encendido era un momento de vital importancia para la narrativa de su película *Olympia*. Los críticos todavía se debaten entre si la primera gran película olímpica de la historia es una obra cumbre y referente cinematográfico o una burda propaganda del Tercer Reich. Seguramente será las dos cosas. Y lo cierto es que ganó el primer premio del Festival de Cine de Venecia de 1938.

LA OLIMPIADA POPULAR

Volviendo al principio, y visto que los Juegos de los nazis nunca se boicotearían, los partidarios de no ir a Berlín se movilizaron para organizar unas contraolimpiadas. El 6 de septiembre de 1935, las internacionales socialista y comunista se manifestaron contra los JJ. OO. La Conferencia Internacional para el Respeto al Ideal Olímpico, celebrada en abril en París, elaboró el plan de un

---

143 Las películas olímpicas son un clásico de los JJ. OO. Directores como Arthur Penn, Milos Forman, Kon Ichikawa, Mai Zetterling o John Schlesinger dirigieron partes de la película de Munich'72 *Visiones de ocho*.
Bud Greenspan hizo *16 Days of Glory* (dieciséis días de gloria), retrato de LA'84. Carlos Saura firmó *Maratón*, la película de BCN'92. Para Tokio'20, Naomi Kawase hizo dos películas: la primera fue *Side A*, la película oficial de los JJ. OO. sobre los deportistas, y la segunda se llamó *Side B*, centrada en voluntarios y trabajadores. Y en París, la película oficial la realizaron los hermanos Naudet, Jules y Gedeon.

evento alternativo. España, con la sede en Barcelona, se ofreció a albergarlo. Y nació la Olimpiada Popular. La competición se iba a celebrar en el verano de 1936. La inauguración estaba prevista en el Estadio de Montjuic el 19 de julio. Pero el día anterior se produjo la sublevación militar franquista que condujo a una guerra civil en España. Y la Olimpiada Popular se canceló. Lo extraordinario es que unos doscientos deportistas que se habían desplazado a Barcelona no volvieron a casa, y se quedaron para combatir en el bando republicano. Una de las historias más conocidas es la de la periodista, deportista y miliciana suiza Clara Ensner, quien viajó a Barcelona para participar en natación y de la noche a la mañana estaba en las barricadas luchando en la batalla de Barcelona.

LA POSTGUERRA

Los Juegos de Londres 1948 fueron los Juegos de la austeridad. Japón y Alemania fueron los dos grandes ausentes por estar en el bando perdedor de la II Guerra Mundial. Aunque el COI «legitimó» no invitarlos porque en ese momento no tenían Comité Nacional propio. Fue el mismo caso de la URSS.

Y los de Helsinki 1952 fueron los primeros JJ. OO. de la Guerra Fría. Y la primera vez que participó la URSS. No tomó parte la China de Mao Tse-Tung para no compartir escenario con Taiwán, cuyo territorio reclama desde la conclusión de la Guerra Civil en 1949.

MELBOURNE 1956

El Comité Olímpico Internacional tuvo un gran éxito político al unir a las dos Alemanias, la Federal del oeste y la Democrática del este u oriental, en un equipo combinado bajo las siglas EUA, compitiendo bajo una bandera negra, roja y amarilla con los anillos olímpicos y con el *Himno de la Alegría* de la Novena Sinfonía de Beethoven como himno. Esta práctica se llevó a cabo también en las dos siguientes ediciones de los Juegos.

Aunque las dos Alemanias desfilaron juntas, fueron, técnicamente, los primeros JJ. OO. boicoteados. Egipto, Líbano e Irak no fueron en protesta por el conflicto de Suez o guerra del Sinaí con los israelíes. Y la intervención soviética en Hungría en octubre de 1956 fue el motivo que alegaron Suiza, Países Bajos y España para boicotearlos. En sus *Memorias olímpicas*, Joan Antoni Samaranch[144] escribió:

> Para el deporte español fue un error no estar presente en Melbourne porque, decisiones políticas de boicot aparte, el deporte español tenía esperanzas de obtener medalla en tres disciplinas … no estar presente en Melbourne fue una verdadera lástima porque esas opciones de medalla hubieran servido para potenciar el deporte en España y ratifican mi teoría de que los boicots sólo perjudican a los deportistas.

Uno de los potenciales participantes españoles en Melbourne a los que se refería Samaranch era el gimnasta Joaquín Blume, quien claramente estaba entre los favoritos al oro en esos JJ. OO. Tras el boicot de España que frustraba su sueño, Blume pensó en nacionalizarse alemán para poder participar en la competición, pero el propio Joan Antoni Samaranch, entonces delegado en Catalunya de la Delegación Nacional de Educación Física y Deportes, le convenció para que no lo hiciese. Un año después, en el Europeo de París, Blume ganó el concurso general individual, además de tres aparatos, paralelas, caballo con arcos y anillas. Y era otra vez el gran favorito para los Juegos de Roma'60. Pero en 1959 falleció en un accidente de avión cuando viajaba a Canarias para una exhibición.

También hubiese estado en Melbourne, y con claras posibilidades de ganar el oro, el televisivo Miguel de la Quadra Salcedo, inventor de un revolucionario método de lanzamiento rotatorio

---

144 Joan Antoni Samaranch fue presidente del COI entre 1980 y 2001. Y entre sus múltiples logros, eliminó el estatus de *amateur* para que los profesionales pudiesen tomar parte en los JJ. OO.

de jabalina que le permitía lanzar diez metros más que con el sistema tradicional bautizado como «la barra vasca». Esta técnica fue catalogada de peligrosa y prohibida por la IAAF tras los Juegos. Y el tercer aspirante al oro era el tirador Ángel León[145], policía de profesión, quien estaba convencido de que hubiese sido campeón olímpico en Melbourne. «Hubiera ganado el oro, seguro. Ganó un ruso[146] con peor marca que yo», todavía decía muchos años después. Ángel ya había participado en los Juegos de Londres de 1948 en los que fue sexto. Y todavía «llegó» a Roma'60. En su vertiente familiar, tuvo tres hijas, las populares Rosa León, cantautora y política, Julia León, también cantautora y Eva León, actriz.

En aquellos JJ. OO. de 1956, un mes después de la entrada de los tanques soviéticos en Budapest para aplastar la Revolución húngara y en la fase final de la competición se produjo el partido de waterpolo entre la URSS y Hungría, bautizado para siempre como el «baño sangriento» de Melbourne. Después que el soviético Valentin Prokopov[147] le propinase un cabezazo al húngaro Ervin Zádor[148], se desató una pelea monumental y dicen las crónicas que la piscina se tiñó del color rojo de la sangre vertida por los jugadores. El partido fue suspendido a falta de un minuto y la policía desalojó a la multitud que iba claramente con los magiares. Para la historia deportiva quedará que Hungría ganó ese partido cuatro a cero. Y posteriormente ganarían a Yugoslavia para revalidar la medalla de oro que habían conseguido en 1952. Fue la manera de recuperar un poco el orgullo pisoteado por las botas soviéticas. Y en 2006, coincidiendo con el medio siglo de la Revolución húngara, se realizó el largometraje documental *Freedom's Fury*, contando la historia del partido. El film fue producido por la actriz Lucy Liu y el director Quentin Tarantino.

---

145   Ángel León Gozalo fue medalla de plata en pistola de 50 m sesenta disparos en Helsinki'52.

146   Se refería al soviético Anatoli Bogdanov, pero curiosamente este ganó el oro en rifle 50 m tres posiciones. La medalla de oro en la modalidad de tiro de pistola de 50 m sesenta disparos, que es en la que había conseguido León la plata en 1952, la ganó el finlandés Pentti Tapio Akseli Linnosvuo.

147   Valentin Prokopov fue medalla de bronce en waterpolo en Melbourne'56.

148   Ervin Zádor fue campeón olímpico de waterpolo en Melbourne'56.

El documental estaba narrado por Mark Spitz, que de joven fue entrenado por Zádor.

Por cierto, que, al acabar los Juegos, cuarenta y cinco deportistas húngaros participantes en Melbourne, casi la mitad de la delegación, desertaron y rechazaron volver a la Hungría ocupada.

ROMA 1960

El problema de las dos chinas era de difícil solución. Pekín había exigido la expulsión de Taiwán, al que consideraban como parte de la gran China. Y Taiwán replicaba que el suyo era el único Comité Olímpico Nacional reconocido por el COI y que, en Formosa, como se llamaba entonces la isla, estaban todos los archivos olímpicos desde que China tomó parte en los JJ. OO. En 1958 los chinos se retiraron del COI y de ocho federaciones internacionales, borrándose ellos solos de los Juegos. Eso sí, la delegación taiwanesa no podría participar en los Juegos como China, sino como Taiwán. Durante el desfile inaugural, su jefe de misión, al pasar por delante de la tribuna presidencial, desplegó una pancarta en la que ponía «Under Protest». Los miembros de Taiwán querían manifestar su protesta por esta decisión impuesta por el COI. Y se llevaron un buen tirón de orejas.

El boxeador Muhammad Alí, uno de los más grandes campeones de la historia del deporte, protagonizó en Roma un episodio que tenía todo el tinte político. O más bien social. O los dos. El nombre de Alí al nacer en 1942 fue Cassius Marcellus Clay. En 1964, al día siguiente de proclamarse por primera vez campeón del mundo de los pesos pesados de boxeo tras batir a Sonny Liston, decidió que cambiaría su nombre. Y poco después, el líder de la nación del islam, Elijah Muhammad, le otorgó el nombre de Muhammad Alí, que significa 'el amado de Dios'. Según sus palabras, Clay era un apellido de esclavo que él no había elegido. Pero antes de cambiarse el nombre, como Cassius Clay ganó la medalla de oro de los pesos semipesados de boxeo en los Juegos de 1960. No podía estar más orgulloso, y eso que casi no acude a los Juegos por su miedo a volar. Dijo Clay: «No me quité esa medalla durante dos días. Incluso me la llevé a la cama. No dormí demasiado bien porque tuve que dormir boca arriba para que la medalla no me cortara. Pero no me importaba, era campeón olímpico».

A su vuelta a casa, a Louisville, intentó entrar en un restaurante de hamburguesas «solo para blancos» con la medalla puesta… ¡y le impidieron el paso! Gritó a los responsables del local que era Cassius Marcellus Clay, campeón olímpico en Roma por la gloria de Estados Unidos. Y que el alcalde de la ciudad le había hecho un homenaje. Pero el alegato no sirvió de nada. Y fuera de sí, dicen que arrojó su medalla de oro al río Ohio. En su casa no era un campeón olímpico, era solo un negro al que no dejaban entrar en los restaurantes para blancos.

TOKIO 1964

Desde 1964 hasta 1992, Sudáfrica no pudo participar en los JJ. OO. por culpa de su política de *apartheid*.

Y el COI prohibió la participación de Indonesia porque, cuando albergó los Juegos Asiáticos en Yakarta 1962, no permitió la entrada al país de Israel y Taiwán. El COI los suspendió hasta que se aviniesen a las normas olímpicas.

Corea del Norte tampoco participó.

MÉXICO 1968

A nivel político, los primeros Juegos en Latinoamérica fueron convulsos. Antes y durante. Sobre el movimiento social que terminó en la matanza del 2 de octubre, el COI no quiso hacer ninguna declaración oficial alegando que se trataba de un asunto interno del país. Pero sobre las manifestaciones políticas a favor del Black Power de Tommie Smith y John Carlos en el podio de los 200 m, lo tuvieron clarísimo: ¡fueron expulsados de manera fulminante de los JJ. OO.!

1968 fue un año convulso y reivindicativo. La Primavera de Praga, la guerra de Vietnam, el mayo francés, el asesinato en Memphis de Martin Luther King… Y en el propio México, a diez días de los Juegos, hubo un levantamiento estudiantil. El movimiento de 1968 en México fue un movimiento socialmente muy amplio, porque, más allá de los estudiantes, participaron profesores, intelectuales, amas de casa, obreros, campesinos, comerciantes y profesionales de la Ciudad de México y de otros estados. Querían libertad para los presos políticos y la reducción o eliminación del autoritarismo. De fondo, el movimiento buscaba la salida del gobierno del Partido Revolucionario Institucional. Tras tres décadas de autoritarismo, anhelaban más libertad.

La masacre de Tlatelolco o matanza del 2 de octubre de 1968 fue un crimen de lesa humanidad, perpetrado por el Gobierno de México, durante un mitin organizado en la plaza de las Tres Culturas abarrotada de miles de ciudadanos. Las tropas del Gobierno dispararon contra la multitud, y causaron doscientos cincuenta muertos. Diez días después, el 12 de octubre, se abrían los Juegos como si nada hubiese pasado. De hecho, el instigador de aquella matanza, el presidente de México Gustavo Díaz Ordaz pronunció la frase protocolaria habitual de apertura de cualquier edición. «Declaro abiertos los Juegos de la XIX Olimpiada».

EL BLACK POWER

Otra cosa fue la reacción del COI a la acción de los velocistas estadounidenses Tommie Smith y John Carlos. Los dos eran estudiantes en la Universidad San Jose State College, y llegaron a México como grandes favoritos al oro en 200 m. Ambos eran también miembros del Proyecto Olímpico por los Derechos Humanos (OPHR), proyecto liderado por el Dr. Harry Edwards, un sociólogo en la línea más dura de Malcom X. OPHR era un grupo organizado de atletas que luchaba contra la segregación racial y por los derechos de los negros en Estados Unidos y abogaron por un boicot contra los Juegos Olímpicos de 1968 a menos que se cumplieran cinco condiciones:

- Sudáfrica, país gobernado por una minoría blanca, no debía ser invitada a los Juegos.

- Que se restituyera a Muhammad Alí el título mundial de boxeo de los pesos pesados que se le había retirado tras negarse a ir a Vietnam.

- El estadounidense Avery Brundage debía dejar la presidencia del COI.

- Que se contratasen más entrenadores negros, especialmente para los equipos olímpicos.

- Y que, finalmente, el Club Atlético de NY fuese boicoteado por su política de prohibir la afiliación de miembros puertorriqueños, negros y judíos.

Se consiguieron algunas cosas. La República sudafricana del *apartheid* no fue invitada, básicamente porque hubiese provocado la ausencia de todos los países africanos además de la URSS. Aunque Alí[149] solo recuperaría el título volviendo a pelear, el resto de las peticiones fueron sucediendo con el tiempo, pero no antes de los JJ. OO.

Aun así, Smith y Carlos se embarcaron rumbo a los Juegos. El 16 de octubre se plantaron en la final, y Tommie ganó el oro y John, que era el favorito, el bronce. Entre ellos se coló el australiano Peter Norman. Pero, a pesar de lo estelar de la carrera[150], la verdadera sensación estaba por llegar. El campeón se presentó en el podio con un pañuelo negro alrededor del cuello. El medallista

---

149   Tras restituirle la licencia después de tres años y medio de inhabilitación, Muhammad Alí volvió a ser campeón del mundo de los pesos pesados tras derrotar a George Foreman el 30 de octubre de 1974 en Kinsasa en el llamado «The Rumble in the Jungle», el combate de la selva. George Foreman que fue campeón olímpico de los pesos pesados de boxeo en México'68, falleció el 21 de marzo de 2025 a los 76 años.

150   Tommie Smith batió el WR con 19"80, la primera vez en la historia que un atleta bajaba de 20". Y Peter Norman con una marca de 20"06 batió el récord nacional de Australia. EL WR de Smith duró «solo» tres años hasta que lo batió el jamaicano Don Quarrie. Pero el de Norman duró … ¡cincuenta y seis años! Finalmente, en Brisbane en diciembre de 2024, un prodigio de dieciséis años, de origen sudanés llamado Gout Gout corrió en 20"04 en el marco del Campeonato escolar de Australia. El récord había caído. Y no solo el de Norman, también el WR sub-18, corriendo más rápido a su edad que la leyenda Usain Bolt.

de bronce con un collar de cuentas como recuerdo a todos los negros linchados y ejecutados y con el chándal abierto en señal de pertenencia a la clase obrera. Además, se descalzaron y subieron al podio solo con los calcetines, en homenaje a todos los esclavos negros. Con las medallas al cuello, y cuando sonó el himno estadounidense, Tommie y John bajaron la cabeza y alzaron cada uno un puño con un guante negro. Parece ser que tenían un par para cada uno, pero Carlos se los olvidó en la villa. Y fue el propio Norman el que les sugirió que se pusiesen un guante cada uno. Tommie en la mano derecha, John en la izquierda. De hecho, el propio Norman los secundó en la protesta, puesto que llevó también la insignia del OPHR prendida en el chándal durante la ceremonia de entrega de medallas. El público, atónito, los abucheó. Pero John Carlos definió la situación perfectamente: «Si gano, soy americano, no afroamericano. Pero si hago algo malo, entonces se dice que soy un negro. Somos negros y estamos orgullosos de serlo. La América negra entenderá lo que hicimos esta noche».

La América negra lo entendió, pero la blanca liderada por el presidente del COI, el también estadounidense Avery Brundage, exigió al Comité Nacional de Estados Unidos que les impidiese correr el relevo 4 x 100 m y su expulsión inmediata de la villa. El hombre que no había condenado el saludo nazi en 1936 no podía permitir que dos negros hiciesen un gesto reivindicativo y pacífico, desde un podio. Inicialmente, tanto el Comité Organizador mexicano como el Comité de EE. UU. se resistieron. Pero la amenaza de Brundage se maximizó. O se iban, o no dejaba competir a ningún atleta de EE. UU. más. Los estadounidenses terminaron por claudicar y expulsaron a los dos atletas de los JJ. OO.

A pesar de ser medallistas olímpicos, Tommie y John volvieron a casa por la puerta de atrás y fueron maltratados por la sociedad dominante, que era blanca. Pero con los años, sus figuras se fueron rehabilitando, hasta convertirse en todo un símbolo de cualquier lucha. La Universidad Estatal de San José homenajeó a sus exalumnos inaugurando una gigantesca estatua reproduciendo a gran escala la imagen de su protesta de México. Por cierto, estatua en la que no está Norman.

La verdad es que no recordaba que hubiese otros gestos de reivindicación desde el podio por parte de los atletas afroamericanos. ¿Fueron los únicos? Difícilmente, porque, en 1968, el clima en Estados Unidos en la lucha por los derechos civiles estaba candente. Pensé que seguramente no se recordarían porque quizás no fueron tan potentes como los de los medallistas de 200 m. Me lo refrescó en una cena mi amigo y compañero en TVE Dani Martí. Y me remitió a un texto de otro periodista, Joan Manel Surroca[151], en el cual había una fotografía de la entrega de medallas del relevo 4 x 400 m. En ella se ve a Lee Evans[152], Larry James[153], Ron Freeman[154] y Vincent Matthews[155] recogiendo el oro con las tradicionales gorras de los Panteras Negras[156] y el puño alzado. Y buscando más imágenes, en el podio de los 400 m lisos, el campeón olímpico Evans, el medalla de plata James y el de bronce Freeman también subieron al podio con boinas negras y levantaron el puño. Lo curioso es que a ellos no les pasó nada. No sé si no llevar guantes negros fue la diferencia. O lo que molestó más a la América blanca es que el gesto de Smith y Carlos fuese mientras sonaba su himno.

¿Y qué pasó con Norman? El australiano ya había declarado en el pasado que se oponía a la política discriminatoria de Australia, que, a pesar de ser revocada en 1968, aún implicaba que los australianos aborígenes no fueran incluidos en el censo nacional. Pero es que, en la conferencia de prensa posterior a la final de 200 m, todavía abundó más en aquellas declaraciones en contra de la política de su país, cuando le preguntaron por el gesto de Smith y

---

151   El artículo se llama, «1968: uns Jocs Olímpics innovadors i universals», publicado para Fundació Barcelona Olímpica.

152   Lee Evans fue campeón olímpico de 400 m y 4 x 400 m en México'68.

153   Larry James fue campeón olímpico de 4 x 400 m y medalla de plata en 400 m en México'68.

154   Ron Freeman fue campeón olímpico de 4 x 400 m y medalla de bronce en 400 m en México'68.

155   Vincent Matthews, además de ser miembro del relevo que ganó el oro en 4 x 400 m en México'68, fue campeón olímpico de 400 m en Múnich'72.

156   Los Panteras Negras era un grupo de izquierda radical que reivindicaba los derechos de la minoría afro estadounidense a finales de la década de los sesenta. Y crearon su propia estética: boinas y chaquetas de cuero negras, puños al cielo y pistola en mano.

Carlos. Y eso le costó el total ostracismo en Australia. Reprendido por las autoridades olímpicas de su país fue marginado y ninguneado por los medios australianos. No fue elegido para los Juegos de Múnich'72 a pesar de ser tercero en los clasificatorios olímpicos. Estuvo a punto de perder una pierna por la gangrena y sufrió depresión y alcoholismo. Incluso en los Juegos de Sídney'00, el Comité Australiano invitó a todos los medallistas australianos de la historia… menos a Norman. El atleta estuvo en los JJ. OO. de su país porque ¡le invitó la delegación EE. UU.!

Ese agravio es difícil de comprender tantos años después de aquel día de octubre de 1968. Además, en los Juegos de Sídney, la heroína local se llamó Cathy Freeman[157], una atleta aborigen que ganó la medalla de oro en los 400 m lisos. Y fue Cathy la elegida para encender el pebetero al término de la ceremonia de apertura, lanzando al país y al mundo un potente mensaje respecto a los aborígenes y la relación que quería tener el Gobierno con la comunidad. Por eso no se entiende que en esa política de reparación no entrase Peter Norman. Pero me parece claro que deberíamos ser australianos para entender que las declaraciones de Norman a finales de los años sesenta escocieron y mucho y que no fuesen perdonadas ni en los albores del nuevo milenio.

Peter Norman falleció de un ataque al corazón en 2006. Tanto Tommie Smith como John Carlos, que siempre consideraron a ese «blanquito» que los apoyó como un hermano, fueron los portadores del féretro en su funeral en Melbourne.

LA NOVIA DE MÉXICO

Y la otra gran historia con tintes político-deportivos que ocurrió en México 1968 tuvo como protagonista a una de las más grandes gimnastas de la historia, la checa Vera Caslavska[158]. Arranca con la

---

157   Cathy Freeman es la mejor atleta aborigen australiana de todos los tiempos. Fue campeona olímpica de 400 m en Sídney'00 y medalla de plata en Atlanta'96.
158   Vera Caslavska fue siete veces campeona olímpica y ganadora de once medallas.

invasión de Checoslovaquia por las tropas del Pacto de Varsovia lideradas por la URSS en agosto de 1968. El comunismo no podía permitir el fortalecimiento de la Primavera de Praga y las reformas económicas y políticas impulsadas por el presidente checoslovaco, Alexander Dubcek. Y como Vera había firmado el manifiesto de protesta «Dos mil palabras[159]», enseguida fue un objetivo para las autoridades soviéticas. Para evitar ser arrestada, se refugió tres semanas en las montañas del norte del país. Escondida, su entrenamiento era bastante básico, usando las ramas de los árboles como si fueran barras de gimnasia. Una preparación nada adecuada y muy alejada de lo que estaban haciendo sus rivales soviéticas, preparando los JJ. OO. a fondo. Pero, en octubre, reapareció en los Juegos y ganó cuatro medallas de oro y dos de plata.

Dicen los observadores que ganó la rutina de suelo, pero, de forma sospechosa, los jueces reconsideraron las puntuaciones y decretaron un empate en el primer lugar con la soviética Larissa Petrik. Y en la barra de equilibrio, una decisión arbitral otorgó el oro a otra soviética, Natalia Kuchinskaya. Con la medalla de plata colgada al cuello, Vera protestó silenciosamente contra la injusticia. Con el himno de la URSS sonando en el pabellón, ella inclinó la cabeza y bajó su mirada con la cara ladeada en dirección contraria a las soviéticas.

Tras eso, su propio Gobierno la consideró persona no grata y se le prohibió participar en cualquier evento deportivo. Incluso prohibieron la publicación de su autobiografía, ya que en algunas de sus páginas criticaba la forma como el régimen checoslovaco trataba a sus deportistas. En Japón sí se publicó, pero a petición del Gobierno checoslovaco fueron censuradas las partes donde se les criticaba. El Gobierno la hubiese perdonado si se retractaba de su firma del manifiesto. Por supuesto dijo no. Y se trasladó a México para entrenar a jóvenes gimnastas.

Y es la única gimnasta que ha ganado el oro olímpico en todas las pruebas individuales. general, barra de equilibrio, salto, asimétricas y suelo.

159 Manifiesto promulgado por el escritor y periodista Ludvik Vaculik. Era una llamada a los checoslovacos para que tomasen conciencia de cómo el Partido Comunista había hecho decaer al país.

Tras la caída del Muro de Berlín en 1989 y el fin del comunismo en Checoslovaquia, Caslavska llegó a ser consejera del nuevo presidente Václav Havel en materia de deporte, educación y salud. En 1995 fue designada como miembro del COI, que ya le había otorgado la Orden Olímpica en 1989. Y recibió también el Trofeo Juego Limpio Pierre de Coubertin otorgado por la UNESCO. En 1998 ingresó en el salón de la fama de gimnastas internacionales y en 1991 en el de grandes mujeres del deporte internacional.

MÚNICH 1972

La vuelta de la familia olímpica a Alemania tras los infames Juegos de Berlín de 1936 no transcurrió como lo habían soñado ni el COI ni los organizadores. Múnich 1972 será para siempre recordado por ser sede del primer y más grande atentado contra el movimiento olímpico. La llamada «masacre de Múnich» y sus veintiuna horas de terror fue un atentado terrorista en el que once miembros del equipo olímpico israelí fueron asesinados por un comando llamado Ikrit y Biraam[160] perteneciente al grupo terrorista Septiembre Negro[161], una facción de la Organización para la Liberación de Palestina, liderada entonces por Yasir Arafat, quien fue luego el primer presidente de la Autoridad Nacional Palestina. Era el 5 de septiembre de 1972.

Ocho terroristas palestinos[162] disfrazados de atletas y con las armas escondidas en bolsas de deporte saltaron la valla de la villa olímpica y penetraron en el pabellón 31 sito en la Connollystrabe,

---

160   Ikrit y Biraam es el nombre de dos ciudades árabes que Israel había eliminado en 1948.

161   El nombre Septiembre Negro surgió del conflicto homónimo iniciado el 6 de septiembre de 1970, cuando el rey Hussein de Jordania impuso la ley marcial en respuesta al intento de los fedayines de la OLP, con ayuda de Siria, de derrocarlo. Hasta julio de 1971, miles de palestinos fueron asesinados o expulsados de Jordania.

162   El líder del comando era Luttif Afif, quien usaba el pseudónimo Issa, el nombre de Jesús en árabe. Le acompañaban Yusuf Nazzal, a quien la prensa apodó como Tony por su vestimenta y sombrero vaquero, Afif Ahmed Hamid, Khalid Jawad, Ahmed Chic Thaa, Mohammed Safady, Adnan al-Gashey y su sobrino Jamal.

espacio que Israel compartía con las delegaciones de Uruguay y Hong Kong. Lo extraordinario es que miembros del equipo de Estados Unidos les ayudaron a saltar la valla pensando que eran deportistas que volvían de madrugada a la villa después de una noche de diversión por la ciudad. Eran las cuatro de la mañana.

Nada más entrar en las habitaciones, dispararon y asesinaron al entrenador de lucha Moshe Weinberg y al levantador Yosef Romano. En el tumulto, el entrenador de halterofilia Tuvia Sokolovsky[163] pudo romper una ventana y escapar. Y también escapó el luchador Gad Tsovari. Tras matar a dos israelíes, los miembros del comando retuvieron a nueve miembros más de la delegación macabea. Cuatro eran deportistas, los levantadores Ze'ev Friedman y David Berger y los luchadores Eliezer Halfin y Mark Slavin; dos eran árbitros, Yakov Springer de halterofilia y Yossef Gutfreund de lucha; y tres entrenadores, Kehat Shorr de Tiro, Andre Spitzer de esgrima y Amitzur Shapira de atletismo.

Poco después del comienzo de la crisis, los miembros del comando demandaron la liberación de 234 prisioneros alojados en cárceles israelíes, así como la de los fundadores de la facción del Ejército Rojo, Andreas Baader y Ulrike Meinhof, encarcelados en Alemania. Tras largas horas de negociación, e incluso un intento de asalto de la policía alemana, que tuvieron que abortar porque lo estaba transmitiendo la televisión[164] y los asaltantes tenían un aparato en la habitación, los terroristas y sus rehenes se desplazaron en tres helicópteros hasta la base aérea de la OTAN de Fürstenfeldbruck. Ahí empezó un tiroteo que acabó con la vida de los nueve rehenes, de cinco terroristas, de un policía alemán y de un piloto. Muchas voces pidieron entonces cancelar los Juegos en señal de respeto. Pero tras treinta y cuatro horas de interrupción, se celebró una gran misa en el Estadio Olímpico y el COI decidió que los Juegos se retomasen. La frase del presidente del

---

163   La foto de Tuvia Sokolovsky llorando en el funeral que reunió en el Estadio Olímpico a 3000 deportistas y 80 000 espectadores es desgarradora.

164   En diciembre de 2024 se estrenó la película *September 5*, dirigida por Tim Fehlbaum. Esta vez, la historia se cuenta desde la perspectiva del equipo de la televisión ABC Sports y su cobertura en tiempo real de los acontecimientos.

COI Avery Brundage es legendaria y basada únicamente en lo económico: «Los Juegos deben continuar».

Tres terroristas fueron capturados vivos por la policía alemana. Pero pocas fechas después fueron liberados en un intercambio de rehenes de un avión de la aerolínea alemana Lufthansa secuestrado por palestinos. Tras su liberación, los tres hombres se trasladaron a Libia, donde fueron recibidos como héroes por el coronel Muammar al-Gaddafi. En Israel hubo mucha indignación por la facilidad del Gobierno alemán de olvidarse de un acontecimiento como la masacre de Múnich, más, si cabe, porque había sucedido en un país donde un cuarto de siglo antes los nazis habían masacrado a seis millones de judíos. En los meses que siguieron, muchos de los miembros del grupo Septiembre Negro que participaron en la organización de la masacre, tanto física como intelectualmente, fueron asesinados. Se dice que detrás de los asesinatos estuvo la Agencia de Inteligencia de Israel, el Mossad, en lo que habría sido parte de una operación encubierta conocida como Cólera de Dios[165] y ordenada por la primer ministro de Israel Golda Meir.

No sé si por vergüenza o por presiones, el COI tardó casi medio siglo en honrar a los once deportistas tal y como querían las viudas, o sea, con un minuto de silencio en la sede olímpica. Durante los Juegos de Londres'12, justo cuarenta años después de la masacre, el presidente del COI Jacques Rogge[166] dijo que un recuerdo para las víctimas en la ceremonia de apertura sería «inapropiado». Como primer paso, en la villa de Río'16 se había inaugurado el «Lugar de Duelo», que desde entonces está en todas las villas olímpicas. El monumento memorial consiste en dos piedras del Monte Olimpo dentro de una vitrina colocada en una zona arbolada de la villa, ya que fue en un lugar así donde ocurrieron

---

165 La película de 2005, *Múnich*, dirigida por Steven Spielberg, está ambientada en los días posteriores al ataque terrorista de los Juegos de 1972. Un agente del Mossad es encargado de encontrar y matar a los terroristas responsables de la matanza.

166 El belga Jacques Rogge fue el octavo presidente del COI. Sucesor de Samaranch, ejerció de 2001 a 2013.

los trágicos acontecimientos y que representa el espíritu de armonía entre los deportistas.

Y por fin, cuarenta y nueve años después, la decisión de reconocer a las víctimas del ataque con una conmemoración oficial la tomó el presidente del COI Thomas Bach. En la apertura de los Juegos Olímpicos de Tokio'20, un emocionante minuto de silencio puso fin al olvido. «No podemos contener nuestras lágrimas, este es el momento que estábamos esperando», dijeron Ankie Spitzer, viuda de Andre, e Ilana Romano, viuda de Yosef. El Gobierno alemán todavía tardó más que el COI en reconocer sus errores en el operativo de seguridad. No fue hasta 2022, cincuenta años después de la matanza, que el jefe de Estado Frank-Walter Steinmeier pidió perdón a las familias en nombre de Alemania y afrontó el pago de los veintiocho millones de euros de indemnización.

París también quiso celebrar una ceremonia en memoria de las víctimas del ataque terrorista de 1972. Con la crispación que producía la participación de Israel en los JJ. OO. por el conflicto en Gaza, el hermetismo sobre la delegación macabea era total, y nada trascendió sobre dicha ceremonia. Fue el periódico israelí *Times of Israel* el que informó que se había llevado a cabo el martes 6 de agosto en un lugar secreto fuera de la villa olímpica. La ceremonia estaba programada originalmente para el 24 de julio en el Ayuntamiento de París, pero fue cancelada debido a la preocupación de que pudiera ser objetivo de extremistas, dado el aumento del sentimiento antisemita y antiisraelí tras las matanzas en Gaza.

MONTREAL 1976

En los días previos a los Juegos, los países del África negra empezaron a movilizarse en contra de los Estados que practicaban el *apartheid*. Antes de los JJ. OO., pidieron la expulsión de Rodesia. Y el COI les retiró la invitación. Y luego, veintiocho[167] países del

---

167　Los veintiocho países que boicotearon los JJ. OO. de 1976 fueron Argelia, Alto

continente negro, encabezados por Julius Nyerere, primer presidente de Tanzania, renunciaron a Montreal el mismo día de la ceremonia de apertura al denegarse su petición de excluir también a Nueva Zelanda[168]. Costa de Marfil y Senegal no se adhirieron al boicot. Guyana, a pesar de no ser una nación africana, se solidarizó y no estuvo en Canadá. Incrédulo, un esprínter de Guyana llamado James Gilkes, campeón panamericano en 200 m en 1975, pidió al COI participar como atleta independiente, pero no se lo concedieron. Otros países como Afganistán, Albania, Birmania, El Salvador, Siria y Sri Lanka no participaron, pero por razones puramente económicas. Mali y Suazilandia estuvieron en la inauguración antes de retirarse mientras que Egipto, Camerún, Marruecos y Túnez llegaron a participar los primeros días y se retiraron después.

Por otro lado, y previamente, un mes antes de empezar los JJ. OO., el presidente de Canadá Pierre Trudeau anunció que no dejarían entrar al país a los deportistas del equipo de la República China con capital en Taiwán si intentaban atravesar la frontera como ciudadanos chinos. «Para Canadá no hay otra China que la de Pekín», dijo Trudeau. La disputa se remonta a octubre de 1970, cuando Canadá se convirtió en una de las primeras naciones occidentales en reconocer a la República Popular de China, momento en el que suspendió sus relaciones diplomáticas con el

---

Volta, Camerún, Chad, Congo, Egipto, Etiopía, Gabón, Gambia, Ghana, Irak, Kenia, Lesoto, Libia, Madagascar, Malaui, Mali, Marruecos, Níger, Nigeria, República Centroafricana, Suazilandia, Sudán, Togo, Túnez, Uganda y Zambia.

168 Sudáfrica tenía prohibida la participación en los Juegos Olímpicos desde 1964 y estaba «recomendado» no tener ningún contacto deportivo con ellos. Pero, en 1976, el equipo nacional de *rugby* de Nueva Zelanda, los All Blacks se embarcaron en una gira de tres meses y veinticuatro partidos por Sudáfrica, solo dos semanas antes de que comenzaran los Juegos Olímpicos de Montreal. El COI dijo que no podía expulsarlos de los JJ. OO., porque entre otras cosas, el *rugby* no era deporte olímpico. Un año después, la Declaración de Gleneagles instaba a todos los Estados miembros de la Commonwealth a desalentar todo contacto deportivo con Sudáfrica y, en diciembre de 1977, la ONU adoptó y proclamó la Declaración Internacional contra el Apartheid en el Deporte. Las sanciones deportivas contra Sudáfrica se produjeron tras un amplio acuerdo dentro de la comunidad internacional y se basaron en el hecho de que el *apartheid* también se practicaba en el deporte sudafricano.

Taipéi chino. Aunque el COI intentó llegar a un acuerdo, Canadá no permitió que los deportistas de Taipéi compitieran bajo el nombre y la bandera de la República de China. EE. UU. amenazó con retirarse de los JJ. OO. si no era admitido el equipo taiwanés. Tras la presión del COI, se propuso como fórmula de compromiso que desfilasen bajo su bandera y con su himno, pero bajo el nombre de Taiwán. Pero el Taipéi chino se retiró la víspera de la ceremonia inaugural, tras la negativa del Gobierno canadiense a reconocerlo con el nombre de República de China. Y ello a pesar de que Taipéi era miembro del Comité Olímpico Internacional desde hacía dieciséis años.

En octubre de 1979, el Comité Ejecutivo del COI alcanzó, de manera obligada, una fórmula que permitía a China y Taiwán coexistir, de manera independiente, en los JJ. OO. En virtud de la resolución de Nagoya, China quedaba readmitida en el Comité Olímpico Internacional, mientras que fijaba que la parte taiwanesa podía participar como Comité Olímpico chino de Taiwán, obligándoles a modificar su bandera y su himno. Fue una resolución similar a la que se había aprobado en la FIFA en aquella época para permitir la participación de China y Taiwán en el Mundial de Fútbol de España 1982.

YO TE BOICOTEO, TÚ ME BOICOTEAS. MOSCÚ *VS.* LOS ÁNGELES

El 1 de enero de 1980, el secretario de Estado de EE. UU., Warren Christopher, anunciaba la intención estadounidense de boicotear los Juegos de Moscú tras la invasión de Afganistán por parte de las tropas del Pacto de Varsovia. Y tres semanas después, tras reunirse con miembros de los Gobiernos de Gran Bretaña, Francia, Alemania, Italia y Canadá, el propio presidente de Estados Unidos, Jimmy Carter[169], anunció que boicotearían la competi-

---

169 Mientras escribía este libro, el trigésimo noveno presidente de la historia de Estados Unidos, Jimmy Carter fallecía a la edad de cien años. DEP.

ción si la URSS no abandonaba Afganistán o bien no se trasladaban los Juegos a un territorio fuera de la Unión Soviética.

Gran Bretaña, Francia y Australia, entre otros, permitieron a los deportistas decidir por sí mismos si iban a Moscú. A los deportistas estadounidenses en cambio no se les permitió elegir, ya que Carter amenazó con revocar el pasaporte de cualquier deportista que intentara viajar a la URSS. Al final, sesenta y siete países no participaron en Moscú'80, de los cuales alrededor de cincuenta probablemente se ausentaron debido al boicot. Participaron ochenta países, el número más bajo desde 1956. Lo peor del boicot es que no consiguió ningún propósito, ya que la URSS no abandonó Afganistán. Los verdaderos afectados fueron una generación de deportistas que vieron como se desvanecía su sueño olímpico por motivos políticos.

El equipo al que se prohibió ir a Moscú fue reconocido como olímpico en Estados Unidos, pero nunca por el COI. A modo de acto simbólico de reparación, en verano de 1980, el presidente Carter se reunió con los deportistas en la Casa Blanca. Les ofreció como desagravio una especie de medalla de oro del Congreso, pero que era de bronce chapado en oro. El reconocimiento oficial en las actas del Congreso no llegó hasta décadas después.

Al comienzo de los Juegos Olímpicos, Sandra Henderson y Stéphane Préfontaine, últimos relevistas en Montreal 1976, recibieron el encargo de entregar la bandera olímpica del alcalde de Montreal, Jean Drapeau, al presidente del COI Lord Killanin[170], en Moscú. Históricamente, la bandera olímpica pasaba del alcalde de la ciudad anfitriona al siguiente, pero Canadá fue uno de los sesenta y cuatro países que boicotearon los Juegos ese año.

Por lo que respecta a España, a pesar de la presión que ejerció el presidente del Gobierno Adolfo Suárez sobre el Comité Olímpico Español (COE) para que se uniesen al boicot occidental, los deportistas españoles estuvieron en Moscú. El presidente de entonces del COE, Jesús Hermida Cebreiro, hizo más caso a la recomendación positiva del entonces vicepresidente del COI

---

170 El irlandés lord Michael Morris Killanin fue el sexto presidente del COI. Ejerció desde 1972 a 1980.

y embajador en Moscú Juan Antonio Samaranch que de la de Suárez. Pero como «medida de protesta» se decidió no portar la bandera propia ni en las ceremonias de apertura ni de clausura, ni en las ceremonias de entrega de medallas. En su lugar se utilizó la bandera olímpica. En Moscú, España ganó seis medallas. Alejandro Abascal y Miguel Noguer ganaron la primera medalla de oro de la historia de la vela española. Fue en la modalidad de *flying dutchman*. Y siguiendo la doctrina del Gobierno, no pudieron ver como se izaba la bandera de España. De hecho, dieciocho países participaron sin bandera ni himno.

Estaba claro que cuatro años después, el bloque soviético iba a devolver la moneda. Solo faltaba ver bajo qué excusa iban a vestir el boicot los Juegos de Los Ángeles. Primero, el presidente del Comité Olímpico Soviético Serguei Pavlov dijo que Estados Unidos no dejaba aterrizar aviones chárter soviéticos. Y luego que no dejaban entrar a los deportistas sin visado. Mas tarde, su sucesor Marat Gramov dijo que en Estados Unidos no se podía garantizar la seguridad de los deportistas soviéticos. Y «la excusa definitiva» llegó cuando los marines estadounidenses, en el otoño de 1983, intervinieron en la isla caribeña de Granada para derrocar al dictador Hudson Austin, un títere de la Cuba castrista.

El anuncio del boicot soviético llegó el 8 de mayo de 1984, el día que llegaba la llama a Nueva York, día en el que el presidente del COI Joan Antoni Samaranch se iba a entrevistar con el presidente de Estados Unidos Ronald Reagan para intentar llegar a algún consenso.

Rusia y sus satélites como Cuba, Polonia, Hungría, Checoslovaquia, Bulgaria, RDA, Etiopía, Corea del Norte, además de Irán, Alto Volta, Libia y Albania boicotearon los JJ. OO. Pero no China, Yugoslavia y Rumania. En la ceremonia de apertura de los Juegos, en el Coliseo de Los Ángeles, el presidente del COI Joan Antoni Samaranch se refirió en su discurso a los ausentes: «Nuestro pensamiento está con los deportistas que no han podido unirse a nosotros». Posteriormente, y en agradecimiento al no boicot siendo un país genuinamente del Bloque del Este, el presidente del COI impuso la Orden Olímpica al presidente de Rumania, el dictador Nicolae Ceausescu.

SEÚL'88, UN PAÍS DIVIDIDO

Para ser sede de los Juegos de 1988, Corea del Sur tuvo que hacerle al COI promesas de democratización… ¡y cumplirlas! En aquel instante, Corea era un país dividido en dos, y el sur preso de una gran inestabilidad política. Aun así, derrotaron a la ciudad japonesa de Nagoya en la elección para ser sede de los Juegos de 1988.

Un incidente a finales de 1987 había generado tensión entre las dos Coreas. El vuelo 858 de Korean Air explotó cuando estaba en el aire, en un incidente que mató a más de cien personas. Una espía de Corea del Norte confesó tiempo después que Pyongyang le había ordenado poner una bomba en el avión para crear caos en Corea del Sur antes de los JJ. OO.

Corea del Norte renunció a participar en Seúl solo dos semanas antes de la inauguración porque querían coorganizarlos. Anhelaban albergar el tiro con arco, el tenis de mesa, el voleibol, el ciclismo y el fútbol, lo cual fue rechazado por el COI. Cuba, Nicaragua, Albania y Etiopía siguieron al régimen comunista de Pyongyang y por solidaridad con ellos no participaron.

Tras las tensiones de Seúl'88, y unos Juegos tranquilos en Atlanta'96, Corea del Sur y la República Popular Democrática de Corea marcharon juntas bajo la misma bandera en Sídney 2000, lo mismo que luego en Atenas'04 y en los JJ. OO. de Invierno de Turín'06.

BARCELONA 1992

En los años que siguieron a los Juegos de 1988, el mundo fue testigo de grandes cambios políticos. El *apartheid* quedó abolido en Sudáfrica, lo que permitió al país volver a participar en los Juegos Olímpicos, la primera vez desde 1960. También se produjo la caída del Muro de Berlín y la reunificación en una sola Alemania de la República Federal y la República Democrática. Lo mismo pasó con Yemen del Norte y Yemen del Sur. Y el comunismo acabó en la Unión Soviética y la URSS se dividió en quince repúblicas diferentes.

En los Juegos de Barcelona 1992, los equipos independientes de Estonia y Letonia hicieron su primera aparición desde 1936 y Lituania envió su primer equipo desde 1928. Las otras exrepúblicas soviéticas participaron como «Equipo Unificado», aunque los ganadores fueron honrados con la bandera de sus nuevos países.

La única controversia tuvo que ver con Yugoslavia, que era objeto de sanciones de las Naciones Unidas por su agresión militar contra Croacia y Bosnia-Herzegovina. Al final, Yugoslavia no pudo participar en ningún deporte de equipo, pero se permitió a los deportistas yugoslavos individuales competir como Atletas Olímpicos Independientes. Croacia, Eslovenia y Bosnia-Herzegovina compitieron por primera vez como naciones independientes.

PEKÍN 2008

China se quería abrir al mundo, y los Juegos Olímpicos eran una gran oportunidad para conseguirlo. El sistema represivo del país y las reiteradas denuncias por violación de los derechos humanos por parte de un sin fin de ONG, asociaciones y Gobiernos no eran una buena política. Y así se demostró en 1993, en la elección en Mónaco de la sede de los Juegos del milenio, cuando en la ronda final Sídney derrotó a Pekín… ¡por solo dos votos! Para organizar los Juegos había que cambiar. Y para convencer a los *popes* del olimpismo, China prometió profundas reformas.

Durante la sesión del CIO en Moscú, el 13 de julio de 2001, la candidatura china arrasó. En primera ronda obtuvo cuarenta y cuatro votos, quedando eliminada Osaka. Y la segunda votación fue la definitiva. Con cincuenta y seis votos, Pekín consiguió la mayoría absoluta derrotando a Toronto, París y Estambul. La idea de grandes cambios había convencido a los votantes.

Pero fue convertirse en ciudad sede y nada cambió. Continuaba el mismo control sobre los medios de comunicación, se ahogaba cualquier voz disidente, no había libertad de expresión ni de prensa, se reprimía a las minorías étnicas, se bloqueaban sitios webs críticos y los presos políticos seguían en las cárceles. Sin olvidar los que reclamaban el fin del genocidio al pueblo del Tíbet y la apertura de relaciones con el dalái lama. En su línea habitual el COI evitaba pronunciarse amparándose en no querer politizar los Juegos. Y su presidente Jacques Rogge dijo que «el COI no cree que sea adecuado cuestionar las reglas y leyes de un país. Lo que no quiere decir que el COI no apoye la libertad de expresión». Ante este silencio, el relevo de la antorcha que se encendió en Olimpia y atravesó diecinueve grandes capitales del mundo durante 2008 fue el objetivo ideal elegido por los críticos para hacer oír su voz y mostrar el rechazo a la cita pekinesa.

A su paso por Londres, manifestantes intentaron apagar la llama. En París, el Comité Olímpico decidió extinguir el fuego y hacer el recorrido en bus debido a las protestas callejeras. Y en San Francisco la llama estuvo desaparecida para que miembros del autodenominado Equipo Tíbet no la pudiesen atacar. Para evitar más contratiempos, la antorcha se blindó con paramilitares chinos que no tenían ningún reparo en rechazar por la fuerza cualquier ataque, aunque en aras de su defensa golpeasen incluso a sus propios relevistas. Sin ir más lejos, a su paso por Londres, el presidente del Comité Organizador de los JJ. OO. de 2012 Sebastian Coe fue empujado sin ningún tipo de miramiento.

Tras unas manifestaciones violentamente reprimidas en marzo en Lhasa, la capital del Tíbet, y que acabaron con veintidós muertos, los jefes de Estado de grandes países amenazaron con no acudir a los Juegos. Pero a la hora de la verdad, el presidente de Estados Unidos George W. Bush fue el primero en estar en Pekín. Sorprendió porque era la primera vez que un presidente de Estados Unidos participaba en una ceremonia de apertura de unos Juegos fuera de su país. Lo mismo que su homólogo francés Nicolás Sarkozy, quien lo hizo representando a Francia y a la Comunidad Europea, ya que los franceses ocupaban la presidencia de turno de la UE. También estuvieron el presidente de Rusia, Vladímir Putin; el primer ministro del Reino Unido, Gordon Brown, y el de Japón, Yasuo Fukuda.

Pero sí que hubo algún boicot. Varios premios nobel manifestaron su rechazo a viajar. Y el laureado director de cine de Hollywood Steven Spielberg, quien se suponía iba a dirigir la parte artística de la ceremonia de apertura, decidió renunciar debido a la postura del Gobierno chino sobre la crisis de Darfur en Sudán, donde China es el mayor inversor extranjero.

EL PERIODO MÁS RECIENTE

Tras la buena voluntad de desfilar juntas entre 2000 y 2006, la tensión entre las dos Coreas, virtualmente en guerra desde 1948, volvió a subir. Pero sorprendentemente acordaron desfilar de nuevo bajo una sola bandera de «Corea unificada» en los JJ. OO. de Invierno de Pyeongchang'18. Y enviaron a la cita un equipo conjunto de *hockey* sobre hielo femenino. Fue el primer equipo deportivo coreano unificado en veintisiete años, desde los Mundiales de Tenis de Mesa y el Mundial Juvenil de Fútbol de 1991.

En Tokio'20, lo más destacable, siendo además un caso que no se había dado en toda la historia de los Juegos Olímpicos, fue el retraso de un año en la celebración de la competición debido a la pandemia mundial del COVID-19. Por esa misma causa se dio otro hecho insólito, la ausencia total de público. La medida se tomó gradualmente rebajando las expectativas según se acercaba la fecha de inicio de los Juegos, limitando finalmente en su totalidad la presencia de público. Pese al aplazamiento de un año se determinó que seguiría usándose la denominación Tokio 2020 para evitar más gastos por los productos ya fabricados con el año original.

Corea del Norte fue el único país que no estuvo en Tokio'20 por la pandemia. Por ello, la ejecutiva del COI los suspendió hasta final de 2022 y no estuvieron en los Juegos de Invierno de Pekín'22. Tras estar fuera de las grandes competiciones desde 2018, Corea del Norte volvió a la competición global en los Juegos Asiáticos de Hangzhou'23.

Estados Unidos boicoteó a nivel diplomático la celebración de esos JJ. OO. de Invierno de Pekín'22, secundado desde el 8 de diciembre por Canadá, Gran Bretaña y Australia. El motivo, denunciar las atrocidades chinas en el campo de los derechos humanos, bajo la acusación de perpetrar un genocidio en Xinjiang contra los musulmanes uigures[171]. Aunque sin representación diplomática, los deportistas de estos países participaron en pleno en los JJ. OO. Por cierto, que, con estos Juegos, Pekín se convirtió en la primera ciudad en haber albergado una edición de verano en 2008 y otra de invierno en 2022.

---

171 Los uigures son un grupo étnico que vive en Asia central, principalmente en la región autónoma Uigur de Sinkiang, al noroeste de China.

CAPÍTULO II

EL FUTURO DE LOS JJ. OO.

Después de algunos periodos oscuros, el futuro de los Juegos Olímpicos es muy halagüeño. Los próximos cuatro Juegos ya están otorgados. Los Ángeles organizará la edición 2028 de los Juegos de Verano y Brisbane la de 2032, mientras que, al margen de los inminentes Juegos de 2026 en Milán-Cortina d'Ampezzo en Italia, los Juegos de Invierno de 2030 serán en los Alpes franceses y los de 2034 en Salt Lake City. Así que el movimiento olímpico «está tranquilo» por lo menos hasta 2029 cuando se empiecen a designar las sedes de los Juegos de Verano de 2036 y de Invierno de 2038. Nuevos países que quieran organizar, y nuevos deportes que quieran entrar, no van a faltar.

Veremos si de aquí a entonces hay algún cambio en el tradicional formato de la ciudad sede como núcleo central de los Juegos, con varias subsedes satélite dentro del país organizador. Lo digo porque el que fue uno de los aspirantes a la presidencia del COI, el presidente de la Federación Internacional de Gimnasia, Morinari Watanabe, habló durante el proceso electoral de cambiar el paradigma de los Juegos. Su propuesta era organizar la competición en cinco ciudades diferentes a la vez, cada ciudad de un continente distinto, y con cada ciudad organizando diez deportes. Con la diferencia horaria entre ciudades, la propuesta del japonés aseguraba veinticuatro horas al día de deporte olímpico *non stop* con el consiguiente aumento de ingresos por la venta de los derechos de televisión. Y aun más. Quería convertir al COI en un ente bicameral, con una segunda cámara que acogiese a todos los presidentes de las federaciones internacionales y a todos los presidentes de los comités olímpicos nacionales. Watanabe no fue elegido presidente, de hecho, fue de los que menos votos obtuvo, poniendo en evidencia que los cardenales olímpicos no son tan disruptores. Pero veremos si en el ánimo del COI está cambiar en un futuro un concepto familiar y ganador. El propio Watanabe, en una entrevista a AFP, calificó su propuesta como «crazy idea» (idea loca), pero dijo que la puso sobre la mesa porque sabe que hay corrientes renovadoras en el seno del COI y su objetivo es abrirles la puerta expresando «locuras» como esta.

LOS ÁNGELES 2028

Los Juegos Olímpicos de Los Ángeles 2028 contarán con 351 eventos con medallas, 22 más que París 2024. Pero lo más importante es que por primera vez, todos los deportes de equipo tendrán al menos el mismo número de selecciones femeninas que masculinas. Eso convertirá a LA en la primera sede olímpica de la historia que recibirá más mujeres que hombres. ¡La paridad de París quedará superada!

Así, el torneo femenino de waterpolo se ampliará a 12 equipos, igualando al masculino, lo que lo convierte en paritario por primera vez en los Juegos. El baloncesto 3x3 también se ampliará para incluir 12 equipos por género, en comparación con los ocho equipos de los Juegos Olímpicos anteriores. En boxeo, habrá una categoría adicional femenina, siendo siete las categorías de peso tanto para el torneo femenino como para el masculino. Y la competición femenina de fútbol invierte su tendencia histórica. En París participaron 16 equipos masculinos y 12 femeninos. Y en LA será completamente al revés, con cuatro equipos femeninos más, lo que habla bien a las claras del interés que despierta la competición femenina de fútbol.

Los organizadores de LA'28 quieren conseguir algo realmente difícil si se ha visitado alguna vez la gigantesca urbe californiana. Durante las dos semanas que durarán los Juegos, del 14 al 30 de julio de 2028, quieren un acontecimiento sin coches. Y para ello han pedido a los angelinos que eviten los atascos haciendo teletrabajo y, si deben ir a trabajar, usen los transportes públicos. El Gobierno federal prometió 900 millones de dólares para mejorar la red pública de la ciudad. Ahora se espera que la Administración Trump cumpla el compromiso adquirido por el anterior Gobierno. En cualquier caso, hasta 2028, el Comité Organizador de LA'28 tendrá la posibilidad de testar y aplicar varias veces esta realidad, ya que Los Ángeles acogerá en 2026 ocho partidos de la Copa del Mundo de Fútbol, el All Star NBA y el US Open femenino de Golf en Pacific Palisades. Y en 2027, la final de la Super Bowl.

El presidente Donald Trump anunció el nombramiento de Monica Crowley, antigua colaboradora de Fox News, para el puesto de embajadora, subsecretaria de Estado y jefa de protocolo. Al parecer, su función consistirá en supervisar los principales eventos que se celebren en Estados Unidos. En 2026 serán el 250.º aniversario del Día de la Independencia estadounidense y el Mundial de Fútbol, así como los Juegos Olímpicos en 2028.

A principios de enero de 2025, unos terribles incendios devastaron más de 160 kilómetros cuadrados de la superficie de Los Ángeles. Al margen de las veintinueve vidas perdidas, irrecuperables, se perdieron también más de 12 000 estructuras, aunque el fuego no afectó a las ochenta sedes y subsedes olímpicas. En cualquier caso, el coste de la reconstrucción cifrado en más de 130 000 millones de dólares empezó a generar opinión sobre si este gasto sería compatible con la celebración de unos Juegos. Aunque enseguida surgieron iniciativas privadas para trabajar por la reconstrucción de la ciudad. Al frente de LA Rises, la más potente, se colocaron como cabezas visibles la leyenda de la NBA y campeón olímpico en BCN'92 Earvin «Magic» Johnson y el presidente de los Dodgers de béisbol, Mark Walter.

Entre los miles de damnificados del incendio estaba el nadador olímpico Gary Hall Jr[172]. Según explicó el estadounidense a

---

172 Gary Hall Jr. ganó cinco medallas de oro en 50 m en Sídney'00 y Atenas'04 y de los relevos 4 x 100 m libres en Atlanta'96 y de 4 x 100 m estilos en Atlanta'96 y Sídney'00. También tres de plata en 50 m y 100 m en Atlanta'96 y el relevo 4 x 100 m libres en Sídney'00. Y dos de bronce en 100 m libres en Sídney'00 y 4 x 100 m libres Atenas'04.

The Sydney Morning, «vi una columna de humo que salía de mi patio trasero. En cuestión de minutos, las llamas estaban allí. No tuve tiempo de salvar mis medallas». Gary Hall solo pudo salvar a su perro y coger su insulina, ya que desde 1999 está diagnosticado con diabetes tipo 1, mientras sus diez medallas olímpicas conseguidas en tres Juegos eran pasto de las llamas. Días después, el todavía presidente Thomas Bach publicó en X que el COI le iba a dar a Hall una réplica de sus medallas como así fue el 5 de mayo de 2025, tal como había anunciado el alemán:

> Nos solidarizamos plenamente con el pueblo de Los Ángeles y estamos llenos de admiración por los bomberos. Somos conscientes de que un gran deportista olímpico, Gary Hall Jr. ha perdido sus medallas en el incendio. El COI le proporcionará réplicas.

Casi sin haber controlado el fuego, se habló de trasladar los JJ. OO. a otras ciudades estadounidenses como Miami o Dallas. E incluso se especuló con volver a hacer los Juegos en París. Pero, a finales de enero de 2025, el presidente Trump se reunió con el presidente del Comité de Organización de LA'28, Casey Wasserman, para darle todo su apoyo. «Estos son los Juegos de América. Y tendréis todo mi apoyo para hacer los mejores Juegos de la historia», le dijo Trump. Y el gobernador de California, Gavin Newsom, aseguró a la NBC que los preparativos de los Juegos y de los ocho partidos del Mundial de Fútbol a celebrar en Los Ángeles estaban en marcha. De hecho, la propia NBC ha cerrado ya con el COI el montante de los derechos de los Juegos de 2028.

La primera innovación que aporta el calendario de los Juegos 2028 es que la natación, que tradicionalmente abre la acción olímpica, pasará a la segunda semana. Y se disputará en el Estadio SoFi de Inglewood, que tendrá capacidad para 38 000 personas, un récord para un evento acuático olímpico. El SoFi es una instalación futurista de 5000 millones de dólares donde juegan los dos equipos de fútbol americano de la ciudad, Los Angeles Rams y Los Angeles Chargers.

Y el atletismo, por lo tanto, a celebrar durante la primera semana, se hará en el Memorial Coliseum, construido en 1923, el único estadio en la historia que habrá albergado las pruebas atléticas y la ceremonia de apertura en tres Juegos Olímpicos, en 1932, 1984 y 2028.

Otras sedes relevantes de Los Ángeles serán:

- Marine Stadium en Long Beach, albergará el remo y el piragüismo en aguas tranquilas. Se ha confirmado que para el remo se usará el mismo recorrido olímpico de 1932. Así que, por primera vez, el remo se llevará a cabo en un recorrido de 1500 m y no de 2000 m, lo que cambiará un poco la tipología de remeros que puedan participar.

- El centro de convenciones de Long Beach, frente al océano Pacífico, será la sede de la escalada deportiva. Y también del tiro, que se llevará a cabo en un campo temporal construido especialmente, lo que marca la primera vez que este deporte de precisión estará a una distancia 'caminable' de otras disciplinas olímpicas.

- El recientemente renovado Crypto.com Arena del centro de Los Ángeles, hogar de los Lakers de la NBA, los Kings de la NHL y las Sparks de la WNBA, será la sede de la gimnasia artística y el trampolín.

- El Arena Dome de Inglewood, el estadio cubierto más nuevo y de última generación del país y hogar de los Clippers de la NBA, acogerá el baloncesto. Y sorprendentemente será también co-sede de las ceremonias de apertura y clausura. El Comité Organizador de LA'28 anunció en mayo de 2025 que los juegos de Los Ángeles serán los primeros de la historia en usar dos sedes simultáneas para las ceremonias.

- El histórico Rose Bowl de Pasadena organizará algunos partidos de fútbol. Y aspira a acoger las finales de los torneos masculino y femenino.

- La piscina de los Juegos de Los Ángeles 1932 del Parque de Exposiciones acogerá los saltos, el waterpolo y la natación del pentatlón moderno. Algunos partidos de waterpolo y la natación artística se harán en el Convention Center de Long Beach.

- El Dignity Health Sports Park de Carson será sede de varios deportes. En los campos de entrenamiento de LA Galaxy de la MLS, se jugará el *hockey* sobre hierba. En el campo de los Galaxy el *rugby* a 7, el tiro con arco y el pentatlón moderno. En el Tenis Center, el tenis. Y en el velódromo, construido al lado del de 1932, el ciclismo en pista.

- El Arena Long Beach, sede en los Juegos de 1932 del voleibol y la esgrima, será la sede del balonmano.

- Belmont Shore en Long Beach acogerá la vela.

- El Waterfront de Long Beach verá la competición de aguas abiertas y la nueva modalidad del remo de playa, mientras que la pintoresca Venice Beach acogerá el triatlón además de la salida del maratón y del ciclismo en ruta.

- El vóley playa no se celebrará en la playa de Santa Mónica, que es donde se inventó, ya que no ha habido acuerdo económico. Finalmente será en Alamitos Beach.

- El Convention Center de LA, sede en los Juegos de 1984 del Centro de Prensa, acogerá la esgrima, el judo, el tenis de mesa, el taekwondo y la lucha.

- El Riviera Country Club albergará el golf.

- El Sepulveda Basin recreation área, el segundo parque urbano más grande de Los Ángeles, acogerá el BMX, el *skate*, el baloncesto 3 x 3 y el pentatlón moderno.

- El USC Sports Center, sede de los Trojans de baloncesto universitario, será la sede del bádminton y de la gimnasia rítmica.

- El Peacock Theater Downtown LA, uno de los recintos indoor más grandes de Estados Unidos y dedicado tanto a convenciones, entregas de premios o shows de TV, acogerá la halterofilia y el boxeo, con las finales en la Arena del centro de Los Ángeles.

- El Surf se llevará a cabo en el spot de Trestles Beach en San Clemente, descartándose Huntington Beach Pier, en la famosa costa del sur de California.

- Los eventos de tiro con escopeta se llevarán a cabo en el Shotgun Center en South El Monte.

- El voleibol se disputará en la Arena de Anaheim, el hogar de los Anaheim Ducks de la NHL.

- Y a pesar de que se había especulado con que la equitación se haría en Temecula, una ciudad californiana casi en la frontera con México, las competiciones de hípica regresan al Parque Santa Anita en Arcadia, que ya fue sede de este deporte durante los Juegos Olímpicos de 1984. Sus instalaciones de primer nivel están ubicadas en el pintoresco entorno de las montañas de San Gabriel, y esta histórica pista de carreras de 90 años de antigüedad es la única de este tipo en el condado de Los Ángeles.

- Y la villa olímpica estará en el campus de la Universidad de UCLA.

E incluso habrá una sede fuera de la frontera de California, el Whitewater Center de Oklahoma City, que recibirá el piragüismo en aguas bravas y el softball en el estadio Devon Park.

Por otro lado, los deportes elegidos para añadirse al calendario clásico de competición de LA'28 son los siguientes:

El *flag football*, una variante del fútbol americano, pero sin placajes. En Estados Unidos hubo una pequeña polémica cuando se designó el *flag football* como deporte olímpico, porque algunos profesionales de la NFL mostraron su interés en participar, incluido Patrick Mahomes, la gran estrella de los Kansas City Chiefs. La presencia de los mejores sería bien vista por el Comité Organizador, pero hubo protestas por parte de los habituales jugadores de esta variante de un deporte eminentemente *made in* USA. Ellos son los que mantienen vivas las ligas semana tras semana, por eso creen que son ellos los que deberían ser seleccionados. La sede del *flag football* será el Estadio de Exposition Park.

El críquet. Se podía haber jugado muy lejos de Los Ángeles, en NY. Representantes de LA'28 y el COI estuvieron en partidos del Mundial T20 en el estadio temporal del condado de Nassau en Long Island, en el estado de Nueva York, y quedaron impresionados. Pero finalmente se jugará en el recinto ferial de Pomona. A diferencia de su anterior aparición en los Juegos de París 1900, el críquet no se disputará en el formato de dos entradas por equipo, sino que prevé usar el formato Twenty20, la versión más rápida del críquet internacional. En los partidos que no se ven afectados por la lluvia, cada equipo batea durante 20 *overs*, 120 pelotas, de donde procede el nombre Twenty20. Los partidos duran alrededor de tres horas. El formato se introdujo por primera vez en 2003.

El *squash*, deporte que nunca había estado presente en el programa de unos Juegos Olímpicos, aunque fue deporte de demostración en los Juegos Olímpicos de la Juventud de Buenos Aires 2018. Y su sede no puede ser más mágica ya que se jugará en Courthouse Square, el parking de Universal Studios.

El *lacrosse*, en su disciplina de *sixes*, una modalidad al aire libre con seis jugadores por equipo y con menor tiempo de juego. El *lacrosse* es el primer deporte nativo de Estados Unidos, muy practicado en la actualidad por los indios iroqueses. Aunque en la liga anual juegan bajo sus emblemas y también en el Mundial, los indios no tienen comité nacional olímpico y para estar en LA'28 deberían ser seleccionados bien por Estados Unidos, bien por Canadá. El presidente saliente de Estados Unidos, Joe Biden, cuando supo que el *lacrosse* sería olímpico, dijo que a los indios se les deberían otorgar un estatus excepcional para alinear su propio equipo. Y parece ser que finalmente la Confederación de tribus indígenas Haudenosaunee podría competir bajo su propia bandera en LA tras el apoyo explícito de Estados Unidos y Canadá. Ahora deberá ser el COI quien decida si reconoce a la Confederación Haudenosaunee como nación soberana, lo cual no es fácil. «Los Haudenosaunee, compuestos por los pueblos Mohawk, Oneida, Tuscarora, Seneca, Onondaga y Cayuga, inventaron el deporte del Lacrosse hace casi mil años. Consideran el deporte como una parte valiosa de su patrimonio cultural y desde entonces este deporte ha enriquecido al mundo. Deberían participar en los Juegos de 2028», afirmaba la declaración conjunta de EE. UU. y Canadá. Como el *flag football*, la sede del *lacrosse* será el Estadio de Exposition Park, cercano al LA Memorial Coliseum, la sede habitual de los partidos de LA Football Club de la MSL y el equipo femenino de fútbol del Angel City FC.

Y, por último, vuelven el béisbol y el sóftbol, deportes de gran arraigo en Estados Unidos y que han ido entrando y saliendo regularmente del programa. El béisbol se disputará en el impresionante Dodger Stadium, uno de los estadios más emblemáticos del mundo.

Estos son los nuevos deportes para 2028. Pero hay algunos «clásicos» en peligro. Como ya se ha dicho, el boxeo ha sido confirmado. Pero siguen bajo la lupa la halterofilia y el pentatlón moderno. La halterofilia es uno de los deportes más golpeados por el *doping*. El último escándalo fue cuando la Agencia Internacional de Pruebas reveló que había encontrado resultados analíticos adversos en las nuevas pruebas de las muestras de Río'16 presentadas por el medallista de bronce de Egipto Mohamed Mahmoud y el quinto clasificado Alexandr Spac de Moldavia, quien no pasó una prueba de drogas en el Campeonato Europeo de 2017. Ninguno de los dos estuvo en París.

Y en el caso del pentatlón moderno, el COI lo sacó inicialmente del programa de LA'28, pero finalmente lo autorizaron sin caballos. A la natación, *cross*, tiro y esgrima, se sumará una carrera de obstáculos. La última vez que vimos caballos en el pentatlón moderno fue, pues, en París'24. Y todo viene a consecuencia del escándalo acaecido en Tokio'20, cuando un entrenador alemán, Kim Raisner, fue visto golpeando a un caballo que no quiso saltar montado por su pupila Annika Zillekens-Schleu.

En LA'28 habrá también novedades por lo que respecta a las modalidades de deportes. Se introducirá una novedosa en remo, anunciada en octubre 2023, el *beach sprint*, más corto y radical que el de aguas tranquilas. Se sale corriendo desde la playa, se rema hasta unas boyas y se vuelve a la playa hasta cruzar una línea en la arena. Se hizo ya un primer Mundial en Shenzhen, China, con cuatro eventos: masculino, femenino, mixto doble y mixto *quad* con timonel. Y también, la Federación Internacional de Remo (FISA) votó la introducción del ocho mixto a partir del mundial de Shangái de 2025 con la esperanza que fuese olímpico en LA'28. Pero la modalidad deberá esperar a Brisbane.

También se consideró introducir una modalidad mixta en natación artística, que ya existe en los Mundiales, además de fomentar la presencia masculina en la competición de equipos. Pero tendrá que esperar a 2032.

Lo que si tendremos son las pruebas de natación de 50m mariposa, braza y espalda que ya se disputan en los mundiales, un relevo mixto de 4 x 100 m en atletismo y una prueba mixta de tiro con arco compuesto o de poleas. Hasta ahora solo el arco recurvo era olímpico.

En LA'28, habrá una competición mixta de golf. La propuesta presentada describe dieciséis parejas que compitan en treinta y seis hoyos, con rondas de foursomes o golpes alternos, y fourball, modalidad en la que puntúa la mejor bola de cada pareja. Cada país podría presentar un equipo. El evento por equipos mixtos estaría programado entre los torneos individuales masculino y femenino.

Respecto al *surf,* se habló también que, para su tercera participación olímpica y con el deporte ya plenamente consolidado en el calendario, a la clásica competición de *shortboard* se le podría añadir otra modalidad, la de las planchas largas o *longboard*. Pero deberá ser de cara a un futuro más a largo plazo, más allá de Los Ángeles 2028, cuando la Federación Internacional no descartaría añadir además el pádel *surf* o remo de pie y el *bodyboard*. A diferencia del surf en que los surfistas están de pie, en el *bodyboard* el surfista está tumbado sobre una tabla pequeña que se utiliza principalmente para deslizarse por la parte inferior de las olas.

LOS JJ. OO. DE VERANO 2036

Los primeros Juegos de Verano sin todavía ciudad sede asignada son los de 2036. Pero se espera que haya candidatos de sobra. Uno de los primeros países que sonó para la carrera de 2036 fue Alemania, ya que entonces se cumplirían cien años de los Juegos de Berlín 1936 y sería una buena oportunidad para borrar las imágenes de los Juegos de los nazis. Pero Alemania ya ha presentado oficialmente las credenciales para ser sede de los JJ. OO. de 2040, año en el que se celebrará medio siglo desde la reunificación alemana. Alemania no ha elegido todavía ciudad sede, barajándose Berlín, Dusseldorf, Hamburgo, Leipzig y Múnich. Y es que la ministra de Asuntos Exteriores Annalena Baerbock ha expresado que estarían a favor de una candidatura para los Juegos en varias ciudades en lugar de en una sola. «Si todo el país se beneficia, todo el mundo participará», afirmó.

Otro país que se ha retirado de la carrera para 2036 es México. En 2022 había anunciado candidatura, pero en enero de 2024 se retiró por la fuerte competencia que se veía venir. Entre los candidatos que ya han empezado a especular sobre su interés para 2036, había una ciudad que ya fue sede, Seúl. Pero en una votación interna del Comité olímpico surcoreano, Jeonju, la capital de la región de Jeolla del Norte se impuso a la capital por cuarenta y nueve votos a once. Posteriormente, una delegación del Comité Olímpico sudcoreano viajó a Lausana en abril de 2025 para una visita oficial a la sede del COI en aras de mostrar su interés. Corea del Sur podría volver a acoger unos JJ.OO., pero básicamente los candidatos potenciales son nuevos. Para mantener su nivel de prestigio en el mundo, a pesar de sus políticas, Catar y Arabia Saudí están muy bien colocadas como hemos repasado en otro capítulo.

Hungría también se ha movido. La oposición en el Ayuntamiento de Budapest quiere un referéndum, pero el primer ministro Viktor Orbán cree que albergar los JJ. OO. mejoraría el perfil global de Hungría y fortalecería su posición en los deportes y la política internacional. Polonia, Turquía o Yakarta, la capital de Indonesia, también estarían interesados. Y se habla de Egipto y Chile. El país sudamericano, tras el éxito de organización de los Juegos Panamericanos de Santiago'23, ya se atreve a pasar al siguiente nivel. Y más cuando el presidente del COI Thomas Bach felicitó al presidente Gabriel Boric y lo animó a intentar ser sede de los JJ. OO. Boric recogió el guante para 2036.

Todavía hay dos candidatos más en liza, dos gigantes. Uno es India, el país más poblado del mundo. El primer ministro Narendra Modi, durante la inauguración de la 141.ª Sesión del órgano olímpico en Bombay, dijo que «la India no dejará piedra sin remover en nuestro esfuerzo para organizar los Juegos Olímpicos en 2036. Este es el sueño histórico y la aspiración de 1400 millones de indios». El 1 de octubre de 2024, India mandó la carta al COI confirmando oficialmente su candidatura. Siempre se había hablado de que la sede de unos Juegos en la India sería Ahmedabad, la capital del estado de Guyarat, en el noroeste del país, ya que en los últimos años ha emergido como centro económico e industrial de la India.

Y aunque posteriormente se habló de la posibilidad de que Agra, la ciudad del Taj Mahal, fuese la sede india para 2036, el periódico The Times informó que, de resultar ganadora, más del 80% de los eventos deportivos olímpicos se disputarían en Ahmedabad y Gandhinagar, en el estado costero más occidental del país. Según el periódico *The Indian Express*, la propuesta de la India tiene como objetivo albergar múltiples eventos en varias ciudades, con el críquet en Mumbai, el *hockey* sobre hierba en Bhubaneswar y el atletismo en Gujarat. Sea cual sea la ciudad elegida, India ha iniciado oficialmente la carrera para ser el cuarto país asiático en organizar los JJ. OO., tras Japón, Corea del Sur y China. Y su ministro de Deportes Anurag Thakur dijo en mayo de 2024 que «están muy confiados en lograrlo».

Y el último candidato, por ahora, es Sudáfrica con Ciudad del Cabo como sede. África es el único continente que nunca ha acogido los Juegos. Sudáfrica ya demostró su capacidad organizativa con el Mundial de Fútbol de 2010 que ganó España. Y últimamente el continente se está abriendo a más acontecimientos deportivos globales. El Campeonato Mundial de Ciclismo de 2025 será en Kigali, Ruanda. Y en 2026, Senegal acogerá los Juegos Olímpicos de la Juventud en Dakar. El lema será «África acoge, Dakar celebra». Senegal será el primer país africano en acoger un evento deportivo olímpico. Veremos si es la antesala de los primeros juegos africanos.

¿Y España? ¿Y Madrid? La capital de España es la única gran capital mundial que nunca ha acogido unos JJ. OO. Se ha presentado cuatro veces a la elección. La primera en 1972 y, recientemente, tres veces de manera consecutiva. En 2012 sucumbió al *lobby* de Londres y su pugna con París. Y en 2016 era una opción irreal, puesto que hay una regla no escrita en el olimpismo por la cual nunca se celebran dos Juegos consecutivos en el mismo continente. Y los anteriores Juegos, los de 2012, habían sido en Londres. Así que la que más dolió fue la «derrota» para ser sede en 2020. No solo Tokio, los ganadores, superaron a la candidatura de Madrid, sino que también lo hizo Estambul. La eliminación en primera ronda dejó lívida a la numerosa delegación madrileña desplazada a Buenos Aires en septiembre de 2013 para la 125.ª Sesión del COI.

El alcalde de Madrid José Luis Martínez Almeida declaró antes de los Juegos de París que alguna vez será el COI el que se dirija a Madrid para organizar unos JJ. OO. Y en enero de 2025, recibiendo por unos días en Madrid el trofeo del nuevo Mundial de Clubes de Fútbol, manifestó con contundencia que la capital madrileña será sede de unos Juegos Olímpicos: «Siempre lo he dicho y lo mantengo. Madrid va a ser sede de unos Juegos Olímpicos, sí o sí». El consejero de Cultura, Turismo y Deporte de la Comunidad de Madrid Mariano de Paco añadió en verano de 2024 que «Madrid merece unos JJ. OO.» … y que tiene «la obligación de que el sueño olímpico esté constantemente transitando por sus pensamientos». Por su parte, el presidente del COE, Alejandro Blanco, añadió que España es un país olímpico. Y dio la pista de por dónde pueden ir los tiros. «España es el mejor país en coeficiente de resultados e inversión y Madrid es la ciudad mejor preparada para ser sede, pero no antes de 2040».

Hablando sobre las próximas sedes olímpicas, la nueva presidenta Kirsty Coventry deberá afrontar también un debate que subyace dentro del COI. Desde 2013 y la designación de Tokio'20, la elección de la ciudad que acogerá los JJ.OO. ya no se hace por sufragio entre los miembros del Comité Olímpico Internacional, si no que es una comisión técnica la que analiza los proyectos y decide. Muchas voces entre los cardenales olímpicos han demandado recuperar su prerrogativa de voto. Habrá que ver qué decide la presidenta zimbabuense, pero la vuelta al proceso antiguo podría volver a convertir las designaciones en algo más relativo a lo personal y no tanto a lo técnico.

NUEVOS DEPORTES EN EL HORIZONTE

A lo largo de la historia, el calendario de deportes de los Juegos ha ido evolucionando. Algunos como el atletismo, la natación, el tiro[173], la gimnasia, el ciclismo o la esgrima están desde Atenas 1896. Otros son muy recientes como el surf, la escalada, el BMX o el *skate*. Algunos han ido entrando y saliendo como el boxeo, el tenis, el golf, el *hockey* sobre hierba o el balonmano. Otros llegaron más tarde, pero son inamovibles, caso del baloncesto, el judo, la lucha, la vela, el tenis de mesa, el piragüismo, el tiro con arco, los saltos, la hípica, la natación sincronizada o artística y el voleibol. Y algunos están en peligro de «extinción olímpica», como el pentatlón moderno o la halterofilia, como ya he comentado.

Dentro de los propios deportes, las disciplinas han ido evolucionando a su vez. El pentatlón moderno sin caballos es el último ejemplo. El *rugby* ha sabido reconvertirse y jugar a 7, un formato más dinámico y con menos participantes que el *rugby* XV. Y la vela es un paradigma de ir intercambiando sus clases. Sin ir más lejos, en París el IQFoil sustituyó al *windsurf* RS:X y entró el *kite* y desapareció el *finn*. Y dentro de los deportes, han ido evolucionando incluso los perfiles de los deportistas. Partiendo del amateurismo más recalcitrante de los inicios, todas las disciplinas han ido cambiando para dar cabida a sus profesionales. Los últimos, el ciclismo, el baloncesto, el tenis y el golf. Solo faltarían por participar, para cerrar el círculo, los profesionales del boxeo y que no hubiese ningún límite de edad para los futbolistas masculinos.

El último deporte en entrar fue el *break*. Y solo ha durado una edición, porque no estará en Los Ángeles. Lo mismo pasó con el karate que entró en Tokio'20 y nunca más se supo, aunque quiere volver en el programa de Brisbane'32. El *break* fue el cuadragésimo sexto deporte en ser olímpico. El croquet, la motonáutica, la pluma, la pelota vasca, el polo, las raquetas, la petanca o estirar la cuerda también estuvieron en su momento en el calendario y se han quedado por el camino.

El *hockey* sobre patines, invitado en los Juegos de BCN'92, no supo amortizar el escaparate olímpico. Ni tan siquiera con Joan Antoni Samaranch de presidente del COI, quien en su juventud

---

173 El tiro estuvo en el programa de Atenas 1896, ya que el propio Pierre de Coubertin era campeón de Francia de pistola. Pero faltó a dos citas, San Luis 1904 y Ámsterdam 1928.

había jugado a este deporte tan popular en Catalunya e incluso había sido seleccionador nacional. El taekwondo y el vóley playa, en cambio, sí supieron explotar la plataforma de la exhibición y se han ganado plaza fija. Desde Atlanta'96, han desaparecido los deportes de exhibición o demostración. Y ahora, cada sede tiene la potestad de incluir los deportes que quiera. Caso de París con el *break* y Los Ángeles con los cinco ya comentados, sobre todo el béisbol y su variante femenina del sóftbol, que en las últimas ediciones han tenido una presencia intermitente. Se habla, por cierto, que, si la India organiza los JJ. OO. de 2036, trataría de promocionar especialidades propias como el yoga, el *kho kho*, una especie de pillapilla autóctono que celebró su primer Mundial en Nueva Delhi en enero de 2025, y el *kabaddi*, que es un deporte de contacto por equipos. O incluso el ajedrez, aunque esta disciplina ya tiene su propia Olimpiada.

Decía que cada ciudad organizadora puede añadir deportes. Pero bajo unas premisas. Primordialmente tienen que ser urbanos, que gusten a los jóvenes. Tienen que ser dinámicos, vendibles, básicamente en RR. SS. Por supuesto deben ser practicados por hombres y mujeres con capacidad para incluir modalidades mixtas. Y además han de cumplir varios requisitos que se recogen en la Carta Olímpica:

- Debe ser un deporte ampliamente practicado en un mínimo de setenta y cinco países y cuatro continentes por hombres, y en un mínimo de cuarenta países y tres continentes por mujeres.

- Deberá de haber adoptado y aplicar de forma correcta el Código Mundial Antidopaje de la AMA.

- Y deberá de ser aceptado como deporte al menos siete años antes de que comiencen los JJ. OO. a los que optasen.

Los deportes saben de lo crucial que es estar bajo los focos mediáticos de los Juegos. Así que, empujados por ver el *break* como deporte olímpico, algo impensable hace no muchos años, muchas disciplinas que en el pasado ni se lo hubiesen planteado se quieren postular para estar a partir de los JJ. OO. de 2036. Este es el repaso de algunos de esos deportes:

- El ciclocross. Aunque lo mismo que la competición atlética del *cross*, podría pedir su incorporación a los Juegos de Invierno, en tanto en cuanto son disciplinas invernales.

- El pole o aéreo, considerado deporte desde 2017 por la Asociación Global de la Federación Internacional de Deporte (GAISF). Hay Mundiales de las dos especialidades.

- De la mano de la Federación australiana, se quiere que el disco volador o *frisbee* sea olímpico ya en Brisbane'32. Ya hay World Games en hierba. Y existe una modalidad llamada DiscGolf[174] que, como su nombre indica, cambia los palos del golf por *frisbees*. Pero la modalidad que sería olímpica es el World Championship Ultimate, competición sin contacto, que se puede jugar en la playa.

- El Teqball, también conocido como «futmesa». Es un deporte de pelota que combina elementos de fútbol y de tenis de mesa. Ya ha estado en los Juegos Europeos de 2023. Y tiene Mundial. En el de 2023 participó el brasileño Ronaldinho. En mayo de 2024, se celebraron las World Series en Madrid.

- El *dodgeball*, más conocido como el balón prisionero, balón quemado o de la muerte.

- Las artes marciales mixtas. La Asociación Global de esta disciplina (GAMMA), fundada en 2018, es una federación internacional de MMA *amateur* con setenta y dos naciones afiliadas como miembros. Organizan torneos internacionales en formato olímpico en todo el mundo. En este formato, se aplican las reglas *amateurs* de MMA, en que los golpes de codo y rodilla en la cabeza no están permitidos. Los deportistas profesionales pueden competir. Ya consiguieron la inclusión del MMA en el programa como deporte de demostración en los Juegos Africanos de 2023 en Ghana.

---

174   En el Parque Purificación Tomás de Oviedo, en las faldas del Naranco, hay un campo de nueve hoyos de discgolf.

Últimamente ha sonado también con fuerza como nuevo deporte olímpico el balonred o *netball*, un deporte de equipo que se juega principalmente por mujeres y tiene similitudes con el baloncesto, aunque con reglas distintas, ya que en el *netball* no se permite driblar, correr con la pelota o sostenerla durante más de tres segundos. Como actividad líder para mujeres y niñas en Australia, Netball Australia (NA) ve en los Juegos de Brisbane'32 una oportunidad única para asegurar la expansión de su deporte.

La directora ejecutiva de Brisbane 2032, Cindy Hook, y el director de deportes, Brendan Keane, se reunieron a principios de 2025 con representantes de NA. E incluso la presidenta de la Federación Internacional World Netball, Dame Liz Nicholl, aprovechó la elección de Kirsty Coventry para arrimar «el ascua a su sardina»: «Quiero felicitar a Kirsty por su nombramiento como décima presidenta del COI. Kirsty ha sido una gran defensora de World Netball a lo largo de los años y recientemente asistió a nuestra Copa Mundial de Netball 2023 en Ciudad del Cabo».

El dato relevante es que la Comisión Ejecutiva del COI decidió en la 144.ª Sesión de Costa Navarino en Grecia que el programa deportivo para los Juegos Olímpicos de Brisbane 2032 se decidiría en 2026. Fue una decisión sorprendente, puesto que el programa previsto para una edición de los Juegos lo decide la sesión del COI siete años antes de los Juegos. Tras conversaciones entre el Comité Organizador de Brisbane 2032 y el COI, se acordó que sería beneficioso posponer la decisión hasta 2026, seis años antes de los Juegos y poder estudiar todas las opciones. Además, el Comité Organizador tendrá la oportunidad de proponer al COI la inclusión de uno o más eventos adicionales de nuevos deportes una vez finalizado el programa deportivo inicial.

Pues eso. Que habrá que estar atento a estos deportes y a los que puedan surgir de aquí a 2032 o 2036 pensando ya en un futuro a largo plazo.

EL CAMBIO CLIMÁTICO Y SU INFLUENCIA EN EL DEPORTE

Pocas cosas hay que, sin tener que ver directamente con el deporte, afecten de manera tan directa a los deportistas como el clima. En el futuro a corto plazo, los efectos del cambio climático, especialmente el aumento de las temperaturas globales, podrían tener un impacto significativo en el deporte. La contaminación del aire y del agua y el calor extremo están afectando tanto a deportistas aficionados como a profesionales. El cambio climático está elevando el nivel del mar, afectando a zonas de surf y clubes de vela y las pistas de vóley playa desaparecen. Y en el otro extremo, por ejemplo, las sequías destruyen campos de fútbol, críquet o golf.

Dijo Thomas Bach que en el futuro será difícil organizar los JJ. OO. en agosto. De hecho, ya en Tokio'20 hubo que convencer a los organizadores para llevar el maratón y la marcha más al norte, a la ciudad de Sapporo, debido al extremo calor en la capital. La medida se tomó pocos meses antes de la celebración de los Juegos, después de haberse adelantado en diversas ocasiones las horas de inicio de las pruebas en un intento de evitar las mayores horas de calor. De hecho, un informe de la British Association for Sustainable Sports (BASIS)[175] y Front Runners[176], publicado en junio, bajo el título «Anillos de Fuego: riesgo del calor en los JJ. OO. de París 2024», alertaba que los altos niveles de calor podrían plantear riesgos para la salud de los deportistas, y advertía que los aumentos globales de temperatura podrían poner en peligro la celebración de futuras ediciones de los JJ. OO. de Verano.

Por su parte, los Juegos de Invierno ya no van a estar al alcance de muchos países. Dependerá de su altitud y latitud. En montaña, las temperaturas han aumentado de media 0,3º por decenio, más que la tasa de calentamiento global de 0,2º desde la mitad del s. XX. Los Juegos de Invierno están en peligro. Se están derritiendo pistas de esquí y la competición depende de la nieve artificial. No está claro si los Juegos de los Alpes franceses en 2030 serán la última edición y si se llegará a los de 2034, ya concedidos a Salt Lake City.

---

175 La Asociación Británica para el Deporte Sostenible tiene como misión educar, comprometer y capacitar al deporte del Reino Unido para que se convierta en líder mundial en sostenibilidad.
176 Organización que agrupa a clubes de corredores, marchadores y senderistas LGTBIQ+ de todo el mundo. Los clubes de marcha se denominan Front Walkers.

Antes de los JJ. OO. de París'24, el keniano David Lekuta Rudisha[177] pidió en el marco de la asamblea anual de la Organización Mundial de la Salud (OMS) en Ginebra que haya una acción global para limpiar el aire de polución. Y que se ponga en práctica en los acontecimientos olímpicos. El keniano colabora con el Instituto de Medio Ambiente de Estocolmo para instalar sensores de calidad del aire en los estadios de Kenia. El aire contaminado perjudica a toda la población, pero sobre todo a los deportistas que hacen grandes esfuerzos al aire libre. En la final de los Juegos de Londres'12, y con una marca de 1'40"910, David Rudisha batió su propio WR de 800 m, convirtiéndose en el primer hombre en romper la barrera de 1'41". Han pasado más de diez años de aquella gesta, nadie ha mejorado la marca y cree Rudisha que, si esto sigue así, récords como el suyo serán cosa del pasado.

Con ocasión de la cumbre del COP29[178] de Bakú, en Azerbaiyán, el COI presentó un informe en el que recordaba que en 2024 el mundo ya ha superado el umbral peligroso de 1'5º de calentamiento climático fijado en el Acuerdo de París de 2019. «El cambio climático nos afecta a todos», reflexionó Rudisha, presente en la cumbre como cabeza visible de unos deportistas que empiezan a ser conscientes de lo fundamental que es el tema para su actividad. En noviembre, un grupo de deportistas publicó un video llamado *Becoming a Champion for a Better World* (campeones para un mundo mejor). Era un mensaje en video para la cumbre COP29 en el que deportistas olímpicos explicaban sus experiencias personales sobre cómo el cambio climático ha influido en su rendimiento y su entrenamiento. En él aparecían la saltadora neozelandesa Eliza McCartney[179], el discóbolo estadounidense Sam Mattis, la velocista canadiense Ajla del Ponte, el marchador australiano

---

177   David Rudisha fue campeón olímpico de 800 m lisos en Londres'12 y Río'16.
178   El COP29 es la Conferencia de las Naciones Unidas sobre el Cambio Climático, cuyo objetivo es impulsar la cooperación internacional para hacer frente a los problemas del clima. Este año se centró en la financiación necesaria para reducir drásticamente las emisiones de gases de efecto invernadero.
179   Eliza McCartney fue medalla de bronce en salto con pértiga en Río'16.

Rhydian Cowley[180] y la saltadora italiana Elena Vallortigara compartiendo sus experiencias de entrenamiento en condiciones de calor extremo y de insolación durante las competiciones.

Cada vez más deportistas empiezan a tomar consciencia de la situación. Y se empiezan a movilizar. La joven *skater* brasileña Rayssa Leal[181] es la madrina de una iniciativa del Comité Olímpico Brasileño para crear conciencia sobre la deforestación del Amazonas. La iniciativa que se lleva a término entre las localidades brasileñas de Tefe y Alvaraes reforestará casi 5000 árboles nativos en más de seis hectáreas de terreno. O la jugadora de tenis de mesa Anna Hursey, galesa de dieciocho años, nombrada «joven campeona de la ONU» para el cambio climático, una responsabilidad que asumió cuando tenía solo trece años. Sus intereses van más allá de los deportes, ya que quiere generar un impacto positivo en el medio ambiente. Y todo ello lo hizo sin dejar de prepararse para el que fue su debut olímpico en París.

Aprovechando la reunión de los cardenales olímpicos en Grecia en marzo de 2025, casi 400 deportistas olímpicos firmaron una carta dirigida a los miembros del COI alertando de los problemas que ya causa el cambio climático. Entre los firmantes de ochenta y nueve países distintos, ganadores de 245 medallas, noventa de ellas de oro, incluidos más de cien abanderados en París'24, estaban deportistas tan diversos como la camerunesa Cindy Ngamba, Benjamin Alexander, el primer esquiador alpino de Jamaica, la nadadora Emma McKeon o el regatista británico sir Ben Ainslie[182]. «La subida de las temperaturas y las condiciones metereológicas extremas perturban ya los calendarios de competición, poniendo en peligro sedes deportivas emblemáticas y afectando la salud de deportistas y espectadores. Los incendios devas-

---

180 Rhydian Cowley fue medalla de bronce en el maratón de marcha mixto de París'24.

181 Rayssa Leal fue medalla de plata en Tokio'20 y de bronce en París'24 en *skate*, modalidad calle.

182 Ben Ainslie es el regatista olímpico más laureado de todos los tiempos. Cuatro veces campeón olímpico: en la clase *laser* en Sídney'00 y tres en *finn*, Atenas'04, Pekín'08 y Londres'12. Y patrón del INEOS, el Desafío Británico que llegó a la final de la Copa América de Barcelona en octubre de 2024.

tadores de Los Ángeles nos recuerdan brutalmente la necesidad de tomar decisiones audaces. El calor extremo suscita inquietudes reales respecto a la seguridad de los Juegos de Verano para el futuro y los Juegos de Invierno son cada vez más difíciles de organizar, puesto que las condiciones de la nieve y el hielo se degradan año a año», rezaba la carta, en la que participaron muchos atletas de los países más vulnerables con el cambio climático.

Respecto a París'24, un informe de la organización benéfica local Respire[183] sobre la calidad del aire publicado el 16 de julio advertía de altos niveles de contaminación del aire en la villa olímpica y los campos de entrenamiento adyacentes. Utilizando datos del servicio de monitorización del aire Airparif, agencia encargada de controlar el estado atmosférico de la ciudad de París, el estudio concluyó que la «gran mayoría de los ciento doce centros deportivos analizados tenían una contaminación atmosférica superior a los niveles máximos recomendados por la OMS, incluida la villa olímpica». Por ello, y para ofrecer «estándares medioambientales pioneros», el Comité Organizador situó varios purificadores de aire gigantes, que por su aspecto fueron comparados con ovnis. Los purificadores de aire a gran escala limpiaron el aire de la villa creando una «barrera de contaminación» entre la autopista cercana y los deportistas. Los cinco purificadores de aire limpiaban el equivalente al volumen de cuarenta piscinas olímpicas por hora.

Uno de los caballos de batalla del planeta es conservar los recursos hídricos, particularmente relevantes ahora que el mundo enfrenta problemas de escasez de agua. Si hay una federación que ha mostrado compromiso al respecto para hacer que su deporte sea sostenible, es la Internacional de Hockey sobre Hierba (FIH). El césped artificial utilizado en los Juegos Olímpicos de Tokio'20 ya requirió un 39 % menos de agua para funcionar de manera

---

183   Association Nationale pour l'Amélioration de la Qualité de l'Air et la Défense des Victimes de la Pollution (Asociación Nacional para la Mejora de la Calidad del Aire y la Defensa de las Víctimas de la Contaminación) es una asociación nacional dedicada a mejorar la calidad del aire y a prevenir los efectos de la contaminación atmosférica sobre la salud.

óptima que el utilizado en Río apenas cuatro años antes. Pero en París 2024 los límites se ampliaron aún más, ya que el *hockey* sobre hierba se jugó en el innovador campo de Poligras Paris GT zero[184], que establece nuevos estándares en sostenibilidad para superficies deportivas. Es el primer césped de *hockey* sin emisiones de carbono del mundo, en línea con el compromiso de los Juegos de París 2024 con la sostenibilidad y la responsabilidad medioambiental. Y lo mejor es que este césped ecológico no comprometió el rendimiento deportivo y se vio en el Torneo Olímpico la misma calidad de juego y velocidad de pelota de siempre. Una vía abierta, pues, a seguir por otras federaciones.

Una de las consecuencias del cambio climático puede ser la desaparición de territorios insulares debido a la crecida de los océanos. Actualmente, debido a su baja altitud media, Kiribati en Oceanía sería uno de los primeros países que desaparecerían bajo las aguas. Se estima que eso podría pasar en unos diez o quince años. Debido a ello, hay planes para trasladar a los habitantes a países aledaños, como Australia y Nueva Zelanda, aunque, a tenor de las mediciones realizadas sobre la vecina isla de Tuvalu, dichas predicciones de hundimiento, por suerte, no se estarían cumpliendo tan rápidamente. En cualquier caso, las comunidades afectadas, básicamente islas de la Micronesia en Oceanía, tratan de hacer oír su voz en cada cumbre climática. Y por suerte, a ese intento de concienciación se han unido también los deportistas aprovechando el altavoz de los Juegos.

Kiribati ganó su primera medalla internacional en los Juegos de la Commonwealth'14. Lo hizo el halterófilo David Katoatau en la categoría de 105 kg. Dos años después, en los Juegos de Río'16, David fue el abanderado de su país en la ceremonia de apertura. Y se pasó todo el desfile bailando. Y no solo eso. También bailaba cada vez que intentaba levantar una barra en la sede de com-

---

184 El «Poligras Paris GT zero» sin emisiones de carbono está elaborado en un 80 % con caña de azúcar y utilizando electricidad verde. El proceso de producción se centra en las bajas emisiones y la eficiencia energética, garantizando que el ciclo de vida del césped, desde la producción hasta la eliminación, cumpla con los más altos estándares medioambientales.

petición. Su objetivo era generar simpatía y curiosidad, que los medios quisiesen entrevistarle. Y así en cada intervención alertar por el cambio climático que podría hacer desaparecer su país con la subida del nivel del mar. Cinco años después, estuvo también en Tokio, esta vez con su hermano Ruben y la judoca Kinaua Biribo, quien además representa la lucha contra la violencia de género en su país.

El episodio de terribles incendios de Los Ángeles en enero de 2025 también es un evento que podría estar ligado al cambio climático. Según Simon Chadwick, profesor de Economía y Geopolítica del Deporte, «cabría preguntarse si con la evolución del calentamiento global del planeta, esta situación podría llegar a repetirse durante los Juegos». En principio, en el mes de julio, que es cuando se celebran, no soplan los vientos secos de Santa Ana que han sido el factor agravante de los incendios. Pero no es menos cierto que según CalFire, el Departamento Forestal y de Protección contra Incendios de California, ningún incendio en el condado de Los Ángeles estaba en el top-20 de los más devastadores de la historia… hasta el de 2025.

CAPÍTULO III

LOS JUEGOS DE PARÍS 2024

París fue elegida sede de los XXX Juegos Olímpicos el 31 de julio de 2017 en Lima, Perú. La sede de los Juegos de 2024 se tenía que haber adjudicado dos meses después, durante la 130.ª Sesión del COI el 13 de septiembre de 2017. Pero la otra ciudad que competía por albergar los JJ. OO. de 2024, Los Ángeles, llegó a un acuerdo con el COI para organizar la edición de 2028… y ya no hubo votación. Fue una sorpresa, porque nunca se había procedido con este *modus operandi* en el Comité Olímpico, pero a la vez se evitaba que una ciudad fuese derrotada para 2024. A la elección de los JJ. OO. de 2024, además de París y Los Ángeles se habían presentado tres ciudades: Hamburgo[185], Roma[186] y Budapest[187], pero las tres renunciaron mucho antes de la elección. Al ser elegida, París se convertía en la segunda ciudad tras Londres en organizar tres ediciones de JJ. OO. de Verano. El «triplete» lo hará también LA en 2028.

La capital de Francia volvió a hacerse acreedora a la organización de unos Juegos tras tres tentativas fallidas en un periodo de diecinueve años. En la elección de Lausana'86 por los Juegos de 1992, París perdió con Barcelona. Y tras una espera de quince

---

185 Hamburgo se retiró en 2015 tras un referéndum de consulta a los ciudadanos con resultado negativo.

186 Roma se retiró en 2016. El movimiento 5 Estrellas de la nueva alcaldesa Virginia Raggi, ya había expresado sus dudas sobre albergar el acontecimiento deportivo, diciendo que la ciudad, con una galopante deuda, tendría dificultades para financiar la inversión necesaria.

187 Budapest se retiró en 2017 a causa de la oposición popular.

años, llegaron dos decepciones consecutivas. En la elección para los Juegos de 2008 hecha en Moscú en 2001, París perdió con Pekín, e incluso fue superada por Toronto en las votaciones. Y la derrota más sonada fue la de Singapur en julio de 2005. En la ciudad-Estado del sudeste asiático se dirimía la sede de los Juegos de 2012. Se presentaron la «aristocracia» de las capitales mundiales: Londres, París, Madrid, Nueva York y Moscú. París estaba convencidísima de ganar. Le salían las cuentas. Pero en la votación final perdió ante Londres por cuatro votos.

A los franceses les falló el «*lobby* olímpico». En el mundo olímpico, hacer *lobby* equivaldría a seducir a los miembros del COI para que voten por tu ciudad. Los comités de organización de cada ciudad aspirante tienen entre sus filas a verdaderos *cracks* de las relaciones públicas especializados en diplomacia y psicología para saber hablar en su «lenguaje» a cada miembro que vota. Y así, convencerlos de las bondades de su candidatura. Se hace *lobby* durante cuatro años en los acontecimientos deportivos de cada Olimpiada, pero este se intensifica en la sesión del COI donde se realiza la votación, con la incorporación como refuerzo de las grandes figuras deportivas de cada país y de sus más altas autoridades[188]. Eso sí, el *lobby* solo es informativo, no se pueden hacer regalos tras el escándalo mayúsculo que se produjo durante el proceso de elección de los Juegos de Invierno de Salt Lake City de 2002[189]. Con los franceses convencidos de tener

---

188   En la sesión de Singapur, la candidatura madrileña estuvo encabezada por SAR la reina Sofía, el presidente del Gobierno José Luis Rodríguez Zapatero y el alcalde de Madrid Alberto Ruiz Gallardón, además de nuestros más famosos deportistas como Raúl González, Miguel Induráin o Pau Gasol.

189   Tras descubrirse que varios miembros del COI aceptaron regalos costosos a cambio de su voto a favor de Salt Lake City, seis fueron expulsados y otros dimitieron. Para capear la peor tormenta olímpica de la historia reciente, el presidente del COI, Joan Antoni Samaranch, creó un Comité de Ética, con el objetivo de investigar y prevenir. Para recuperar la credibilidad, el nuevo comité, llamado Comisión 2000, debía contar con personalidades intachables e incuestionables. Henry Kissinger, exsecretario de Estado de Estados Unidos; Óscar Arias, expresidente de Costa Rica o Boutros Boutros-Ghali, expresidente de la ONU, fueron algunos de los elegidos. Una de las primeras decisiones a aplicar fue la prohibición a nivel individual de visitar las ciudades candidatas, sugerencia de Kissinger.

un proyecto técnicamente muy sólido y mucho más real que las ideas sobre plano de Londres, el primer ministro francés Jacques Chirac llegó «demasiado tarde» al Raffles City Convention Centre de Singapur, sede de la 117.ª Sesión del COI. Yo estuve en esa elección. Y puedo decir que el *hall* del hotel era un auténtico mercado persa.

Los días anteriores a la elección, el *premier* británico Tony Blair y su esposa Cherie se habían reunido durante cuarenta y ocho trepidantes horas con la amplia mayoría de los miembros del COI. En su habitación del Hotel Raffles Plaza, Blair estuvo acompañado en su tarea por la imponente figura del presidente del Comité de candidatura británico lord Sebastian Coe. Y si la cosa se complicaba, se echaba mano de la seducción y aparecían al rescate con todo su *glamour* David y Victoria Beckham.

Ya lo dice el lema de París, atribuido a san Juan Crisóstomo, «Fluctuat nec mergitur» (batida por las olas, pero nunca hundida). A base de tenacidad, por fin Francia y París recuperaban los Juegos. Y lo más emocionante era que marcaban el centenario de los organizados en 1924. Desde el principio París'24 quiso romper los códigos, revolucionar los Juegos y acercarlos a la gente. Y lo consiguió todo de una tacada organizando la ceremonia de apertura en el río Sena, la arteria central de la capital. París mantenía su vis pionera, ya que cien años atrás ya habían aportado al legado olímpico la primera villa olímpica de la historia y la interpretación por vez primera del himno nacional en honor de los vencedores.

Pero los de 2024 dejarán una huella eterna porque se convirtieron en los primeros JJ. OO. con paridad de género. Entre los 10 500 deportistas participantes, 50 % exacto para hombres y mujeres. Somalia y Tuvalu fueron las únicas dos delegaciones que no incluyeron mujeres en el equipo, ya que el equipo somalí estaba integrado por un único miembro, el atleta Ali Idow Hassan, lo mismo que el de Tuvalu con solo la participación del velocista Karalo Hepoiteloto Maibuca. París, otra vez, ya había sido pionera en esto, ya que la primera vez que hubo mujeres en unos Juegos fue en los de 1900. Entonces fueron veintiuna mujeres entre 1118 competidores, el 1'9 % del total. Y solo compitieron en tenis y golf, y en competiciones mixtas de vela, croquet e hípica. Poco sí, pero fue el inicio. Dijo, por cierto, Thomas Bach que su compromiso con la paridad no se quedará en París'24. Y que ahora hay que evolucionar también en el número de entrenadores mujeres.

LA INESTABILIDAD FRANCESA

En los meses previos a los Juegos, la inestabilidad política en Francia era muy alta. La inestabilidad es algo a lo que el COI tiene alergia. El 9 de junio, tras el batacazo de las elecciones europeas, el presidente de la República Emmanuel Macron disolvió la Asamblea Nacional y convocó elecciones legislativas. Entre el 30 de junio en primera vuelta y el 7 de julio en segunda, a tres semanas de los JJ. OO., existía el riesgo de tener nuevo presidente y Gobierno. El líder del Reagrupamiento Nacional, Jordan Bardella, aspirante a primer ministro y que barrió en la primera vuelta, publicó en su cuenta de X que, caso de ganar, no modificarían el operativo técnico de los JJ. OO. «El acontecimiento debe ser un gran éxito para la nación».

Pero había nervios. El 5 de julio, el COI, tras una información publicada por el semanario francés *Le Point* y difundida por otro semanario *Le Journal du Dimanche*, dijo que los JJ. OO. no serían cancelados ni pospuestos. El semanario afirmó que Bach habría estado «aterrorizado por la disolución» de la Asamblea Nacional y se habría dado «hasta mediados de julio para confirmar, cancelar o posponer los Juegos de París». «Esto es claramente parte de la actual campaña de desinformación contra Francia, el COI, su presidente y los Juegos Olímpicos. No se basa en ningún hecho fáctico», insistió el COI, a través de un mensaje publicado en sus RR. SS. El Comité Organizador de París 2024 también indicó que iba a «buscar el origen de esta información falsa». La noticia era claramente falsa, pero era «creíble» pensar que en el COI estaban preocupados por un posible cambio político y sus consecuencias, a tan pocos días del inicio de la competición.

ME GUSTAN LOS DATOS...

Como he dicho al principio, soy un *friki* de los datos. Me encantan. Siempre digo que la opinión es cuestionable, pero que un dato es irrefutable. Y saber usarlo en el momento adecuado siempre ha sido un placer en mi trayectoria como comentarista. Y preparando durante seis meses los Juegos de París, acumulé una cantidad ingente de datos, tantos que no los pude «colocar» ni en la transmisión de la ceremonia de inauguración ni a lo largo de los días de competición. Así que aquí tenéis algunos de los más relevantes.

- París'24 organizó unos Juegos con 48 disciplinas distintas en 32 deportes, con 329 eventos de medalla y 752 sesiones de competición[190]. Entre los eventos, 157 fueron masculinos (47'6 %) y 152 femeninos (46'1 %).
  Hubo también veinte eventos mixtos (6'3 %): todos los de hípica (seis), tres de tiro, dos de atletismo (marcha y relevos 4 x 400) y vela (470 y nacra 17) y uno de natación, tiro con arco, bádminton, judo, tenis, tenis de mesa y triatlón.

- Respecto a Tokio'20, se mantuvieron como deportes la escalada, el surf y el *skate*, y entró el *break*. Excluidos el karate y el béisbol/sóftbol.

- El deporte con más medallas fue el acuático: 49 pruebas en cinco modalidades, 23 masculinas, 25 femeninas y una mixta.
  El segundo fue el atletismo con 48 pruebas, 23 masculinas, 23 femeninas y dos mixtas.

- No hubo representación masculina en gimnasia rítmica ni en natación artística[191]. Ni representación femenina en lucha grecorromana. Los únicos deportes de equipo que no presentaban paridad eran el fútbol donde hubo 16 equipos

---

190   Por comparar, en los JJ. OO. de Tokio'20 hubo treinta y tres deportes, cincuenta disciplinas, y 339 eventos de medalla.

191   La Federación Internacional de Natación anunció en 2022 que podía haber hasta dos hombres en los equipos de natación artística de los JJ. OO. Finalmente, en París no hubo ninguno, después que EE. UU. decidiese no seleccionar a Bill May, campeón del mundo en dúo técnico mixto en Kazán'15.

masculinos y 12 femeninos y el waterpolo con 10 combinados masculinos y 8 femeninos.

- 91 países ganaron al menos una medalla. Y 62 de ellos, una de oro.

  - Cuatro países ganaron su primer oro: Botsuana[192], Dominica[193], Santa Lucía[194] y Guatemala[195].

  - Y cuatro países ganaron su primera medalla: Dominica, Santa Lucía, Albania[196] y Cabo Verde[197].

- Una vez más[198], Estados Unidos fue el líder del medallero. Empatados con China a 40 oros, las 126 medallas totales de los *yankees* les dieron el liderato. China fue segunda con 91 medallas. Japón tercera con 45, 20 de ellas de oro. El país anfitrión, Francia, terminó quinto del medallero con 64 medallas[199], 16 de oro.

- 54 países clasificaron al menos una selección en deportes de equipo[200].

  Como anfitrión, Francia clasificó 16 equipos[201]; Estados Unidos 13; España y Japón 11; Australia 10; Alemania 9;

---

192   El botsuano Letsile Tebogo fue medalla de oro en 200 m masculinos. Botsuana ganó también la plata en el relevo masculino 4 x 400.

193   La dominiquesa Thea Lafond fue medalla de oro en triple salto femenino. Había más gente en el estadio viéndola en directo que toda la población de su país junta.

194   La santalucense Julien Alfred fue medalla de oro en 100 m femeninos y plata en 200 m.

195   La guatemalteca Adriana Ruano fue medalla de oro en tiro, modalidad trap femenino.

196   Chermen Valiev fue medalla de bronce en lucha -74 kg. Es nacido en Rusia, pero, en su último Comité Ejecutivo antes de París, el COI le concedió el cambio de nacionalidad.

197   David de Pina fue medalla de bronce en boxeo -51 kg.

198   Estados Unidos encabezó el medallero por octava ocasión, aunque en realidad en Pekín'08 fue superado en número de oros por China.

199   En número total, Francia fue el tercer país con más medallas solo superado por EE. UU. y China. Pero la adelantaron en el medallero Japón y Australia porque consiguieron más oros: veinte para los japoneses y dieciocho de los australianos contra dieciséis de los franceses.

200   Hay ocho deportes de equipo de los dos géneros: fútbol, baloncesto, baloncesto 3x3, balonmano, waterpolo, *rugby* a 7, *hockey* sobre hierba y voleibol. No se cuenta el vóley playa ni las competiciones colectivas del resto de deportes.

201   A pesar de ser anfitrión, en baloncesto 3x3 Francia solo clasificó de oficio un

Canadá y China 7; Serbia, Argentina y Brasil 6; y Países Bajos y Nueva Zelanda 5.

En el otro lado del plano, países potentes deportivamente como Portugal, Cuba o Suiza, no clasificaron ninguno.

– Hubo 41 sedes de competición, algunas muy icónicas:

  – El Estadio de Saint Denis para el atletismo.

  – El Campo de Marte para la lucha y el judo.

  – A los pies de la Torre Eiffel el vóley playa.

  – Roland Garros para el tenis y las finales de boxeo.

  – El Parque de los Príncipes para el fútbol.

  – El Grand Palais para la esgrima y el taekwondo.

  – Los Inválidos para el tiro con arco.

  – La plaza de la Concordia para el baloncesto 3x3, el *break*, el BMX y el *skate*.

  – El Palacio de Versalles para la hípica y el pentatlón moderno.

  – El puente Alexandre III para el triatlón, las aguas abiertas y el ciclismo en ruta.

  – Y Teahupo'o[202] en Tahití, Polinesia Francesa, para el surf.

– Aparecieron varias disciplinas nuevas:
Dos de vela (kitesurf y 470 mixto y el *windsurf* se convirtió en iQFoil), una de piragüismo (kayak *cross* sustituyendo a K1 200 m), una de boxeo (un peso femenino sustituyó a uno masculino), una de tiro (*skeet* mixto por equipos), una de marcha (desaparecieron los 50 km marcha sustituidos por un maratón de marcha mixta por equipos) y se dividió la escalada entre velocidad (pared de 15 m) y bloque-dificultad.

---

equipo de género, el femenino. El masculino tuvo que pasar por el preolímpico y se clasificaron también.

202 Teahupo'o significa muro de calaveras. Es una de las olas de izquierdas más famosa del mundo. Y muy violenta y peligrosa. Desde 1999 acoge la prueba de la World Surf League.

– El Estadio Yves-du-Manoir o Estadio de Colombes, sede del *hockey* sobre hierba, fue el único recinto en haber albergado también pruebas en París 1924. Fueron las de atletismo, teatro de las hazañas de Eric Lidell[203] y Harold Abrahams[204], héroes de la película ganadora del Óscar en 1981 *Carros de Fuego*, dirigida por Hugh Hudson. De aquel estadio solo queda una tribuna para 6000 espectadores.

– En París se batieron 32 WR en ocho disciplinas distintas.

    – 125 RO batidos en diez disciplinas diferentes.

    – La final olímpica de 100 metros fue la primera en la que los ocho participantes bajaron de 10" con viento legal.

– 15 716 km es la distancia que separa París y Teahupo'o. Es la distancia más grande entre sedes de la historia olímpica desde los 15 589 km entre Melbourne y la sede de hípica de 1956 en Estocolmo[205].

Pero la distancia máxima entre sedes sería de 16 385 km entre el Allianz Riviera de Niza, subsede del fútbol y el propio Teahupo'o.

– El Banco de Francia anticipó para el país un crecimiento económico de entre el 0,35 % y el 0,45 % para el tercer trimestre del año, frente a un aumento del 0,3 % en los dos primeros trimestres. Esto sugiere que hasta un 0,25 % del crecimiento podría atribuirse a los Juegos Olímpicos y Paralímpicos, cuyos beneficios económicos procederían en gran medida de la venta de las casi diez millones de entradas y de los derechos de televisión.

---

203   Eric Lidell fue campeón olímpico de 400 m y medalla de bronce en 200 m en París 1924.

204   Harold Abrahams fue campeón olímpico de 100 m y medalla de plata del relevo 4 x 100 m en París 1924.

205   Para los Juegos de Melbourne'56, las autoridades australianas no dejaban entrar caballos sin respetar la cuarentena. Ante la imposibilidad de instalarse en Australia los seis meses previos a los Juegos, excepcionalmente las pruebas de hípica se celebraron en Estocolmo.

EL FUEGO DE PARÍS

Los Juegos de París eran los de recuperar la senda de la normalidad tras el periodo oscuro de la pandemia del COVID-19. Los Juegos de Tokio'20 se habían celebrado sin público y los de invierno de Pekín'22 solo con la presencia de aficionados locales. En 2024 era el momento de la vuelta del público a los estadios. Y todo empezó el 16 de abril con el tradicional encendido de la llama olímpica en las ruinas de Olimpia, una tradición que nació para los JJ. OO. de Tokio 1964. Para los antiguos griegos, el fuego era el elemento creador del mundo y la civilización. Y en los Juegos de la Antigüedad, una llama permanecía prendida durante toda la competición en un santuario llamado Prytaneum, desaparecido en la actualidad.

La última vez que se había encendido el fuego en Olimpia, para los Juegos de Pekín, fue sin público. Pero esta vez el encendido fue a lo grande y acudieron seiscientos invitados. Presidió el acto la presidenta de Grecia Katerina Sakellaropoulou junto a la alcaldesa de París Anne Hidalgo y las autoridades del Comité Organizador de París'24 con su presidente Tony Estanguet a la cabeza. Como marca el protocolo, la suma sacerdotisa, papel interpretado por la actriz griega María Mina, encendió la llama delante del templo de Hera. Lo hizo implorando a Apolo, dios del sol, quien con los rayos tenía que encender el fuego gracias a un espejo parabólico llamado *skaphia*. La gran sacerdotisa estuvo acompañada por otras sacerdotisas y por un grupo de bailarines griegos que interpretaron una coreografía inspirada en la Antigüedad.

Como las previsiones meteorológicas no eran muy buenas, el día anterior se decidió encender una llama y guardarla por si acaso. Y si el día amanecía nublado se usaría el fuego de reserva. Bien visto, porque es lo que tuvieron que usar, ya que no hubo suficiente sol. En ese momento no se pudo interpretar el ¿mal? presagio. Pero debo reconocer que mientras diluviaba durante la ceremonia de apertura pensé en ese momento.

De 1936 a 1988, la llama se encendía en una antorcha traída de cada país. Desde 1992, hay una única antorcha griega. Desde esa antorcha, la llama se colocó en una urna, y fue trasladada por la

Hestiada, papel interpretado por la actriz Ioanna Strati, hasta el antiguo *stadion*. Ahí le pasó el fuego al primer relevista, además de darle una rama de olivo.

EL RELEVO DE LA LLAMA

Dice la tradición que el primer portador de la llama debe ser campeón olímpico[206]. El remero Stefanos Ntouskos, primer relevista, lo fue en *scull* en Tokio'20. Stefanos recibió el fuego empuñando ya la antorcha diseñada para París'24. El campeón griego salió del antiguo estadio y pasó por delante de la estela conmemorativa dedicada al barón Pierre de Coubertin. Entonces entregó la llama al segundo relevista, la francesa Laure Manaudou[207]. Y con el fuego ya en marcha, sonó el *Himno olímpico*[208], interpretado por la *mezzosoprano* Joyce DiDonato. Es importante no confundir, como hace mucha gente, el *Himno olímpico* con la *Fanfarria olímpica*, compuesta esta por el oscarizado compositor estadounidense John Williams para los Juegos de LA'84.

La llama recorrió la Grecia continental durante once días y siete más por las islas, de Corfú a Santorini. Hubo 550 relevistas para recorrer más de 5000 kilómetros a través de cuarenta y un municipios. Y durmió una noche en la Acrópolis. El recorrido por Grecia honró la historia que une al país con Francia que apoyó a los griegos en 1821 en la guerra de la independencia contra la ocupación otomana.

---

206 La tradición de que el primer relevista debe ser el ganador de un oro olímpico en activo no dejaba mucho margen a Grecia. Además de Ntouskos, solo el saltador de longitud Miltiadis Tentoglou había sido campeón en Tokio'20. Por cierto, que, para tranquilidad del Comité Organizador de los Juegos de 2028, ya tienen resuelto el problema de la llama de Los Ángeles'28, ya que Miltiadis revalidó su oro en París'24. De hecho, fue el único oro para Grecia de una cosecha total de ocho medallas.

207 Laure Manaudou fue campeona olímpica de 400 m libres en Atenas'04.

208 El *Himno olímpico* es una pieza musical compuesta por el griego Spiros Samaras, con palabras de un poema del también griego Kostis Palamas y que se estrenó en Atenas 1896. Fue declarado himno olímpico en 1958. En la actualidad se escucha durante el izamiento de la bandera olímpica en las ceremonias de apertura y clausura de los JJ. OO. Y en el encendido de la llama en Olimpia.

La ceremonia de la entrega de la llama de los griegos a los franceses fue el 26 de abril en el Estadio Panathinaiko[209]. Antigoni Ntrismpioti[210] entregó la llama en el estadio. La recogió la patinadora francesa de origen griego Gabriella Papadakis[211]. Beatrice Hess[212] hizo un cuarto de relevo por la pista en silla de ruedas. Y el último relevista en Grecia fue Ioannis Fountoulis[213], quien le pasó la llama al presidente del Comité Nacional Olímpico de Grecia Spyros Capralos, quien a su vez se la entregó a los representantes de Paris'24. Para cerrar el acto, actuó la gran cantautora griega Nana Moskouri. La llama durmió esa noche en la embajada de Francia en Atenas.

RECORRIENDO FRANCIA

El 27 de abril el fuego sagrado salió del Pireo rumbo a Marsella a bordo del Belem, el último barco de tres mástiles de la flota francesa y más antiguo velero de Europa. Se llama así porque hace más de un siglo cruzaba el Atlántico para ir a la ciudad brasileña de Belem para importar cacao hasta Francia. No fue la primera «incursión» olímpica del Belem. Antes de Londres'12 le vimos pasar por debajo de los aros olímpicos del puente de la Torre de Londres.

Tras once días de navegación, el fuego llegó a Marsella el 8 de mayo escoltado por más de mil barcos. Esperaban la llama 150 000 personas en el puerto y más de 200 000 en la ciudad. La Patrulla Aérea de Francia sobrevoló el cielo con los colores de la bandera

---

209   El Estadio Panathinaiko, también llamado Kallimármaro, data del 330 d. C. Fue reconstruido en el centro de Atenas para acoger los Juegos de 1896 gracias a la donación de un millón de dracmas de un millonario griego afincado en Egipto llamado George Averoff. Es el único estadio importante del mundo construido enteramente de mármol blanco proveniente del monte Pentélico. La figura de su cuerda no es como las que conocemos hoy en día, sino más bien como una horquilla casi rectangular. Y su cuerda era de 204 metros, por los 400 reglamentarios de la actualidad.

210   Antigoni Ntrismpioti fue campeona de Europa de marcha en 2022 de 20 km y 35 km.

211   Gabriella Papadakis fue campeona olímpica de patinaje sobre hielo en Pekín'22.

212   Beatrice Hess es ganadora de veintiséis medallas paralímpicas en natación.

213   Ioannis Fountoulis fue medalla de plata en waterpolo en Tokio'20.

francesa. Y presidió la jornada el presidente francés Emmanuel Macron. Al bajar del Belem, caminando sobre un estadio flotante, el portador de la antorcha fue Florent Manaudou[214], quien pasó la llama a la atleta paralímpica Nantenin Keita[215] y esta al rapero marsellés Jul, quien encendió el primer pebetero dentro de Francia ante la locura de los marselleses.

El relevo en Francia duró sesenta y nueve días, con 10 000 relevistas portando la llama a lo largo de 12 000 kilómetros, pasando por un centenar de lugares emblemáticos y más de 400 ciudades de sesenta y cuatro departamentos. Incluidos los cinco territorios de ultramar, Guyana, Reunión, Tahití, Guadalupe y Martinica gracias al «relevo de los océanos». Finalmente, se decidió que la llama no pasase por Nueva Caledonia por culpa de los disturbios generados por una crisis política que habían causado la muerte de cinco personas.

La gran novedad del relevo de París es que por primera vez se autorizaron los relevos colectivos por parte de las treinta y cuatro federaciones francesas, olímpicas y paralímpicas. Cada vez con grupos de hasta veinticuatro personas, vimos el espíritu deportivo y colectivo del relevo hasta sesenta y nueve veces.

A lo largo de la historia del relevo, la llama ha pasado por el Everest, se ha sumergido en la Gran Barrera de Coral, ha montado en un barco de vapor por el Misisipi, ha hecho la vía del Pony Express o ha dejado la tierra para salir al espacio y llegar a la nave Columbia. Estos son algunos hitos del relevo de la de París:

- El 9 de mayo, Día de Europa, hubo un relevo colectivo de veintiocho deportistas, uno por cada Estado de la Unión más la gimnasta ucraniana Maria Vysotchanska. Por España estuvo Fermín Cacho[216]. Como homenaje a su país en guerra, Maria fue designada capitana. El padre de

---

214 Florent Manaudou, hermano de Laure, es séxtuple medallista olímpico. Campeón olímpico de 50 m libres en Londres'12 y medalla de plata también en 50 m en Río'16 y Tokio'20, además de ganador de dos medallas con el equipo de relevos. En París'24 ganó la medalla de bronce en 50 m libres.
215 Nantenin Keita es campeona paralímpica de 400 m T13 en Río'16.
216 Fermín Cacho fue el primer relevista español de la llama de París. Campeón

Maria Vysotchanska, olímpica en Tokio'20, estaba en ese momento luchando en el frente.

- Problemas el tercer día al final de la etapa de los Alpes de Alta Provenza, en Manosque. La nadadora Ophélie-Cyrielle Etienne[217] intentó dos veces, sin éxito, encender el pebetero. Un problema técnico lo impidió.

- En el viaducto de Millau, el puente más alto de Europa, a 342 metros de altura, el patinador y triple campeón mundial de *roller* vertical Taïg Khris recorrió más de 300 m de la estructura patinando.

- La llama entró en la cueva donde están los frescos de Lascaux o, como lo llaman en Francia, la Capilla Sixtina del arte paleolítico.

- El 21 de mayo, la antorcha desfiló por las escaleras y la alfombra roja del festival de cine de Cannes.

- El 23 de mayo estuvo en la zona de Normandía conocida como Calvados y pasó por Omaha Beach, una de las playas del desembarco del 6 de junio de 1944 durante la Segunda Guerra Mundial. En 2024 se conmemoraron los ochenta años del desembarco.

- El 30 de mayo estuvo en el Mont-Saint-Michel. La llevó el centenario Roger Lebranchu, atleta francés que estuvo en los Juegos de Londres'48 y que sobrevivió a dos terribles años en el campo de concentración nazi de Buchenwald. Lebranchu falleció en enero de 2025 a la edad de ciento dos años.

- En Saint-Étienne, participó del relevo Melanie Berger-Volle. Con ciento dos años, estuvo en la Resistencia durante la invasión de Francia por los nazis.

- El 5 de junio, en Saint-Sebastien-Sur-Loire, Raphael Vriet, experto francés en RR. SS., paró el relevo de la antorcha para pedirle matrimonio a su novia.

---

olímpico de 1500 m en BCN'92 y medalla de plata en la misma distancia en Atlanta'96.

217 Ophélie-Cyrielle Etienne fue medalla de bronce en el relevo de natación 4 x 200 m en Londres'12.

El 18 de junio, después del relevo de los océanos, la llama volvió a la Francia continental a través de Niza. Y la entrada en Francia la hizo la apneista Alice Mondolo, que la llevó a cuarenta metros de profundidad en el Mediterráneo[218].

- En la Promenade des Anglais de Niza, la llevaron muchos familiares de las víctimas del atentado por atropello múltiple del 14 de julio de 2016.

- En el paso por Mónaco, el piloto de F1 Charles Leclerc llevó la llama. Y cerraron el recorrido por el principado el príncipe Alberto[219] y su mujer Charlene.

- El 23 de junio, el Día Olímpico, que coincidió con el centenario de los primeros Juegos Olímpicos de Invierno de Chamonix-Mont-Blanc 1924, el relevo de la antorcha realizó una ascensión a la cima de la Aiguille du Midi, una montaña del macizo del Mont Blanc, que, con una altitud de casi 4000 metros, es la más alta de las Agujas de Chamonix.

- El 14 de julio, durante la Fiesta Nacional, la antorcha pisó por primera vez París. La plataforma CitizenGO[220] Francia criticó que la artista *drag* Minima Geste participase del relevo el Día de la Bastilla. «¡Francia ha elegido una *drag*

---

218 En otros JJ. OO., como Sídney'00 o Sochi'14, la llama también se sumergió. En Australia lo hizo en la Gran Barrera de Coral. Y en Rusia, en el lago más profundo del mundo, el Baikal. Entonces el fuego era con quemadores, pero, esta vez, por razones de seguridad, los especialistas usaron un sistema de leds controlados por un microordenador para dar la apariencia de una verdadera llama.

219 El abuelo de Alberto de Mónaco, Jack Kelly Sr., el padre de Grace Kelly, fue tres veces campeón olímpico de remo: dos en Amberes 1920 y una en París 1924. Y su tío, John Brendan Kelly Jr., hermano mayor de Grace, fue bronce en remo en la modalidad de *skiff* en Melbourne'56.

220 CitizenGO es una plataforma ultraconservadora que promueve peticiones en oposición al matrimonio entre personas del mismo sexo, el aborto o la eutanasia. Otra cosa que irritó a los reaccionarios fue que entre las veintiséis *fanzone,* las zonas oficiales acotadas para que el público disfrutase de los JJ. OO., hubiese una llamada *pride house* dedicada a la comunidad LGTBIQ+, cerca del puente de Alexandre III. CitizenGO reunió más de 12 000 firmas para una petición que decía: «No a una "Casa del Orgullo" en París 2024». En una carta abierta al presidente del Comité Organizador Tony Estanguet, afirmaban que *pride house* «desacata el principio de universalidad que los Juegos Olímpicos se esfuerzan por mantener».

queen para llevar la llama olímpica! La decisión de integrar una «Casa del Orgullo» en París 2024 y elegir una *drag queen* para llevar la llama olímpica no es un detalle menor», escribió el grupo reaccionario.

– La actriz Salma Hayek llevó la antorcha en el Salón de los Espejos de Versalles justo antes que la llama entrase en París.

Y casi sin darnos cuenta, ya estábamos a 26 de julio. El reloj de la cuenta atrás tendía a cero. Y en el relevo por París participaron entre otros el rapero y estrella del hiphop Snoop Dogg, la actriz y modelo Laetitia Casta, el exsaltador de pértiga ucraniano Sergei Bubka[221] y Pau Gasol entre decenas de ilustres del mundo del deporte, la cultura o las artes.

ARDE PARÍS

Llegaba el momento del secreto mejor guardado. ¿Quién haría el último relevo y encendería el pebetero? El clímax iba *in crescendo* al final de la ceremonia artística, cuando Zinedine Zidane, que había sido el último al que habíamos visto con la antorcha al principio del acto y lo habíamos perdido entrando en el metro, reapareció con la llama en la plaza de Trocadero. Y de repente, tomó su relevo Rafa Nadal, el español más francés de la historia deportiva, con permiso de Luis Ocaña[222]. Por cierto, que, en marzo de 2025, el COI regaló a Rafa la antorcha con la que participó en la ceremonia y que a partir de ahora ocupará un lugar de honor en el museo de la Academia Rafa Nadal en Manacor.

El abrazo entre ZZ y Rafa era el aviso de las emociones fuertes que estaban por venir. Nadal se unió a un grupo de leyendas olímpicas con Serena Williams[223], Nadia Comaneci y Carl

---

221 Sergei Bubka fue campeón olímpico de salto con pértiga en Seúl'88.

222 Luis Ocaña fue un ciclista nacido en Priego, Cuenca, y ganador del Tour de Francia de 1973. Siempre se le conoció como el español de Mont-de-Marsan, en Francia, donde vivió y murió.

223 Serena Williams fue cuatro veces campeona olímpica de tenis. A nivel individual, en Londres'12 y en dobles en Sídney'00, Pekín'08 y Londres'12. Los oros del doble los ganó junto a su hermana mayor Venus, quien también fue campeona olímpica individual en Sídney'00.

Lewis[224], quienes se embarcaron en una lancha rumbo al Jardín de las Tullerías[225] llevando el fuego. Estaba citado también Usain Bolt, quien lesionado tuvo que regresar a Jamaica.

Tras un largo y mojado viaje por culpa de la lluvia, Amelie Mauresmo[226] les estaba esperando en el muelle, para recoger el relevo y entrar corriendo a las Tullerías. Tony Paker[227] fue el siguiente en aparecer y junto a Amelie corrieron por la explanada en busca de tres deportistas paralímpicos, Nantenin Keita, Alexis Hanquinquant[228] y Marie-Amélie Le Fur[229]. Y a partir de ahí se fueron sucediendo uno tras otro figuras del deporte de Francia. Ahora no me ha costado mucho recopilar el nombre de todos. Pero en el momento de comentar la ceremonia, aquello rozó el drama y se convirtió en un concurso de «adivine quién es quién», ya que la realización de la televisión decidió no poner ningún rótulo identificativo. Los deportistas iban apareciendo de sopetón y me sentí como caminando por un campo de minas a medida que identificábamos a los deportistas. El *carrousel* no se cavaba nunca y encima algunos no eran muy conocidos para el gran público: los

---

224 Carl Lewis, apodado el Hijo del Viento ganó nueve medallas de oro. Y en LA'84, igualó la gesta de Jesse Owens. Esto es ganar cuatro oros en atletismo en los mismos Juegos, y además en las mismas disciplinas que Owens en 1936, 100 m, 200 m, salto de longitud y relevo 4 x 100 m. Lewis ganó además el oro en 100 m y longitud en Seúl'88, de longitud y de relevo 4 x 100 m en BCN'92 y todavía de longitud en Atlanta'96.

225 El Proyecto Ariane se creó para decidir dónde estaría la llama durante los JJ. OO. Finalmente se eligió el Grand Bassin Rond del Jardín de Las Tullerías. El fuego descansaría durante los JJ. OO. dentro de la ciudad, como en Río'16 y Tokio'20. Se había pensado que estuviese donde la pirámide del Louvre o en la Torre Eiffel, pero eso sería un problema, ya que ambos sitios no cerraban durante los JJ. OO.

226 Amelie Mauresmo fue medalla de plata en individuales de tenis en Atenas'04.

227 Tony Parker, cuatro veces campeón de la NBA, es uno de los deportistas más importantes de la historia de Francia sin haber conseguido nunca una medalla olímpica.

228 Alexis Hanquinquant fue doble campeón paralímpico y abanderado francés de los Juegos Paralímpicos de París'24.

229 Marie-Amélie Le Fur, triple campeona paralímpica, fue presidenta de la delegación francesa para los Juegos Paralímpicos de París'24.

tiradores Laura Flessel-Colovic[230] y Jean-François Lamour[231], los jugadores de balonmano Michael Guigou[232] y Allison Pineau[233], los ciclistas Félicia Ballanger[234] y Florian Rousseau[235], la gimnasta Emilie Le Pennec[236], los judocas David Douillet[237] y Clarisse Agbegnenou[238], los nadadores Alain Bernard[239] y Laure Manaudou y el atleta Renaud Lavillenie[240].

Acercándose al pebetero, surgió una venerable figura en silla de ruedas. ¡Momento mágico! Era Charles Costes, campeón olímpico de ciclismo en persecución por equipos en Londres'48, con cien años, el campeón olímpico francés vivo más veterano. Y finalmente Marie-José Pérec[241] y Teddy Riner fueron los últimos relevistas. Para guardar el secreto al máximo, Tony Estanguet solo les comunicó que eran los elegidos… ¡a las siete y media de la mañana de ese mismo día! Ambos ascendieron por una rampa sobre el estanque y prendieron el fuego. Y el pebetero olímpico voló sobre el Jardín de las Tullerías en el cielo de París, convirtiéndose en un anillo de llamas de siete metros rematado con un globo aerostá-

---

230   Laura Flessel-Colovic es exministra de Deportes de Francia y fue campeona olímpica de esgrima de espada individual y por equipos en Atlanta'96.

231   Jean-François Lamour es exministro de Deportes de Francia y fue campeón olímpico de sable en LA'84 y Seúl'88.

232   Michael Guigou es triple campeón olímpico de balonmano en Pekín'08, Londres'12 y Tokio'20.

233   Allison Pineau fue campeona olímpica de balonmano en Tokio'20 y medalla de plata en Río'16.

234   Félicia Ballanger fue campeona olímpica de ciclismo en pista en velocidad individual en Atlanta'96 y Sídney'00 y de 500 m contrarreloj en Sídney'00.

235   Florian Rousseau fue campeón olímpico de ciclismo en pista en 1000 m en Atlanta'96 y de persecución por equipos y keirin en Sídney'00.

236   Emilie Le Pennec fue campeona olímpica de gimnasia en barras asimétricas en Atenas'04.

237   David Douillet es exministro de Deportes de Francia y fue campeón olímpico de judo +95 kg en Atlanta'96 y de +100 kg en Sídney'00.

238   Clarisse Agbegnenou fue campeona olímpica de judo -63 kg en Tokio'20 y por equipos mixtos en Tokio'20 y París'24.

239   Alain Bernard fue campeón olímpico de natación en 100 m libres en Pekín'08 y del relevo 4 x 100 m libres en Londres'12. También fue medalla de plata en 4 x 100 m y bronce en 50 m libres en Pekín'08.

240   Renaud Lavillenie fue campeón olímpico de salto con pértiga en Londres'12.

241   Marie-José Pérec fue medalla de oro en 400 m lisos en BCN'92, e hizo doblete de oros en Atlanta'96, ganando en 200 m y 400 m. Como dijo ella ante de ser elegida, «encender el pebetero sería como el oro que no pude ganar en Sídney».

tico de tonalidad metálica, fruto de «una mezcla entre oro, plata y bronce», de treinta metros de altura. Y al mismo tiempo, se produjo un momento mágico. Desde el primer piso de la Torre Eiffel, la canadiense Celine Dion cantó el *Himno al amor*, tema cumbre de un icono de la canción francesa como Édith Piaf. Fue una de las sorpresas más emocionantes de la parte artística de la ceremonia, ya que la cantante canadiense llevaba dos años sin actuar debido a una enfermedad llamada síndrome de la persona rígida.

CEREMONIA DE APERTURA

Lo más novedoso de los Juegos de París es que, por vez primera en la historia, la ceremonia de apertura se realizó fuera del estadio. El presidente del COI, Thomas Bach, dijo que hacer la ceremonia en el Sena, en un mundo dividido, era una demostración de inclusividad.

Tras la ceremonia de apertura de los Juegos Olímpicos de la Juventud de Buenos Aires, el 6 de octubre de 2018, con miles de personas en la avenida 9 de julio de la capital argentina, el presidente del COI dejó caer a los organizadores de París'24 la idea de sacar la ceremonia del estadio. Primero se pensó en la avenida de los Campos Elíseos, pero allí ya se hace el desfile de la Fiesta Nacional del 14 de julio. Y la idea prendió cuando recordaron la celebración del último título de los San Antonio Spurs de la NBA en 2014, equipo en el que jugaba el francés Tony Parker, y que los tejanos hicieron a lo largo del Riverwalk, el río que cruza la ciudad.

La idea era brillante, pero la tarea no era fácil. «Desde Luis XV, no ha habido una parada náutica en el Sena en el mismo sentido», dijo el entonces ministro del Interior Gerald Darmanin. Estaba claro que la seguridad de tamaño acontecimiento iba a ser uno de los temas más importantes de los Juegos. Ya durante el Mundial de Fútbol de 1998 en Francia, se quiso hacer la ceremonia en el Sena, pero se rechazó por motivos de seguridad. Y se hizo en la ciudad, pero fue un fiasco como atestiguan los artículos del momento.

EL PROBLEMA DE LA SEGURIDAD

A lo largo de la historia, y sobre todo desde Múnich'72, la seguridad ha sido uno de los caballos de batalla de cada edición de los Juegos Olímpicos. Y es la partida en la que más se invierte. El miedo a un ataque continúa y hay que saber adaptarse porque los escenarios del terrorismo van evolucionando. Desde los clásicos ataques con vehículos o paquetes bomba, la difusión de sustancias nocivas en los circuitos aéreos de los edificios, disparos de francotiradores, ataques con drones o de lobos solitarios se ha pasado al moderno ciberataque, el espionaje, la desintegración de archivos y programas, la piratería de retransmisión de imágenes o del cronometraje oficial.

Y si el riesgo cero es imposible, en París todavía se complicaron más el tanto por ciento sacando la ceremonia de un estadio cerrado más fácilmente controlable para realizarla en medio de la ciudad. Velar por la seguridad de más de cien jefes de Estado y de gobierno, y de unos 160 ministros en la plaza de Trocadero y a la vez monitorizar a 6000 deportistas desfilando a lo largo de seis kilómetros en el Sena era una tarea hercúlea. Así que la seguridad se convirtió en el factor determinante de la ceremonia de apertura del 26 de julio.

Emmanuel Macron declaró en primavera que, ante cualquier amenaza de seguridad, se cambiaría la sede. El presidente dijo que el plan B podía ser hacer la ceremonia en un lugar reducido del Trocadero[242] y que el plan C sería repatriarla al estadio, aunque eso parecía casi imposible porque ya se estaría jugando desde el miércoles anterior a la ceremonia la competición de *rugby* a 7. Así que se convino que, si debía ser en el estadio, sería únicamente una ceremonia protocolaria, sin dimensión artística, solo para inaugurar oficialmente los JJ. OO. Pero, a pesar de riesgos y

---

242 En junio, una fuente anónima dijo a la agencia de noticias francesa AFP que, en caso de amenaza real, se valoraba un plan alternativo que constaba de un pequeño desfile de las delegaciones en el puente de Iena, entre la Torre Eiffel y Trocadero. A los deportistas se les transportaría en bus desde la villa hasta los pies de la Torre Eiffel. Y el acto sería sin público. Quedaba descartado cien por cien el Estadio Olímpico.

declaraciones, en Francia solo se contemplaba un plan, el A. La inauguración sería sí o sí en el Sena.

Inicialmente, la ceremonia tenía que empezar a las 20:24 como guiño al año en curso. Jugar con las horas de la ceremonia ya había pasado en otros Juegos. La de apertura de Pekín fue el 8 de agosto de 2008 a las 20:08. Pero en marzo, tras la séptima y última reunión de la Comisión de Coordinación del COI, se cambió a las 19:30 para tener más horas de luz. La ceremonia debía durar cuatro horas. Y el desfile de cada barco unos cuarenta y cinco minutos. Participarían 186 embarcaciones en total, ochenta y cinco para las delegaciones, que irían repartidas con un máximo de cinco en cada barco. Estas navegarían según el orden alfabético francés. Así España compartió embarcación con Estonia. Como siempre, abría Grecia cuna de los Juegos y le seguiría el Equipo Olímpico de Refugiados. Cerraban el desfile Australia, como organizadores de los JJ. OO. de Brisbane 2032, Estados Unidos como organizadores de los próximos JJ. OO. de Los Ángeles 2028 y, por último, Francia como país organizador.

En el *dossier* de candidatura, se dijo que a lo largo de los muelles del Sena se esperaba que viesen la ceremonia *in situ* 600 000 personas. Pero el 31 de enero, el ministro del Interior Gerald Darmanin informó que la cifra que se anunció en diciembre de 2021 y que posteriormente ya se había reducido a 500 000 espectadores, se reducía a poco más de 300 000. Una tercera parte, en los muelles bajos, pagando entrada y el resto podían recoger entrada gratuita y estar en los muelles altos.

Y para controlar aún más a los presentes, todos los residentes alrededor de Trocadero o del Campo de Marte se tuvieron que registrar en una *app* desde una semana antes de la inauguración para poder entrar en la zona restringida. Incluso los invitados a los balcones, que fueron unos 200 000, se tuvieron que inscribir. Así, se implementó un perímetro de seguridad alrededor de la ceremonia desde el 18 de julio, y los residentes, sus invitados, empleados, comerciantes, huéspedes de hoteles y de restaurantes de la zona tuvieron que descargarse un pase con código QR gratuito para acceder.

El presidente Macron, por cierto, complicó aún más sin quererlo las tareas de seguridad. Ordenó no desplazar los puestos de los libreros de los muelles del Sena para la ceremonia. Estaba previsto mover 570 puestos. Pero el presidente dijo que esos puestos en las riberas del Sena eran patrimonio de Francia… ¡y se perdieron de golpe más de 80 000 plazas para ver el acto *in situ*! Decía que eso complicó las tareas de seguridad, porque los puestos de libreros eran un sitio ideal para depositar cualquier paquete explosivo.

El 19 de julio se cerró durante siete días la navegación a lo largo de los seis kilómetros del recorrido. Y todo quedaba ya en manos del dispositivo de seguridad que fue colosal.

- Desde las 19 h del 26 de julio hasta medianoche, se cerró el espacio aéreo en unos 150 km alrededor de París.

- Varias líneas de metro permanecieron cerradas de 18 h a 22 h, sobre todo las que pasaban por debajo del Sena.

- Cuidaron de la seguridad 45 000 agentes, 25 000 policías y 20 000 gendarmes.

- Participaron 2500 policías extranjeros de cuarenta y cinco países. El Ministerio del interior de España anunció que enviarían 360 agentes entre Policía y Guardia Civil. Entre ellos, expertos antiminas, en seguridad urbana y unidades caninas.

- Hubo 650 agentes de los cuerpos especiales de intervención, provenientes de las tres unidades de elite francesa, que se unieron de manera extraordinaria bajo un mando unificado.

- Se instalaron 11 200 barreras de policía, 6500 barreras de obra y dieciocho barreras antitanques.

- Había francotiradores estacionados en lo alto de edificios cerca del Sena y otros lugares emblemáticos.

- Se usaron perros detectores de bombas buscando armas convencionales y no convencionales en plazas, parques y estaciones de tren.

- El Sena estuvo protegido, en la superficie y bajo el agua, con barreras antiintrusión, de entre 125 m y 180 m. Aguas arriba del puente de Austerlitz, punto de embarque de las delegaciones, se colocó una. Y otra más en el puente Garigliano, debajo de la zona de descarga.

– Unos 20 000 militares se movilizaron para los JJ. OO. 5000 de ellos durmieron en París en un campo militar en Reully, en uno de los extremos del Bois de Vincennes, en un campo construido en el tiempo récord de sesenta y cinco días. Desde la II Guerra Mundial no había una operación de estas características ni un campamento de este estilo. El campo, de diez hectáreas, se llamó Alain Mimoun[243].

– La Legión Extranjera colaboró con la seguridad, un cambio respecto de sus misiones tradicionales, ya que normalmente están desplegados en lugares como la conflictiva región africana del Sahel.

– Y hubo una unidad antidrones estacionada en Villacoublay, en las afueras de París. Tenían un arma llamada Sky Wall Patrol que lanzaba redes para capturar drones. El arma pesaba 12 kg y costaba unos 80 000 euros. Los simulacros que hicieron antes de los Juegos fueron bautizados como operación Coubertin.

París'24 acometió también un gran operativo de ciberseguridad de la mano de la Agencia Nacional Francesa para Informaciones de Seguridad junto a las empresas especializadas Cisco y Eviden. Se esperaba que los ataques se multiplicasen por diez respecto de los JJ. OO. de Tokio. Y es que dicen los expertos que, en términos de ciberseguridad, cuatro años equivalen a un siglo. Para «prepararse», París 2024 contrató a Ethical Hackers[244] para estresar el sistema, usando también IA para hacer un triaje de posibles ata-

---

243 Alain Mimoun fue campeón olímpico de maratón de Melbourne'56, y sirvió en el ejército durante la II Guerra Mundial.

244 El *ethical hacking*, también conocido como *hacking ético* o *pentesting*, es una práctica de seguridad cibernética en la que un profesional, conocido como un *hacker ético*, intenta deliberadamente buscar debilidades en sistemas informáticos, redes, aplicaciones y otros entornos digitales. A diferencia de los *hackers* maliciosos, los *hackers* éticos realizan estas acciones con permiso y con el objetivo de identificar y corregir vulnerabilidades antes de que los ciberdelincuentes las exploten.

ques. En Pyeongchang'18, un virus llamado Olympic Destroyer, que se cree que vino desde Rusia, «atacó» la ceremonia inaugural. Y el viernes 11 de mayo, fue jaqueada la cuenta en X de la ministra de Deportes Amélie Oudéa-Castéra.

El riesgo no se calcula únicamente sobre criterios de gravedad, sino también sobre la probabilidad de que ocurran los hechos. Por ejemplo, un ataque bacteriológico sería extremadamente grave, pero es poco probable que se produzca. Por el contrario, las autoridades hicieron todo lo posible para reducir la criticidad de un escenario como el de un ataque terrorista con un camión o un coche, que requiere pocos recursos y puede causar pérdidas humanas muy importantes. Por suerte, el único «atentado» que hubo durante la ceremonia fue el diluvio que descargó el cielo.

LOS ENSAYOS

El propio río Sena no colaboró demasiado con la empresa. Ensayar la ceremonia en un estadio a puerta cerrada es relativamente fácil. Hacerlo al aire libre, en el corazón de una ciudad que no bajaba su ritmo incesante y en un río que no deja de ser un ente vivo, fue un calvario.

En una ceremonia televisada, era fundamental el *timing*. Los barcos tenían que desfilar juntos a una velocidad de 9 km/h para mantener el horario. Para eso había que ensayar, ya que la única prueba que se había hecho en el Sena fue el 17 de julio de 2023 con especialistas de vela veteranos de competiciones como la Vendee Globe[245] o la Ruta del Ron[246]. El primer ensayo de 2024 estaba previsto para el 8 de abril. Pero se pasó al 27 de mayo por exceso de caudal en el río a causa de las tormentas. Y ese día también se pospuso de nuevo por la crecida del Sena debida a las fuertes lluvias. Finalmente, hubo un test el 17 de junio, pero solo con cincuenta y cinco de los ochenta y cinco barcos de las delegaciones.

---

245   La Vendee Globe es una competición de vela en la que el objetivo es dar la vuelta al mundo en solitario, sin escalas y sin asistencia.

246   La Ruta del Ron es una regata transatlántica en solitario, sin escalas y sin asistencia.

Iba a haber otro ensayo el 24 de junio, con toda la flota, pero fue aplazado otra vez debido al aumento del caudal, cinco veces el normal del Sena. Si hubiese habido ese caudal el día de la ceremonia, diecisiete de los barcos no hubiesen pasado por debajo de los puentes. Finalmente, el 16 julio se realizó un ensayo parcial de la ceremonia. Los organizadores no las tenían todas consigo. Era poco ensayo para un evento tan crucial.

LA CEREMONIA ARTÍSTICA, ÇA IRA[247].

El actor y director artístico francés Thomas Jolly fue el elegido en 2022 para dirigir la ceremonia después de conceder una entrevista al diario *L'Equipe* y explicar cómo afrontaría él una ceremonia en el Sena. Tras ello le llamó el director ejecutivo de los JJ. OO., Thierry Reboul, y la alcaldesa de París, Anne Hidalgo, para ponerlo al mando.

Junto a cuatro ayudantes/guionistas escribieron la historia de una ceremonia que los organizadores querían que fuese «inédita, festiva e integradora». Eran cuatro perfiles muy diferentes entre sí: la guionista Fanny Herrero, la escritora Leïla Slimani, el historiador Patrick Boucheron y el autor Damián Gabriac. Juntos sentaron las bases de una ceremonia que rompió con la estructura habitual en los Juegos Olímpicos.

La ceremonia se estructuró alrededor de doce actos que contaban la historia de Francia: el prólogo llamado Ça ira y *Enchanté*, *Synchronicité*, *Liberté*, Égalité, *Fraternité*, *Sororité*, *Sportivité*, *Festivité*, *Obscurité*, *Solidarité*, *Solemnité* y Éternité. La parte más criticada de la ceremonia sucedió en el octavo acto, en la parte de la festividad. En él se hablaba de la unidad en la diversidad. El artista cómico francés Philippe Katerine, vestido de Dionisio, dios del vino en la antigua Grecia, interpretaba una canción humorística llamada *Nu*, para que tomásemos consciencia de la absurdidad de la violencia entre los seres humanos. Y lo hizo en una especie de cena rodeado de *drag queens*. A pesar de que en el libreto que nos entregan a los medios de comunicación para comentar la

---

247   Ça ira es una canción emblemática de la época de la Revolución francesa.

ceremonia quedaba clara la motivación de la escena, mucha gente interpretó que el *sketch* era una burla a la santa cena de Jesús.

En un comunicado, el Comité Organizador y el COI pidieron disculpas a quien se hubiese podido sentir insultado. En el comunicado se resaltaba también que el único objetivo del *sketch* era hacer una gran fiesta pagana en referencia al Olimpo. Thomas Jolly, quien tuvo que poner una denuncia por ciberacoso, se desgañitó en explicar el malentendido, y Philippe Katerine optó por pedir perdón en una entrevista con la NBC, la televisión que posee los derechos de los JJ. OO. para EE. UU.

El escándalo fue mayúsculo…, ¡sobre todo entre la derecha política! La NBC cortó la ceremonia, lo mismo que la televisión de Marruecos. Hubo críticas del episcopado y la ultraderecha francesa y del vicepresidente del Consejo de ministros de Italia Mateo Salvini. Donald Trump dijo en Fox News que la actuación era una vergüenza y que esperaba que la ceremonia de LA'28 no tuviese una «cena despeinada». El presidente de Turquía Recep Erdogan declaró que era una inmoralidad contra el mundo cristiano, y que quería hablarlo personalmente con el papa Francisco. ¡Y hasta se pronunció en contra el guía supremo de Irán el ayatola Ali Khamenei! El Vaticano tardó unos días más en dar su opinión, mostrándose entristecido por algunas escenas. Con tanta crítica, las RR. SS. ardieron. El ciberacoso a los protagonistas fue una constante e incluso hubo amenazas de muerte a una de las protagonistas, la DJ Barbara Butch, conocida militante feminista y lesbiana, quien presentó denuncia ante las autoridades.

La parte musical fue brillante con las actuaciones de Lady Gaga, Celine Dion, Gojira[248] o Aya Nakamura[249]. Con la cantante francomaliense hubo mucha polémica también. Meses antes, y tras una reunión en el Elíseo con el presidente Macron, se especuló

---

248   Gojira es una banda francesa de *death metal*. Su actuación desde los balcones de la Conciergerie de París durante la ceremonia interpretando *Mea Culpa (¡Ah! Ca Ira!)* junto a la *mezzosoprano* Marina Viotti y el compositor Victor Le Masne, les dio en febrero de 2025 el Grammy a la mejor actuación de metal, superando a grupos como Metallica o Judas Priest.

249   Aya Nakamura es la intérprete francófona más escuchada en el mundo. Su tema *Djadja* tiene más de mil millones de reproducciones en YouTube.

que actuaría interpretando a Édith Piaf. Y comenzaron los ataques racistas en RR. SS. por parte de un grupo de extrema derecha francesa llamado Les Natifs, quienes desplegaron una pancarta que decía: «Aquí estamos en París, no en el mercado de Bamako», haciendo referencia a la capital de Mali. Y la diputada de extrema derecha en el Parlamento Europeo Marion Marechal, sobrina de otra ultraderechista y diputada de la Asamblea francesa Marine Le Pen, dijo que no podía actuar porque ni tan siquiera cantaba en francés. Aya contestó: «Podéis ser racistas, pero no sordos. Eso es lo que os duele». En julio, las autoridades detuvieron temporalmente a seis personas en una investigación sobre abusos racistas contra ella. Y el día de la ceremonia, Aya Nakamura actuó y maravilló desde el puente de las Artes junto a sesenta músicos de la Guardia Republicana. Interpretó dos temas suyos *Djadja* y *Pookie,* pero también *For me formidable* y *La Bohème* de Charles Aznavour.

A quien le hubiese gustado estar en la ceremonia fue a uno de los DJ más populares del mundo, y parisino para más señas, David Guetta. En una entrevista de radio, reconoció que se había sentido sorprendido y molesto por no haber sido contactado por París 2024. «No hacemos una dirección artística en función del número de álbumes vendidos», contestó Thomas Jolly.

Los Juegos se iban a organizar en Francia en medio de un ambiente político complicado y con la convocatoria por sorpresa de elecciones legislativas. Vistas las críticas previas, la duda era que, si entraba un nuevo gobierno de derechas, podría querer cambiar la ceremonia. Pero la ministra de Deportes Amélie Oudéa-Castéra atajó por lo sano. La última decisión sobre la ceremonia la tenía el director artístico de la misma Thomas Jolly y «como mucho, Tony Estanguet». Pero nunca los políticos, de ningún signo.

En la ceremonia participaron 3000 bailarines. Curiosamente, a cuatro días de la actuación, unos 150 se negaron a tomar parte en el ensayo final. Protestaron contra el «trato desigual» entre los artistas y los trabajadores del espectáculo reclutados para la ceremonia. Lo hicieron levantando sus puños al cielo en señal de protesta. Pero la «huelga» fue más bien simbólica, para tranquilidad de los organizadores, ya que una hora después se hizo el ensayo con normalidad. Para vestir a todos los participantes se usaron casi mil trajes hechos por cien personas y concebidos por Daphné Bürki, presentadora francesa de televisión, directora de estilismo y vestuario de las ceremonias de los Juegos Olímpicos y Paralímpicos. Entre bastidores hubo 200 modistas y 288 peluqueros y maquilladores que se movilizaron a lo largo de los seis kilómetros del río para cuidar de los artistas y que todo estuviese impecable.

El día de la ceremonia estuvo diluviando de principio a fin. El realizador de televisión era Simon Staffurth, ganador de un premio BAFTA, quien ha realizado todas las ceremonias de apertura y clausura de los Juegos de Verano e Invierno desde 2016. Simon tenía a su disposición 600 cámaras contra las habituales sesenta de una tradicional ceremonia en un estadio. Trabajar ese día en el control de realización debió ser una situación muy tensa, de muchos nervios, porque la lluvia impidió volar a los helicópteros y fallaron los drones. Días después, Thomas Jolly, que no sintió que hubiesen retratado bien su idea original, criticó a la realización, aunque la televisión olímpica, la Olympic Broadcasting Services (OBS), cerró filas. Contestaron que a pesar de todos los inconvenientes solo habían fallado con el paso del equipo acrobático aéreo de la Patrulla de Francia que creó un corazón en el cielo.

NO FUE ORO TODO LO QUE RELUCIÓ

NADAR A TODA COSTA

Desde 1923 está prohibido bañarse en el Sena, algo que estaba muy de moda entre los siglos XVI-XVIII, sobre todo en el Quai de Sully. Y entonces la norma permitía bañarse desnudos, lo que se prohibió después. A partir del s. XVII, el baño era en piscinas flotantes dentro del propio río. Y en 1923 se prohibió el baño por la suciedad del río y porque aumentó el transporte fluvial y se convirtió en peligroso.

Un acicate para recuperar el baño en el Sena fueron los JJ. OO. Y en el *dossier* de candidatura, se dijo que las competiciones de triatlón y aguas abiertas se disputarían en el río con salida desde el puente Alexandre III, el que une el Gran Palais con los Inválidos. Pero las pruebas test de aguas abiertas de 2023 debieron de ser anuladas y, dos semanas después, las de triatlón alteradas por un episodio de lluvias estivales inusuales y la subida del índice de *Escherichia coli*, una bacteria que produce una toxina potente que daña el revestimiento del intestino delgado y puede causar diarrea con sangre. En el test, solo se pudo nadar los dos días de las pruebas individuales, pero no en la competición paralímpica ni en la mixta por equipos.

Tras esto, la brasileña Ana Marcela Cunha, campeona olímpica de 10 km en aguas abiertas en Tokio'20, pidió un plan B para los Juegos si la calidad del agua del Sena no mejoraba. El prefecto de París Marc Guillaume contestó que el único plan B sería cambiar la fecha. Pero en julio, Tony Estanguet dijo que el plan B podría ser nadar las aguas abiertas en la sede del remo y el piragüismo de Vaires-sur-Marne. Aunque se iba a intentar hasta el último segundo nadar en el Sena. Era un tema que trascendía los Juegos, era un tema de Estado.

Empezaron a oírse voces en todos los sentidos. E incluso le recordaron a la brasileña Cunha que en los Juegos de Río'16, en la playa de Copacabana, que es donde nadaron las aguas abiertas, el agua estaba sucia. Stephane Lecat, exnadador y director del equipo francés de aguas abiertas dijo: «Me he sentido enfermo varias veces después de una carrera, especialmente en Sudamérica. Ni siquiera estoy hablando de Río de Janeiro. Ana Marcela no fue muy positiva respecto al Sena, pero algún día contaré sobre mis eventos cuando estuve en Brasil. Estábamos en un nivel de contaminación mucho mayor». Y el triatleta australiano Matt Hauser dijo: «Yo nadaré donde sea. Dadme una coca cola y pastillas para la gastroenteritis, y metedme en el agua». De hecho, se supo meses después que Australia dio tratamiento a triatletas y nadadores para ojos y piel. Y que estuvieron un mes tomando medicinas contra el *E. coli*.

En abril empezó a cundir el pánico entre lo que se jugaba la ciudad si no se nadaba en el Sena y la preservación de la salud de los deportistas. Tras hacer pruebas entre septiembre de 2023 y marzo de 2024, la ONG dedicada a la preservación de los océanos Surfrider Foundation dijo que las aguas estaban en un estado alarmante. Según esto, de catorce tomas en el Sena, trece estaban por encima de los límites recomendados de *Escherichia coli* y enterococos[250]. El prefecto de la región de París dijo que no tenía sentido hacer las tomas en invierno, porque el Sena no sería «bañable» todo el año. Y que las condiciones en verano son muy diferentes. La ministra Amélie Oudéa-Castéra se mostró confiada en el objetivo de bajar el 75 % la polución del Sena en los días que faltaban para los JJ. OO.

Y es que, desde 2016, se habían invertido 1400 millones para poder bañarse en el Sena y en el Marne, su afluente principal. Estaba previsto que a partir de 2025 se abriesen entre veinte y veinticinco espacios de baño, tres de ellos en la zona municipal: uno cerca de la Catedral de Notre Dame, otro cerca de la Torre Eiffel y el tercero en el distrito doce. Para ello, en abril fue inaugurada una nueva estación de descontaminación de las aguas pluviales, en Champigny-sur-Marne, cerca del principal afluente del Sena. Costó cincuenta y tres millones de euros. La estación aboca setecientos litros por segundo de agua limpia al Marne, el equivalente de una piscina olímpica cada hora. Es un agua 99'9 % sana. Y en mayo se inauguró otra bajo la estación de Austerlitz. Un cilindro de hormigón de cincuenta metros de diámetro por treinta de profundidad que podía almacenar hasta 50 000 metros cúbicos de agua pluvial, el equivalente de veinte piscinas olímpicas. Este proyecto costó cien millones de euros.

Para convencer del buen estado de las aguas, a los políticos no les quedaba otra que hacer lo mismo que Manuel Fraga en Palomares[251]... ¡bañarse! El sábado 13 julio a las 7:30, la ministra

---

250   Los enterococos son microorganismos que causan diversas infecciones, entre ellas endocarditis, infecciones urinarias e intraabdominales, prostatitis, celulitis e infecciones de las heridas.

251   En 1966, dos aviones estadounidenses chocaron en el aire y cuatro bombas atómicas cayeron al mar en la playa de Palomares, en Almería. Para demostrar que las aguas no se habían contaminado, el ministro de Información y Turismo de la época, Manuel Fraga Iribarne, se bañó.

de Deportes Amélie Oudéa-Castéra se bañó en el Sena acompañada por el paralímpico Alexis Hanquinquant. En traje de neopreno, nadó durante unos minutos cerca del puente Alexandre III.

La alcaldesa de París, Anne Hidalgo, anunció que el 23 de junio, día olímpico, se bañaría ella también en el Sena. Y en abril, en la ceremonia de Olimpia, aprovechó para invitar a Thomas Bach a bañarse con ella. Finalmente, por culpa de las fuertes lluvias, la fecha se pasó del 23 al 30 de junio. Y tras el anuncio de las legislativas, dijo que se bañaría después de la segunda vuelta de las elecciones, después del 7 de julio. Pero lo volvió a posponer para una fecha después de la fiesta nacional del 14 de julio y antes de la ceremonia del 26. Cada vez daba más la sensación de que la alcaldesa buscaba excusas. Y que haría como Jacques Chirac, que, cuando era alcalde de París en 1993, anunció que se bañaría en el Sena y nunca lo hizo. Pero finalmente se metió en el Sena el 17 de julio acompañada por el presidente del Comité Organizador Tony Estanguet y el prefecto regional Marc Guillaume. En realidad, no deberían haberlo hecho, ya que el día del baño conjunto, los umbrales para la bacteria fecal *E. coli* superaron el umbral fijado por la directiva europea que autoriza el baño al público.

También Emmanuel Macron se pronunció al respecto. Dijo el día de la inauguración de la villa que él también se bañaría. Pero no anunció ninguna fecha, que lo haría sin avisar. Como no terminó de bañarse nunca, el Elíseo sacó un comunicado: «El presidente no anunció que iba a nadar antes de los Juegos Olímpicos, anunció que iba a nadar y siempre ha expresado esta certeza. No necesariamente tendrá la oportunidad de hacerlo antes de los Juegos». Nunca nadó… que se sepa.

Para tranquilizar a la familia olímpica, desde el 14 de junio, el Ayuntamiento de París publicó periódicamente un boletín para controlar la evolución de la calidad del agua del Sena. Se tomaban muestras en cuatro puntos controlados del margen derecho del río. Y no fue hasta el cuarto informe, el de la semana del 24 de junio al 2 de julio, que la calidad del agua del Sena «cumplía los umbrales definidos por la directiva europea durante seis días». Y en el sexto y séptimo informes del 10 al 23 de julio, la calidad del agua en el puente Alexandre III estuvo de nuevo dentro de esos estándares sanitarios seis días durante una semana. Curiosamente, desde que empezaron los JJ. OO. no hubo informes semanales.

Llegaba el tiempo de la competición. Pero nadie pudo entrenar. Para comprender mejor las fuertes corrientes del Sena, la selección francesa de aguas abiertas había previsto entrenar en el río el lunes 10 de junio, horas antes de partir hacia el Campeonato de Europa en Belgrado. Debido a las fuertes lluvias caídas decidieron posponer el entrenamiento. Se cancelaron también los entrenamientos oficiales días antes de la prueba del triatlón. E incluso la propia competición individual masculina y femenina tuvo que ser pospuesta veinticuatro horas. Y el día de la competición del triatlón por equipos mixto, uno de los cuatro puntos de medición no era apto. Pero por consenso con los equipos… se hizo la prueba igualmente.

Y pasó lo que pasó. Hubo algunos triatletas que se negaron a nadar y algunos otros acabaron ingresados.

- La triatleta belga Claire Michel fue infectada de *E. coli* y hospitalizada. Debido a su ausencia, el equipo de Bélgica no pudo participar en la competición mixta. Luego dijeron que era un virus, no *E. coli*.

- Tras haber participado en las pruebas en la piscina, el nadador irlandés Daniel Wiffen[252] tomó parte en la prueba de aguas abiertas. Tenía que ser el abanderado para la ceremonia de clausura, pero tras competir tuvo que ser ingresado por problemas intestinales y no pudo estar en el estadio.

- Dos triatletas de Portugal, Vasco Vilaça y Melanie Santos, tuvieron síntomas de gastroenteritis tras nadar en el Sena.

- El sueco Victor Johansson decidió no participar en la prueba de 10 km, alegando preocupación por la calidad del agua, según publicó el diario sueco *Dagens Nyheter*. Johansson declaró al periódico que algunos triatletas se

---

252 Daniel Wiffen fue campeón olímpico de 800 m libres en París'24 y medalla de bronce en 1500 m.

habían enfermado tras nadar en el río urbano, sin nombrar a ninguno. «Hay mucha información circulando, pero lo que sabemos con certeza es que la gente se ha enfermado», dijo Johansson.

- Los medios de comunicación suecos informaron también que la triatleta Tilda Mansson se enfermó y vomitó pocos días después de competir en la prueba femenina, aunque el equipo no confirmó que hubiera relación con el agua del Sena.

- Y tres deportistas de Alemania enfermaron también tras nadar en el Sena.

A pesar de todo, París consiguió su objetivo. Quería ser una de las pocas playas urbanas de Europa con Zúrich y Múnich… y lo será a partir de 2025.

SOSTENIBILIDAD

En consonancia con la Agenda 2020 del COI, París'24 quería organizar los Juegos más sostenibles. Tony Estanguet afirmó que los de Francia serían unos Juegos «históricos para el clima». Un Informe de Sostenibilidad y Legado del Comité Organizador de diciembre de 2024 ratificó que los JJ. OO. y los Juegos Paralímpicos generaron 1,59 millones de toneladas de dióxido de carbono, una reducción del 54,6 % de las emisiones en comparación con los JJ. OO. de Londres'12 y Río'16. En París estuvieron incluso por debajo del cálculo inicial que era de 1,75 millones de teq CO_2.

Uno de los principales motivos de la reducción es que París aprovechó la mayoría de las infraestructuras que ya tenía y solo construyó dos instalaciones específicas para la competición. No se querían «elefantes blancos» como se llama en el argot a las caras y faraónicas instalaciones que luego no dejan mucho legado. Las únicas nuevas construidas para estos Juegos fueron la Adidas Arena en la Porte de la Chapelle, un pabellón que albergó gimnasia artística y bádminton en los JJ. OO. y halterofilia y bádminton en los Paralímpicos, que desde 2025 es sede del París Basketball, un equipo de división de honor que ya se ha estrenado en la Euroliga. Y el Centro Acuático Olímpico (CAO), al lado del

Estadio Saint Denis, sede de la natación artística, los saltos y las previas de waterpolo. Los 5000 asientos del CAO fueron fabricados con tapones de botellas. Y el techo es la bóveda cóncava de madera más grande del mundo. El tejado filtra la luz, recolecta agua de lluvia y recoge la luz solar con paneles fotovoltaicos.

París podía haber mejorado sus números sobre el impacto medioambiental, pero la ausencia de aire acondicionado en la villa olímpica provocó que muchos países trajesen sus propios aparatos. La jugadora de tenis de mesa rumana Bernadette Szocs, veterana de tres JJ. OO., declaró a *The Guardian*:

> No hay aire acondicionado, solo un ventilador y no es suficiente… [El ventilador] no es lo bastante potente y cuando te apunta es bueno, pero después de girar no lo sientes. Dormimos con la puerta abierta por la noche. Las habitaciones son pequeñas y somos dos personas.

La villa tenía un sistema de refrigeración subterráneo, similar al del Museo del Louvre, que extraía agua del Sena para enfriar la instalación. Y esta agua fría circulaba por las tuberías de los edificios reduciendo la temperatura unos 6° respecto al exterior. El CEO del Comité Olímpico australiano Matt Carroll dijo que «apreciamos el concepto de no tener aire acondicionado debido a la huella de carbono», pero proporcionaron a su delegación aire acondicionado para garantizar su comodidad durante los periodos de descanso. «Estos son unos Juegos de alto rendimiento. No vamos de pícnic», dijo. Y Alexandra Palli, presidenta de sostenibilidad del Comité Olímpico Helénico confirmó que llevarían aparatos de aire acondicionado a la villa.

En julio, el subdirector de la villa Augustin Tran Van Chau reveló que distintas delegaciones habían encargado 2500 aparatos de aire acondicionado móviles. De hecho, Australia fue el primer país en confirmar que los usaría, y le siguieron EE. UU., Alemania, Italia, Canadá y Gran Bretaña. También se quejaron de que no hubiese aire acondicionado Grecia, Dinamarca, Brasil y Noruega. España, Finlandia y México, entre otros, trajeron también sus propios aparatos.

LOS PLÁSTICOS NO FUERON DE UN SOLO USO

París iba a ser la sede de los primeros JJ. OO. sin plástico de un solo uso. No hubo cubiertos desechables en la villa ni botellas de plástico. Y se podían rellenar de agua las propias botellas metálicas o de cristal en más de mil fuentes y 900 puntos habilitados gratuitos. Y el objetivo era que, en las sedes, tampoco hubiese botellas y se sirviesen las bebidas en vasos reutilizables o vidrio reciclable.

Pero en abril de 2023, el diario *L'Equipe* reveló la existencia de una nota confidencial del COJOP llamada «Modelo de distribución de bebidas durante los Juegos de París 2024». En este documento, elaborado en colaboración con uno de los principales *sponsors* del COI, Coca Cola, que es además proveedor de los JJ. OO., se dice que se proporcionarían casi cinco millones de bebidas a los deportistas en una botella de plástico de un solo uso por «imperativo de salud pública». De hecho, según el documento, numerosos comités olímpicos y federaciones internacionales habían expresado su preocupación si París 2024 no ofreciese acceso a botellas selladas e individuales que garanticen todas las condiciones de seguridad requeridas.

El objetivo era evitar los riesgos del dopaje. Si un deportista no bebe de una botella cerrada y lo hace de un vaso que le dan los organizadores o voluntarios, no puede hacerse responsable de sustancias dopantes que apareciesen en un control. Sin embargo, desde el 1 de enero de 2021, la ley de lucha contra los residuos y la economía circular prohibía la distribución gratuita de botellas de plástico en establecimientos abiertos al público. Por lo tanto, el COJOP se veía directamente afectado por esta legislación. En esta nota confidencial se escribe que «París 2024 solicitaba la aplicación de una excepción».

Esta petición de excepcionalidad impulsó a varias asociaciones en defensa del medio ambiente, como Zero Waste France o France Nature Environnement a firmar una carta el 16 de abril de 2024 para Michel Cadot, delegado interministerial en el COJOP. Pidieron «hacer cumplir la prohibición de distribución gratuita de botellas de plástico durante el evento, incluso a deportistas y árbitros». Al final, de la distribución y venta de más de dieciocho millones de bebidas durante los JJ. OO., más de la mitad procedieron de botellas de plástico de un solo uso. ¡Prueba no superada!

¿ESTRELLAS MICHELIN?

En una villa olímpica, el restaurante es el lugar más concurrido. El de París estuvo abierto veinticuatro horas, sirvió trece millones de comidas a cargo de cinco chefs con estrella Michelin. Y se cocinaron unas 40 000 comidas diarias. Estos son algunos de los datos alrededor de las comidas de los JJ. OO.:

- Cinco temáticas culinarias: asiática, francesa, internacional, africana y caribeña.
- 3262 plazas sentados.
- 500 recetas y 120 platos del día.
- Había un segundo restaurante más pequeño, de unas 600 plazas.
- Seis *food-trucks* abiertos de 6 a 21 h.
- Por primera vez no fueron desechables los cubiertos y los platos. Fueron usados 35 000 platos de porcelana francesa.
- Cada deportista recibió una botella reciclable para poder ser llenada en las fuentes.
- Los bares solo servían bebidas sin alcohol.
- Carrefour, proveedor principal de comida, aportó 600 toneladas de producto fresco. El 25 % de lo que se consumió era producto de proximidad, proveniente de un radio de 250 km alrededor de París.

Pero, a pesar del mimo que puso el COJOP, hubo muchas críticas a la comida de la villa. A la delegación británica no le gustó e hicieron venir a su propio chef. El nadador británico Adam Peaty[253] declaró que los deportistas encontraron gusanos en la comida. Y se quejó de la cantidad y la calidad y de las largas colas

---

253 Adam Peaty es triple campeón olímpico: fue medalla de oro en 100 m braza en Río'16 y Tokio'20, y oro en Tokio'20 en el relevo 4 x 100 m estilos. En París'24 ganó la medalla de plata en 100 m braza.

en el restaurante de la villa. En Río'16 y Tokio'20 Peaty había dicho que la comida era buenísima. El italiano Thomas Ceccon[254] fue también muy crítico con la comida… y con el calor en la villa. Y la jefa de la delegación de Australia, Anna Meares[255], dijo que llevaron sus propios pasteles y café.

La australiana Ariarne Titmus[256] fue más allá y reveló que las condiciones en la villa olímpica de París 2024 no eran tan glamurosas como la gente pensaba y que «vivían en la inmundicia». Lo dijo en el programa *The Project* de la televisión australiana Network 10. «Nos cambiaron las sábanas después de la primera noche que estuvimos allí, y luego no nos las cambiaron nunca más durante el resto del tiempo, así que vivíamos en la suciedad». También habló de la escasez de artículos de aseo durante su estancia. «Teníamos que mentir diciendo que no éramos compañeras de piso para que nos dieran rollos de papel higiénico. Te quedabas sin papel y te daban un rollo para cuatro días para todo el apartamento».

JUEGOS NO TAN INCLUSIVOS

El observador especial de la ONU Balakrishnan Rajagopal publicó el 18 de abril en la red social X:

> Las expulsiones para embellecer París son similares a las que hicieron China o India y otros países antes de grandes acontecimientos. ¿Cómo lo justifica Francia? ¿Es esto compatible con la declaración del Consejo de los Derechos del Hombre que apela a los Estados a respetar los derechos de los grupos marginalizados en materia de alojamiento?

---

254   Thoma Ceccon fue campeón olímpico de 100 m espalda y medalla de bronce en el relevo 4 x 100 m libres en París'24. Y en Tokio'20 fue medalla de plata en 4 x 100 m libres y bronce en 4 x 100 m estilos.

255   Anna Meares fue doble campeona olímpica de ciclismo en pista: medalla de oro en 500 m contrarreloj en Atenas'04 y de velocidad individual en Londres'12.

256   Ariarne Titmus fue doble campeona olímpica en París'24 en 400 m libres y en el relevo 4 x 200 m, además de ganar la medalla de plata en 200 m y 800 m. Y en Tokio'20 ganó la medalla de oro en 200 m y 400 m y la de plata en 800 m y la de bronce en 4 x 200 m.

El colectivo El reverso de la medalla[257] convocó movilizaciones desde octubre de 2023 para alertar sobre las repercusiones sociales que podían provocar los JJ. OO., ya que se empezaron a detectar desalojos de sin techo cerca de sedes olímpicas. En abril, 450 migrantes en situación regular fueron evacuados según la asociación United Migrants[258] del campamento más grande de Francia, al sur de París. Y antes, en marzo, doscientos rumanos y búlgaros fueron desalojados en Burdeos. La policía también estuvo retirando a los vendedores ambulantes de los lugares icónicos de París. Y un tribunal de Amiens suspendió el decreto de la alcaldesa de retirar a los sintecho de la calle de martes a sábado, entre las 8 h y las 20 h, del 1 de mayo al 31 de agosto.

Según los datos recogidos sobre el terreno, más de 12 000 personas fueron expulsadas entre abril de 2023 y mayo de 2024 de la región de Ille-de-France, lo que supone un aumento de más del 38 % con respecto al periodo 2021-2022. Según Médicos del Mundo[259], más de 230 personas fueron desalojadas el 17 de julio, en su mayoría inmigrantes. La organización informó que acciones de este tipo se estaban llevando a cabo a un ritmo acelerado últimamente, y si bien las autoridades francesas rechazaron cualquier asociación con los Juegos Olímpicos, las ONG destacaron que últimamente se había vuelto mucho más fácil para los inmigrantes acceder a refugios lejos de la capital. «Realmente han logrado una limpieza social masiva justo antes de que comiencen los Juegos Olímpicos», dijo el representante de Médicos del Mundo, Paul Alauzy. «Antes las condiciones de admisión eran estrictas, pero ahora, justo antes de los Juegos, todo el mundo puede ir. Se ofrecen soluciones temporales para garantizar que las calles de París estén despejadas».

---

257   El colectivo El reverso de la medalla agrupa a ochenta ONG que denunciaron los impactos negativos de los Juegos Olímpicos de París 2024.

258   United Migrants es una asociación de solicitantes de asilo y migrantes indocumentados de todas las nacionalidades, independientemente de su afiliación religiosa o política.

259   Médicos del Mundo es una organización de ayuda humanitaria con sede en el suburbio del norte de París Saint Denis.

El cálculo final del colectivo El reverso de la moneda es que entre abril de 2023 y septiembre de 2024, 19 526 personas fueron expulsadas de la zona de Ile-de-France, 4550 de ellos menores. Según Aurelia Huot, responsable del Colectivo de Abogados de París Solidaridad, «si solo el 1 % del presupuesto de los JJ. OO. se hubiese dedicado al alojamiento temporal de los sintecho, hasta tres mil quinientas personas se hubiesen beneficiado de mejores condiciones». Lo único que esperan los miembros del colectivo es que estos trabajos sirvan para sucesivos JJ. OO.

SURFEANDO LOS PROBLEMAS

Una de las sedes de competición más maravillosas de los Juegos de París es la que estuvo más lejos: la del surf. El deporte de las olas y la playa entró en el programa olímpico en Tokio'20. Para el debut, los japoneses eligieron sede en un lugar precioso y alejado de la capital tokiota, la playa de Tsurigasaki. Pero el color oscuro de la arena del fondo no dejó imágenes demasiado espectaculares de las olas y la competición. El agua se veía turbia.

Cuatro años después, los franceses podían elegir entre un montón de *spots* de surf de la Francia continental como Biarritz, Lacanau, La Torche o Hossegor, también llamado el «Hawái europeo». Pero optaron por una de las olas más espectaculares y a la vez más peligrosas del mundo: Teahupo'o, en Tahití, en los territorios de ultramar. El tono color turquesa del fondo marítimo de la Polinesia Francesa y la espuma blanca como la nata que se forma al romper la ola eran un valor «mediático» seguro.

Pero en los meses previos a la competición hubo mucha polémica con la torre para los jueces y las cámaras de TV. La clásica torre de madera no respondía al estándar de seguridad olímpico. Y como estaba muy degradada por el paso del tiempo y los embates del océano, era necesario sustituirla por una de torre de aluminio. Y el Comité Organizador se puso manos a la obra. Pero las autoridades francopolinesias, con su presidente regional a la cabeza, Moetai Brotherson, interrumpieron las obras después de los daños causados a los corales durante un ensayo previo a la instalación. El «desastre» fue grabado por un grupo de ecologistas que colgaron la grabación en RR. SS. Y se formó la mundial en la comunidad local, muy concienciada respecto a la preservación de su medio natural.

La decisión de paralizar las obras fue una decisión celebrada por la Federación Internacional de Surf, quien junto a las autoridades locales propugnaban que el surf volviese a las playas de la Francia continental. Pero el COJOP se cerró en banda. El surf iba a ser en Polinesia como decía el *dossier* de candidatura, sí o sí. Y la torre era fundamental para la competición, porque la ola está a 750 metros de la playa y no se puede ver bien a simple vista. Si los jueces no se ubicaban en la torre, las alternativas no aseguraban la correcta visión para juzgar a los surfistas. Las cámaras a bordo de barcos no permitían ver toda la ola. Y colocadas en drones podían fallar.

La nueva y consensuada torre se empezó a construir en marzo tras el acuerdo de todas las partes. Y se entregó a tiempo para albergar los Juegos Olímpicos.

CEREMONIA DE CLAUSURA

La ceremonia de clausura fue el domingo 11 de agosto a las 21 horas en el Estadio de Francia, pocas horas después de la final de baloncesto femenino, última página deportiva de los Juegos Olímpicos de 2024. También diseñada por Thomas Jolly, el espectáculo llamado Records, de cuarenta minutos de duración, contó la historia de una distopía en la que se encontraban los restos de la ceremonia inaugural y los Juegos de París cien años después.

Jolly elaboró un espectáculo «muy visual, muy acrobático» en torno a un centenar de artistas del mundo del circo, acróbatas urbanos, *breakers* y también los veintinueve miembros de la sección de gimnasia de los bomberos de París. «Quería celebrar este frágil monumento que son los Juegos. También desaparecieron en la Antigüedad antes de ser refundados. Imaginamos un espectáculo en el que los Juegos habían vuelto a desaparecer y alguien los estaba reestructurando en un futuro lejano».

Se esperaba la asistencia de tan solo una docena de jefes de Estado, así que los números de seguridad bajaron mucho respecto a la apertura. Fueron movilizados 3000 policías. Representando a Estados Unidos, siguiente país organizador, estuvo Douglas Emhoff, marido de la entonces vicepresidenta Kamala Harris.

Esta vez, los deportistas estuvieron en el centro de la fiesta, no como en la apertura. Miles de ellos entraron a la pista tras sus banderas, cantando, para mezclarse *a posteriori* sin ningún orden. El himno deportivo por excelencia, *We are the champions* de Queen sonaba a lo grande. El nadador Leon Marchand, la gran estrella francesa de estos Juegos, fue el gran protagonista del comienzo de la ceremonia, al recoger la llama del Jardín de las Tullerías, para llevarla al estadio, donde el fuego fue extinguido[260] para clausurar definitivamente los JJ. OO. Los grupos musicales franceses Phoenix y Air fueron algunos de los intérpretes de la clausura. En un concierto el 17 de julio, los dos grupos ya habían actuado juntos en el tejado de la terminal 1 del aeropuerto de Roissy.

Como los siguientes JJ. OO. son en Los Ángeles, la última parte del espectáculo se centró en Hollywood. Tuvo un papel destacado el actor estadounidense Tom Cruise, al que ya habíamos visto como espectador en varias sedes los días anteriores. Como si estuviese protagonizando una nueva entrega de la saga *Misión Imposible*, Cruise se descolgó del techo del estadio haciendo rápel. Recibió la bandera olímpica de manos de la alcaldesa de Los Ángeles Karen Bass, primera mujer negra en recibir la bandera olímpica como alcaldesa de una ciudad sede de los JJ. OO., a quien acompañaba la gimnasta Simone Biles. Y con la bandera a cuestas, Cruise se lanzó en moto por las calles de París hasta llegar al aeropuerto para embarcarse rumbo a Estados Unidos en avión. Y no contento con ello, se tiró en paracaídas sobre el monte Lee de Los Ángeles para caer sobre las icónicas letras de Hollywood y «tunear» las dos oes con los aros olímpicos. Y, cómo no, Snoop Dogg también tuvo su papel en la clausura con una actuación musical, junto a Dr. Dre.

---

260   Para apagar el fuego olímpico acompañando a Leon Marchand se designó a un deportista por continente. El luchador cubano Mijaín López representó a América, la jugadora de tenis de mesa china Sun Yingsha a Asia, el maratoniano keniano Eliud Kipchoge a África, el judoca francés Teddy Riner a Europa, la nadadora australiana Emma McKeon a Oceanía, además de la boxeadora camerunesa Cindy N'Gamba representando al Equipo Olímpico de Refugiados.

En el macroconcierto pregrabado que se organizó en Venice Beach de LA, tocaron también Billie Eilish y Red Hot Chili Peppers.

Por cierto, que estos artistas son solo algunos de los treinta y cinco participantes[261] en el diseño cambiante del logo de los Juegos. Para LA'28, la «L» y el 28 se mantendrán fijos. Pero como símbolo de la diversidad cultural de la ciudad angelina, la «A» cambiará de estilo según quien la haya diseñado. Para la intervención de Red Hot Chili Peppers, que curiosamente empezaron en la música en 1984 coincidiendo con los Juegos de Los Ángeles, su líder Anthony Kiedis ideó una «A» rosa y azul con el asterisco característico de Red Hot en el medio. La actriz Reese Witherspoon también ha colaborado y su «A» se inspira en la belleza natural de California, con los colores vivos de las amapolas que adornan el paisaje del estado. Y, además, *in memoriam*, se ha diseñado una «A» en honor de Kobe Bryant[262]. Su viuda Vanessa Bryant dijo que «esperamos que esta "A" inspire la "mentalidad mamba" a olímpicos y paralímpicos. Estamos muy orgullosos de ver este emblema representando los Juegos de Los Ángeles. Sé que Kobe estaría muy orgulloso de que LA organizase los Juegos».

EL FIN DE FIESTA

Tras el éxito de los Juegos Olímpicos y Paralímpicos, el presidente Emmanuel Macron organizó una gran parada de todos los deportistas que habían participado en ambas competiciones. El lugar elegido, la avenida de los Campos Elíseos de París. Y el día, el 14 de septiembre. De hecho, Macron dijo que se va a institucionalizar esa fecha como el día de los deportistas, el día nacional de los

---

261 Entre los «diseñadores» había muchos deportistas: Allyson Felix, Adam Rippon, Simone Manuel, Ibtihaj Muhammad, Gabby Douglas, Chantel Navarro, Chloe Kim, Kate Courney, Jagger Eaton, Nathaniel Coleman, Carisa Moore, Michael Johnson, Sky Brown, Alex Morgan, Lex Gillette y los paralímpicos Jamal Hill, Oz Sanchez, Ezra Frech, Scout Bassett, Samantha Bosco y Rudy García-Tolson.

262 El 26 de enero de 2020, Kobe falleció en un accidente de helicóptero en Calabasas junto a su hija Gianna y ocho personas más. Kobe fue doble campeón olímpico de baloncesto en Pekín'08 y Londres'12.

deportes. Ese 14 de septiembre de 2024, Thomas Bach entregó la Copa del COI al pueblo de Francia. La Copa reconoce el trabajo a favor del olimpismo y el deporte, y es la mayor distinción que da el COI a una persona, institución o país. Y tres meses después, el presidente Bach recibía de Macron la más alta condecoración francesa, la Legión de Honor. Creada en 1802 por Napoleón Bonaparte, la Legión de Honor se concede a personas, francesas o extranjeras, que han prestado servicios excepcionales a la nación o encarnan ideales de excelencia en diversos campos. Es la manera que tiene Francia de rendir homenaje al impacto positivo de los Juegos Olímpicos de París 2024, bajo la dirección del presidente Bach, y a su legado a largo plazo para el deporte y la sociedad.

A principios de 2025 se supo que la Comisión Ejecutiva del COI propuso la nominación de Tony Estanguet, el patrón del COJOP, como nuevo miembro independiente de la Asamblea Olímpica. Esa nominación se ratificó en marzo de 2025, en la misma sesión del COI en la que se eligió a Kirsty Coventry como sucesora del presidente Thomas Bach.

Pero el legado de los Juegos no ha sido nada evidente para los deportistas franceses. Nada más empezar 2025, en los presupuestos generales de Francia, el Gobierno recortó la cantidad aportada al deporte en más de 300 millones de euros. Más de 400 deportistas, entre ellos estrellas de París'24, como Teddy Riner o Leon Marchand, mostraron su decepción y su enorme descontento en una carta abierta publicada por *L'Equipe*. La promesa de convertir a Francia en una gran nación deportiva se había diluido en seis meses, puesto que la partida destinada al deporte representa solo el 0'13 % de los presupuestos, «lo nunca visto», según el exdiputado socialista Règis Juanico. El presidente Emmanuel Macron se puso rápidamente del lado de los deportistas, aunque no podía intervenir para cambiar nada. En declaraciones a *L'Equipe* dijo que «desde 2017 he velado por que el presupuesto deportivo aumente cada año. Debemos cumplir con nuestros compromisos y proporcionar los recursos a nuestros deportistas para que el legado de los Juegos beneficie a todos».

No sabremos hasta dentro de algún tiempo el verdadero legado inmaterial que han dejado los Juegos de París para el deporte de Francia. Pero materialmente quedarán varios vestigios. La campana que estaba en el Stade de France, y que tocaban los campeones olímpicos de *rugby* a 7 y de atletismo al acabar cada prueba, ha sido restaurada y colocada en la Catedral de Notre-Dame. Y las diez estatuas doradas de mujeres[263] ilustres de la historia de Francia que aparecieron en el Sena durante las ceremonia de apertura de los Juegos mientras la soprano Axelle Saint-Cirel interpretaba *La Marsellesa*, el himno nacional de Francia, desde el tejado del Grand Palais, se colocaron temporalmente en la Asamblea Nacional a la espera de su ubicación definitiva en la rue de la Chapelle.

Y por fin el pebetero. Todas las noches durante los Juegos, cuando el tiempo lo permitía, desde las diez de la noche y hasta las dos de la madrugada, el pebetero se elevaba en el aire, a una altura máxima de sesenta metros. La llama nacía de una combinación de cuarenta proyectores led y una nube de agua creada por 200 boquillas nebulizadoras de alta presión. Al acabar los Juegos, la alcaldesa de París, Anne Hidalgo, reconoció que, teniendo en cuenta la gran acogida que había tenido el pebetero, le hubiese gustado conservarlo unos años en el Jardín de las Tullerías como recuerdo de unos grandes JJ. OO. El problema, entre otras muchas cosas, es que la bola que lo acompaña obstruiría el horizonte y la alineación histórica entre el Obelisco de la Concordia, los Campos Elíseos, el Arco de Triunfo y, mucho más lejos, el Arco de la Defense.

Pero finalmente, en enero de 2025 se optó por una solución intermedia: el pebetero se encenderá y se elevará a sesenta metros de altura cada año desde 2025 hasta los Juegos de 2028. Será, en concreto, en el periodo que va desde el 23 de junio, el Día Olímpico, hasta el 14 de septiembre, la nueva fecha del día del deporte galo.

---

263 Las diez mujeres tenían en común ser pioneras en la lucha por los derechos femeninos, la igualdad de géneros y la emancipación de la mujer. Ellas eran Simone de Beauvoir, Olympe de Gouges, Simone Veil, Alice Milliat, Gisèle Halimi, Paulette Nardal, Jeanne Barret, Christine de Pizan, Alice Guy y Louise Michel.

LA GRAN POLÉMICA DE LOS JUEGOS

La gran polémica de los JJ. OO. involucró a dos boxeadoras: la taiwanesa Lin Yu-Ting y la argelina Imane Khelif, a las que insultaron llamándolas transgénero o directamente hombres. Ambas son deportistas cisgénero, personas cuya identidad de género y el sexo asignado al nacer son coincidentes, pero en este caso sufrían de hiperandrogenismo y producen naturalmente altas dosis de testosterona, una hormona masculina.

Todo empezó cuando, en el combate preliminar de la categoría de 66 kg, Imane Khelif se enfrentó a Angela Carini. La italiana tiró la toalla tras cuarenta y seis segundos. Dijo que sintió mucho dolor con solo dos puñetazos. Al acabar el combate, no le quiso dar la mano a su rival, pero días después declaró que le pedía perdón y que cuando la viese la abrazaría. La Federación Internacional de Boxeo (IBA), federación suspendida por el COI, dijo que, para ellos, Carini era la campeona olímpica y le querían entregar los 50 000 dólares de premio[264]. Pero la Federación italiana dijo que no los aceptaría.

Después del combate con Carini empezó el lío. El conflicto que abandonó pronto el ámbito deportivo para pasar a ser político arrancó con las declaraciones de la ministra italiana de Familia, Natalidad e Igualdad Eugenia Rocella, quien mostró preocupación por la admisión de dos boxeadoras que en las últimas competiciones no habían superado el test de elegibilidad. Su «jefa», la presidenta del Consejo de Ministros de Italia, Giorgia Meloni, abundó en dichas declaraciones, pidiendo justicia para su boxeadora. «Sé que no te rendirás, Ángela, y sé que algún día ganarás con esfuerzo y sudor lo que te mereces. En una competición finalmente justa», escribía la mandataria italiana en su perfil de X.

Las conservadoras italianas hacían referencia a lo sucedido el año anterior en el Mundial de Boxeo de Nueva Delhi, en la India. Poco antes de las finales, tanto Imane como Lin Yu-Ting fue-

---

264 Siguiendo el ejemplo de World Athletics, la IBA dijo que pagaría a los campeones olímpicos de boxeo.

ron descalificadas por presuntamente no pasar el test de género. Entonces dijeron que tenían cromosomas XY[265]. No les hicieron ningún test de testosterona y la IBA se refugió en el secreto médico para no dejarlas competir. La controversia surgió porque la IBA, presidida por el oligarca ruso Umar Kremlev, ha dejado de ser una federación reconocida por el COI. Y el organismo olímpico dijo que las dos boxeadoras sí cumplían los criterios de elegibilidad y podían estar en París. De hecho, Imane Khelif ya había estado en Tokio'20, siendo quinta en los Juegos de Japón. «Estoy calificada para participar en esta competición. Soy una mujer como cualquier otra mujer, nací mujer, he vivido como mujer, competí como mujer», declaró amargamente la argelina.

El COI publicó un comunicado de apoyo a ambas boxeadoras. Pero el sector más reaccionario del planeta se manifestó llamándolas hombres o trans. Fueron personajes como Putin, Salvini, Elon Musk, Trump, la presidenta de la Comunidad de Madrid Isabel Díaz Ayuso o la escritora JK Rowling, la creadora de *Harry Potter*. El elegido nuevo presidente de Estados Unidos hizo de Khelif un tema importante en su campaña. En un *podcast*, llamado «Six feet Under» con The Undertaker, el enterrador, un mito de la lucha libre en EE. UU., se refirió a la argelina como un hombre para hablar de cómo «proteger» los deportes de los deportistas transgéneros. Posteriormente la incluyó en un video de la campaña electoral.

> Si nos atrevíamos a decir la verdad, nos llamaban incitadores al odio y tachaban nuestros valores de vergonzosos. Fue entonces cuando todo lo que nos importaba se vino abajo. Entregamos nuestra frontera, nuestro sueldo y nuestro valor. Nuestro patriotismo fue calificado de tóxico. Los hombres podían pegar a las mujeres y ganar medallas.

Durante esta última frase, el video mostraba a Khelif celebrando su victoria en los JJ. OO.

---

265 Las mujeres tienen dos de los mismos cromosomas sexuales, XX. Los hombres tienen un cromosoma X y un cromosoma Y.

Y al acabar la competición, otro *post* de Trump con otra vuelta de tuerca: «¡Los peores Juegos de la historia! Un hombre gana la medalla de oro derrotando a mujeres y la petición de una mujer fue rechazada porque solo superaba en cien gramos el límite. ¿No es una ironía?». El *post* estuvo ilustrado con fotos de Imane Khelif y de la luchadora india Vinesh Phogat, quien no pudo dar el peso requerido para competir en la final de lucha.

Imane Khelif presentó denuncias por ciberacoso ante los tribunales franceses. Incluso hubo una *fake news* en la que se decía que se la había despojado de la medalla, suspendiéndola además de cualquier competición. El abogado de la boxeadora, Nabil Boudi, dijo que la denuncia es una «lucha por la justicia. La investigación determinará quién estaba detrás de esta campaña misógina, racista y sexista». Parece ser que el presidente de Argelia, Abdelmadjid Tebboune, pidió a su boxeadora que no presentase la demanda contra Trump, argumentando que Argelia no debía interferir en la campaña electoral de EE. UU.

Imane, embajadora de UNICEF, hija de Omar, quien confesó que al principio no quería que su hija hiciese deporte, esa Imane, finalmente, ganó la medalla de oro de boxeo en 66 kg. El presidente de Argelia la felicitó y dijo que honraba a la mujer argelina. La emblemática plaza de la Grand Post de Argel estuvo abarrotada para celebrar su título. Y fue recibida al grito de «Tahia Imane» (larga vida a Imane).

Pero la pesadilla para Imane no había acabado. El 28 de octubre, el periodista francés Djaffar Ait Aoudia publicó un artículo en *Le Correspondant*[266], en el que afirmaba haber visto el informe médico de Khelif y confirmaba que tiene testículos. El informe elaborado en 2023 entre el Hospital Kremlin-Bicetre de París y el Hospital Mohamed Lamine Debaghine de Argel afirmaba que la boxeadora tiene cromosomas XY, carece de útero y padece una enfermedad llamada deficiencia de 5-alfa reductasa, un trastorno genético que solo se da en hombres. El presidente de la IBA

266   *Le Correspondant* es una revista de información nacional e internacional en línea que no depende de ningún grupo económico o político. Su lema es «El periódico que hunde el cuchillo en las noticias».

Kremlev exigió una disculpa «de rodillas» por parte de Thomas Bach. «El COI ha roto todas las reglas al enfrentar a un hombre contra una mujer», dijo.

Por su parte, Lin Yu-Ting ganó la medalla de oro en 57 kg. Nada más acabar el combate de cuartos de final, su rival, la búlgara Svetlana Kamenova Staneva, hizo un gesto con los dedos cruzados como si fuera el cromosoma X para protestar por las dudas sobre la taiwanesa. La turca Esra Yildiz Kahraman hizo el mismo gesto tras perder en semifinales con Lin.

Cuando los críticos hablaban del poderío físico de las dos boxeadoras y las diferencias evidentes que se veían en el *ring*, hubo que echar mano de su palmarés. Y en el de ninguna de las dos había casi victorias por KO. ¡Ni en París hubo ninguna! Pero, al margen del abandono de Carini ante Imane, es cierto que, en estos Juegos, ambas ganaron sus cuatro combates por cinco a cero. Esto es, que los cinco jueces de cada combate les dieron ganadoras de los tres asaltos.

Lo que está claro es que podemos estar a las puertas de un cambio de paradigma. El 8 de octubre, en el marco de la 79.ª Asamblea General de la ONU, la jordana Reem Alsalem, relatora especial de la ONU sobre la violencia contra las mujeres y las niñas, pidió que se hicieran pruebas de género obligatorias en las competiciones deportivas. «Para garantizar la equidad y la seguridad en el deporte, existen circunstancias en las que las pruebas de género son necesarias, legítimas y proporcionadas». Y se refirió explícitamente a los JJ. OO. de París. Según un informe de Reem Alsalem, las mujeres han perdido más de 890 medallas en veintinueve deportes a manos de hombres que competían en categorías femeninas. Este informe se dio a conocer en una mesa redonda organizada en la sede de la ONU en Nueva York a finales de 2024 por ADF International[267].

Por su parte, Sebastian Coe, presidente de World Athletics, que aboga por la justicia en el deporte, particularmente en lo

___

267 ADF International es un grupo de defensa legal cristiano y conservador estadounidense que trabaja para ampliar las libertades y prácticas religiosas cristianas en las escuelas públicas, y en el Gobierno, ilegalizar el aborto y oponerse a los derechos LGTBIQ+.

que respecta a la inclusión de deportistas transgénero y aquellos que con diferencias en el desarrollo sexual compiten en eventos femeninos, ha dicho que «las actuales directrices del COI en la materia son ambiguas y es necesario establecer reglas claras e inequívocas».Y tras su contundente derrota en la carrera por ser presidente del COI, Coe volvió a sus «cuarteles de invierno» de World Athletics dispuesto a afrontar en solitario el que para él es uno de los grandes temas del futuro. En marzo de 2025, el Consejo de WA anunció la aprobación de hisopados bucales y análisis de sangre seca para las atletas femeninas, para determinar si tienen el cromosoma masculino Y. El atletismo recupera los test de género que habían desaparecido hace más de veinticinco años. Y que como recuerdan desde la Agrupación Deportiva Ibérica (ADI LGTBI+), que engloba la mayoría de clubes LGTBI de España y Portugal, son ilegales en muchos países, incluido el nuestro. «Estos test son discriminatorios al no estar basados en evidencias científicas», rezaba el comunicado. Y recordaban que, según el COI, la única premisa para restringir la participación de personas trans en las competiciones deportivas es que se acredite mediante evidencias científicas sólidas la existencia de una ventaja competitiva desproporcionada o un riesgo inaceptable para la seguridad de los participantes. En ausencia de tales evidencias, debe primar el principio de inclusión y de no discriminación.

Al inicio de 2025, y animados por la orden ejecutiva firmada por Trump, la IBA y Kremlev volvieron a la carga presentando una demanda contra el COI ante el fiscal general de Suiza, Stefan Blätter. Y animaban a Imane Khelif a presentar una demanda a su vez. La argelina había dicho que «durante dos años se ha usado mi nombre y mi imagen sin mi autorización por motivos personales y agendas políticas propagando mentiras. El silencio ya no es una opción». Con esta declaración, Imane parecía anunciar una demanda, máxime cuando escribió en RR. SS. que «mi equipo legal está revisando cuidadosamente la situación y tomará todas las medidas legales necesarias para garantizar que se respeten mis derechos y los principios de competencia leal». La IBA estaría encantada de recibir la demanda, en palabras de su secretario general y director ejecutivo Chris Roberts, porque así podrían mostrar en un juicio las pruebas que dicen que tienen para demostrar que Imane no está autorizada a boxear contra mujeres.

Por su parte, Reem Alsalem expresó su satisfacción por la orden ejecutiva. La describió como un paso crucial hacia la preservación de la equidad, la seguridad y la dignidad de las deportistas femeninas, al tiempo que pidió el establecimiento de categorías deportivas abiertas para promover la inclusión. Así, Alsalem dijo:

> Esta decisión reafirma la importancia de mantener categorías basadas en el sexo en los deportes, salvaguardando así la igualdad de oportunidades para mujeres y niñas. Para garantizar que nadie se quede atrás, insto al Gobierno de Estados Unidos a garantizar que se creen categorías deportivas abiertas, o que la categoría masculina en el deporte se convierta en una categoría abierta, para aquellos que no deseen jugar en la categoría de su sexo biológico.

Es importante remarcar que los relatores especiales de las Naciones Unidas tienen la tarea de realizar evaluaciones independientes e informar de sus conclusiones al Consejo de Derechos Humanos, pero no representan oficialmente a la ONU.

Sea como fuere, Imane Khelif se convirtió en la deportista más buscada en Google en 2024, por delante de estrellas como Simone Biles, Jake Paul[268] o el excampeón del mundo de los pesos pesados Mike Tyson, según revelan datos de búsqueda de la propia plataforma.

LO QUE NO SE VIO EN LOS INFORMATIVOS

Siempre he querido hacer una sección en televisión con ese nombre. Sería un poco «reivindicativa», si me permitís. Y es que, como os decía en la introducción, en los Juegos pasan tantas cosas, y

---

268   Jake Paul es una celebridad de internet, *youtuber*, actor y boxeador. Su combate de exhibición con Mike Tyson en noviembre de 2024 tuvo millones de espectadores en línea.

hay tan poco espacio en la tele para explicarlas, que muchas se quedan en el tintero. Los derechos televisivos de los JJ. OO. de París para España eran de Warner Bros. Discovery. Mi empresa, RTVE, tenía la posibilidad de emitir 400 horas de directo y había que exprimir al máximo todos los deportes. Y con tanto deportista español, los telediarios se centraban en la participación de los nuestros y también en las grandes estrellas, lo que dejaba poco hueco para las curiosidades. Y París tuvo muchas. Sin ir más lejos, en la ceremonia de apertura, la bandera olímpica se izó al revés. Pocos se dieron cuenta, pero así fue. Dicho esto, vamos con todas las curiosidades que las más de las veces quedaron fuera del alcance de la luz de los proyectores.

ICONOS DE INTERNET

Para el tirador turco Yusuf Dikec, estos eran sus quintos Juegos. Pero nunca había causado tanto impacto en redes sociales como en París, haciéndose viral y generando montones de divertidos memes. Dikec fue plata en pistola de aire de diez metros mixtos. Pero su fama se acrecentó por su postura al disparar con la mano en el bolsillo, sin tapones ni gafas para enfocar. Como dijeron en RR. SS., a su pose solo le faltaba el palillo en la boca y el cigarrillo en la oreja. «¡Aguántame el cubata Yusuf!», como se diría ahora. Con la plata, Yusuf Dikec se embolsó una recompensa económica del Gobierno de casi seis millones de liras turcas, unos 160 000 euros en forma de trescientos Cumhuriyet monedas de oro de veintidós quilates. Según la normativa nacional de Turquía, una medalla de plata suele recompensarse con 600 monedas de oro Cumhuriyet, pero Dikec recibió la mitad, ya que compitió en una prueba por equipos mixtos y tuvo que compartir el premio a partes iguales con Sevval Ilayda Tarhan. Por cierto, Sevval usaba la misma «extraña» postura de su compañero.

Cuando volvió a Turquía, Yusuf Dikec se percató del impacto real que había causado en París. Elegido deportista del año por la revista *GQ*, se puso en manos de un abogado/mánager llamado Mehmet Ali Akgül para gestionar y filtrar la cantidad de entrevistas que le llegaban. ¿Su tarifa por hablar? Un poco más de un millón de libras turcas, casi 30 000 euros como confirmó *L'Equipe*.

Pero si Yusuf Dikec tuvo impacto, lo de la tiradora surcoreana Kim Ye-Ji fue tremendo. La ganadora de la medalla de plata en pistola de aire comprimido de diez metros hipnotizó las RR. SS. y cautivó al público de todo el mundo por su carisma y su estilo sofisticado y tranquilo. Incluso Elon Musk escribió: «Debería protagonizar una película de acción. No necesita ni pasar el *casting*». La fama inesperada de Kim le pasó factura, porque, al regresar a Corea del Sur, tuvo que ser ingresada por exceso de fatiga tras desmayarse en una rueda de prensa.

Kim Ye-Ji se ha tomado un descanso deportivo en su carrera para pasar tiempo con su hija de seis años. Pero otro tipo de carrera estaba por despegar. Kim posó para la revista *Vogue*. Y, como era de esperar, se convirtió en embajadora de Tesla, la empresa de Musk, en Corea del Sur. Y debutó como actriz en el papel de asesina en la serie internacional *Crush*[269]. El nuevo icono de Internet fue incluida por la BBC británica en la lista de las cien mujeres más influyentes del mundo junto a personalidades tan inspiradoras como la astronauta Sunita Williams[270], la directora de cine británica Chloé Zhao[271], la francesa Gisele Pelicot[272] o la premio nobel de la paz 2018 Nadia Murad[273]. La BBC señaló que no la habían elegido solo por sus habilidades con la pistola, «sino

---

269   *Crush* es un *spin-off* del proyecto cinematográfico *Asia*.

270   La estadounidense Sunita Williams tuvo el récord femenino de estancia más larga en el espacio en una sola misión, 195 días. Su última misión fue en el programa Starliner de la NASA en la Estación Espacial Internacional. Mientras se escribía este libro se supo que, por problemas técnicos, Suni estaba «atrapada» en la estación junto a Barry Wilmore, en lo que tenía que ser una misión de días. Finalmente, tras nueve meses en el espacio, pudieron regresar a la tierra el 18 de marzo de 2025.

271   Chloé Zhao es la ganadora del Óscar a mejor película por *Nomadland*, convirtiéndose en la primera mujer de origen asiático, y una de las tres mujeres en la historia, en recibir el premio de la Academia a la mejor dirección.

272   Gisèle Pelicot es sobreviviente de violación y activista. Por ley, Gisele tenía derecho al anonimato en el juicio contra su marido y decenas de hombres que la violaron durante años, pero en lugar de ello pidió que fuera público y que se mostraran los videos, en un intento de devolver la «vergüenza» a los acusados. Al permitir que su historia llegase a todo el mundo, se ha convertido en un símbolo de valentía y resistencia.

273   Nadia Murat es una activista iraquí por los derechos humanos. El Premio Nobel lo recibió por sus esfuerzos para erradicar la violencia sexual como arma en guerras y conflictos armados.

también por su fría actitud, su inquebrantable concentración y su aspecto inspirado en la ciencia ficción, con gafas de precisión hechas a medida».

Además de Kim, en la lista de la BBC había otras deportistas:

- La chilena de origen chino Zhiying Zeng, a la que se conoce como Tía Tania, jugadora de tenis de mesa que hizo su debut en unos JJ. OO. en París'24 a la tardía edad de cincuenta y ocho años.

- La maratoniana rumana de origen keniano Joan Chelimo, más conocida por ser una superviviente de la violencia de género y que trata de utilizar su experiencia personal para poner de relieve las amenazas a las que a menudo se enfrentan las atletas. Es también cofundadora de Tirop's Angels, una organización de atletas kenianas creada tras el asesinato de su compañera Agnes Jebet Tirop[274] en 2021.

- La parataekwondista afgana Zakia Khudadadi, primer miembro del Equipo Paralímpico de Refugiados en ganar una medalla paralímpica.

- La atleta estadounidense ya retirada Allyson Felix[275], la atleta con más medallas de la historia de los JJ. OO., quien desempeñó un papel decisivo en la creación de la primera guardería de la villa olímpica en los Juegos de París'24.

- La luchadora india Vinesh Phogat[276], firme crítica de las actitudes sexistas hacia las mujeres en el deporte.

- La arquera paralímpica de Estados Unidos, Tracy Otto, quien fue atacada por su exnovio en 2019, quedó paralizada del pecho para abajo y perdió el ojo izquierdo. En París participó

---

274 El 12 de septiembre de 2021, Agnes Tirop estableció el récord mundial de carrera en ruta de 10 km, solo para mujeres, en Herzogenaurach, Alemania. Cinco semanas después fue asesinada a puñaladas en su casa de Iten, en Kenia, y su marido Ibrahim Rotich fue acusado de su asesinato.

275 La exatleta estadounidense Allyson Felix ha sido siete veces campeona olímpica: de 200 m lisos en Londres'12, del relevo 4 x 100 m en Londres'12 y Río'16 y del relevo 4 x 400 m en Pekín'08, Londres'12, Río'16 y Tokio'20.

276 La luchadora india Vinesh Phogat es la mujer que no pudo dar el peso para competir y mencionó Donald Trump en un *post* para contraponerla a la argelina Khelif.

en sus primeros Juegos Paralímpicos, en los que, debido a su discapacidad, utilizó la boca para lanzar las flechas.

- Y la gimnasta brasileña Rebeca Andrade[277], un símbolo de superación, ya que hasta los diez años se desplazaba a pie a los entrenamientos desde su favela a las afueras de São Paulo, mientras su madre soltera limpiaba casas para pagarle los estudios.

EL TROLEO

La competición de esgrima tuvo un divertido troleo en RR. SS. entre ciudadanos de Hong Kong y de Italia. En la final de florete individual, el hongkonés Cheung Ka-Long[278] ganó al italiano Filippo Macchi[279] por quince tocados a catorce. Los italianos no estaban de acuerdo con el resultado y se desencadenó una bronca en la pista. Bronca que se trasladó a las redes cuando los italianos publicaron que los habían robado y que habían presentado una reclamación por el último tocado que se tuvo que repetir hasta tres veces. Y empezó el troleo desde Hong Kong con *posts* del estilo «amamos la *pizza* con piña» o «nos gusta la pasta con salsa de soja», además de llenarse las redes de hongkoneses comiendo *pizzas*. E incluso un anuncio de Pizza Hut de Hong Kong en Facebook, que fue tendencia en Internet, mostraba una *pizza* cubierta de piñas junto a un esgrimista ensartando una piña. En él se decía que los clientes podían añadir piña gratis si comían en los restaurantes de la franquicia.

En Australia también hubo troleo a cuenta del uniforme del equipo de los Boomers[280] para los Juegos. Josh Giddey[281] lo cri-

---

277   La gimnasta brasileña Rebeca Andrade ganó cuatro medallas en París'24: campeona olímpica de suelo, medalla de plata en salto y Concurso Completo individual y medalla de bronce en la competición de equipos.

278   El esgrimista de Hong Kong Cheung Ka-Long es campeón olímpico de florete en Tokio'20 y París'24.

279   El tirador italiano Filippo Macchi fue doble medallista de plata en florete en París'24, en la competición individual y por equipos.

280   Boomers es el sobrenombre con el que se conoce al equipo de baloncesto masculino de Australia. El nombre se ha inspirado en la jerga nativa de los aborígenes para referirse a los canguros macho.

281   Josh Giddey fue olímpico en París'24, sexto del *draft* de la NBA 2021 y jugador

ticó en redes y lo calificó de «una absoluta broma». Sin embargo, los funcionarios de la Federación de Baloncesto aclararon que las imágenes que circulaban en línea mostraban una réplica de la colección y no la vestimenta exacta que se usó. Otro jugador, Jock Landale[282] intervino expresando su disgusto por el kit y diciendo con humor: «Parece que vamos a lanzar una jabalina». Y Andrew Bogut[283] fue mucho más lejos en su crítica y desafortunadamente escribió: «Parece que el Comité Olímpico de Australia (AOC) encargó el diseño de los uniformes a Stevie Wonder».

También usó las RR. SS. para sus fines la nadadora francesa Béryl Gastaldello, pero esta vez para quejarse del proveedor de la ropa para la ceremonia de apertura del equipo de Francia. Gastaldello, octava en los 100 m espalda en París'24, publicó en sus RR. SS. en marzo de 2025 que con nueve meses de retraso había recibido su ropa para el desfile en el Sena. «Milagro», ironizó, aunque el pedido estaba mal. Béryl había pedido un pantalón, y lo que le llegó fue una falda y unos zapatos que además no eran de su talla. Por culpa de errores a la hora de recibir la ropa, Béryl y seis nadadores más no pudieron participar en la ceremonia de apertura.

¡TANTO SUFRIR PARA ESTO!

El estadounidense Nyjah Huston también se valió del poder de las RR. SS. para su fin. ¡Y él tiene cinco millones de seguidores en Instagram! Nyjah había ganado la medalla de bronce en *skate street* y un par de días después criticó la calidad de las medallas publicando fotos y videos en las que se las veía desgastadas junto al comentario «parece que vengan de la guerra». Y fue más lejos, «estas medallas olímpicas lucen bien cuando están nuevas, pero después de ponérmela en la piel, sudar un poco y dejársela a mis

---

de los Chicago Bulls.

282   Jock Landale es jugador de los Houston Rockets de la NBA. Fue medalla de bronce en los Juegos de Tokio'20.

283   Andrew Bogut es uno de los mejores jugadores australianos de baloncesto de todos los tiempos. N.º 1 del *draft* de 2005, jugó catorce temporadas en la NBA. Y ganó un anillo en 2015 con los Golden State Warriors.

amigos durante el fin de semana, no parece que tengan la calidad que pensamos». Rápidamente el Comité Organizador de París'24 dijo que ponían a la Casa de la Moneda de París a trabajar para cambiársela.

Nyjah no ha sido el único crítico en RR. SS. con la calidad de las medallas. El tirador estadounidense Nick Itkin[284] se pronunció públicamente al respecto sobre el mal aspecto de su medalla de bronce en florete. La saltadora británica Yasmin Harper, medalla de bronce en saltos sincronizados de trampolín de 3 m, señaló que su medalla empezó a mostrar «pequeñas manchas y decoloración» a los pocos días de recibirla. El doble campeón olímpico de bádminton en Tokio'20 y París'24, el danés Viktor Axelsen, compartió un video en RR. SS. en el que comparaba su medalla de oro de París con la de Tokio, bromeando con «que esta última parece haber envejecido con mucha más gracia». La australiana Natalya Diehm, bronce en BMX *freestyle*, hizo un *post* con dos fotos de su medalla. Una, días después de recibirla, y otra dos meses después, donde se aprecia la increíble decoloración sufrida por el metal. Y en un programa de televisión, la jugadora estadounidense de *rugby* a 7 Ilona Maher dijo también que su medalla de bronce de París no brillaba.

El golpe de gracia al «legado» de las medallas, y con bastante humor, lo dieron dos nadadores franceses, miembros del relevo 4 x 100 m estilos que ganaron el bronce para Francia. Con una imagen de su bronce en RR. SS., Yohann Ndoye-Brouard dijo que su medalla parecía más de París 1924 que de 2024. Y su compañero Clement Secchi, quien tiene el bronce a pesar de no nadar la final, describió su medalla como «de piel de cocodrilo» porque el desgaste repentino le daba un aspecto de piel escamada.

Lo curioso es que parece que el mal estado afecta mayoritariamente a las medallas de bronce, ya que están hechas con una aleación de cobre, estaño y zinc que las hace más vulnerables a la humedad y el sudor. Como el marchador español Álvaro Martín

---

284 Además de la medalla de bronce de París en florete individual, Nick Itkin ya había ganado el bronce en la prueba por equipos en Tokio'20.

ganó una medalla de oro por equipos y una de bronce en la prueba individual, puede comparar. Así, Álvaro comentó:

> La de bronce se me está descascarillando y parece que se está comiendo el color. La tengo guardada en la caja que nos dieron para que se desgaste lo menos posible con el aire o con el oxígeno. No sé el motivo. Con la de oro no pasa, esa está perfectamente.

El COI dijo que arreglarían todas las medallas defectuosas y en marzo de 2025 eran 220 los deportistas que habían pedido que restaurasen las suyas. Aunque no todos, ya que la boxeadora kazaja Nazym Kyzaibay, ganadora del bronce en 50 kg, dijo que, aunque su medalla esté deteriorada, prefiere conservarla porque es la original. La Casa de la Moneda de París, creadora de las más de 5000 medallas de los JJ. OO., quiso matizar que las medallas no eran defectuosas si no que estaban «dañadas». Aunque tres de los ejecutivos de la institución dimitieron o fueron despedidos cuando estalló la «crisis». Por su parte, el fabricante británico de coches Aston Martin se ofreció para arreglar gratis las medallas de los deportistas del equipo de Gran Bretaña que presentasen problemas similares.

CIBERACOSO

Por vez primera en unos JJ. OO., la inteligencia artificial ayudó a prevenir abusos *online* a deportistas y jueces. Durante la quincena olímpica hubo más de 500 millones de interacciones en RR. SS., y, para evitar insultos y críticas sangrantes, se monitorizaron miles de cuentas en treinta y cinco idiomas para hacer una criba de lo aceptable y bloquear lo inaceptable. El objetivo era que los *posts* no llegasen a los deportistas para preservarlos de los ciberacosos y salvaguardar su salud mental[285]. Pero nadie pudo evitar la carni-

---

285 La Internacional de Atletismo encargó un estudio a lo largo de los cuatro años atléticos desde Tokio'20 y que publicó al acabar los JJ. OO. de París. Utilizando IA supervisaron casi un millón de cuentas para proteger a más de 2000 deportistas en X, Facebook, TikTok e Instagram. WA va a continuar monitoreando la red, y fuera de competición va a mantener protección durante todo el año a veinticinco deportistas identificados como muy vulnerables.

cería en línea hacia la *breaker* australiana Rachel Gunn. La historia olímpica más viral, pero por razones equivocadas.

Rachel, conocida como B-Girl Raygun[286], pasó en cuestión de días de ser una instructora solo conocida por sus alumnos de la Facultad de Arte de la Universidad Macquarie de Sídney a viralizarse en RR. SS. y terminar siendo un meme. Su actuación en la competición de *break* de los Juegos generó tanto odio que Rachel llegó hasta pedir perdón, «por si alguien se ha sentido ofendido». Su baile causó mala impresión porque actuó con el chándal verde y amarillo de su equipo nacional y con las letras «Australia», un *look* que nada tenía que ver con el estilo callejero que suelen lucir los bailarines de *break*. Y, además, porque sus pasos imitando, dijo ella, a un canguro no eran nada ortodoxos, dentro de la heterodoxia propia de los movimientos de los *breakers*. Tales pasos fueron tildados de ridículos y grotescos.

Si ya de por sí las críticas fueron por miles, el comentario de la cantante británica Adele durante un concierto en Múnich en verano acabó por hacer explotar el fenómeno. «¿Alguien ha visto a la chica del *break*? Ni siquiera sabía que era un deporte olímpico», dijo entre risas. Adele llegó a confesar que la actuación de Gunn era «lo que más le había gustado de los Juegos», avivando sin querer aún más las críticas. Y al otro lado del Atlántico, las bromas feroces del humorista estadounidense Jimmy Fallon[287] terminaron por hacer incontenible el fuego.

Hay que decir que Gunn se había ganado su plaza tras ganar el Campeonato de Break de Oceanía 2023 en Sídney, una victoria que acabó coronándola como número uno mundial de la Federación Mundial de Deportes de Danza (WDSF) en septiembre de 2024. Pero en sus tres combates en París, ante Logistx de Estados Unidos, Syssy de Francia y Nicka de Lituania, no consiguió ni un solo voto sobre cincuenta y cuatro posibles.

---

286 Los competidores de *break* no usan sus nombres reales. Lo hacen con nombres artísticos tras la denominación B-Girl o B-Boy según su género

287 Jimmy Fallon es el conductor del programa de televisión *The Tonight Show Starring Jimmy Fallon,* que se emite en la NBC. Es uno de los *late night* más populares del mundo.

Desbordada por la dimensión de la «masacre», Rachel Gunn declaró al acabar los JJ. OO.: «Lamento la reacción negativa de la comunidad, pero no puedo controlar cómo reacciona la gente», explicó al programa de televisión *The Project*. También anunció que se retiraría de la competición: «No quiero ser el centro de atención. No quiero bailar *break* ni competir nunca más».

Ya en otoño de 2024, Rachel apareció en la portada de la revista irlandesa de moda y estilo de vida dedicada a mujeres *Stellar Magazine*. Se dejó fotografiar con un atuendo sofisticado muy alejado del que lució en los Juegos. «Me atengo a lo que hice» era el titular. El artículo de fondo que acompañaba las fotos se llamaba «What Rachel Gunn Did Next?» (¿qué hizo Rachel Gunn después?) y recoge su vida tras París. «Hubo mucho odio, pero no me han derribado. No lo consiguieron» decía en *Stellar*, donde describió el proceso como un viaje mentalmente agotador.

Pero Rachel Gunn ha sabido darle la vuelta a la tortilla haciendo del defecto virtud. Para Halloween 2024, el disfraz más vendido en Australia ha sido el suyo. Y en la lista de disfraces más buscados en Google a nivel mundial está el suyo también. Por otro lado, se asoció con el buscador de internet Finder para organizar un concurso de baile. «He oído que la mayoría de vosotros lo podéis hacer mejor que yo. ¿De verdad?», es el gancho. Y el concurso estaba dotado con 15 000 dólares de premio al ganador. E incluso estaba en marcha un espectáculo titulado *Raygun: The Musical*, basado en su paso por los Juegos de París, pero se canceló después de que sus abogados informaran a los creadores que había que pasar por caja porque Rachel tiene los derechos sobre los pasos de baile.

Según un estudio previo a los JJ. OO. hecho por Arcom[288], se esperaba que en el porcentaje de publicaciones hechas en RR. SS. hubiese hasta un 6 % de comentarios ofensivos o discriminatorios respecto a los deportistas y la competición. Por suerte, ese porcentaje bajó al 3 %. Pero la mayoría de ese tanto por ciento

---

288 Arcom es la autoridad reguladora de la comunicación audiovisual y digital en Francia. Su competencia reguladora se extiende a las plataformas en línea, como las RR. SS. y los motores de búsqueda.

se lo repartieron *Raygun*, la boxeadora argelina Imane Khelif y la paratleta Valentina Petrillo[289].

CIBERESPIONAJE

Esta es una historia que empezó mucho antes de París y que salió a la luz mucho tiempo después de acabados los Juegos de 2024. En ella, Giacomo Tortu, hermano de Filippo Tortu, fue investigado como posible implicado en una trama de ciberespionaje contra Marcell Jacobs[290]. Marcell y Filippo fueron compañeros del relevo 4 x 100 m que ganó el oro en los JJ. OO. de Tokio'20.

En febrero de 2025, Giacomo Tortu fue investigado por la Fiscalía de Milán por haber intentado tener acceso a información privada del teléfono móvil de Jacobs. En concreto, intentó tener acceso a los resultados de análisis de sangre y a mensajes privados de Jacobs con su equipo técnico, en busca de una posible prueba de dopaje. El ciberespionaje comenzó casi un año antes de Tokio'20 y se alargó hasta septiembre de 2021.

Giacomo Tortu contrató presuntamente a la agencia de investigación privada Equalize para que consiguiesen información sobre Jacobs en busca de un test positivo en alguna sustancia prohibida con el objetivo de demostrar que sus buenas marcas en la época eran fruto del dopaje. Su hermano Filippo desmintió inmediatamente su implicación en el delito con un comunicado de prensa, algo que Jacobs creyó.

---

289   Valentina Petrillo es una atleta paralímpica napolitana que compite en 100 m, 200 m y 400 m en T12 para personas con discapacidad visual. Ha sido la primera mujer trans en participar en unos JJ. PP. Petrillo perdió la vista a los catorce años, debido a la enfermedad de Stargardt. Con cuarenta y un años, antes de su transición, ganó once títulos nacionales en la categoría masculina. En 2019 inició un proceso de transición de género y en 2020 compitió por primera vez en la categoría femenina en el Campeonato Italiano de Para Atletismo, primera vez en deportes paralímpicos que una persona transgénero lo hacía. Su historia será narrada a través de una película documental, llamada *5 nanomoli-Il sogno olimpico di una donna trans* (cinco nanomoles, el sueño olímpico de una mujer trans).

290   Marcell Jacobs fue campeón olímpico de 100 m y del relevo 4 x 100 m en Tokio'20.

La trama de ciberespionaje no solo afectó a Jacobs. Consistía en el robo por parte de la mencionada organización delictiva de información confidencial de bancos de datos «estratégicos» de ciudadanos, políticos, periodistas o celebridades para después venderlos.

LA NUEVA REALIDAD

A pesar de lo que diga Trump, la presencia de deportistas transgénero en el deporte va a crecer y habrá que acostumbrase a ello. La haltera Laurel Hubbard fue la primera mujer abiertamente trans en competir en unos JJ. OO., en Tokio 2020. La neozelandesa, a quien se le asignó el género varón al nacer, compitió en competiciones masculinas hasta 2001. Hizo la transición once años después, iniciando una terapia hormonal. Y compitió internacionalmente como mujer por primera vez en marzo de 2017, a los treinta y nueve años.

El caso de la nadadora estadounidense Lia Thomas, que ocupó el puesto número sesenta y cinco en el *ranking* masculino de 500 yardas de estilo libre, y ganó el título femenino de la NCAA[291] después de la transición, llevó a World Aquatics (WA)[292] a prohibir a las mujeres trans que hayan pasado por la pubertad masculina a participar en competiciones femeninas de élite. Thomas acudió al TAS en enero de 2024 para intentar revocar el fallo. Lo desestimaron. No podrá nadar como mujer, sino en una categoría open.

Las deportistas con diferencias en el desarrollo sexual (DSD) o intersexuales, la más famosa, la sudafricana Caster Semenya[293], han llevado al COI y a las federaciones internacionales a emitir nuevos criterios sobre la elegibilidad de estas deportistas. En 2019, se obligó a las deportistas que presentaban una alta tasa de testosterona a bajar farmacológicamente sus niveles si querían compe-

---

291   La NCAA es la National Collegiate Athletic Association, asociación que rige el deporte universitario en EE. UU.

292   World Aquatics es el nombre por el que se conoce desde 2022 a la Federación Internacional de Natación (FINA).

293   Caster Semenya es doble campeona olímpica de 800 m en Londres'12 y Río'16.

tir en distancias a partir de los 800 m. Semenya nunca lo hizo y su pelea la llevó hasta el Tribunal Europeo de Derechos Humanos.

Pues bien. En París hubo hasta tres deportistas que no se identificaban con ningún género. Una fue Nikki Hiltz[294], de Estados Unidos, quien competía como deportista transgénero y no binaria. Lo hizo de acuerdo con su sexo asignado al nacer, en lugar de su identidad de género. Se clasificó para los 1500 m en los trials[295] EE. UU. el último día del «Pride Month», el mes del orgullo. Y dijo que, en la recta de meta, sintió todo el empuje positivo del colectivo LGTBIQ+.

Nikki no fue la única. En París estuvo Quinn, medalla de oro de fútbol con Canadá en los Juegos de Tokio y eliminada por penaltis ante Alemania en los cuartos de final de París'24. Anteriormente llamada Rebecca Quinn, en septiembre de 2020 y a través de su cuenta de Instagram, dio a conocer públicamente su condición. Declaró que para referirse a su persona se usasen los pronombres neutros «they/them», que son los equivalentes al pronombre neutro «elle» de la lengua española y que sería solo Quinn a partir de ese momento. En Tokio, hizo historia al convertirse en la primera persona transgénero o no binaria en competir en unos Juegos Olímpicos, en ganar una medalla y en proclamarse campeona olímpica. En 2023 se convirtió en la primera persona abiertamente no binaria en jugar en el Mundial Femenino de Fútbol.

Y otra deportista que se identificó en París como *queer*[296] no binaria fue la estadounidense Raven Saunders, que en París fue undécima en lanzamiento de peso. Tras los JJ. OO. de Tokio donde fue medalla de plata, Raven tuvo una grave depresión por la pérdida de su madre. En París lució pelo verde y violeta, dien-

---

294 Nikki Hiltz fue séptima y diploma olímpico en la final de 1500 m de París'24.

295 Los trials son una competición clasificatoria para los JJ. OO. bastante «cruel» que se puso en práctica en Estados Unidos, aunque ahora se hace también en Jamaica con el atletismo o en Australia con la natación. En atletismo tienes que quedar en el top-3 y en natación en el top-2 para poder representar a EE. UU. en las grandes competiciones internacionales, como son los JJ. OO. Los trials son implacables, porque no hay repesca para nadie, ni por nombre ni por marcas ni por CV.

296 Los *queer* no se identifican con categorías tradicionales con respecto a la sexualidad.

tes de oro, máscara integral con la cara del Joker, gafas de sol y uñas con la bandera de EE. UU.. La llaman Hulk, porque como el Dr. Bruce Banner, el *alter ego* del héroe de Marvel, ha aprendido a controlar dos personalidades en su interior. Al acabar los clasificatorios de París dijo que la máscara era para sentirse como los marines cuando se cubren la cara para una misión. «Es una manera de camuflarse, pero, a la vez, de intimidar».

En las nuevas realidades, también se debe empezar a asumir que cada vez más los deportistas son de orígenes diversos. Y que «rompen» los cánones estéticos clásicos de sus países. En los Juegos de Tokio, la jugadora italiana de voleibol Paola Egonu, nacida en Italia de padres nigerianos, fue la abanderada de su país. Las críticas de la derecha transalpina hacia Paola fueron feroces porque «no representaba la italianidad». Su éxito no la ha protegido del racismo que vivió plenamente desde pequeña, y abandonó la selección al recibir un torrente de insultos racistas en RR. SS. tras la eliminación de Italia en semifinales del Mundial 2022 ante Brasil. Egonu regresó al equipo en agosto de 2023 y en París lideró a Italia para ganar la medalla de oro en voleibol. Egonu, que se declaró abiertamente gay, es además una defensora de la representación de la comunidad LGBTIQ+ en el deporte y muy activa con sus discursos de diversidad y aceptación.

La derecha italiana está de «mala suerte». Porque si no tenían suficiente con Egonu, negra y lesbiana, el futuro de la natación transalpina debe pasar por una niña de diecisiete años que hizo su debut olímpico en París, Sara Curtis. La cuatro veces campeona de Europa Jr. es negra de madre nigeriana. Sin mencionar a la gran estrella emergente del tenis femenino de Italia, Jasmine Paolini. La madre de Jasmine es polaca de procedencia ghanesa. Paolini ha tenido un año 2024 fantástico siendo finalista de Roland Garros y de Wimbledon. Y en París ganó la medalla de oro de tenis en dobles junto a Sara Errani[297].

---

297 Sara Errani es la séptima jugadora en hacer el Golden Slam. Esto es ganar los cuatro torneos del Grand Slam en dobles, Australia, Roland Garros, Wimbledon y Open USA, además del oro olímpico.

Poco antes de cerrarse esta edición, el atleta estadounidense de padres etíopes Yared Nguse[298] presentó a su novio en un *post* de Instagram. «Les presento a mi novio Julian. No me puedo creer que llevemos ya un año de amor». Yared es de los pocos deportistas de élite que ha decidido visibilizar públicamente su homosexualidad, lo que resulta ser muy importante por lo que respecta a la búsqueda de referentes entre los jóvenes, algo de lo que hablaba en las dedicatorias.

UNA HIYAB EN MEDIO DE LOS JUEGOS

La ley francesa, acogiéndose a un régimen de laicismo estricto, impide competir con hiyab. Pero eso no se aplicó en París al resto de delegaciones, ya que el COI sí lo permite. Son muchas las mujeres que han competido a lo largo de los años con el hiyab. Una de las más conocidas por ser pionera para las mujeres musulmanas en el deporte es Ibtihaj Muhammad, esgrimista estadounidense, quien se convirtió en la primera mujer musulmana en representar a Estados Unidos en unos Juegos Olímpicos usando el hiyab. Y no solo eso, ganó la medalla de bronce de sable por equipos en Río'16. La revista *TIME* eligió a Ibtihaj en 2016 entre las cien personalidades más influyentes del mundo. Y en 2018 Mattel le dedicó la primera Barbie con hiyab, llamada Shero.

Volviendo a París, organizaciones de derechos humanos como Amnistía Internacional pidieron al Gobierno francés, a través de una carta al COI, que eliminase la norma de prohibir el hiyab a sus deportistas, norma que consideran discriminatoria. De hecho, la jugadora francesa de baloncesto Diaba Konate, que juega en Estados Unidos, denunció que no puede representar a Francia porque lleva hiyab. Hélène Bâ, jugadora de baloncesto y cofundadora de Basket pour Toutes[299], denunció que «prohibir a las deportistas musulmanas competir con hiyab tiene consecuencias devastadoras para las mujeres y niñas: humillación, estigmatiza-

---

298 Yared Nguse fue medalla de bronce de 1500 m en París'24.
299 Basket pour Toutes es un colectivo que lucha por la inclusión y contra las discriminaciones en el baloncesto.

ción, retirada del deporte, pérdida de confianza en sí mismas y desintegración de los equipos femeninos».

En el lado contrario, el Colectivo París 2024[300] pidió que se prohibiese el hiyab, acogiéndose a la regla 50.2 del COI, según la cual «ningún tipo de propaganda política, religiosa o racial está autorizada en una sede olímpica». El Colectivo París 2024 organizó un relevo simbólico de la llama el 23 de junio en apoyo de afganas e iraníes, entre la plaza de la República y la Bastilla. Entre las portadoras estaban la judoca afgana refugiada en Canadá Frida Rezayee, la taekwondista afgana refugiada en París Marzieh Hamidi y Mahyar Monshipour, antiguo campeón del mundo de boxeo y muy beligerante con el régimen de Irán.

De hecho, el tema del uso del hiyab estaba candente antes de los Juegos. El citado Monshipour junto a la premio nobel de la paz 2003 Shirin Ebadi, entre otras personalidades, pidieron en noviembre de 2023 que el COI impidiese a Irán participar en París. El movimiento se inició en 2022 tras la muerte de Masha Amini, detenida y torturada en Teherán por la policía moral por no respetar el uso del velo islámico. Un mes después de la muerte de Amini, la escaladora iraní Elnaz Rekabi se quitó el velo islámico en los Campeonatos de Asia de Seúl. Parecía una acción de protesta de Rekabi, pero al volver a Teherán, y desaparecer misteriosamente unas horas, publicó en RR. SS. que en realidad el velo se le había caído.

En 2020, la jueza internacional de ajedrez Shohreh Bayat recibió amenazas de muerte después de que circuló una foto suya sin hiyab en el Mundial Femenino de Shanghái. A Bayat la instaron a pedir disculpas en Instagram y prefirió solicitar asilo en Londres. Por eso, cuando vio la publicación de Rekabi, Bayat supo que el Gobierno iraní estaba detrás de la publicación. De hecho, Elnaz Rekabi estuvo en arresto domiciliario y las autoridades derruyeron la casa familiar de su familia. La escaladora no reapareció hasta 2023 y finalmente no se clasificó para París.

---

300   El Colectivo París 2024 fue creado por la Liga del Derecho Internacional de las Mujeres por la Paz y la Libertad.

A nivel estrictamente olímpico, solo una deportista francesa seleccionada para los JJ. OO. se vio afectada por este debate: Sounkamba Sylla, relevista del 4 x 400 m. Tras correr con un pañuelo en la cabeza en un evento con la selección francesa, el Ministerio de Deportes se hizo cargo de su caso antes del Europeo de Roma a principios de junio de 2024. La ministra Amélie Oudéa-Castéra recordó que «un representante de un equipo francés está sujeto a una exigencia de neutralidad que impide llevar un signo religioso ostensible». En el Europeo de Roma, Sylla finalmente corrió con una gorra azul, con el estampado «Francia», para cubrir su cabello. Y lo mismo hizo en la ceremonia de apertura de París'24.

En París, varias mujeres musulmanas, que gracias a las normas del COI pudieron llevar el hiyab debajo del casco, competían en taekwondo. Además de la iraní Nahid Kiyanichandeh, de la que hemos hablado en el capítulo sobre el Equipo de Refugiados, otra fue la jordana Julyana al-Sadeq. Becada por Solidaridad Olímpica, en 2022 se convirtió en la primera mujer de Jordania en llegar a n.º 1 del mundo, aunque en París fue eliminada en cuartos de final. Para Julyana ser taekwondista es algo mucho más grande que ella misma. Le permite convertirse en una inspiración para las mujeres árabes y musulmanas de todo el mundo. «Creo que Dios me puso en este lugar para romper el estereotipo, para mostrar a todas las sociedades que las chicas pueden practicar un deporte de combate, que las chicas pueden llevar hiyab y luchar», declaró a Olympics.com. En sus primeros Juegos Olímpicos, los de Tokio 2020, Julyana se dio a conocer por algo más trivial que su deseo de inspirar. Su enorme parecido con la cantante Lady Gaga la hizo viral.

La también taekwondista Dunya Ali M Abutaleb, la primera mujer de Arabia Saudí en clasificarse para los Juegos sin necesitar la invitación de cuotas del COI, compitió con hiyab. La abanderada de su delegación a punto estuvo también de convertirse en la primera saudí en ganar una medalla olímpica, pero fue derrotada en el combate por la medalla de bronce de taekwondo en -49 kg por la iraní Mobina Nematzadeh[301], también portadora del hiyab.

En París hubo también otra mujer musulmana en taekwondo y que llevó hiyab. Pero en este caso, la belga Sarah Chaari, estudiante de medicina en Bruselas, como ya lo había hecho también la iraní Mobina Nematzadeh, mostró su hiyab al mundo sin el casco y desde el podio, cuando subió a él para recoger la medalla de bronce en la categoría de 67 kg.

LA CIUDAD DEL AMOR…

Que París es la ciudad del amor es uno de los muchos tópicos que rodean a la capital de Francia. Pero deberá ser verdad si durante los JJ. OO. hubo hasta once peticiones de matrimonio, una de ellas doble.

David Vega le pidió la mano a Noemí Romero, ambos competidores en trampolín por España. La pedida fue durante una entrevista en RTVE, en medio de una calle de París. En la ceremonia de apertura ya se les había visto dándose un beso a bordo del barco de la delegación española mientras navegaban por el Sena.

A la española Laura Martínez, que perdió el combate por la medalla de bronce en -48 kg de judo, su novio, el también judoca José Antonio Aranda, no clasificado para los JJ. OO., le pidió matrimonio a los pies de la Torre Eiffel.

Alice Finot, cuarta en 3000 m obstáculos con récord de Europa, no esperó que le pidiesen matrimonio. En la vuelta de honor tras su carrera se puso de rodillas delante de la grada y le pidió matrimonio a su pareja que es español, Bruno Martínez, y viven juntos en Ponteareas, Galicia. Así, Alice dijo:

> Me dije que lo haría si corría por debajo de nueve minutos, mi número de la suerte, y además llevamos nueve años juntos… No me gusta hacer las cosas como a todos. Él aún no me lo había pedido, así que pensé que tal vez dependía de mí hacerlo. Le di

---

301 En el camino a su medalla de bronce, la iraní Nematzadeh había dado un gran disgusto al equipo español, ya que eliminó en cuartos de final a Adriana Cerezo, plata en Tokio'20 y gran esperanza de medalla española en París.

un pin con el que corrí que decía «El amor está en París». Quería que me diera esa fuerza para correr por debajo de nueve minutos.

Y en el momento de la petición le colgó el pin en la camiseta a Bruno como si fuese un anillo al dedo.

Cuando las francesas Sarah Steyaert y Charline Picon[302], Mama Team como las llaman, volvieron a puerto tras ser bronce en *skiff* de vela, sus respectivas parejas les pidieron matrimonio… ¡a la vez! La pareja de Steyaert le había dicho que le pediría matrimonio si era oro o plata. Pero el bronce le debió convencer también.

La china Ya Qiong Huang[303] ganó el oro de dobles mixtos en bádminton. Al acabar la final, se le acercó su novio, el jugador chino de dobles Yu Chen Liu. Y en medio de una videollamada[304], apareció con un ramo de flores, se puso de rodillas y le pidió matrimonio.

Pablo Simonet, que juega a balonmano en España, pidió matrimonio en un paseo por París, y delante de todos los deportistas argentinos, a Pilar Campoy[305], jugadora de *hockey* sobre hierba, exjugadora de Taburiente y Complutense de la liga española.

El estadounidense Justin Best, oro en remo, le propuso matrimonio a su novia Lainey Duncan. Según el programa de TV de Estados Unidos *Today*, la propuesta fue con 2738 flores amarillas, que representan cada uno de los días que habían mantenido contacto en la aplicación Snapchat.

El lanzador de peso de EE. UU. Payton Otterdahl le propuso matrimonio al día siguiente de ser cuarto en su final a Maddy Nilles. Lo hizo de rodillas frente, cómo no, a la Torre Eiffel.

---

302   Charline Picon es campeona olímpica de *windsurf* en Río'16 y medalla de plata en Tokio'20.

303   Además del oro de París, Ya Qiong Huang ya había sido medalla de plata en dobles mixtos en Tokio'20.

304   Las videollamadas han sido una de las novedades de París'24. Al acabar cualquier competición, los organizadores sorprendían a alguno de los deportistas, medallistas o no, con una multiconferencia de video y audio con sus familias, parejas o amigos, estuviesen donde estuviesen del mundo.

305   Pilar Campoy fue medalla de bronce en París en *hockey* sobre hierba con el equipo de Las Leonas, sobrenombre con el que se conoce a las jugadoras argentinas.

Nilo Maldini pidió matrimonio a su pareja Carlotta Bozzano durante una entrevista después que el italiano ganara la plata en la final de pistola de aire comprimido de 10 m.

A la ecuatoriana Glenda Morejón, el día después de ser sexta en la final de 20 km marcha, su novio Marlon Pesantez, jugador de *running ball*, le pidió matrimonio en el muro de los «Te quiero» de París. A Glenda el anillo le trajo suerte, ya que días después ganaría la medalla de plata en el relevo mixto de marcha junto a Brian Daniel Pintado[306]. Al inicio de 2025, Glenda Morejón anunció que estaba embarazada, lo que le obligará a perderse el Mundial de atletismo de Japón, el Panamericano de marcha y las competiciones clasificatorias para LA'28.

La italiana de Rivoli Alessia Maurelli[307], capitana del equipo de gimnasia rítmica a las que llaman las Mariposas, bajaba del podio tras recibir su medalla de bronce por equipos, cuando recibió una petición de matrimonio de su pareja, el actor Massimo Bertelloni.

> Aún no lo he asimilado, el año pasado le había hecho una broma a mi novio de que la petición se la haría yo. No me imaginaba que me la haría él. Realmente no tengo palabras para describir la emoción que estoy sintiendo… Estás loco.

Luego llegó un beso, el abrazo y el anillo en el dedo entre los aplausos de las compañeras de equipo y del público, que disfrutó de la escena desde las pantallas gigantes del recinto.

Un extra. La pareja de la nadadora Lily King[308], acabados los trials de Indianápolis, donde Lily se había clasificado para sus terceros JJ. OO., se adelantó a la «magia» de París y le pidió matrimonio.

Y dos «bonus track»:

---

306   Brian Daniel Pintado fue campeón olímpico de 20 km marcha en París'24 y medalla de plata en el relevo mixto.

307   Alessia Maurelli ganó la medalla de bronce por equipos de gimnasia rítmica en Tokio'20 y París'24.

308   Lily King es ganadora de seis medallas olímpicas. Fue campeona olímpica de 100 m braza en Río'16 y del relevo 4 x 100 m estilos en Río'16 y París'24.

- Los tenistas Tomas Machac y Katerina Siniakova[309] ganaron el oro en dobles mixtos para la República Checa. Lo curioso es que eran pareja en la vida y se separaron antes de los Juegos. Pero aun así decidieron jugar juntos en París y su beso en los labios en el podio fue llamativo.

- Y en la ceremonia de apertura, el abanderado de Italia Gianmarco Tamberi[310], preso de una gran euforia al enarbolar la bandera, perdió su alianza de casado que acabó en el fondo del Sena. En RR. SS. le escribió una carta de amor a su mujer Chiara Bontempi pidiéndole que se casasen de nuevo.

… Y DEL SEXO

París es el escenario de una de las películas más carnales de la historia, *El último tango en París*, película de Bernardo Bertolucci de 1972, protagonizada por Marlon Brando y María Schneider. Por eso también podemos hablar un poco de sexo alrededor de los Juegos. Y es que en la villa olímpica se repartieron 200 000 preservativos masculinos y 20 000 femeninos. Diecinueve preservativos por deportista, ¡más que días de competición! También se repartieron 10 000 preservativos sin látex y 20 000 protectores bucales de látex para sexo oral.

La historia del reparto de preservativos arrancó en BCN'92. Y su número ha ido creciendo poco a poco. El récord lo tiene Río'16 con 450 000 condones entregados en la villa, cuarenta y dos por deportista en dieciséis días de competición. Y en Tokio'20 fueron 150 000 los preservativos, pero se pidió a los deportistas contenerse debido a la reciente pandemia del COVID-19.

Pese a que se entiende que los preservativos entregados son para su uso, se han convertido ya en un elemento de recuerdo o para regalar, porque llevan el logotipo de los Juegos y los anillos olímpicos. ¡Aunque pueden tener otro uso absolutamente inespe-

---

309 Katerina Siniakova fue campeona olímpica de tenis en dobles femeninos en Tokio'20 junto a Barbora Krejcikova.

310 Gianmarco Tamberi fue campeón olímpico de salto de altura en Tokio'20.

rado! Y, si no, que se lo pregunten a la australiana Jessica Fox[311], quien en Tokio'20 mostró en sus redes sociales cómo arreglaba su kayak… ¡con un preservativo! La imagen se volvió viral tras la final. Fox usó el condón por su «flexibilidad» como parche para la punta deteriorada de su kayak.

También se habló mucho en París de las camas de la villa olímpica, las famosas camas de cartón «antisexo» que ya se usaron en Tokio. Entonces las llamaron antisexo porque se dudaba que pudiesen soportar 200 kilos ante movimientos bruscos. El estadounidense Paul Chelimo tuiteó en Tokio que las camas de cartón estaban «diseñadas para evitar la intimidad entre los deportistas», en un intento de promover el distanciamiento social durante la pandemia del COVID-19. Pero la verdad es que montones de deportistas colgaron videos «poniéndolas a prueba» saltando encima y ninguna se rompió.

Al que sí se le rompió la cama en París fue al japonés Shinnosuke Oka[312]. Pero porque tuvo un escape de agua en su habitación de la villa y, como la cama era de cartón, quedó reducida a la nada.

Como dato adicional, en la villa olímpica de Río'16, los *matches* de Tinder aumentaron en un 129 % respecto a la media. Y en la villa de París, Grindr[313] desactivó algunas de sus funciones, como por ejemplo la de «mostrar distancia» para proteger la intimidad de los deportistas LGBTIQ+ y a aquellos que no hubiesen querido confesar cuál era su orientación sexual. Esta decisión buscaba resguardar la identidad de los deportistas provenientes de países donde ser homosexual es un delito.

---

311 Jessica Fox es la GOAT, «the Greatest of All Time», del piragüismo en aguas bravas. Fue campeona olímpica en C1 y K1 en París'24. En Tokio'20 fue campeona olímpica de C1 y medalla de bronce en K1, prueba en la que usó el condón, prueba en la que la española Maialen Chourraut fue plata. Jessica Fox es la primera canoísta en ganar medalla en cuatro JJ. OO., ya que ganó la medalla de plata de K1 en Londres'12 y la de bronce en K1 en Río'16.

312 Shinnosuke Oka es triple campeón olímpico de gimnasia en París'24 en individual, equipos y barra fija.

313 Grindr es una aplicación como Tinder, pero dirigida al colectivo LGTBIQ+.

LOS NIÑOS VIENEN DE PARÍS

Otro tópico. ¡La cigüeña trae a los niños de París! Pero para el nadador estadounidense Ryan Murphy[314] fue muy real. Tras ganar el bronce en los 100 m espalda, y después de la ceremonia de entrega de medallas, su mujer embarazada, la también nadadora Bridget Konttinen, levantó un cartel desde la grada en el que ponía, «¡Ryan, es una niña!». El nadador se tomó el anuncio sorpresa con una gran sonrisa. La niña nació en enero de 2025.

PARENTESCOS OLÍMPICOS

En los Juegos siempre hay historias de amor, algunas que vienen de lejos, pero otras que surgen en la villa. Y mucho mucho parentesco. Padres, madres, hijos, hermanas…, a veces hasta varias generaciones de deportistas de una misma familia han sido olímpicos.

Una de las parejas más famosas se formó en los Juegos de Sídney 2000, Roger Federer[315] y Mirka Vavrinec. Ambos eran tenistas y representaban a Suiza, aunque ella nació en Eslovaquia. Se conocieron en la villa olímpica, se besaron al acabar los Juegos, llegaron a jugar dobles mixtos juntos, se casaron en 2009… y hasta hoy.

O la pareja estadounidense entre la futbolista Megan Rapinoe[316] y la jugadora de baloncesto Sue Bird[317]. Se conocieron en una sesión de fotos de Río'16, y ya fueron a Tokio'20 como pareja. Por separado y como pareja han sido siempre un referente para el colectivo LGTBIQ+ por su militancia.

314 Ryan Murphy es ganador de nueve medallas olímpicas, cinco de ellas de oro: 100 m y 200 m espalda en Río'16, relevo 4 x 100 estilos en Río'16 y Tokio'20 y relevo 4 x 100 estilos mixto en París'24.
315 Roger Federer ganó el oro en dobles de tenis en Pekín'08 junto a Stan Wawrinka.
316 Megan Rapinoe fue campeona olímpica de fútbol en Londres'12 y medalla de bronce en Tokio'20.
317 Sue Bird fue quíntuple campeona olímpica de baloncesto desde Atenas'04 a Tokio'20.

Hay parejas multimedallistas como el caso de los británicos *dame*[318] Laura[319] y Jason Kenny[320], que entre los dos suman doce oros olímpicos en ciclismo en pista. O la que forman el estadounidense Jrue Holiday[321], doble campeón olímpico de baloncesto en París'24, y Lauren Cheney[322], también doble campeona olímpica de fútbol. Y hay casos extremos como el de la veterana tiradora georgiana Nino Salukvadze[323], que llegó a competir junto a su hijo Tsotne Machavariani en los Juegos de Río'16.

Y en España tenemos varias curiosidades respecto a los parentescos:

- Wonny Geuer, que fue olímpica en baloncesto en BCN'92, es la madre de Willy[324] y Juancho Hernangómez, olímpicos a su vez en baloncesto en París. El padre de ambos es Guillermo Hernangómez, exjugador del Real Madrid y Estudiantes. Lo curioso es que cuando Willy juega en su club, en su camiseta su apellido Hernangómez acompaña a su número catorce. Pero con la selección lo convierte en W. Geuer.

- El jugador de baloncesto Santiago Aldama Toledo al estar en París igualó a su padre Santi Aldama Alesón, que había sido olímpico en BCN'92. Es la primera vez en la historia de España que un padre y un hijo son olímpicos en baloncesto.

---

318   El título de *dame* es el equivalente femenino a sir o caballero.

319   Laura Kenny fue campeona olímpica de ciclismo en pista modalidad ómnium y persecución por equipos, ambas en Londres'12 y Río'16 y oro en Tokio'20 en mádison.

320   Jason Kenny fue campeón olímpico de ciclismo en pista en velocidad por equipos en Pekín'08, de velocidad individual y por equipos en Londres'12 y Río'16 y de keirin en Río'16 y Tokio'20.

321   Jrue Holiday fue campeón olímpico de baloncesto en Tokio'20 y París'24.

322   Lauren Cheney fue campeona olímpica de fútbol en Pekín'08 y Londres'12.

323   Nino Salukvadze fue campeona olímpica de tiro en pistola de 25 m en Seúl'88, plata en pistola de 10 m también en Seúl'88 y bronce en Pekín'08.

324   Willy Hernangómez fue medalla de bronce de baloncesto en Río'16.

- En balonmano están los Dujshebaev: el padre Talant[325] y sus hijos Álex y Dani[326], ambos olímpicos en París.

- Y Sergey Hernández. El portero de balonmano nació el 17 de junio de 1995 en Krasnodar, Rusia. Sin embargo, a los tres años fue adoptado por un matrimonio de atletas navarros que le trajeron a España. Él, José Luis Hernández, pertiguista, hizo carrera como preparador físico. Ella, Goya Ferrer, fue olímpica en Barcelona 92 en la prueba de 4 x 400. Sergey debutó con la selección española en 2017 y, desde entonces, siempre ha estado en la órbita de los «Hispanos». En París'24 estuvo con el equipo en la villa olímpica, aunque se quedó sin jugar debido a que Gonzalo Pérez de Vargas[327] y Rodrigo Corrales[328] coparon los dos puestos disponibles para los porteros. Meses después, en el Mundial de enero de 2025, Sergey estuvo defendiendo la portería de España.

Vamos en este punto con un repaso de las relaciones sentimentales…, las que son públicas…, de París:

Parejas nacionales:

- Los españoles David Vega y Noemí Romero, trampolín.

- El matrimonio español Álvaro Iglesias y Begoña García Grau, *hockey* sobre hierba.

- La española Maialen Chourraut, campeona olímpica de Río'16 en K1, estuvo en París con su pareja Xavi Echaniz, que es también su entrenador. Y los acompañó el hijo de Xavi, Pau Echaniz[329].

---

325 Talant Dujshebaev fue campeón olímpico de balonmano en BCN'92 representando al Equipo Unificado y, posteriormente, fue medalla de bronce en Atlanta'96 y en Sídney'00 con España.

326 En París'24, Álex y Dani Dujshebaev ganaron juntos la medalla de bronce de balonmano. Álex ya había ganado la medalla de bronce en Tokio'20.

327 Gonzalo Pérez de Vargas ganó la medalla de bronce de balonmano en Tokio'20 y París'24.

328 Rodrigo Corrales ganó la medalla de bronce de balonmano en Tokio'20 y París'24.

329 Pau Echaniz fue medalla de bronce en K1 en París'24.

- Los peruanos Sol Aguirre y Lucca Mesinas, surf.

- Los neozelandeses Dylan Schmidt y Maddie Davidson, trampolín. Se conocieron en los Juegos de Tokio'20 y en París'24 ya estuvieron como pareja.

- Los británicos Jack Laugher[330] y Lois Toulson[331], saltos.

- Los franceses Franck Seguela[332] y Laetitia Guapo, baloncesto 3x3.

- También por Francia, Manon Apithy-Brunet[333] y Bolade Apithy[334], esgrima.

- Los italianos Elia Viviani[335] y Elena Cecchini, ciclismo.

- Los también italianos Yumin Abbadini y Elisa Iorio[336], gimnasia.

- Y también por Italia, Rossella Fiamingo[337], esgrima, y Gregorio Paltrinieri[338], natación.

- Los estadounidenses Lee Kiefer[339] y Gerek Meinhardt, esgrima. París han sido sus terceros JJ. OO. como pareja, aunque se casaron en 2019.

---

330   Jack Laugher fue campeón olímpico de saltos sincronizados en trampolín de 3 m en Río'16 junto a Chris Mears y medalla de plata en individual. En Tokio'20 fue bronce a nivel individual. Y junto a Anthony Harding fue bronce en sincronizados en París'24.

331   Lois Toulson fue medalla de bronce en saltos sincronizados plataforma 10 m en París'24.

332   Franck Seguela fue medalla de plata de baloncesto 3x3 en París'24.

333   Manon Apithy-Brunet fue campeona olímpica de esgrima en sable en París'24. Y en Tokio'20 fue medalla de bronce individual y de plata por equipos.

334   Bolade Apithy fue medalla de bronce de esgrima en sable por equipos en París'24.

335   Elia Viviani fue campeón olímpico de ciclismo en pista en ómnium en Río'16 y medalla de bronce en Tokio'20. Y fue medalla de plata en mádison en París'24.

336   Elisa Iorio fue medalla de plata en el concurso por equipos de gimnasia de París'24.

337   Rossella Fiamingo fue campeona olímpica de esgrima en espada por equipos de París'24. En Río'16 ganó la medalla de plata en espada individual y en Tokio'20 bronce por equipos.

338   Gregorio Paltrinieri fue campeón olímpico de 1500 m libres en Río'16. En Tokio'20 fue medalla de plata en 800 m libres y bronce en 10 km en aguas abiertas. Y fue plata en 1500 m libres y bronce en 800 m en París'24.

339   Lee Kiefer fue campeona olímpica de esgrima en florete individual en Tokio'20 y otra vez en individual y también por equipos en París'24.

- Los brasileños Hugo Calderano y Bruna Takahashi, tenis de mesa.

- Y de Brasil, Luana Silva y Joao «Chumbinho» Chianca, surf.

- Los eslovacos Dominik Cerny y Hana Burzalova, marcha. En el Mundial de Atletismo de Budapest la pareja protagonizó un «momentazo», cuando al acabar la competición de 35 km de marcha, Dominik esperó a Hana en meta y, cuando esta terminó, se puso de rodillas y con un anillo le propuso matrimonio.

- Los rumanos Marius Vasile Cozmiuc y Ionela-Livia Cozmiuc[340], remo. Ambos fueron la pareja de abanderados de Rumania en la ceremonia de apertura.

- Los argentinos Pablo Simonet, balonmano, y Pilar Campoy, *hockey* sobre hierba.

- Y una pareja que es y no es, la que componen los jugadores de baloncesto de Estados Unidos A'ja Wilson[341] y Bam Adebayo[342]. Siempre se ha especulado que son pareja, pero nunca lo han confirmado oficialmente, aunque les encanta jugar con ello. Después que el equipo femenino de EE. UU. ganara el oro en París, Wilson se acercó a Adebayo para un apretón de manos cortés en la misma pista que incendió las RR. SS. Y en febrero de 2025, en la ceremonia de retirada de la camiseta de A'ja por la Universidad de Carolina del Sur y durante el discurso de agradecimiento de Wilson, esta mencionó a algunas de las personas presentes, nombrando específicamente a su «atleta olímpico favorito de fuera de la ciudad». Al equipo de Adebayo, los Miami Heat, les faltó tiempo para publicar su foto por si no estaba claro a quien se refería A'ja. Y luego, el equipo de ella, Las Vegas Aces, entraron al chat. Y la pelota se hizo gigante.

---

340   Ionela-Livia Cozmiuc fue medalla de plata de remo en doble *scull* ligero en París'24.

341   A'ja Wilson es doble campeona olímpica en baloncesto en Tokio'20 y París'24.

342   Bam Adebayo es doble campeón olímpico en baloncesto en Tokio'20 y París'24.

Parejas «supranacionales»:

- La jamaicana Junelle Bromfield[343] y el estadounidense Noah Lyles[344], ambos velocistas. En octubre de 2024, y a través de RR. SS., anunciaron su compromiso oficial.

- La brasileña Ana Carolina da Silva[345] y la neerlandesa Anne Buijs, ambas jugadoras de voleibol. Se casaron en 2023. En París todos estábamos pendientes porque podían haber sido rivales en el torneo de voleibol. Pero no se dio el cruce entre sus países.

- La austríaca Lara Vadlau[346], vela, y la alemana Lea Schueller[347], fútbol.

- El italiano Christian Parlati y la belga Gabriella Willems, ambos judocas. Curiosamente compitieron el mismo día, el 31 de julio.

- El australiano Alex de Miñaur y la británica Katie Boulter, tenistas los dos.

- También tenistas, la ucraniana Elina Svitolina y el francés Gael Monfils. Los acompaña cuando pueden su hija Skai que en París tenía dos años.

- La australiana Saya Sakakibara[348] y el francés Romain Mahieu[349], ambos de BMX.

- Y la pareja que forman Mónica de Gennaro[350], jugadora de voleibol, y Daniele Santarelli, seleccionador de voleibol, no sería supranacional en cuanto a nacionalidad, porque

---

343 Junelle Bromfield fue medalla de bronce en el relevo 4 x 400 m de atletismo en Tokio'20.

344 Noah Lyles es campeón olímpico de 100 m en París'24 y medalla de plata en 200 m en Tokio'20 y París'24.

345 Ana Carolina da Silva fue medalla de plata en Tokio'20 y bronce en París'24 en voleibol femenino.

346 Laura Vadlau fue campeona olímpica de vela en 470 mixto en París'24 con Lucas Mahr.

347 Lea Schueller fue medalla de bronce en fútbol en París'24, derrotando a España en la final de consolación.

348 Saya Sakakibara fue campeona olímpica en BMX en París'24.

349 Romain Mahieu fue medalla de bronce en BMX en París'24.

350 Mónica de Gennaro fue campeona olímpica de voleibol en París'24.

ambos son italianos. Pero mientras Mónica es jugadora de la selección italiana, Daniele es el seleccionador turco. Ambas selecciones se enfrentaron dos veces: en la fase previa y en semifinales del torneo, siempre con victoria para Italia.

Parejas que no pudieron estar juntas

- Los españoles Antía Jácome y Pablo Martínez, ambos piragüistas, querían compartir experiencia. Pero Pablo, junto a Tano García de la Borbolla, se quedó a cincuenta y siete centésimas de clasificarse para los Juegos en C2 500 m.

- Estaban anunciados los eslovenos Tadej Pogacar y su novia Urska Zigart en ciclismo. Pero la Federación de Eslovenia decidió no seleccionar a Urska. Tadej fue muy crítico en RR. SS. con esta decisión. Y en el último minuto, se «borró» de los Juegos. Alegó fatiga, pero se intuía que fue por amor.

- La australiana de treinta y un años Katrina Gorry se recuperó de una operación de tobillo y compitió en París. Su pareja, la también futbolista sueca Clara Markstedt, no estuvo porque se había retirado para ser madre. En 2024 ha nacido Koby, el hijo de ambas, y los tres estuvieron juntos durante los Juegos.

- A la bahameña Shaunae Miller-Uibo[351] no la pudo acompañar su marido decatleta, el estonio Maicel Uibo, no clasificado. A punto estuvo la propia Shaunae de no participar tampoco, ya que se publicó que no iba a los JJ. OO. tras correr las semifinales y no presentarse a la final de los trials de Bahamas. Ni tampoco en 200, ya que abandonó en series. Y que solo haría 4 x 400 m. Pero apareció en la lista de París apuntada en 400 m y fue eliminada en la repesca.

- Por lo mismo, por no clasificarse, la estadounidense Abbey Weitzel[352] no pudo compartir villa olímpica con el también

---

351   Shaunae Miller-Uibo fue campeona olímpica de 400 m en Río'16 y Tokio'20.
352   Abbey Weitzel fue campeona olímpica de natación con el relevo 4 x 100 m estilos y plata en 4 x 100 m libres en Río'16. Y plata en 4 x 100 m estilos y bronce en 4 x 100 m libres en Tokio'20.

nadador estadounidense Michael Jensen. Pero se casaron el
21 de septiembre.

- Y la india Deepika Kumari se clasificó para París en tiro con
  arco, pero su marido Atanu Das no estuvo en los Juegos, ya
  que no pudo superar el clasificatorio indio de tiro con arco.
  Ambos ya habían competido juntos en Río'16 y Tokio'20.

- En París hubo una pareja de padre e hijo. Bernardo Rocha
  de Rezende, Bernardinho, era el seleccionador brasileño de
  voleibol y su hijo Bruno Mossa Rezende, Bruninho, fue el
  capitán de la selección. Cayeron eliminados en cuartos de
  final ante EE. UU.

Parejas de hermanos

Parejas de hermanos en los Juegos hubo un montón. Solamente
Francia ya presentó doce pares y dos parejas de gemelos:

- Lucille, voleibol, y Solene Gicquel, salto de altura.

- Felix[353] y Alexis[354] Lebrun, tenis de mesa.

- Toma Junior y Christo Popov, bádminton.

- Zélia y Sam Avezou, escalada.

- Jean-Philippe y Sébastien Patrice, esgrima[355].

- Ryan y Meba-Mickael Zeze, atletismo.

- Luka[356] y Nikola[357] Karabatic, balonmano.

- Jade, en saltos de plataforma de 10 m sincronizados, y Naïs
  Gillet, en saltos de trampolín de 3 m sincronizados.

- Charlotte y Laure Tremble, natación artística.

- Brieuc y Philippine Delemazure, *hockey* sobre hierba.

---

353   Felix Lebrun fue medalla de bronce de tenis de mesa en individuales y por
      equipos en París'24.
354   Alexis Lebrun fue medalla de bronce de tenis de mesa por equipos en París'24.
355   Jean-Philippe y Sébastien Patrice fueron medalla de bronce en sable por equipos
      en Paris'24.
356   Luka Karabatic fue Campeón Olímpico de balonmano en Tokio'20 y medalla de
      plata en Río'16.
357   Nikola Karabatic fue Campeón Olímpico de balonmano en Pekín'08, Londres'12
      y Tokio'20 y medalla de plata en Río'16.

- Delphine y Estelle Cascarino, fútbol. Son gemelas.
- Guillaume y Thibaud Turlan, remo. Son gemelos y remaron en el mismo barco.

Pero la palma es para la familia Vernoux, con tres primos clasificados en waterpolo: Ema en el equipo femenino y Thomas y Romain en el masculino.

Estados Unidos tuvo seis parejas de hermanos y dos gemelas:

- Alex[358] y Aaron Shackell, natación. Su padre, Nick Shackell, nadó para Gran Bretaña en Atlanta'96.
- Gretchen[359] y Alexandra Walsh, natación.
- Brooke y Emma Deberdine, *hockey* sobre hierba.
- Juliette e Isabella Whittaker, atletismo. Primeras hermanas en formar parte de un equipo olímpico de atletismo de EE. UU. desde 2000.
- Chase y Ryder Dodd, waterpolo[360].
- Annie y Kerry Xu, bádminton. Son gemelas.

Y España tuvo dos parejas de hermanos:

- Alex y Dani Dujshebaev, balonmano.
- Willy y Juancho Hernangómez, baloncesto.

También son hermanos Sergi, jugador de waterpolo, y Marta Cabanas, que estuvo en el torneo de waterpolo, pero como árbitro.

Hermanos del resto del mundo

- Las suizas Anouk[361] y Zoe Verge-Depre, vóley playa.
- Los alemanes Mo y Franz Wagner, baloncesto[362].

---

358   Alex Shackell fue campeona olímpica con el relevo 4 x 100 m estilos en París'24.
359   Gretchen Walsh ganó cuatro medallas en natación en París'24. Oros en el relevo 4 x 100 m estilos y en 4 x 100 m estilos mixto. Y plata en 100 m mariposa y en el relevo 4 x 100 m libres. Le dedicó las medallas a su hermana Alexandra, descalificada en 200 m estilos.
360   Chase y Ryder Dodd fueron medalla de bronce de waterpolo en París'24.
361   Anouk Verge-Depre fue medalla de bronce en vóley playa en Tokio'20, haciendo pareja con Joana Heidrich.
362   A pesar de ser los vigentes campeones del mundo de baloncesto, Alemania perdió el partido por la medalla de bronce ante Serbia.

- De Gran Bretaña, Tom[363] y Emily Ford[364], remo, ambos en la tripulación del Ocho.

- Las británicas Lina y Laviai Nielsen[365], atletismo. Son gemelas.

- Los brasileños nacidos en Alemania, Lukas Felipe y Julia Bergmann[366], voleibol.

- Las australianas Jessica y Noemi Fox[367], piragüismo en aguas bravas.

- Australianas también Maddison y Teagan Levi, *rugby* a 7.

- Y aun de Australia, Minjee y Min Woo Lee, golf. Fueron la decimosexta pareja de hermanos en representar a Australia en el mismo deporte en unos JJ. OO.

- Los croatas Martin y Valent Sinkovic, remo[368].

- Los japoneses Tomokazu y Miwa Harimoto[369], tenis de mesa.

- También de Japón, Uta[370] e Hifumi Abe[371], judo.

- Los kosovares Nora y Akil Gjakova, judo. Fueron los abanderados de Kosovo en la ceremonia de apertura.

---

363   Tom Ford fue campeón olímpico de remo en el ocho en París'24.

364   Emily Ford fue medalla de bronce de remo en el ocho en París'24.

365   Laviai Nielsen ganó dos medallas de bronce en París'24, en los relevos 4 x 400 m femenino y 4 x 400 m mixtos. Por su parte, Lina solo participó en las series matinales del relevo 4 x 400 m. Aunque no corrió con el cuarteto de su país en la final, se la considera ganadora de la medalla de bronce como a su gemela Laviai.

366   Julia Bergmann fue medalla de bronce en voleibol en París'24.

367   Noemi Fox fue campeona olímpica de kayak *cross* en París'24, disciplina que se estrenaba en los JJ. OO.

368   Los hermanos Martin y Valent Sinkovic han sido triples campeones olímpicos de remo: en Río'16 en doble *scull* y en Tokio'20 y París'24 en dos sin timonel.

369   Miwa Harimoto fue medalla de plata de tenis de mesa por equipos en París'24.

370   Uta Abe fue campeona olímpica de judo -52 kg en Tokio'20. Además, tiene la medalla de plata de judo por equipos mixtos en Tokio'20 y París'24.

371   Hifumi Abe es campeón olímpico de judo en -66 kg en Tokio'20 y París'24, y tiene además dos medallas de plata en ambos Juegos en la competición mixta por equipos.

- Los argentinos Diego[372] y Pablo Simonet, balonmano. Podían haber sido tres los hermanos Simonet, porque Sebas fue olímpico en Londres'12, Río'16 y Tokio'20, pero no estuvo en París'24. Los padres son Luis Simonet y Alicia Moldes, jugadores de balonmano en la década de los ochenta e incluso internacionales con Argentina.

- De Ecuador, Neisi Dajomes[373] y Angie Palacios[374], halterofilia.

- Y los gemelos británicos Javier y Joaquín Bello, nacidos en España y criados en Inglaterra desde los diez años, no se clasificaron en vóley playa para París. Pero ya preparan LA'28.

Y la natación artística merece mención aparte con hasta cuatro parejas de hermanas… ¡gemelas!:

- Las ucranianas Maryna y Vladyslava Aleksiiva participaron en París en dúos.

- Las austriacas de origen griego Anna-Maria y Eirini-Marina Alexandri participaron en dúos. Tienen una trilliza que compite en solo, Vasiliki-Pagona Alexandri, pero que no estuvo en París, ya que las modalidades olímpicas de la natación artística son dúos y equipos.

- Las chinas Qianyi y Liuyi Wang[375] compitieron en dúos y equipos.

- Y las neerlandesas Bregje y Noortje de Brouwer lo hicieron en dúos[376].

- Bonito fue el gesto de la escaladora polaca Aleksandra Kalucka[377], quien le dedicó su medalla de bronce a su

---

372   El jugador de balonmano del Montpellier Diego Simonet es un apasionado de los juegos de mesa. De hecho, ha creado uno sobre los JJ. OO. llamado Olympikos.

373   Neisi Dajomes fue medalla de bronce de halterofilia en 81 kg en París'24.

374   Angie Palacios fue medalla de bronce de halterofilia en 71 kg en París'24.

375   Qianyi y Liuyi Wang son dobles campeonas olímpicas de dúos y equipos en París'24. Además, Qianyi fue medalla de plata por equipos en Tokio'20. Al equipo chino de París'24 lo entrenaba la española Anna Tarrés.

376   Bregje y Noortje de Brouwer fueron medalla de bronce en París'24. Las entrenaba la española Esther Jaumà.

377   Aleksandra Kalucka fue medalla de bronce en escalada de velocidad en París'24.

gemela Natalya, con la que peleó por obtener la segunda plaza olímpica de Polonia. Las gemelas Kalucka nacieron ciegas de un ojo, y los médicos le dijeron a su madre que tendrían dificultades para hablar y caminar.

–   Y un último parentesco. La estrella de la NBA y miembro del equipo de Canadá de baloncesto Shai Gilgeous-Alexander es hijo de Charmaine Ann Marie Gilgeous, atleta de Antigua y Barbuda que fue olímpica en BCN'92 en 400 m.

CONCILIACIÓN OLÍMPICA

En la villa de París, no hubo alcaldía ni alcalde. El alcalde la villa olímpica, acostumbraba a ser un exatleta. En Tokio fue Saburo Kawabuchi, futbolista en los JJ. OO. de 1964. En París, el edificio previsto para la alcaldía fue reconvertido en guardería gracias al empeño de muchas madres deportistas y sobre todo de la exatleta estadounidense Allyson Felix, miembro de la Comisión de Atletas del COI. Y como los deportistas no pueden dormir con sus hijos en la villa, la delegación francesa asignó además un hotel para madres lactantes, el H4 Hotel Wyndham Paris Pleyel, que abrió sus puertas en primavera en la torre Pleyel de Saint Denis, cerca de la villa. En ese mismo hotel se reservó un espacio para todos los padres que desearon pasar tiempo con sus hijos de hasta quince años durante los Juegos. Costó unos 40 000 euros al Comité francés.

Felix siempre luchó por la conciliación, compartiendo sus experiencias a la hora de compaginar las competiciones con la maternidad y la lactancia. «Algunas cosas del día a día eran realmente difíciles. Durante los Juegos he tenido que amamantar en estadios o lavar biberones en los lavabos de los baños de los hoteles», dijo a CBS News. Esta ha sido solo una de las luchas de la estadounidense, porque en 2019, y junto a sus compatriotas la corredora de largas distancias Kara Goucher y la ochocentista Alysia Johnson-Montaño, exigió a su *sponsor* Nike que mantuvieran una compensación equitativa para las deportistas embarazadas, lo que provocó cambios en las políticas corporativas.

Aun así, en el tema conciliar vida deportiva con vida paternal o maternal, queda mucho camino por recorrer, como bien sabe la española Ona Carbonell[378], presidenta de la Comisión Maternidad y Deporte del COE. Ya sea como deportista en activo e incluso después de su retirada, Ona siempre ha peleado para que se permitiese a las deportistas compaginar maternidad y deporte. El momento en que dejó sentir más su voz fue en los Juegos de Tokio'20 cuando por las restricciones del COVID-19 no la dejaron llevarse a su hijo Kai a Japón y tuvo que interrumpir la lactancia. «No hay que renunciar a la maternidad para ser deportista ni renunciar a ser deportista para ser madre», ha dicho siempre Ona Carbonell.

Sobre este tema, los comités olímpicos y paralímpicos internacionales tienen tres reglas:

- Prohibición de dormir en la villa olímpica a los hijos de los deportistas y a sus familiares, así como a cualquier persona no acreditada.

- Posibilidad de que un niño o niña entre en la villa entre las nueve de la mañana y las nueve de la noche con un acompañante con pase de invitado.

- Y está prohibido el acceso de los niños a las sedes de competición.

Hablando de conciliación, una de las diez medallas de oro ganadas por Nueva Zelanda la consiguieron en remo modalidad doble *scull* Brooke Francis[379] y Lucy Spoors[380]. El dúo es conocido como las Super Mums (las Súper Mamis), ya que ambas tienen un hijo y los trajeron a París. El hijo de Spoors se llama Rupert y la hija de Francis, Keira. En la sede del remo, las Súper Mamis consiguieron algo muy difícil, poner fin al reinado de las rumanas[381] Nicoleta Ancuta Bodnar y Simona Radis, aunque bromea-

---

378   Ona Carbonell fue medalla de plata en dúo con Andrea Fuentes y bronce por equipos de natación sincronizada en Londres'12.

379   Brooke Francis fue medalla de plata en remo doble *scull* en Tokio'20, pero junto a Hannah Osborne.

380   Lucy Spoors fue medalla de plata en el ocho de Nueva Zelanda en Tokio'20. Acabados los Juegos de París se casó el 6 de diciembre con el padre de su hijo, Brook Robertson.

381   Además de la plata en doble *scull* en París'24, Nicoleta Ancuta Bodnar y Simona

ron diciendo que era poco probable que sus hijos las estuvieran viendo. «Me gusta pensar que nos estaban animando en los últimos doscientos metros, pero, en realidad, probablemente estaban comiendo galletas y viendo Peppa Pig», dijo Lucy Spoors.

UNA NUEVA CEREMONIA

Como se decía textualmente en la nota que envió el COJOP para dar a conocer la nueva ceremonia, «cuando los franceses damos la bienvenida al mundo, nos gusta ser muy franceses». París aportó una gran novedad antes de que empezase cada sesión de competición. Se creó la ceremonia de «les trois coups» (los tres golpes). Esta es una tradición que proviene del teatro francés y que se remonta a los tiempos medievales, por la cual el director de la obra daba tres golpes en el suelo con un bastón llamado Brigadier, para avisar que empezaba la función. En ese momento se creaba un instante de silencio y concentración, que permitía al público prepararse antes del espectáculo que les esperaba.

En París, antes del arranque de cualquier competición, ya fuese en directo o grabado, pudimos ver, pues, a un personaje del deporte o de la cultura, o incluso a voluntarios, dando los tres golpes como inicio de cada emocionante jornada deportiva.

EL PASEO DE LA FAMA

El parque de los Campeones del Trocadero fue, según Carl Lewis, «the place to be», donde se debía estar si visitabas París. Con capacidad para 13 500 personas, se inauguró después de la ceremonia de apertura, y fue escenario del desfile de todos los medallistas que lo deseasen al día siguiente de ganar. El *show* diario duraba una hora, no era obligatorio asistir y se agruparon las medallas por disciplina. Se estima que desfilaron unos 1200 deportistas de todos los países en un marco brutal con la Torre Eiffel de fondo.

Como recomendación de la Comisión de Atletas del COI, el parque de los Campeones de Trocadero se usó también para

Radis fueron campeonas olímpicas de remo doble *scull* en Tokio'20 y con el ocho de Rumania en París'24.

hacer la ceremonia de entrega de medallas a los deportistas que las hubiesen recuperado *a posteriori* a causa del dopaje y a los que en su momento se les «negó» el honor de subir al podio. Las reglas antidopaje establecen que las muestras de los deportistas deben congelarse durante doce años, periodo en el que pueden aparecer métodos más precisos de detección.

Hubo hasta once casos de deportistas que recuperaron su medalla, diez de deportes de verano. Desde 2018, esta ceremonia de desagravio se hacía en el marco de los Juegos de la Juventud, en la sede del COI, en el Museo Olímpico de Lausana o en una ceremonia privada de cada CON. Pero París y su parque de los Campeones les devolvió a los deportistas ese momento «robado» con luz y taquígrafos.

Estos fueron los deportistas que recuperaron sus medallas:

- Beverly McDonald[382] recibió el bronce de los 200 m de Sídney'00 tras la descalificación de Marion Jones[383].

- Chelsea Hammond-Ross recibió el bronce del salto de longitud de Pekín'08 tras la descalificación de la rusa Tatyana Lebedeva[384].

- Erik Kynard recibió el oro de salto de altura de Londres'12 tras el *doping* de Ivan Ukhov, mientras que la plata fue para el canadiense Derek Drouin[385].

- El egipcio Tarek Yehia Fouad Abdelazim recibió la medalla de bronce en halterofilia 85 kg de Londres'12 tras el positivo del segundo clasificado, Apti Aukhadov.

---

382 Además del «recuperado» bronce de Sídney'00 en 200 m, Beverly McDonald había ganado el oro en 4 x 100 m en Atenas'04 y la plata en 4 x 100 m en Sídney'00.

383 Marion Jones ganó cinco medallas en Síney'00: oro en 100 m, 200 m y el relevo 4 x 400 m y bronce en longitud y 4 x 100 m. Pero en 2007, culpable de haber consumido esteroides, le retiraron las cinco medallas. En 2010, una decisión del TAS devolvió a EE. UU. las medallas en el relevo para no perjudicar a sus inocentes compañeras.

384 Tatyana Lebedeva fue desposeída de sus medallas de plata en salto de longitud y triple salto de Pekín'08. Conserva el oro de longitud y el bronce en triple de Atenas'04 y la plata de triple de Sídney'00.

385 Además de recuperar la plata en salto de altura de Londres'12, Derek Drouin fue luego campeón olímpico en Río'16.

- Al surcoreano Jeon Sang-Guen le entregaron el bronce en +105 kg de halterofilia de Londres'12, tras el positivo del tercer clasificado, el ruso Ruslan Albegov.

- El equipo de EE. UU. de patinaje sobre hielo recibió la medalla de oro por equipos de los JJ. OO. de Invierno de Pekín'22 tras la confirmación oficial del positivo de la patinadora rusa Kamila Valieva.

Mención aparte merecen dos pruebas. La primera, la de los 400 m vallas de Londres'12. Tras la descalificación de Natalya Antyukh[386], la estadounidense Lashinda Demus ha pasado a ser medalla de oro, la checa Zuzana Hejnova plata y la jamaicana Kaliese Spencer bronce. Verlas a las tres juntas en el podio del parque de los Campeones fue un momento mágico, aunque la más emocionada era la jamaicana Spencer, porque doce años atrás, y a diferencia de sus compañeras, al haber quedado cuarta no había podido disfrutar del «momento podio».

Y el otro momento a destacar es el que se ha dado en llamar «la carrera más sucia de la historia olímpica», con permiso de los 100 m de Seúl'88: los 1500 m lisos femeninos de Londres'12. La campeona olímpica en Londres fue la turca Asli Çakir Alptekin. Dio positivo en 2015 y perdió el oro. La segunda fue la también turca Gamze Bulut. Había heredado el oro, pero lo perdió por dar positivo un año después. La séptima clasificada, la bielorrusa Natallia Kareiva, y la novena, la rusa Ekaterina Kostetskaya, también dieron positivo. Y a finales de 2024 ha caído una quinta atleta de aquella final, la rusa Tatyana Tomashova[387].

El positivo de Tomashova se conoció acabados los JJ. OO. Así que durante París la bareiní Maryam Jusuf Yamal, que fue tercera en 2012, era considerada la nueva campeona olímpica, y la etíope Abeba Aregawi, que fue quinta en la final de Londres, era

---

386 A Natalya Antyukh le quitaron por dopaje la medalla de oro de 400 m vallas de Londres'12. Pero conserva el bronce de 400 m vallas y la plata del relevo 4 x 400 m de Atenas'04.

387 Tatyana Tomashova fue cuarta en la final de 1500 m de Londres'12. Después de varias descalificaciones de las rivales, heredó la medalla de plata que perdió en 2024 por dopaje. Pero conserva su medalla de plata en 1500 m de Atenas'04.

la nueva medalla de bronce. Pero tras el positivo de Tomashova, a quien le ha caído una suspensión de diez años, ahora el COI deberá decidir si la plata es, pues, para Aregawi, y el bronce para la estadounidense Shannon Rowbury, ¡que fue sexta de la final! Sería lo justo. Lo que pasa es que además de justo será grotesco, ya que el 9 de agosto de 2024, Abeba Aregawi, con un vestido blanco inmaculado y una tremenda sonrisa en la cara, recibía físicamente en el parque de los Campeones la medalla de bronce, ¡y ya ha caducado! El lastre del dopaje lo pervierte todo, alterando hasta el objetivo encomiable del parque de los Campeones.

Entre los españoles hay antecedentes de recuperar medallas *a posteriori*, pero siempre las han recibido en la sede del COE. A Ruth Beitia[388] le dieron el bronce de salto de altura de Londres'12 tras el positivo de la tercera, Svetlana Shkolina. A Alfonso «Sete» Benavides, el bronce de piragüismo en C1 200 m de Londres'12 tras el positivo del segundo, el lituano Jevgenij Suklin. Y a Manolo Martínez el bronce del lanzamiento de peso de Atenas'04 tras el positivo del medalla de oro, el ucraniano Yuriy Bilonog.

El caso más bestia es el de la levantadora Lydia Valentín. La gallega tiene tres medallas olímpicas en halterofilia -75 kg, pero solo pudo «disfrutar» una desde el podio, el bronce de Río'16. El resto las recibió años después de su competición. Primero recuperó la plata en Pekín'08, competición en la que fue cuarta, tras el positivo de la campeona, la china Lei Cao, y la ganadora del bronce, la rusa Nadezhda Evstiukhina. Y luego recibió el oro de los Juegos de Londres, donde también había sido cuarta, después que cayesen en las redes del dopaje una tras otra la ganadora en 2012, la kazaja Svetlana Podobedova; la segunda, la rusa Natalya Zabolotnaya[389]; y la tercera, la bielorrusa Iryna Kulesha.

UNA DE REIVINDICACIONES

El retorno del régimen talibán a Afganistán en agosto de 2021 trajo aparejado negar el acceso a la educación y el deporte a la

---

388   Ruth Beitia fue campeona olímpica de salto de altura en Río'16.
389   Natalya Zabolotnaya fue desposeída de su plata en Londres'12, pero mantiene la medalla de plata en -75 kg ganada en Atenas'04.

mujer. No solo eso contravenía las normas del COI, sino que además la ONU dijo que la política de los talibanes podía ser considerada como crímenes contra la humanidad. Para que hubiese una delegación afgana en París, el COI negoció con el Comité Nacional afgano en el exilio, no con el régimen talibán. Así, ningún talibán fue acreditado para los JJ. OO. Y la bandera bajo la que desfilaron en la ceremonia de apertura fue la negra, roja y verde del país, no la blanca y negra que usan los talibanes, básicamente en Kabul.

Para París se designó un equipo con seis deportistas, tres hombres y tres mujeres. Cinco de los seis vivían en el extranjero. Cuando el Gobierno talibán de Afganistán vio que habría tres mujeres en los JJ. OO., emitió un comunicado para dejar claro que no reconocía a las tres deportistas que iban a representar al país. «Solo tres deportistas representan a Afganistán», dijo Atal Mashwani, portavoz de la dirección de deportes del Gobierno talibán, refiriéndose a los competidores masculinos. «Actualmente, en Afganistán se han prohibido los deportes femeninos. Cuando no se practica el deporte femenino, ¿cómo pueden ir mujeres al equipo nacional?» declaró en AFP.

Estaba claro que para las mujeres afganas los Juegos eran un altavoz ideal. Pero ya sabemos que la Carta Olímpica en su regla 50 prohíbe cualquier manifestación política en sede de competición olímpica, lo que le costó la descalificación a la refugiada de origen afgano Manizha Talash. Pero las tres mujeres del equipo quisieron hacerse oír y encontraron la manera.

Las dos hermanas ciclistas Yulduz y Fariba Hashimi se metieron en la escapada matinal de la prueba de ciclismo en ruta, formando un pequeño grupo con la ciclista vietnamita Thi That Nguyen, la israelí Rotem Gafinovitz y la burkinesa Awa Bamogo. Cuando entraron en París, Yulduz y Fariba levantaron los brazos para que se las viese. Querían ser la voz de veinte millones de mujeres privadas de sus derechos básicos. Para amplificar el mensaje, compitieron con un *culotte* con los colores de Afganistán y luciendo la histórica bandera roja, negra y verde, odiada por los talibanes.

En Afganistán, era prácticamente imposible ser ciclista. «La gente era agresiva. Trataban de atropellarnos con sus coches o motos cuando nos veían en bicicleta. Y nos arrojaban piedras», declararon las hermanas a la BBC. Hasta que las convocaron para la selección nacional. Pero entonces volvieron los talibanes y tuvieron que huir. La italiana Alessandra Cappellotto, olímpica en Atlanta'96 y Sídney'00 y campeona del mundo en ruta en 1997, fue su salvadora. Su organización benéfica Road to Equality (camino a la igualdad) usa el ciclismo para ayudar a mujeres de todo el mundo. Alessandra había patrocinado una carrera en Kabul para el Día Internacional de la Mujer de 2021, y ahí fue donde las hermanas Hashimi la conocieron. La italiana las metió en uno de los últimos aviones que salían de Kabul y las alojó en su pueblo del Véneto, en los Dolomitas. Posteriormente, quedaron bajo la tutela de la Academia de Ciclismo de la Unión Ciclista Internacional (UCI) en Suiza.

La tercera componente femenina de la delegación, y abanderada en el Sena, Kimia Yousofi también tenía su «reivindicación». Tras su serie de 100 m, se quitó el dorsal y enseñó lo que había escrito: «Eduction, sport, our rights». Kimia pedía tener derecho a educación y deporte. Por cierto, que había una errata en su texto: puso «eduction» y no «education»…, pero qué más daba, el mensaje era lo importante.

> Siento una responsabilidad hacia las niñas que están en Afganistán, porque ellas no pueden hablar ni dar entrevistas. De hecho, no pueden hacer nada y deben estar en silencio. Yo no soy una persona política, pero yo puedo ser la voz de las mujeres afganas», no paraba de repetir Kimia en la zona mixta de entrevistas del estadio.

Curiosamente, Kimia Yousofi había sido la abanderada de Afganistán en Tokio'20, pero aquel era otro momento político. Con la llegada de los talibanes huyó a Irán. Y luego se exilió en Australia, junto a un grupo de más de treinta personas.

> Represento los sueños y aspiraciones robados de estas mujeres. Las que no tienen la autoridad para tomar decisiones como seres humanos libres. Ni siquiera tienen el permiso para entrar a un parque. Estoy profundamente agradecida a todos aquellos que me han apoyado en este viaje y lo han hecho posible.

Otra reivindicación, más silenciosa, la hizo de manera coral toda la delegación de Argelia durante la ceremonia de apertura en el Sena. Aprovecharon su desfile para lanzar pétalos de rosas al agua en memoria de los manifestantes del 17 de octubre de 1961. Entonces, en plena guerra de independencia entre Francia y Argelia, varios argelinos fueron golpeados y reprimidos por la policía por orden del prefecto Maurice Papon. Y muchos arrojados al Sena, cerca del puente Saint-Michel. Aún hoy no hay cifras oficiales, pero las masacres dejaron entre treinta y 200 muertos según los distintos informes establecidos.

HISTORIAS DE MUJERES

Los Juegos de París fueron los primeros en los que la paridad de deportistas de los dos géneros fue total. Hace ya tiempo que las estrellas femeninas brillan al mismo nivel que las masculinas. Y en deportes de equipos las distancias se van acortando en cuanto al interés mediático, básicamente gracias al reciente tirón del fútbol que ha tenido un verdadero *boom*, sobre todo en España. Estas son algunas de las historias de esas mujeres de los JJ. OO. que no tienen tanta repercusión para acaparar portadas.

La tiradora de sable egipcia Nada Hafez llegó hasta octavos de final. Y, tras quedar eliminada ante la surcoreana Hayoung Jeon[390], contó en sus RR. SS. que había competido embarazada[391] de siete meses. «¡Orgullosa olímpica de siete meses de embarazo!, escribió. «Lo que a ustedes les parece como dos competidoras en la pista, en realidad éramos tres: mi rival, yo y mi bebé aún por nacer».

También compitió embarazada de seis meses y medio la tiradora con arco de Azerbaiyán Yaylagul Ramazanova. Eliminó en

---

390   Hayoung Jeon fue medalla de plata en sable por equipos en París'24.

391   A lo largo de la historia olímpica, ha habido muchos casos de deportistas compitiendo embarazadas. La neerlandesa Fanny Blankers-Koen se ganó el apodo de Mamá Voladora al ganar cuatro medallas de oro embarazada de su tercer hijo en Londres 1948. La jugadora de vóley playa estadounidense y triple campeona olímpica Kerri Walsh-Jennings ganó el oro de vóley playa de Londres'12 embarazada de cinco semanas de su tercer hijo. Y más recientemente, en Río'16, la nadadora alemana Dana Vollmer ganó la medalla de oro en el relevo 4 x 100 m estilos de natación, embarazada de seis meses.

treintaidosavos de final a la china Qixuan An[392] con una última flecha perfecta. «Sentí que mi bebé me pateaba antes de disparar esa última flecha, y luego metí un diez», dijo la azerí en una entrevista.

Y la judoca de Mongolia Baasankhuu Bavuudorj[393] compitió en la capital francesa estando embarazada de entre dos y tres meses. Esto solo lo supimos en enero de 2025 cuando la propia judoca anunció en RR. SS. que había sido madre.

Youmna Ayyad, la primera boxeadora de Egipto en unos JJ. OO., tuvo problemas fisiológicos y hormonales, no pudo dar el peso requerido para competir y se tuvo que ir para casa.

La italiana Alice Bellandi ganó el oro en judo en la categoría de -78 kg. Giorgia Meloni se presentó por sorpresa para verla ganar el oro. Nada más ganar a la israelí Inbar Lanir, Alice se acercó a la grada para besar en la boca a su novia Jasmine Martin. La ultraconservadora Meloni tuvo que aguantar el tipo estoicamente.

La india Diksha Dagar es golfista profesional y sorda. Dagar representó a la India en los Juegos Sordolímpicos de Verano de 2017 y en los Juegos Olímpicos de Tokio'20 y París'24. En París fue cuadragésimo novena en la competición individual de golf.

La nadadora australiana Lani Pallister, favorita al oro en 1500 m libres, cogió el COVID antes de los Juegos y el equipo australiano la reservó para el relevo 4 x 200 m libres. Nadó la segunda posta y las australianas ganaron la medalla de oro. Antes de los Juegos de Tokio'20, Lani sufrió una arritmia y tuvo problemas de anorexia. Su madre Janelle Pallister ya fue olímpica en Seúl'88.

La jugadora australiana de vóley playa Taliqua Clancy[394] fue una de los once deportistas aborígenes presentes en París. Taliqua decidió que quería ser olímpica tras ver correr a Cathy Freeman en Sídney'00. El Comité Olímpico Australiano (COA) está trabajando para reconocer el patrimonio, la cultura y la historia de los pueblos de las Primeras Naciones. Hasta la fecha, Australia ha estado representada por sesenta y seis deportistas olímpicos

---

392   Qixuan An fue medalla de plata de tiro con arco por equipos en París'24.
393   Baasankhuu Bavuudorj ganó la medalla de plata de judo en -48 kg en París'24.
394   Taliqua Clancy fue medalla de plata de vóley playa en Tokio'20.

aborígenes. Taliqua Clancy consiguió el mejor resultado de un deportista de las Primeras Naciones en París al ser cuarta en vóley playa, igualando el registro de Maurice Longbottom, único aborigen del equipo australiano de *rugby* a 7, que también fue cuarto.

La también australiana Sinead Diver compitió en el maratón con cuarenta y siete años, cuatro meses y veinticuatro días. Aunque no acabó la prueba, fue la competidora en atletismo más veterana, sacándole treinta y un años al más joven participante en atletismo, el velocista de Kiribati Kenaz Kaniwete.

Mackenzie Arnold, la portera de Las Matildas, nombre por el que se conoce al equipo femenino de fútbol de Australia, estuvo en los JJ. OO., aunque con su país no superó la fase previa. Pero lo más importante es que, desde marzo, sus seguidoras ya podían comprar la camiseta con su número y su nombre. En el Mundial de 2023, en el que Mackenzie fue una de las estrellas e hizo un grandísimo partido de cuartos ante Francia, hubo mucha polémica porque Nike no había fabricado su camiseta, mientras que del fútbol masculino todos tienen la suya. Tema solventado por suerte.

La jugadora estadounidense de *rugby* a 7 Ilona Maher fue protagonista en París por mucho más que por ganar el bronce y quejarse porque su medalla perdió el brillo. Gracias a sus videos en RR. SS., Ilona se ha vuelto una de las deportistas más populares en RR. SS. donde tiene más de tres millones de seguidores. ¡Y durante los JJ. OO. superó incluso a la cantante estadounidense Taylor Swift en impactos en TikTok! Ilona ha sabido aprovechar las redes para hablar sobre el sexismo en los deportes y mostrar su apoyo a los diferentes tipos de cuerpos, luchando contra los cánones estereotipados de los cuerpos perfectos. Todo empezó con los *haters* que criticaban su cuerpo «por su aspecto masculino», con 1,80 m de altura y noventa kilogramos de peso. Maher no solo replicó contundentemente «yo voy a los Juegos y tú no», sino que le dio la vuelta a la situación y empezó a utilizar su plataforma para defender la positividad corporal, compartiendo sus propias historias de «vergüenza por su físico masculino y musculoso». En un *post* del mismo día de la ceremonia de apertura, alentó a los fans a «echar un vistazo a todos los diferentes tipos de cuerpo en exhibición». Ilona Maher fue portada del número de septiembre de 2024 de la revista *Sports Illustrated* y participó en la emisión de la ABC *Bailando con las estrellas*, donde quedó segunda junto al bailarín Alan Bersten, convirtiéndose en la primera mujer en «llevar» a un hombre. Y su popularidad no ha dejado de crecer. Para su debut en enero de 2025 con su nuevo club de la liga femenina inglesa de *rugby*, los Bristol Bears, Ilona pudo sentir como su personalidad había trascendido los Juegos Olímpicos. Fue tal la avalancha de peticiones de entradas para ver su debut ante el Gloucester-Hartpury que Bristol tuvo que dejar su pequeño campo Shaftesbury Park para trasladarse a Ashton Gate, donde casi 10 000 personas la pudieron ver jugar. Tal es el efecto Maher que el partido se retransmitió en todo el mundo, incluidos su país, Estados Unidos, y Nueva Zelanda, donde el *rugby* es religión.

Lesoto es un país africano del tamaño de Galicia y rodeado totalmente por Sudáfrica. Nunca han ganado una medalla olímpica en trece participaciones olímpicas. Y a París llevaron tres deportistas. Su abanderada fue Michelle Tau, quien pasó de ser Miss Lesoto en 2017 a competir en sus primeros Juegos. Lesoto no tenía representante en taekwondo desde hacía veinte años. «Soy una persona muy tranquila, muy tímida. Pero cuando subo al *ring*, me pongo en modo bestia», confesó en Olympics.com. Michelle perdió en primera ronda de taekwondo en -49 kg ante la iraní Mobina Nematzadeh.

Tras perder con Alemania y Estados Unidos, las Belgian Cats, sobrenombre del equipo femenino de Bélgica de baloncesto, necesitaban ganar su último partido de la fase previa por una diferencia de veintisiete puntos o más, si querían acceder a los cuartos de final. ¡Y lo hicieron! Ganaron a Japón 85-58. Su rival para el pase a cuartos era la propia selección de Japón, así que no hubo pucherazo posible. En esos cuartos, Bélgica ganó a España, luego perdió en semifinales con Francia, y las australianas las superaron por la medalla de bronce.

En la final femenina de vóley playa hubo cuatro poderosas mujeres sobre la arena del Campo de Marte. La pareja brasileña Ana Patricia Silva Ramos y Eduarda «Duda» dos Santos Lisboa en un lado de la red, y, en el otro, las canadienses Melissa Humana-

Paredes y Brandie Wilkerson. Como no podía ser menos en una final olímpica, el partido se tornó muy tenso. En un momento dado del tercer y definitivo set, las cuatro jugadoras se recriminaban vehemente alguna acción, sin que el segundo árbitro, el serbio Robert Leko, pudiese hacer nada para parar la escalada verbal. El público empezó a abuchear. Y de repente, el DJ del torneo, el español Toni Rojas, que ejerce este papel desde los Juegos de Río'16, entendió que para amansar a las «fieras» debía pinchar el himno más pacífico del mundo, la canción *Imagine* de John Lennon. Todo el público empezó a corearla, mientras a las cuatro jugadoras se les iba la rabia del cuerpo, se les relajaba el semblante y empezaban a sonreír aplaudiendo al público a su vez. El partido lo ganaron las brasileñas, recuperando para Brasil veintiocho años después el oro que ganaron en Atlanta'96 Sandra Pires y Jackie Silva. Pero resultados al margen, sin duda el momento *Imagine* fue una de las sensaciones más potentes de los JJ. OO.

En el Grand Palais, sede del taekwondo, la húngara Viviana Marton acababa de ganar la medalla de oro en -67 kg. Lo normal en estos casos es buscar que alguien te lance la bandera de tu país para pasearla en una emocionada vuelta de honor. Y es lo que hizo Viviana. Lo extraordinario es que en lugar de una bandera de Hungría… ¡paseó una bandera de Canarias! Y es que la nueva campeona olímpica nació en 2006 en Tenerife y residió allí hasta que con doce años se mudó a Madrid con sus padres y su hermana gemela Luana[395]. Ambas se formaron deportivamente en España, pero decidieron competir bajo la bandera del país de nacimiento de sus padres aunque Viviana pasease la de Canarias. Lo curioso es que su padre, el Dr. Zsolt Krisztian Marton, es el presidente de la Federación de Taekwondo de Hungría.

A la gimnasta británica Bryony Page[396], abanderada de su país en la ceremonia de clausura y campeona olímpica en París'24, la

---

395   Luana Marton es campeona del mundó de taekwondo en -57 kg en Bakú'23.

396   Bryony Page fue campeona olímpica de trampolín en París'24. Tiene dos medallas olímpicas más: plata en Río'16 y bronce en Tokio'20. Además, en 2024, consiguió atesorar a la vez los títulos de campeona de Europa, mundial y olímpica.

deberíamos tal vez llamar la Campeona Circense. Al acabar los Juegos se mudó a Canadá, para entrenar con el Cirque du Soleil en Montreal. Pero eso no significa que se retire, porque la gimnasta de trampolín de treinta y tres años no descarta estar en los Juegos de LA'28. Pero, a corto plazo, su primera intención es ser seleccionada para realizar una gira como integrante del Circo del Sol en 2025. Pero Bryony no es solo campeona olímpica y aspirante a acróbata. Además, es paleontóloga y escribió su tesis sobre el sonido que emitían los dinosaurios. Y un pequeño triceratops colgado de su mochila le acompaña en las competiciones. Y por rematar su historia, quince años atrás sufrió un extraño síndrome que afecta a gimnastas y saltadores de trampolín, el síndrome del movimiento perdido (SMP). Se describe como un trastorno psicológico en el que los atletas se ven incapaces de realizar una habilidad que previamente realizaban automáticamente. Para los saltadores es fatal porque desaprenden movimientos ya adquiridos. Pero con ayuda especializada, Bryony pudo superarlo.

La atleta de Kazajistán de origen keniano Norah Jeruto Tanui, campeona del mundo 2022 de 3000 m obstáculos, fue novena en la final de París. Pero lo importante es que pudo correr. La atleta kazaja fue suspendida por WA y ya no pudo participar en el Mundial 2023 por «supuestas anomalías en su pasaporte biológico». Pero el TAS determinó que no violó las reglas antidopaje y la permitió competir.

La británica Rosie Eccles terminó llorando tras una polémica derrota ante la polaca Aneta Rygielska en el combate de boxeo 66 kg de treintaidosavos de final. Rosie reveló en talkSPORT.com que lo único que la sacó de su tristeza fue el regalo del tenista Andy Murray[397]: dos entradas para ver en directo en la sede de Roland Garros su partido de dobles de segunda ronda contra Bélgica. Ese partido lo ganó Murray junto a Dan Evans, pero perdió el siguiente, el de cuartos, ante la pareja de Estados Unidos. No se sabe si a ese también acudió Rosie Eccles, pero lo que es seguro es que fue el último partido de la larga y exitosa carrera

---

397   Andy Murray es doble campeón olímpico de tenis en Londres'12 y Río'16. En 2012 también ganó la medalla de plata en dobles mixtos junto a Laura Robson.

de Murray, porque luego se retiró. «De todas maneras nunca he amado el tenis», publicó con humor el escocés en RR. SS.

La brasileña Rafaela Silva, campeona olímpica de judo en -57 kg en Río, fue la gran heroína carioca de aquellos Juegos de 2016. Y es que Rafaela venía de la favela Cidade de Deus, la más conocida de Río de Janeiro, un lugar de gran violencia y alta tasa de criminalidad. Sancionada por dopaje, sanción que Rafaela siempre cuestionó, no pudo acudir a Tokio'20. Pero regresó en los Juegos en París donde consiguió la medalla de bronce por equipos mixtos. Y podía haber sido bronce individual, pero fue descalificada en el combate por la medalla de bronce ante la japonesa Haruka Funakubo[398] por aplicar una técnica peligrosa para sí misma.

La jugadora de balonmano brasileña Tamires Morena fue la protagonista de uno de los grandes gestos de *fair play* de París. En el partido de la fase previa entre Brasil y Angola, la capitana angoleña Albertina Kassoma quedó tendida en el suelo lesionada tras un lanzamiento a portería. Inicialmente la atendieron en el sitio los médicos y la ayudó a levantarse la portera de Brasil Gabriela Moreschi. Pero cuando Tamires Morena vio que Albertina no podía caminar, cruzó toda la pista a la carrera para llevarla en brazos hasta su banquillo. Ambas jugadoras son amigas y habían jugado juntas en Rumania. Sobre la pista se comunicaron en portugués. Kassoma le dijo: «Gracias, amiga, solo tú me podías levantar». El gesto de Tamires Morena mereció una cerrada ovación del público que llenaba la sede del Arena 6 de París sur.

La medalla de bronce de los 200 m, la estadounidense Brittany Brown, dedicó su premio a las mujeres que, como ella, padecen endometriosis[399]. Y la marchadora ecuatoriana Glenda Morejón, quien también padece endometriosis, sufrió una fractura por *stress* del pubis antes de los JJ. OO.

---

398 Además de la medalla de bronce de judo en -57 kg, Funakubo fue medalla de plata por equipos mixtos con Japón, aunque no participó en la final ante Francia y sí en cuartos ante Serbia y en semifinales ante Alemania.

399 La endometriosis es una afección a menudo dolorosa en la cual un tejido similar al que recubre el interior del útero crece fuera de este. Con frecuencia afecta a los ovarios, las trompas de Falopio y el tejido que recubre la pelvis. No tiene cura.

La jugadora de voleibol de Estados Unidos Jordan Larson[400] salió de su retiro para participar en sus cuartos JJ. OO. después de dos divorcios y la muerte de su madre, Kae, por cáncer de mama. Lo hizo gracias al apoyo del entrenador jefe Karch Kiraly[401].

La estadounidense Jajaira González, alguna vez considerada la boxeadora *amateur* más prometedora de EE. UU., se distanció del deporte tras no poder clasificarse para Río'16. Su derrota en la final del proceso de selección nacional la dejó devastada y sin rumbo. En los años siguientes, la joven californiana cayó en depresión, pasó por una relación complicada, tuvo un breve e insatisfactorio paso por el Ejército y se distanció de su familia. Estuvo en París en 60 kg[402]. Su entrenador Billy Walsh calificó su recuperación como «Lázaro regresando de entre los muertos»

En 2015, la piragüista británica Kimberley Woods se rompió los ligamentos mientras jugaba al fútbol americano en la universidad. La lesión dio paso a una delicada operación y esta a una larga recuperación. «No sabía cómo afrontarlo», confesó *a posteriori* Woods. Y empezó a autolesionarse como una especie de rutina para evadirse de sus pensamientos. Por suerte encontró ayuda y estuvo dos años acudiendo a un centro de salud mental. En Tokio'20 demostró su fortaleza, porque siendo una de las aspirantes en K1, un cúmulo de errores en la final la dejaron última y no por ello se derrumbó. Y en París, por fin Kimberly ganó dos medallas de bronce, en K1 y en kayak *cross*.

Las hermanas gemelas británicas Lina y Laviai Nielsen formaron parte del equipo de atletismo de su país en París. Además de campeonas de Gran Bretaña, Lina en 400 m vallas y Laviai en 400 m lisos son muy activas en RR. SS., siendo sus videos en TikTok los más seguidos entre los deportistas británicos durante los JJ. OO.

---

400   Con treinta y siete años, Jordan Larson fue medalla de plata en voleibol en París'24. En Tokio'20 había sido ya campeona olímpica y MVP del torneo. Tiene cuatro medallas olímpicas.

401   Karch Kiraly es una leyenda del voleibol. Fue doble campeón olímpico en pista en LA'84 y Seúl'88, y primer campeón olímpico, junto a Kent Steffes, de la modalidad de vóley playa en Atlanta'96.

402   Jajaira González perdió en octavos de final ante la brasileña Beatriz Ferreira, tras haber ganado en la ronda anterior a la gran favorita del público, la francesa Estelle Mosselly.

Ambas tienen incluso un canal de YouTube, The Nielsen Twins, las gemelas Nielsen. En París, Lina estaba a punto de meterse en la final de 400 m vallas, pero tropezó con el último obstáculo y cayó al suelo. Su gemela Laviai escribió en Instagram: «Siempre orgullosa. No ha sido el obstáculo más difícil que has tenido que superar en tu carrera». Y es que, seguramente, Laviai estaba hablando de la esclerosis múltiple que se le diagnosticó a Lina con trece años y que con veinticinco se le diagnosticó a ella también. Fue en 2022 cuando comunicaron al mundo su enfermedad crónica y por eso son tan activas en redes: quieren ser «un rayo de esperanza» para otras personas que sufran esclerosis.

Y una última historia que conocimos mucho después de acabados los Juegos. La tenista canadiense Gabriela Dabrowski compitió y ganó la medalla de bronce en dobles mixtos junto a Felix Auger-Aliassime después de ser diagnosticada de cáncer de mama en el mes de abril. Tras el diagnóstico, estuvo de baja dos meses, pero fue capaz de combinar el tratamiento con la competición. Y el 1 de enero de 2025, Gabriela decidió compartir su historia en Instagram para concienciar de lo importante que puede ser el diagnóstico precoz.

STOP AL SEXISMO…

Cada vez más el COI trabaja en pos de la igualdad y para desterrar el sexismo, el machismo y cualquier otra forma de abuso contra la mujer antes, durante y después de los JJ. OO. Previo a París, publicó la tercera edición de las directrices sobre igualdad de género, justicia e inclusión en el deporte. Ya en Tokio'20, el presidente del Comité Organizador Yoshiro Mori se vio obligado a dimitir por sus comentarios machistas pocos meses antes del inicio de los Juegos, y fue sustituido precisamente por una mujer, Seiko Hashimoto.

Durante la competición parisina, Eurosport, emisora oficial de los JJ. OO., despidió al comentarista británico Bob Ballard, quien hizo un comentario sexista sobre las nadadoras australianas que ganaron el relevo 4 x 100 m libres. «Las mujeres están terminando. Ya sabes cómo son las mujeres… están dando vueltas, maquillándose», refiriéndose a la tardanza de las australianas en abandonar el podio.

Es curioso que los machistas ni tan siquiera aprendan a la vista de que sus actitudes impresentables les traen consecuencias negativas. A pesar del despido de Ballard, meses después, Marty Sheargold, un comediante que trabaja en la radio nacional australiana Triple M, dijo en antena que preferiría clavarse un clavo en el pene antes que ver a las Matildas en la Copa Asiática de fútbol de 2026 en Australia. La Federación Australiana de Fútbol condenó los comentarios «inaceptables» de Sheargold, al tiempo que reconoció las disculpas del presentador y los directivos de la radio.

Desde hace dos años, en vóley playa las jugadoras tienen la posibilidad de jugar en bikini o con pantalones cortos y top, posibilidad aún poco puesta en práctica. El cambio de regla llegó de la mano de la reivindicación de las jugadoras del balonmano playa noruego y luego por sus compatriotas de vóley playa. Y la pareja francesa Alexia Richard y Lézana Placette jugaron su partido de primera ronda en París con pantalones cortos.

Todo arranca con una polémica en el verano de 2021. La selección noruega de balonmano playa fue multada por la Federación Europea de Balonmano (EHF) por llevar pantalones cortos durante un partido de la Eurocopa. Ante el revuelo provocado por esta sanción, la EHF relajó su normativa unos meses después. En cambio, en el vóley playa, esta posibilidad se ofreció en 2012, de manera oficial, para desarrollar esta disciplina en países donde llevar el bikini puede chocar por «razones religiosas o culturales». En París, las imágenes de las jugadoras de vóley playa de Egipto jugando con un uniforme elástico negro de cuerpo entero que parecía un burka, y con una camiseta encima, se hicieron virales.

Para la francesa Lézana Placette, la justificación es diferente:

> Queremos que en el vóley playa las mujeres puedan elegir. A veces queremos jugar en bikini, a veces en *shorts*, a veces en calzas y a veces no vestidas igual. Queremos «educar» al público, para que no se diga «eh, oye, son dos chicas en bikini, vamos a ir a verlas jugar para mirarles el trasero».

Hablando de la ropa de competición, todavía hay mucho camino por recorrer. Cuando se presentó la de la delegación francesa para la ceremonia de apertura diseñada por Bertuli, del grupo Louis Vuitton, el vallista Sasha Zhoya pidió desfilar con la falda diseñada para las mujeres. El corredor de vallas iba a ser el único hombre que usase esta pieza. De hecho, su petición causó tal revuelo que hubo que hacer una consulta por si era reglamentaria. Finalmente, Sasha se echó atrás. Todo lo contrario que la heptatleta Auriana Lazraq-Khlass, quien llevó el uniforme masculino, cambiando la falda por un pantalón.

Y en Estados Unidos, la extremada vestimenta femenina de competición que diseñó Nike suscitó críticas por parte de las deportistas que la consideraban «preocupante», en palabras de la saltadora Katie Moon[403]. Presente en París para el lanzamiento de la línea, Sha'Carri Richardson[404] se puso un *short* encima del *body*. La firma estadounidense respondió explicando que ofrecía calzoncillos y pantalones cortos y que el kit completo incluía cincuenta piezas y doce estilos diferentes.

En la competición femenina de boxeo también hay quejas por parte de las boxeadoras. Desde que entraron en el programa de los Juegos de Londres en 2012, siempre se ha exigido a las boxeadoras que lleven casco, mientras que a los hombres no. La decisión de obligarlas a llevar casco es considerada sexista por varias boxeadoras, que creen que el casco las hace invisibles y perjudica la cobertura mediática del boxeo femenino.

La presencia del casco y luego su desaparición en el boxeo masculino tiene su historia. El boxeador surcoreano Kim Duk-Koo murió en una pelea en 1982. A partir de ese momento, los hombres se vieron obligados a usar cascos en el boxeo en los JJ. OO., para protegerse de las conmociones cerebrales. Pero en 2016, a partir de los Juegos Olímpicos de Río, se abandonó esta norma, poniendo fin al uso de casco, ya que varios estudios demostra-

---

403 Katie Moon fue campeona olímpica de salto con pértiga en Tokio'20 y medalla de plata en París'24.

404 Sha'Carri Richardson fue medalla de plata en 100 m y oro en el relevo 4 x 100 m en París'24.

ron que los boxeadores sin casco tenían, paradójicamente, menos probabilidades de sufrir conmociones cerebrales que aquellos con casco. Y es que los cascos pueden dar una apariencia de seguridad y, por tanto, fomentar comportamientos de riesgo. Lo que es seguro es que la lucha del casco por géneros continuará durante la próxima Olimpiada.

…Y STOP A LOS ABUSOS

El Comité Olímpico de Canadá retiró la acreditación, privándole de ir a la pista, a Rana Reider, entrenador del italiano Marcell Jacobs y del canadiense Andre de Grasse[405]. Esta decisión llegó tres días después de que WA hubiese cuestionado su presencia, ya que estuvo involucrado en 2021 en comportamientos sexuales abusivos con una deportista de dieciocho años, teniendo él cuarenta y cuatro. Además, el periódico *The Times* publicó el 4 de agosto que tres mujeres habían denunciado al entrenador por abusos sexuales.

También Jamie Pittman, entrenador nacional australiano de boxeo, fue sancionado y apartado del equipo de París por conductas sexuales impropias y ofensivas con sus boxeadoras.

En enero de 2025, se publicó una investigación internacional que empezó en 2020 y ha puesto al descubierto abusos físicos, verbales y psicológicos contra gimnastas de rítmica de Azerbaiyán. Los hechos sucedieron entre 2013 y 2021 y la investigación reveló un patrón de intimidación y abuso sistemático por parte de figuras clave del entorno deportivo del país. La exentrenadora del equipo de gimnasia rítmica de Azerbaiyán, y actual viceministra de Deportes del país, Mariana Vasileva ha sido suspendida a nivel internacional durante ocho años. Se le acusa de abusar de gimnastas, incluido intentar estrangular a una, agredirlas físicamente y privarlas del contacto con sus familias. Y su hija, Siyana Vasileva, que es entrenadora, ha sido sancionada dieciocho meses por golpear a una gimnasta con un teléfono.

---

405   Andre de Grasse fue campeón olímpico del relevo 4 x 100 m en París'24 y de 200 m en Tokio'20. Ha ganado siete medallas olímpicas en tres JJ. OO.

Y al acabar los Juegos nos enteramos de más casos de abusos. La regatista argentina Eugenia Bosco, medalla de plata de vela en Nacra 17 de París'24 junto a Mateo Majdalani, denunció haber sido víctima de abusos sexuales cuando tenía doce años por parte de su exentrenador Leandro Tulia. Según su denuncia presentada en octubre de 2024, el abuso dejó una huella profunda en su vida, aunque entonces no entendió lo que estaba pasando, Y años después lo supo reconocer viendo el documental *Athlete A*, sobre Larry Nassar[406], el médico de la Federación estadounidense de Gimnasia. «No podía creer lo que estaba viendo y lloré. Se me desbloqueó la memoria y pensé: "Esto me pasó a mí"». Tulia fue detenido en Buenos Aires en febrero de 2025 para ser interrogado, aunque es muy difícil que los hechos puedan ser probados.

También, acabados los Juegos, hubo acusaciones de presuntos abusos a gimnastas en un centro de entrenamiento de Stuttgart. Las exgimnastas alemanas Tabea Alt y Michelle Timm denunciaron abusos físicos y mentales sistemáticos. El propio presidente del COI, Thomas Bach, dijo que esperaba consecuencias, «y sobre todo que se produzca un cambio de conciencia». Y en enero de 2025 el saltador estadounidense y olímpico en Tokio'20 Jordan Windle fue suspendido de por vida por SafeSport, el organismo que supervisa la seguridad en el deporte de Estados Unidos. El motivo de la sanción fue una conducta sexual inapropiada con menores.

En GBR, el mundo del judo fue sacudido por nuevas acusaciones de acoso que llevaron a la dimisión del entrenador principal del equipo olímpico femenino de judo Jamie Johnson. La denuncia la formuló la ex judoca británica Lubjana Piovesana, quien ahora representa a Austria. Lubjana alegó haber sido «victimizada y excluida deliberadamente» por Johnson, a quien acusa de gene-

---

406   Tras ser acusado de haber abusado de más de 300 niñas y mujeres jóvenes, el mayor depredador sexual de la historia del deporte, el Dr. Larry Nassar fue condenado a estar en la cárcel entre cuarenta y 175 años. La sentencia la dictó la jueza Rosemarie Aquilina, quien le dijo al emitirla: «Acabo de firmar su sentencia de muerte. Si de alguna manera logra sobrevivir sesenta años en prisión, le impondré ciento setenta y cinco. No merece salir de la cárcel nunca más».

rar una cultura «tóxica» en el equipo que finalmente la llevó a cambiar su nacionalidad.

Y la Federación Italiana de Gimnasia (FGI) despidió fulminantemente en marzo de 2025 a la seleccionadora de rítmica, Emanuela Maccarani que llevaba veintinueve años en el cargo durante los cuales había ganado más de 200 medallas a lo largo de su carrera dirigiendo a las Mariposas, acusada de acoso a sus gimnastas por temas relacionados con el peso y la dieta. Todo arranca de una denuncia en 2022 por parte de las gimnastas Anna Basta y Nina Corradini, quienes acusaron a Maccarani de obligarlas a pesarse delante de sus compañeras, además de recibir insultos por parte de la seleccionadora.

Desgraciadamente, el abuso a las mujeres deportistas es un tema no resuelto. Aunque no estén en el marco de los JJ. OO., quiero mencionar dos casos más. Por un lado, Kandeh-Turay, capitana de la selección Sub-20 de fútbol de Sierra Leona, quien denunció que, cuando tenía diecisiete años, su seleccionador Abdulai Bah se dedicaba a enviarle fotos de su pene y videos pornográficos. «He visto el infierno y nunca me han hecho caso», declaró. Y, por otro lado, también hubo denuncias contra el seleccionador de Zambia, Bruce Mwape, por acoso sexual a sus jugadoras. «Si Mwape quiere acostarse con alguien, tienes que decir que sí, pues es normal que el entrenador se acueste con las jugadoras», aseguró a *The Guardian* una futbolista de la selección zambiana que no quiso revelar su identidad. En Zambia, como en Sierra Leona… y en tantos sitios…, no ha pasado nada.

VESTIRSE CUESTA CARO

En París, a diferencia de ediciones anteriores, los jueces de judo, esgrima y taekwondo, que deben arbitrar con traje, no recibieron su uniforme por parte de la organización. La decisión generó en estos árbitros un sentimiento de frustración, ya que no podrán tener el traje de recuerdo. Pero según el COJOP, tras esta decisión se esconde una cuestión de unidad estética. A todos los jueces se les proporcionó un uniforme «chic y *casual*», en palabras de París 2024, compuesto por diecinueve prendas «informales y semiformales», que deben «poder usarse en el área de competición». El contrato de la ciudad anfitriona no recogía la obligatoriedad de proporcionar trajes.

La Federación de Judo se encargó de comprar las indumentarias de sus jueces, respetando los códigos gráficos previstos para París 2024. Una elección distinta de la Federación de Esgrima, que prefirió enviar un cheque de unos 500 euros a sus árbitros para adquirir dos trajes según códigos de colores precisos.

LA OTRA PASARELA DE PARÍS

Mongolia solo ganó una medalla en París, la plata en judo de -48 kg de Baasankhuu Bavuudorj, quién había eliminado en semifinales a la española Laura Martínez. Pero los mongoles fueron los ganadores absolutos del oro a la moda de la ceremonia de apertura de los Juegos gracias a su *look*.

El uniforme que lucieron los treinta y dos deportistas de Mongolia era una fantasía que, desde que se desveló en RR. SS., emocionó a los internautas. Lo diseñó la marca de alta costura mongol Michel & Amazonka, que ya había diseñado los trajes de Mongolia para la apertura y clausura de Río'16 y Tokio'20.

El uniforme era una versión del tradicional *deel* mongol, un vestido hasta la pantorrilla que generalmente tiene cuello alto y mangas largas. Los uniformes incorporaron los colores de la bandera de Mongolia, azul, rojo y blanco, así como el «soyombo», un ideograma del alfabeto y que es el símbolo nacional. También aparecen motivos asociados con París y los Juegos, como la Torre Eiffel, «Marianne[407]» y la llama olímpica.

Para crear los uniformes, la marca tomó medidas detalladas del cuerpo de cada deportista. Se necesitaron más de tres meses para completar los *looks*, y cada conjunto tardó una media de veinte horas en terminarse. Los trajes de las deportistas femeninas incluyeron aretes ceremoniales y bolsos bordados. El que durante el desfile y según las crónicas estaba imponente fue su abanderado Ser-Od

---

407 Marianne es una alegoría, la encarnación de la República francesa. Su cara es la de *La libertad guiando al pueblo*, el cuadro de Delacroix. Y «aparece» en el logo de París 2024. Por primera vez el logo de los Juegos fue el mismo para JJ. OO. y JJ. PP.

Bat-Ochir. En sus sextos Juegos, el maratoniano de cuarenta y dos años llevó sombrero de tiro con arco, un cinturón y botas tradicionales de Mongolia. Dos semanas después, sin perder la elegancia en la zancada, Ziggy, como le llaman, fue último del maratón.

Muy saludada fue también la uniformidad de Estados Unidos. Ralph Lauren, que desde 2008 ha vestido al equipo de EE. UU. en nueve JJ. OO. y JJ. PP. consecutivos, presentó para la ceremonia de apertura un *look* patriótico: una clásica chaqueta azul marino con detalles en rojo y blanco, combinada con una camisa Oxford a rayas, una corbata de punto azul marino y unos vaqueros claros. Dijo David Lauren, director de innovación y marca de la empresa, e hijo de su fundador: «Nada representa a EE. UU. como los *jeans* azules». Para la clausura se añadió una gorra de béisbol y *jeans* blancos con «Team USA» impreso en una pierna. La colección se realizó íntegramente en EE. UU., desde Oregón hasta Maine, ya que en 2012 su producción en China provocó un enorme escándalo que llegó hasta el Senado estadounidense.

Los anfitriones no se quedaron atrás con su *outfit* inspirado en un esmoquin sin mangas. La ropa de Haití tuvo también una gran acogida en RR. SS. Sus uniformes creados por la diseñadora Stella Jean incorporaban la obra de arte del pintor haitiano Philippe Dodard. Y la equipación de Australia llevaba por primera vez toques aborígenes. La ropa de los *skaters* australianos en Tokio'20, que recordaba a los padres y madres de la nación, gustó tanto que en París se extendió a toda la delegación *aussie*.

La ropa de China Taipéi la diseñó Just In XX, empresa del diseñador Justin Chou. Elaborada a partir de fibras recicladas, los uniformes incorporaron plantas nativas de Taiwán como elementos decorativos. Durante la ceremonia, muchos deportistas taiwaneses elogiaron sus uniformes por su «frescura». Y la ropa de Canadá la proporcionó la marca Lululemon. Presentaba diseños con hojas de arce, orcas y auroras boreales como homenaje a la cultura indígena del país. Era ropa de alta tecnología, focalizada en el confort termal, teniendo en cuenta el calor y la humedad de París.

La ropa de Japón la diseñó Asics. Y llevaba estampada la cantidad de dióxido de carbono emitido durante su producción, como guiño a los objetivos ecológicos y de sostenibilidad propuestos por París. Y al equipo español lo vistió la marca Joma. El diseño estaba basado en la flor nacional, el clavel, para aunar naturaleza y sensibilidad. Trabajaron cuarenta diseñadores. Toda la colección se hizo sin compuestos químicos. Y se diseñó un polo que reducía la temperatura corporal entre 2º y 3º.

MUÑECAS OLÍMPICAS

Como cada año después de 2015, Barbie creó para los JJ. OO. de París unas muñecas dedicadas a deportistas femeninas que son un modelo de conducta. En este 2024 fueron ocho: la tenista estadounidense Serena Williams, la nadadora italiana Federica Pellegrini[408], la boxeadora francesa Estelle Mossely[409], la atleta polaca Ewa Swoboda, las futbolistas Christine Sinclair[410] de Canadá y Mary Fowler de Australia, las gimnastas Alexa Moreno de México y Rebeca Andrade de Brasil y la paratriatleta española Susana Rodríguez[411].

TIMADO

El británico Matthew Richards[412] instó al COI a cuidar mejor a los deportistas que compiten en los JJ. OO. y a sus familias después de que sus padres fueran víctimas de una estafa de venta de entradas por internet. La madre, Amanda, declaró a la BBC que la familia había sido estafada con 2500 libras por un sitio web de entradas que «parecía perfectamente legítimo».

El nadador criticó al COI y a su presidente por no facilitar la compra de entradas a las familias de los competidores. «Me parece una locura que cuando se compite en unos JJ. OO., las familias de los deportistas tengan que buscar y financiar las entradas ellas

---

408   Federica Pellegrini fue campeona olímpica de 200 m libres en Pekín'08 y medalla de plata en Atenas'04. La Pellegrini batió el WR de 200 m en 2009.

409   Estelle Mossely fue campeona olímpica de boxeo en peso ligero en Río'16.

410   Christine Sinclair fue campeona olímpica de fútbol en Tokio'20 y medalla de bronce en Londres'12 y Río'16.

411   Susana Rodríguez es doble campeona paralímpica de paratriatlón en Tokio'20 y París'24.

412   Matthew Richards fue campeón olímpico del relevo 4 x 200 m en Tokio'20.

mismas», publicó Richards en una historia de Instagram dirigida a @Olympics.

> Teniendo en cuenta que no se les pagará a los deportistas que compiten en el evento, evento que genera miles de millones cada año en ingresos, debido a que «no es el espíritu olímpico», ¿no creen que sería hora de apoyar a las familias de las personas que compiten dándoles entradas para los eventos en los que compiten sus familiares?

EL ATLETISMO COTIZA…

En los Juegos Olímpicos, el COI no reparte sus beneficios con los deportistas. En Tokio'20 generó casi 600 000 dólares por cada uno de los más de 10 500 deportistas participantes. Sin embargo, los verdaderos protagonistas de los JJ. OO. solo recibieron el 0,6 % de los ingresos generados a través del programa de Becas Olímpicas. Ampliando la foto, en el periodo comprendido por los Juegos de Invierno de Pyeongchang'18 y los de Verano de Tokio'20, el COI ganó más de 12 000 millones de dólares. Más del 90 % de esos ingresos vinieron de la venta de derechos de transmisión y comercialización.

Cada vez más, los deportistas empiezan a hacer oír su voz recordando que los verdaderos artistas de los JJ. OO. son ellos. Y que el COI debería compensarlos por participar. World Athletics fue la primera federación que decidió pagar a sus campeones olímpicos en París'24. 50 000 dólares se llevaron cada uno de los cuarenta y ocho ganadores del oro en atletismo, para un total cercano a los dos millones y medio de dólares de inversión de WA. De momento el premio era solo para la medalla de oro. Para premiar a las de plata y bronce habrá que esperar a LA'28. Eso sí, las ganancias por los oros de los relevos 4 x 100 m, 4 x 400 m, 4 x 400 m mixto y la marcha por equipos se repartirían entre los miembros del equipo. Entre otras voces críticas surgió la de la gran leyenda del remo sir Steve Redgrave[413], quien dijo que esta decisión era injusta respecto a los otros deportes.

---

413   Steve Redgrave es una leyenda del remo, ganador de cinco medallas de oro

La Asociación de Federaciones Internacionales de Deportes Olímpicos (ASOIF) subraya:

> Esta iniciativa socava los valores del olimpismo y la singularidad de los Juegos. No todos los deportes podrían o deberían replicar esta iniciativa, aunque quisieran. Pagar premios en metálico en un entorno multideportivo va en contra del principio de solidaridad, refuerza un conjunto diferente de valores en todos los deportes y plantea muchas preguntas.

El presidente del COI Thomas Bach dijo que WA podría, en lugar de premiar a los ganadores, focalizarse en ayudar a los deportistas más desfavorecidos. Posteriormente, la Asociación de Comités Nacionales Olímpicos Europeos (EOC) dijo que este premio es discriminatorio y va en contra de los valores del olimpismo. Y, finalmente, el COI dijo que la potestad de premiar a los deportistas debería ser de los comités nacionales y no de las federaciones internacionales.

…Y EL BOXEO TAMBIÉN

El boxeo está en un momento clave… y crítico… de su historia olímpica. Siendo uno de los deportes más antiguos del programa, ya que se disputa desde San Luis 1904, estuvo a punto de quedar fuera de LA'28. La IBA, máximo órgano gestor del boxeo *amateur*, fue suspendida por el COI como Federación Internacional por cuestiones financieras y de gobierno. La IBA acusó al COI de parcialidad política después de que su director de Deportes pidiera a las federaciones nacionales que creasen un nuevo órgano, la World Boxing (WB), si querían que el boxeo siguiese siendo olímpico en 2028, cosa que no pasaría si la IBA seguía bajo el dominio ruso de su presidente, el oligarca Umar Kremlev. Incluso, para los Juegos de Tokio y París, fue el COI quien organizó el torneo preolímpico. La IBA presentó un recurso ante el TAS para volver a organizar los torneos olímpicos, recurso recha-

consecutivas desde LA'84 hasta Sídney'00.

zado en abril de 2024. E hizo un último intento, fallido, ante el Tribunal Federal Suizo.

Con la IBA excluida de la ASOIF, se ha creado la nueva organización que pedía el COI llamada World Boxing (WB). Presidida por el expresidente de la Federación neerlandesa Boris van der Vorst, WB era la alternativa viable para mantener el boxeo en los JJ. OO., algo que se ratificó oficialmente en la sesión del COI celebrada en Grecia en marzo de 2025. WB había celebrado su primera reunión con el COI a principios de mayo de 2024 en su intento por convertirse en la Federación Internacional para Los Ángeles 2028. El COI le dió como fecha límite el año 2025 para atraer suficientes federaciones nacionales de boxeo para ser considerado un socio viable, aunque varias de ellas, particularmente en África, todavía permanecían cercanas a la IBA. Las federaciones de boxeo de EE. UU., GBR e India fueron las primeras en adherirse a WB. Y el resto cayó en cascada. World Boxing celebrará su primer campeonato internacional en Liverpool en septiembre de 2025.

Pero en París, como contraataque, la IBA anunció que pagaría a los medallistas de boxeo: 100 000 dólares por el oro, 50 000 para el boxeador y 25 000 para la federación, y otros 25 000 para el entrenador; 50 000 por la plata, lo mismo que el oro en atletismo; y 25 000 por el bronce. Y los perdedores de los cuartos de final o los que quedasen quintos recibirían 10 000 dólares. Así se iban a repartir más de tres millones de dólares entre unos cien boxeadores.

El COI respondió con una acusación contundente y casi inmediata: «Como siempre ocurre con la IBA, no está claro de dónde viene el dinero. Esta total falta de transparencia financiera fue exactamente una de las razones por las que el COI retiró su reconocimiento a la IBA».

¿CUÁNTO PAGAS?

Entrados en la dinámica novedosa de que las federaciones pagasen a los deportistas, a eso se ha de sumar lo que paga cada Comité Nacional por las medallas, algo que es más habitual. Forbes calculó que, en París, al menos treinta y tres comités nacionales pagaron a sus deportistas. Pero ahí también hay un desequilibrio según los países. Mientras Hong Kong[414], China Taipéi o Singapur pagan más de 700 000 euros por un oro, Suecia, Noruega, Gran Bretaña o Nueva Zelanda no pagan nada. A cuenta de esto, el golfista irlandés Rory McIlroy, estrella del golf y ganador de cinco *majors*, dijo que «la pureza de competir en los JJ. OO. es porque no se hace por dinero». En el caso de los golfistas es fácil decirlo porque ya ganan, y mucho, el resto del año. Pero no es el caso de la mayoría de los que estuvieron en los Juegos, que viven de sus patrocinadores o de las Becas Olímpicas.

En España, los premios de París han sido de la misma cuantía para deportistas olímpicos y paralímpicos. A nivel individual, el oro se pagaba con 94 000 euros, la plata con 48 000 y el bronce con 30 000. Por equipos eran 50 000 a cada jugador o jugadora que ganase el oro, 29 000 por la plata y 18 000 por el bronce. Y en competiciones por parejas, de piragüismo, vóley playa, remo o tenis, por poner algunos ejemplos, cada miembro ganador del oro se llevaba 75 000 euros, 37 000 por la plata y 25 000 por el bronce.

Por comparar con Estados Unidos, en su proyecto Project Gold tenían presupuestado pagar 34 400 dólares para los ganadores del oro, 20 600 por la plata y 13 700 por el bronce. Los anfitriones, Francia, otorgaron 80 000 euros al oro, 40 000 a la plata y 20 000 al bronce. Indonesia, Malasia o Israel serían otros países que pagan más de 200 000 euros por el oro. Y Canadá pudo subir un poco el montante de los premios que concede gracias a la donación de un empresario de Ontario llamado Sanjay Malaviya, que donó más de un millón de euros a repartir entre los cincuenta medallistas.

Curioso lo del presidente de Brasil, Lula da Silva. Animado por el éxito de la delegación carioca, a mitad de la competición aprobó una medida ejecutiva para que los medallistas no pagasen

---

414   Hong Kong es el país que más paga por el oro, 760 000 euros. Y en París ganaron dos en esgrima: Cheung Ka-Long y Vivian Kong. Por cierto, que por la medalla de plata pagaron 380 000 euros, mucho más que el resto de los países para cualquier campeón olímpico. Y no solo eso. Como novedad, quien quedase cuarto recibiría 100 000 euros y alrededor de 50 000 por una plaza del quinto al octavo puesto.

impuestos por los premios de los JJ. OO. y JJ. PP. Por el mismo motivo, el Gobierno de Ecuador subió los premios para el oro de 100 000 a 150 000 dólares; la medalla de plata pasó de cotizarse a 80 000 para pasar a 125 000; y el bronce de 60 000 a 100 000 dólares. Y significativo lo de Israel. Para dar a entender la importancia que tenían los Juegos para los israelíes, el ministro de Cultura y Deportes, Miki Zohar, anunció el mayor incentivo gubernamental hasta la fecha para los medallistas olímpicos de su país: 1 000 000 de nis, casi 250 000 euros, para los ganadores del oro, 700 000 nis, unos 172 000 euros, por la plata y 500 000 Nis, 122 000 euros, por el bronce… ¡y todo libre de impuestos!

A los premios económicos se les unen otros otorgados por Gobiernos, entidades, *sponsors* o particulares. Y que van desde apartamentos, casas, terrenos, comida de por vida, licencias de taxi, vacas, exención del servicio militar y coches hasta pensiones vitalicias, colonoscopias, diamantes, cuadros, vacaciones, relojes, distinciones, ascensos militares y billetes de metro y avión de por vida. Sin ir más lejos, a los cinco medallistas de Ecuador, Brian Daniel Pintado, Glenda Morejón, Lucía Yépez Guzmán[415], Neisi Dajomes y Angie Palacios, el Gobierno les regaló una casa en Quito. Está claro que lo verdaderamente importante y que deja legado es ganar la medalla. Pero en algunos sitios viene, además, con un pan debajo del brazo.

CRISIS, ¿WHAT CRISIS?

Los presupuestos de los JJ. OO. los acostumbra a sostener el capital público del país organizador junto a la aportación de sponsors y la venta de entradas. Para cerrar el presupuesto de París, el COJOP tuvo el apoyo de siete *partenaires premium* que aportaron entre cien y 150 millones cada uno, trece partenaires oficiales que ponían de quince a treinta y cinco millones, y casi cincuenta sponsors oficiales de un millón.

En este momento, el olimpismo disfruta de un momento dulce. Y el COI lo maximiza a nivel económico, gracias a sus quince *par-*

---

415   Lucía Yépez Guzmán fue medalla de plata en lucha en 53 kg en París'24.

tenaires mundiales del programa The Olympic Partner (TOP) que data de 1985. El TOP aporta unos tres billones de dólares a las arcas del COI. Los sponsors que pagan cientos de millones en cada ciclo olímpico son Airbnb, Alibaba, Allianz, Atos, Bridgestone, Coca Cola, Corona Cero, Deloitte, Intel, Omega, Panasonic, Procter & Gamble, Samsung, Toyota y VISA.

El problema es que uno de los principales socios del COI, Toyota, que entró en el programa en 2015, lo ha dejado tras París. El fabricante de automóviles japonés decidió no renovar su patrocinio tras una inversión de más de 700 millones de euros. Uno de los dirigentes de Toyota dijo a nivel particular que la marcha era por la creciente politización de los JJ. OO. y por cómo se gastaban los ingresos. Y la agencia de noticias japonesa Kyodo publicó que Toyota no estaba contenta con la forma en que el COI utilizaba el dinero del patrocinio, ya que no se asignaba de manera efectiva para apoyar a los deportistas o promover el deporte. Posteriormente, también se salieron del programa TOP otras dos marcas japonesas: Panasonic, socio desde 1987, y Bridgestone. Y se rumorea que Atos e Intel tienen dudas.

Pero el COI no está preocupado. La marca «Juegos Olímpicos» tiene mucho valor, y *sponsors* de economías crecientes como la India, que quiere organizar los JJ. OO. de 2036, o de los países árabes, que también están en la carrera por esos Juegos, se van a incorporar a la familia del TOP a no mucho tardar. En el momento de cerrar este libro, la empresa china de electrónica TCL aparecía como aspirante a cubrir una de las bajas. Y el 18 de marzo de 2025, la cadena de televisión estadounidense NBC renovó sus derechos olímpicos hasta 2036 a cambio de 3000 millones de dólares.

LOS AUSENTES

El mayor temor para los deportistas cuando se acercan los JJ. OO. es la posibilidad de lesionarse. Muchos deportistas se rompieron en la cuenta atrás de París. Pero otros simplemente se perdieron los Juegos porque no superaron los clasificatorios o porque estaban sancionados. Este es un repaso de los casos más sonados y curiosos de los ausentes en París.

La deportista con mayor palmarés que se perdió los Juegos por lesión fue la saltadora de triple venezolana Yulimar Rojas. Era la campeona olímpica vigente[416], poseedora del récord del mundo, ganadora de siete títulos mundiales y elegida atleta del año 2023 de la WA en saltos y lanzamientos. Cuando el 8 de febrero vio el diseño de la medalla de oro, publicó en RR. SS.: «Eres tan hermosa…». Pero el 12 de abril tuvo la peor rotura que puede tener un saltador, la del tendón de Aquiles. Y adiós a los Juegos.

La estadounidense Katie Archibald, campeona olímpica de persecución por equipos en Río'16 y de mádison en Tokio'20, junto a Laura Kenny, buscaba en París su tercer oro en pista. Pero no pudo acudir a los JJ. OO. tras romperse la pierna y sufrir rotura de ligamentos, al tropezar y caer… ¡en un escalón de su jardín!

El esgrimista italiano Daniele Garozzo, campeón olímpico de florete individual en Río'16 y plata en Tokio'20, no participó en París por problemas de corazón y se ha retirado incluso de la competición.

Algo parecido le pasó al neerlandés Niek Kimmann, campeón olímpico de BMX en Tokio'20, que anunció que le habían diagnosticado una inflamación cardíaca, incompatible por el momento con la práctica de alto nivel. «Hace tiempo que sufría síntomas y después del Mundial, a mediados de mayo, me sometí a pruebas exhaustivas que revelaron que el músculo de mi corazón estaba inflamado». No pudo viajar a París.

Para el eslovaco Peter Sagan, uno de los mejores ciclistas de la última década[417], podrían haber sido sus cuartos JJ. OO. Peter quería retirarse del ciclismo en activo en la prueba de *cross country* de *mountain bike* de París'24. Pero en una competición en Chelva, en España, se puso a 200 pulsaciones por minuto. Y tuvo que ser operado del corazón el 23 de febrero en el hospital de

---

416   Yulimar Rojas fue también medalla de plata en Río'16 tras la colombiana Caterine Ibarguen.

417   Peter Sagan fue tres veces campeón del mundo en 2015, 2016 y 2017, y consiguió 121 victorias, incluidas doce etapas del Tour de Francia y dos monumentos, el Tour de Flandes 2016 y la París-Roubaix 2018.

Ancona, en Italia. Posteriormente, Sagan tuvo una segunda operación en marzo tras otra arritmia en Marsella.

La corredora de *mountain bike* suiza Jolanda Neff, campeona olímpica de BTT en Tokio'20, tampoco estuvo en los JJ. OO. Tuvo que renunciar a ellos por problemas respiratorios.

La triatleta británica Vicky Holland, medalla de bronce en los JJ. OO. de Río'16, fue madre y estaba tomando una medicación para su artritis reumatoide que inhibe su sistema inmunológico y eso provoca que esté permanentemente enferma. No se pudo clasificar para París, pero estuvo como comentarista de la BBC para el triatlón.

Dos jinetes no pudieron estar en los JJ. OO. por problemas con sus caballos. El primero fue el chileno Jaime Bittner tras el fallecimiento de su yegua Edén por una infección. Estaba clasificado para los JJ. OO. desde diciembre. La plaza era nominal, así que Chile la perdió. Y el francés Kevin Taut, campeón olímpico por equipos de hípica en saltos de obstáculos en Río'16, no pudo participar porque su caballo no pasó el control veterinario.

La nadadora australiana Chelsea Hodges, oro en el relevo 4 x 100 m estilos de natación en Tokio'20, se tuvo que retirar de la competición deportiva antes de los trials australianos, a pesar de tener solo veintidós años. La culpa, unos persistentes problemas físicos que la llevaron a decir: «Tengo la cadera de una abuela de sesenta años».

La futbolista alemana Lena Oberdorf, la mejor jugadora joven de la Eurocopa femenina de 2022 dijo adiós a París al lesionarse del ligamento cruzado de la rodilla. Sucedió en julio, a una semana del arranque de los JJ. OO., en el marco del partido clasificatorio de la Euro 2025 contra Austria. Y lo mismo le pasó a la brasileña Bia Zaneratto, que a tres semanas de los Juegos anunció en su cuenta de Instagram que una fascitis plantar le impedía estar en París. Ella había sido olímpica en Río'16, donde Brasil quedó cuarta, perdiendo la medalla de bronce ante Canadá.

Sam Kerr, la estrella y capitana de Las Matildas, fue acusada de insulto racial a un policía en Londres. Kerr juega en el Chelsea de la Liga femenina inglesa de Fútbol, y fue detenida por la policía londinense tras una discusión a cuenta de la tarifa de un taxi.

Tenía que ser su Comité Nacional el que decidiese si participaba en los JJ. OO. o la sancionaban. Pero no hizo falta decisión alguna: en primavera, Sam se rompió los ligamentos de la rodilla.

Con veintidós años, la estadounidense Cameron Brink tenía una ilusión enorme por formar parte del equipo femenino de baloncesto 3x3 de Estados Unidos. La n.º 2 del *draft* de la Liga femenina de Baloncesto de Estados Unidos (WNBA) ya había ganado con el equipo *yankee* de 3x3 en la Copa del Mundo de Viena 2023. Y Cameron fue convocada, recibiendo la camiseta con su número. Pero a la semana siguiente se lesionó de gravedad los ligamentos en un partido en Connecticut con Los Angeles Sparks.

El nadador brasileño Bruno Fratus, medalla de bronce en natación en 50 m libres en Tokio'20, fue operado del menisco en febrero 2024, y no se recuperó a tiempo para competir en los trials brasileños de natación. Tampoco estuvo en París el campeón del mundo de decatlón, el canadiense Pierce LePage, operado de una hernia discal.

Y tras embestirle un coche el 25 de julio, durante el reconocimiento del recorrido olímpico de la prueba en línea de ciclismo, estando ya en París, la ciclista danesa Solbjork Minke Anderson sufrió una fractura de clavícula. Publicó en sus RR. SS. que los Juegos eran un sueño para ella y que «estaba devastada».

Dejemos las enfermedades, lesiones o accidentes y vamos con otro tipo de ausencias. O no presencias, como la de la estadounidense Caitlin Clark[418] en el equipo femenino de baloncesto de Estados Unidos. La nativa de Iowa, la sensación universitaria que había jugado y perdido las dos finales de NCAA disputadas en 2023 y 2024, la n.º 1 del *draft* 2024 de la WNBA elegida por Indiana, que firmó un contrato con Nike por ocho años y veintiocho millones de dólares sin haber debutado si quiera como profesional…, ¡simplemente no fue seleccionada! «Honestamente, no me sentí decepcionada. Simplemente me da algo por lo que traba-

---

418   Caitlin Clark fue elegida Deportista USA del año 2024 por la revista *TIME* tras una primera temporada en la WNBA en la que fue Rookie del Año y mejor pasadora de la liga.

jar», reaccionó Clark. Eso fue de puertas para fuera. Pero en privado, su entrenadora en Indiana Fever Christie Sides reveló que, cuando Clark fue informada de su exclusión, dijo: «Oye, entrenadora, han despertado al monstruo». Se rumorea que a las veteranas de la selección no les hacía mucha gracia toda la atención que había despertado una novata. La exclusión de Clark provocó incluso críticas hacia el Comité de Selección USA Basketball por parte del senador republicano Ted Cruz[419]. «Y todavía esos imbéciles no la quieren en el equipo olímpico», tuiteó Cruz en RR. SS. después de un partido entre Indiana Fever y Chicago Sky que marcó el récord de audiencia de la WNBA en cualquier cadena en veintitrés años.

La nadadora australiana Cate Campbell[420] no se clasificó para sus quintos JJ. OO. En los trials de Australia lo intentó sin éxito en los 100 m libres y en los 50 m. Al acabar esta prueba, tocar la pared y ver que su sueño se esfumaba, se puso a llorar dentro del agua y entonces la abrazaron todas las finalistas, incluida su hermana Bronte[421]. «Me voy en paz y con amor». Y después anunció su retirada del deporte.

La no participación de Shahd Saied es más escabrosa. La ciclista egipcia tiró intencionadamente a una rival en el Campeonato Nacional en abril, y fue sancionada sin competir en competiciones locales durante un año. Aun así, la seleccionaron para los JJ. OO. Pero, ante la presión mediática por su acción, le ampliaron la sanción a las pruebas internacionales y no pudo ir a París.

El estadounidense Bill May es un veterano de cuarenta y cinco años, campeón del mundo de natación artística[422] en Kazán'15.

---

419 Ted Cruz es senador de Estados Unidos por el estado de Texas desde 2013 y fue precandidato del Partido Republicano para las elecciones presidenciales de 2016.

420 Cate Campbell ha ganado ocho medallas olímpicas. Fue campeona olímpica de 4 x 100 m libres en Londres'12, Río'16 y Tokio'20 y de 4 x 100 m estilos en Tokio'20. Fue medalla de plata en 4 x 100 m estilos en Río'16. Y medalla de bronce en 50 m libres y 4 x 100 m libres en Pekín'08 y de 100 m en Tokio'20.

421 Bronte Campbell fue medalla de oro en el relevo 4 x100 m libres en Río'16, Tokio'20 y París'24. Y medalla de bronce en 4 x 100 m estilos mixtos en Tokio'20.

422 Natación artística es la nueva denominación de la tradicional sincronizada. Además, desde París, la natación artística, siguiendo el ejemplo del patinaje

Estuvo diez años trabajando en el Circo del Sol. Y su reto era ser el primer hombre en participar en los JJ. OO. en una prueba eminentemente femenina, ya que en la prueba por equipos de la natación artística se permitía la participación de hombres. Bill llegó casi hasta el final de su sueño, ya que fue miembro del equipo de natación artística en el Mundial de Fukuoka'23, donde EE. UU. fue medalla de plata en la rutina acrobática. Pero, a última hora, la seleccionadora de Estados Unidos, la española Andrea Fuentes[423], no contó con él para los JJ. OO.

El motivo por el que los remeros brasileños Evaldo Becker y Pedro Tuchtenhagen no estuvieron en París merece un premio. Los dos renunciaron a ir al preolímpico de remo de doble *scull* para quedarse en su estado de Río Grande do Sul muy afectado por unas terribles inundaciones tras el desbordamiento del río Guaiba, posterior al colapso de una presa. La que se considera la peor inundación en Brasil en los últimos ochenta años, afectó sobre todo a la capital Porto Alegre. Evaldo y Pedro se quedaron para ayudar a distribuir comida y rescatar familias y renunciaron a su sueño olímpico.

El brasileño Thiago Braz, campeón olímpico de salto con pértiga en Río'16, fue suspendido por positivo de ostarina[424]. Pero, tras apelar la decisión ante el TAS, se le concedió la suspensión cautelar de la sanción en aras de competir en un último intento

<hr>

artístico, cambió su sistema de puntuación. En el nuevo sistema los entrenadores entregan a los jueces una tarjeta de dificultad, llamada *coach card*, donde detallan la rutina, todos los elementos a realizar en el agua y su orden de ejecución. Este nuevo sistema de puntuación pretende evitar la subjetividad a la hora de puntuar las rutinas, ya que el sistema matemático de valoración está más estandarizado.

423   Andrea Fuentes fue medalla de plata en natación sincronizada en la modalidad de dúo junto a Gemma Mengual y por equipos en Pekín'08 y medalla de bronce en dúo junto a Ona Carbonell y plata por equipos en Londres'12. Andrea ha ganado cuatro medallas olímpicas, siendo junto a Mireia Belmonte y Arantxa Sánchez Vicario la española con más medallas olímpicas.

424   La ostarina es un compuesto químico que se utiliza mucho en el mundo del *crossfit*, y que sirve para tratar la pérdida de masa muscular y la osteoporosis. El boxeador profesional estadounidense Ryan García también dio positivo por ostarina, ingerida según él, en un complemento alimenticio.

por alcanzar la mínima exigida para París. Pero no logró alcanzar los 5,82 m y no estuvo en los JJ. OO.

Sorprendente es la ausencia del libanés Noureddine Hadid. El esprínter que pertenece al Ejército del Líbano estuvo en Tokio'20 y se esperaba que estuviese en París. Pero cuando Israel atacó Gaza, las autoridades militares libanesas cancelaron todos los permisos. Ese día, Nour, que hacía tiempo había decidido dejar el Ejército, decidió marcharse a Beirut, luego hacia un campo de entrenamiento en Francia, donde vive su hermano, y finalmente a Estados Unidos. No podía volver al Líbano porque había una orden de detención contra él y si volvía lo meterían en la cárcel. Por tanto, no pudo clasificarse para los Juegos.

Las notas más tristes en las ausencias fueron por fallecimientos. El tongano Jackson James Rice de dieciocho años, que se había clasificado para los JJ. OO. en la nueva clase de vela iQFoil, murió el 15 junio en Faleloa, en la isla de Ha'apai de Tonga, mientras practicaba buceo desde un barco. Los padres de Rice son británicos, pero Jackson, que nació en EE. UU., representaba a Tonga.

Y el 11 de febrero de 2024 llegó una noticia terrible desde Kaptagat en Kenia. Kelvin Kiptum, gran favorito al oro olímpico de maratón y que cuatro meses antes había batido en Chicago el WR, fallecía junto a su entrenador en un accidente de tráfico al estrellarse su vehículo contra un árbol.

¡NO TENÍAN QUE ESTAR!

No clasificarse para los Juegos es muchas veces el final más amargo del sueño olímpico. Pero ¿qué pasa si no te has clasificado, estás en casa o de vacaciones y te llaman deprisa y corriendo para competir en París? En los últimos Juegos hubo varios casos así.

Por culpa de una lesión en los isquiotibiales, el británico de veinte años Samuel Reardon no se clasificó en los trials de atletismo. De hecho, vio la ceremonia de apertura de París'24 desde su casa en Londres… ¡y terminó ganando dos medallas de bronce! Por la lesión de Charlie Carvell, el Comité Nacional Británico le llamó para correr los relevos 4 x 400 m masculinos y 4 x 400 m mixto, y ganó la medalla de bronce en ambas pruebas. Cuando subió al podio a recogerlas, llevaba en el bolsillo una foto de su difunta madre, Marilyn. «Siempre me dijo que su sueño sería verme en el escenario olímpico. Significaba un mundo contar con su apoyo, era mi mejor amiga, mi mayor motivación e inspiración», declaró emocionado Reardon.

Algo similar ocurrió con el francés Hassan Chandi. El día anterior a la celebración del maratón masculino, a las cinco de la tarde, lo llamaron de urgencia para sustituir al lesionado Morhad Amdouni. Hassan terminó la prueba en vigésima posición.

Y curioso lo del campeón olímpico de 200 m en París'24 Letsile Tebogo, elegido atleta del año 2024 por WA. Sin esperarlo ni estar preparado, tuvo que tomar parte en la clasificación del relevo 4 x 400 m con Botsuana porque su compañero Leungo Scotch se lesionó. Ese día Letsile no tenía que correr y no había traído ni la ropa de competición al estadio. Finalmente, no sólo corrió las series, sino que participó también en la final del relevo y el cuarteto de Botsuana ganó la medalla de plata con Tebogo haciendo además la última posta.

CASI SE LO PIERDEN

La historia del marchador francés Aurelie Quinion la noche antes de la prueba de los 20 km marcha tiene mucha miga. A las dos de la mañana, a escasas horas de competir en los Juegos de su país, fue al hospital a acompañar a su mujer Cassandra para ver nacer a su hija Charlie.

La prueba de marcha era el 1 de agosto, y los médicos habían previsto el nacimiento entre el 27 y el 31 de julio. Estuvo preparando los JJ. OO. en la altitud de Font Romeu y lo intentaron todo para que Cassandra diese a luz allí, a base de tisanas y ejercicios específicos para estimular el parto, según contó Quinion. Como no parió en las fechas esperadas, finalmente se tuvieron que trasladar a París.

A las nueve y media de la noche de la víspera de la competición, Aurelie llamó a su mujer desde la villa olímpica. Y Cassandra le dijo que ya tenía contracciones. Se citaron en el hospital. El responsable del equipo de atletismo francés Mehdi Baala[425] le dijo que, si no

____

425   Mehdi Baala fue medalla de bronce de 1500 m en los JJ. OO. de Pekín'08.

podía participar, que lo entenderían. Pero que, si decidía competir, que recordase que la salida era a las siete y media en Trocadero.

A las dos de la mañana nació Charlie. Aurelie pudo cortar el cordón umbilical y hasta le entregaron la placenta. «¡No sabía ni qué hacer con ella!», manifestó. Dos horas después, cogía un taxi y a la hora en punto estaba marchando. Le habían dicho que cuando se es padre estás en una nube y que el nacimiento te da alas. Y él se iba preguntando bajo el calor sofocante «¿cuándo llegan los superpoderes?». Al final fue noveno.

El que también casi se pierde los JJ. OO., pero por un motivo más prosaico, fue el jinete australiano Shane Rose[426]. Inicialmente fue sancionado a no ir a París tras presentarse en una competición llevando como único atuendo el «mankini[427]» naranja que popularizó en las películas de *Borat* el actor británico Sacha Baron-Cohen. Juzgada la acción solo como una estupidez, finalmente le levantaron la sanción y pudo ir a París con su caballo Virgil. Y eso que casi se queda sin ir por segunda vez, porque poco después de la historia del «mankini», Shane Rose se cayó del caballo y se rompió veinte huesos, incluidos pelvis, fémur, codo y costillas. En París fue vigésimo en individual y decimoquinto por equipos.

Y el jugador de bádminton de China Taipéi Chou Tien-Chen[428] llegó hasta las puertas de la medalla, pero podía ni haber estado. El exnúmero dos del mundo quería asegurarse de que estaba en plena forma antes del crucial año olímpico. Y tras someterse a un chequeo médico completo al inicio de 2023, los dos médicos que examinaron a Chou descubrieron que tenía un alto riesgo de contraer cáncer de colon. Aunque a algunos familiares de Chou también se les ha diagnosticado la enfermedad, el deportista no quedó satisfecho del diagnóstico ni del proceso. Porque le dijeron que tenía que esperar un año para ver la evolución.

<hr>

426 Shane Rose es triple medallista olímpico de Concurso Completo de Hípica por Australia: plata por equipos en Pekín'08 y Tokio'20 y bronce en Río'16.

427 El «mankini» es una prenda de baño para hombre en forma de V, que solo tapa las partes íntimas y que se sujeta a los hombros mediante dos tirantes.

428 Chou Tien-Chen fue medalla de bronce de bádminton en Tokio'20.

Chou decidió consultar una segunda opinión, que confirmó el cáncer. Inmediatamente fue operado para extirparle las células cancerosas. Los médicos también le cortaron una parte del intestino grueso para evitar la propagación de la enfermedad. Pocos días después de la operación, volvió a las pistas de bádminton, pero mantuvo la noticia en secreto a sus seguidores e incluso a sus amigos durante casi un año. «Cada vez que me siento incómodo, me digo a mí mismo: pude volver. Es un milagro, así que no puedo enfadarme». Al contar su historia, Chou Tien-Chen lo hizo con la esperanza de que inspire a otros a someterse a una detección precoz del cáncer de colon.

UN MITO Y DOS LEYENDAS

En París, la nadadora china Yufei Zhang fue la deportista más laureada de los Juegos Olímpicos[429] con seis medallas, una de plata y cinco de bronce. Pero fue el también nadador francés Leon Marchand quien ganó más medallas de oro, hasta cuatro. Diez deportistas ganaron tres medallas de oro. Y treinta y cinco más ganaron dos oros.

Pero el Mito con mayúsculas fue el luchador cubano de grecorromana en la categoría de 130 kg Mijaín López. Con cuarenta y un años, y dos sin competir, consiguió su quinto título olímpico… ¡consecutivo! Este es un hito sin precedentes en ningún deporte en la era moderna[430]. En seis Juegos, Mijaín ha conseguido veintidós victorias y solo una derrota, en Atenas'04, sus primeros Juegos. Entonces tenía veintidós años y perdió en cuartos de final ante el ruso Khasan Baroyev, a la postre campeón olímpico.

---

429 En los Juegos Paralímpicos de París, otra nadadora china ganó más medallas que Yufei Zhang en los Olímpicos. Se trata de Yuyan Jiang, amputada del brazo y la pierna derecha, quien ganó siete medallas paralímpicas, las siete de oro.

430 Hasta París'24 solo habían ganado cuatro oros seguidos en la misma disciplina el atleta estadounidense Carl Lewis en longitud, el nadador estadounidense Michael Phelps en 200 m estilos, el atleta estadounidense Alfred Oerter en lanzamiento de disco, el regatista danés Paul Elvstrom en vela, la luchadora japonesa Kaori Icho en lucha y la nadadora estadounidense Katie Ledecky en 800 m libres.

Al acabar el combate de la final que le metía de lleno en el Olimpo con su quinto oro, Mijaín López dio una vuelta al tapiz y dejó sus botines en el medio, en un gesto tradicional de los luchadores cuando anuncian que se retiran y que este ha sido su último combate. Por cierto, que el perdedor de esa final fue Yasmani Acosta, chileno, pero de origen cubano. Yasmani dejó Cuba porque con Mijaín delante, «un hermano mayor para mí», no tenía ninguna opción de competir en los Juegos.

Y vamos con las dos leyendas. Una es la nadadora estadounidense Katie Ledecky[431], ganadora de catorce medallas olímpicas, nueve de oro. Debutó con quince años en Londres'12. Y en París'24, ganó cuatro medallas más, dos de ellas de oro para igualar a otras leyendas. Primero a Michael Phelps, ganando oros en cuatro JJ. OO. consecutivos en la misma prueba, en este caso los 800 m. Y después a Larisa Latynina[432], igualando los nueve oros olímpicos de la genial gimnasta soviética. Por delante ya «solo» están Phelps y sus veintitrés oros.

Con veintisiete años, en París, la duda era si Ledecky se iba a retirar o trataría de cerrar el círculo nadando en LA'28. Y parece que ese es su objetivo. A cuento de la edad, tuvo mucha gracia un acto en mayo de 2024 en la Casa Blanca cuando recibió la Medalla Presidencial de la Libertad, el más alto honor civil de Estados Unidos, de manos del entonces presidente Joe Biden. «No dejes que la edad se interponga en tu camino», bromeó el presidente de mayor edad de la historia de EE. UU., con más de ochenta años, a la nadadora que no llega a los treinta.

Y la leyenda que nació en París fue el francés Leon Marchand. Ganó cuatro medallas de oro en los 200 m y 400 m estilos, los 200 m mariposa y los 200 braza[433]. A Leon lo entrena Bob Bowman,

---

431   En París, Katie Ledecky fue campeona olímpica de 800 m y 1500 m libres, plata en el relevo 4 x 200 m y bronce en 400 m. Sus otros siete oros fueron en 200 m y 400 m en Río'16, en 800 m en Londres'12, Río'16 y Tokio'20, en 1500 m en Tokio'20 y en 4 x 200 m libres en Río'16.

432   Las nueve medallas de oro de Larisa Latynina son en individual, equipos, salto y suelo en Melbourne'56, individual, equipos y suelo en Roma'60 e individual y suelo en Tokio'64.

433   Leon Marchand todavía ganó una quinta medalla, el bronce en el relevo 4 x 100 estilos.

el hombre que estuvo detrás de Michael Phelps durante toda su carrera.

El impacto de Marchand en los Juegos fue tremendo. Incluso la final de sable por equipos entre Hungría y Corea se tuvo que interrumpir por la algarabía del público que estaba viendo en sus teléfonos móviles su tremenda remontada del 200 mariposa. En esa final Marchand tenía un retraso de siete décimas sobre el húngaro Kristof Milak[434] a falta de cincuenta metros. El último largo del francés fue de antología. Ese 31 de julio Marchand cambió de dimensión, ya que en menos de dos horas ganó dos pruebas tan dispares y a la vez casi antagónicas como los 200 m mariposa y los 200 m braza. Y en ambas pruebas lo hizo con récord olímpico. Desde Phelps no habíamos visto una hazaña de tamaño calibre. Es por ello por lo que durante el partido de baloncesto EE. UU.- Sudán del Sur, LeBron James no entendía qué pasaba cuando veía en la grada a la gente corear el nombre de «Leon, Leon». Él creía que gritaban «LeBron, LeBron», que suena parecido, y eso debió creer también el realizador que era estadounidense porque en ese momento la señal internacional «pinchó» la imagen de «King» James. Pero le tuvieron que sacar del error y explicarle que gritaban Leon y no LeBron. Había otro rey en los Juegos.

Leon Marchand tenía que ser el abanderado de Francia en la ceremonia de clausura. Pero París'24 le tenía reservado un papel mejor. Fue el encargado de apagar el fuego olímpico que alumbró todos los Juegos en el Jardín de las Tullerías y llevarlo hasta el Estadio de Francia. Leon continúa entrenando y viviendo en Estados Unidos. Pero el legado de su gesta en Francia es increíble: todos los niños y niñas quieren ser nadadores. ¡Y en el hexágono no hay tantas piscinas para tanta demanda!

TRIPLETES DE ORO

En París, hasta diez deportistas hicieron triplete de medallas de oro. Esta es la lista:

434　Kristof Milak es campeón olímpico de 100 m mariposa en París'24 y de 200 m mariposa en Tokio'20. Y es medalla de plata en 100 mariposa en Tokio'20 y en 200 m mariposa de París'24.

La gimnasta estadounidense Simone Biles ganó el oro individual, por equipos y en salto. Esto lleva su palmarés olímpico a once medallas, siete de oro. No estuvo en la final de asimétricas y en la final de barra de equilibrio se cayó y fue quinta. Y fue segunda en la final de suelo tras la brasileña Rebeca Andrade. En el podio de esa prueba protagonizó una de las imágenes de los JJ. OO. cuando junto a Jordan Chiles se arrodilló para homenajear a la ganadora, en el único podio olímpico de la historia de la gimnasia compuesto íntegramente por mujeres negras.

Alrededor de Biles hubo mucho movimiento en París. En su debut estuvieron un montón de vips: los actores Tom Cruise y Jessica Chastain, Snoop Dogg, la icónica editora de la revista *Vogue* Anne Wintour o las cantantes Ariana Grande y Lady Gaga. Y el equipo de fútbol americano de los Chicago Bears, donde juega su marido Jonathan Owens, le concedió seis días de permiso para que pudiese viajar a París para apoyar a Simone. Por cierto, que el pin más preciado de los JJ. OO. fue uno de Biles, con forma de corazón brillante.

También ganó tres oros la piragüista neozelandesa de treinta y cinco años dame Lisa Carrington. Ya la llaman The Goat in the Boat, la mejor de todos los tiempos del piragüismo en aguas tranquilas. En París ganó el oro en K1 500 m, K2 500 m[435] y en K4 500 m[436]. Eso ha elevado su total a ocho medallas de oro en cuatro Juegos, con triplete incluido por segundos JJ. OO. consecutivos.

Tres oros también se llevó la nadadora estadounidense Torri Huske, en 100 m mariposa y en los relevos 4 x 100 m estilos femeninos y mixtos. En la recepción del presidente Joe Biden a los olímpicos y paralímpicos estadounidenses en la Casa Blanca del 30 de septiembre, en la que el presidente catalogó a EE. UU. como «la mejor nación deportiva de la historia del mundo», Torri Huske fue la elegida para hablar en nombre de los deportistas.

Mollie O´Callaghan, una de las Australian Dolphins, sobrenombre con el que se conoce al equipo de natación de Australia,

---

435   En piragüismo K2 500 m Lisa Carrington ganó el oro junto a Alicia Hoskin.
436   En piragüismo K4 500 m, además de con Alicia Hoskin, Lisa Carrington ganó
       el oro junto a Olivia Brett y Tara Vaughan.

llegó a París con mucha ambición. Tras la excelente forma que demostró en los trials celebrados en su ciudad de Brisbane, viajaba a Francia a buscar cinco oros… y se llevó tres: en 200 m y en los relevos 4 x 100 m y 4 x 200 m, además de una plata y un bronce. O'Callaghan saltó a la fama en 2023 cuando batió el WR[437] de 200 m que había marcado catorce años atrás la gran Federica Pellegrini.

La nadadora canadiense Summer McIntosh, de diecisiete años, fue campeona olímpica en 200 m mariposa y en 200 m y 400 m estilos, además de ganar la medalla de plata en los 400 m. Ya apuntaba alto cuando en 2023 fue capaz de ganar a Katie Ledecky en 400 m libres, la primera derrota de la estadounidense en territorio EE. UU. en once años. Y en 2024 la batió esta vez en 800 m, distancia sobre la que Ledecky estaba invicta desde 2013. Summer fue elegida nadadora del año 2024 por la Federación Internacional. Y deportista femenina del año por el Comité Olímpico de Canadá.

Jill, la madre de Summer, compitió en LA'84 y su hermana mayor Brooke brilla en el patinaje artístico por parejas, habiendo ganado una medalla de bronce en 2022 en el Campeonato Mundial Juvenil. Summer tiene un gato llamado Mickey en honor a su ídolo Michael Phelps. Y con catorce años ya estuvo en Tokio'20, siendo la más joven olímpica de Canadá de la historia.

Con tres oros encontramos al gimnasta japonés Shinnosuke Oka. Los consiguió en individual, equipos y barra fija[438]. Oka era el usuario de la cama antisexo que quedó destrozada por un escape de agua.

Por segunda vez, tras los JJ. OO. de Río'16, aunque entonces no había competición de equipos mixtos, Corea del Sur hizo pleno de medallas en tiro con arco. Cinco oros sobre cinco posibles, incluidos dos dobletes en el podio. Y, además, dos de sus arqueros consiguieron un triplete de oros: Lim Sih-Yeon los ganó en el individual femenino, equipos y equipos mixtos. Y Kim Woo-

---

437   Desde los trials de Australia 2024, Mollie O'Callaghan ya no tiene el WR de 200 m. Se lo quitó Ariarne Titmus.

438   Shinnosuke Oka fue además medalla de bronce en paralelas, la primera medalla para Japón en veinte años en esta disciplina.

Jin, tres oros en el individual masculino, equipos y equipos mixtos. Desde Seúl'88, de cincuenta oros posibles Corea del Sur ha ganado treinta y siete.

Harrie Lavreysen, el líder del Bullet Train o tren bala, como llaman al equipo neerlandés de pista, consiguió el triplete de la velocidad en ciclismo en pista. Ganó tres oros en individual, keirin y velocidad por equipos con WR incluido. Igualaba así las gestas de sir Chris Hoy[439], quien lo hizo en Pekín'08 y de Jason Kenny en Río'16. Además, como ya había sido campeón olímpico de velocidad individual y por equipos en Tokio'20, su «Doble Doble» igualaba lo hecho por Jason Kenny en Londres'12 y Río'16.

Y en atletismo, la estadounidense Gabby Thomas ganó el oro en 200 m y los relevos 4 x 100 m y 4 x 400 m.

¡VAYA *CRACKS*!

En París hubo mucho *crack*, a pesar de que, las más de las veces, en sus modalidades solo tenían la opción de ganar una medalla. Pero no por ello merecen menos reconocimiento.

Empezamos con el judoca francés Teddy Riner. Es el judoca más laureado de la historia con once títulos de campeón del mundo y siete medallas olímpicas. A París llegaba con tres medallas de oro en cuatro Juegos y se marchó con dos más. Big Teddy, o Teddy Winner como le llaman también, ganó su tercer título en la categoría de +100 kg[440] y el oro en equipos mixtos, ganando su combate definitivo en la muerte súbita ante el japonés Tatsuru Saito[441]. Al inicio de los Juegos, Teddy fue elegido para ser el último relevista de la llama y encender el pebetero del Jardín de las Tullerías junto a la exatleta Marie-José Pérec.

La australiana Jessica Fox, la GOAT del piragüismo en aguas bravas, ganó el oro en K1 y C1, algo inédito hasta la fecha. Y se

---

439   En octubre de 2024, Chris Hoy, el seis veces campeón olímpico en pista, anunciaba que tiene un cáncer de próstata terminal y que le quedaban entre dos y cuatro años de vida. Además, tiene tumores en el hombro, pelvis, cadera, columna y en una costilla.

440   Solo el japonés Tadahiro Nomura había ganado tres oros olímpicos en judo. Lo hizo en la categoría de los pesos ligeros en Atlanta'96, Sídney'00 y Atenas'04.

441   Tatsuru Saito fue medalla de plata por equipos mixtos de judo en París'24.

convirtió en la primera canoísta en ganar medallas en cuatro JJ. OO. No en vano ha sido elegida deportista del año 2024 en Australia. Jessica competía medio en casa porque había nacido en Marsella, de madre francesa, que es su entrenadora, Myriam Fox-Jerusalmi[442]. El padre, Richard Fox, fue cuarto en K1 en BCN'92 con Australia.

La Tasmanian Terminator, la nadadora australiana Ariarne Titmus, ganó dos oros en 400 m libres y el relevo 4 x 200 m, y dos platas en 200 m y 800 m libres. En Tokio'20 ya había sido campeona olímpica de 200 m y 400 m[443]. Decía antes de los JJ. OO. que solo vivía para ganar el oro, y que para eso «estoy en hibernación… ¡de la vida!». Ledecky es su inspiración.

Otra nadadora australiana, Kaylee McKeown[444], elegida nadadora femenina del año 2024 en Australia y auténtica estrella de la espalda, ganó cinco medallas, incluidas dos de oro en 100 m y 200 m espalda. Kaylee defendió así con éxito sus títulos de Tokio. En los trials de Estados Unidos, Regan Smith le había quitado el WR de 100 m espalda. Pero en París, McKeown superó a la estadounidense en las dos pruebas individuales. Acabó los Juegos siendo abanderada de Australia en la ceremonia de clausura.

Y Emma McKeon, otra nadadora de Australia, ganó la medalla de oro con el relevo 4 x 100 m libres, plata en el 4 x 100 m estilos y bronce en el 4 x 100 m estilos mixtos. Lo relevante es que con estas tres medallas llegaba a la cifra de catorce[445] ganadas en su carrera, igualando a Katie Ledecky y siendo la segunda nadadora

---

442   Myriam Fox-Jerusalmi fue medalla de bronce de piragüismo en K1 en Atlanta'96 compitiendo por Francia.

443   Ninguna australiana doblaba oros en 200 m y 400 m desde Shane Gould en Munich'72.

444   Kaylee McKeown ganó en Tokio'20 el oro en 100 m y 200 m espalda y en 4 x 100 m estilos, además del bronce en 4x100 m estilos mixtos. Y en París, además de los dos oros individuales en 100 m y 200 m espalda, hay que sumar la plata en el relevo 4 x 100 m estilos y el bronce en 200 m estilos y en 4 x 100 m estilos mixtos.

445   En Tokio'20, Emma McKeon ganó siete medallas, la mayor cantidad conseguida por una mujer en natación en unos JJ. OO., superando las seis de la alemana Kristin Otto en Seúl'88 y de la estadounidense Natalie Coughlin en Pekín'08. Y a nivel de todos los deportes, sus siete medallas igualaban las de la gimnasta Mariya Gorokhovskaya en Helsinki'52, récord de medallas ganadas en unos Juegos en categoría femenina.

en número total de medallas de todos los tiempos tras Michael Phelps. Desde que acabaron los JJ. OO. y confirmó su retirada de la natación, Emma no para de acumular premios. «Icono del Año» por parte de la revista *Marie Claire* y «Deportista del Año» en Australia por la revista *GQ*. McKeon es también embajadora de UNICEF.

Tremendo *crack* fue el nadador de tan solo veinte años Pan Zhanle. El chino ganó el oro en la prueba reina de la natación, los 100 m libres. Y encima pulverizando el WR con una marca sideral de 46"40, cuatro décimas más rápido que su anterior registro. Una mejora tan grande de un récord tan exigente no parecía creíble a ojos de algunos expertos y puso a Pan en el centro de la sospecha. Y se resucitó todo el asunto de los veintitrés nadadores chinos que dieron positivo antes de los JJ. OO. de Tokio. Ajeno a las críticas, Pan Zhanle ganó otro oro más, en el relevo 4 x 100 estilos, quitándole un título histórico a EE. UU. Y en su posta fue capaz de nadar ¡por debajo de 46"! Con China ganó además la plata en el relevo 4 x 100 m estilos mixto.

Tener que destacar a alguno de los componentes del equipo de EE. UU. de baloncesto[446] es complicado. LeBron James era el capitán, fue elegido MVP del torneo y anotó un triple-doble[447] ante Serbia en las semifinales. Stephen Curry encadenó cuatro triples en los tres últimos minutos de la final ante Francia para ganar el oro[448]. Pero con la victoria de EE. UU., Kevin Durant conseguía

---

446 Al equipo de EE. UU. de baloncesto masculino los llamaron The Avengers, los vengadores, porque querían recuperar el respeto del planeta al baloncesto tras el batacazo del Mundial de Filipinas, Japón e Indonesia 2023 en el que EE. UU. quedó cuarta. El de los Juegos de París fue el mejor equipo de jugadores NBA que se formó desde BCN'92.

447 Con dieciséis puntos, doce rebotes y diez asistencias, LeBron James consiguió el cuarto triple-doble en la historia de los Juegos Olímpicos desde que se empezaron a contabilizar en 1976. Los otros tres triples-dobles los habían conseguido el soviético Alexander Belov en Montreal'76, el esloveno Luka Doncic en Tokio'20 y el propio LeBron en Londres'12. Días después, en el partido por la medalla de bronce entre Serbia y Alemania, Nikola Jokic consiguió el quinto triple-doble olímpico. Pero «King» James es el único que lo ha hecho dos veces.

448 Sentados en la primera fila estaban varias leyendas de la NBA como Pau Gasol, Dirk Nowitzki, Carmelo Anthony y Scottie Pippen, además de la exfutbolista Megan Rapinoe, y se levantaron todos de golpe como movidos por un resorte

un hito: ser el primer deportista masculino en ganar cuatro oros olímpicos en un deporte de equipo[449].

El ciclista belga Remco Evenepoel hizo historia por las calles de París. Ganó la prueba de ciclismo contrarreloj, y eso que definió la calzada por la que transcurría la crono «como una mierda». Y una semana después «dobló» ganando la prueba en línea. Se convertía así en el primer ciclista masculino[450] en conseguir el doblete. La victoria en la ruta fue sobrada, por la distancia que sacó a sus perseguidores, y a la vez agónica porque pinchó a menos de cuatro kilómetros a meta. Y como no tenía cerca el coche de equipo ni la asistencia neutra, no podía cambiar la rueda e iba preguntando al cámara de la moto que le seguía cuánta distancia tenía sobre el segundo[451]. Cuando llegó a meta se percató tan rápidamente de lo solemne que era ganar a los pies de la Torre Eiffel que se paró y cruzó andando con la bici en el aire por encima de su cabeza, y la «gran dama» detrás. ¡Tremenda fotografía!

Otra *crack*, también belga, fue la heptatleta Nafissatou Thiam. Al ganar el oro en París, se convirtió en triple campeona olímpica de heptatlón. En Río'16 con veintiún años fue la más joven heptatleta en ganar un oro. Y en Tokio'20, se convirtió en la primera deportista belga, de cualquier disciplina, que reeditaba un título olímpico. En París, «Nafi» Thiam culminó su triplete de oros con puntos de sutura en la rodilla tras hacerse una herida en el salto de longitud.

La china Qinwen Zheng ganó la medalla de oro de Tenis, convirtiéndose en la primera campeona olímpica de este deporte para China. Qinwen, entrenada por el español Pere Riba, ganó los seis

---

de admiración con el último y definitivo triple encestado por Curry a treinta y cinco segundos del final.

449 Kevin Durant fue campeón olímpico en Londres'12, Río'16, Tokio'20 y París'24.

450 La neerlandesa Leontien Zijlaard-Van Moorsel ganó las medallas de oro en ciclismo contrarreloj y en la prueba en línea en los JJ. OO. de Sídney'00. Y añadió al botín un tercer oro en persecución individual en pista, además de la plata en puntuación. Cuatro años después, en Atenas'04, Leontien revalidó el oro en contrarreloj y fue bronce en persecución.

451 La medalla de plata de ciclismo en ruta fue para el local Valentin Madouas a más de un minuto de Evenepoel, y el bronce se lo llevó otro francés Christophe Laporte.

partidos del torneo. Y los dos últimos fueron duros batiendo en semis a la n.º 1 polaca Iga Swiatek y en la final a la croata Donna Vekic. Zheng ya es una sensación en su país, donde en lugar de Qinwen ya la llaman Queen-Wen, la reina.

Con catorce años y ochenta y seis días, la australiana Arisa Trew ganó la medalla de oro en *skate*, en la modalidad de *park*. De esta manera, se convertía en la medallista más joven de la historia de Australia y la campeona olímpica más joven de los JJ. OO. de París. Arisa es la primera *skater* en ganar el premio Laureus al mejor deportista mundial de acción en 2023. La entrega del premio fue en abril de 2024 en Madrid.

Hemos dicho que, en categoría masculina del ciclismo en pista, el neerlandés Harrie Lavreysen consiguió la Santísima Trinidad de la velocidad. Pues bien, a punto estuvo de lograrlo también, pero en categoría femenina, Ellesse Andrews. La neozelandesa fue campeona olímpica en las modalidades de velocidad y keirin. Pero no pudo culminar el triplete, porque, en la final por equipos, Gran Bretaña superó por medio segundo a Nueva Zelanda[452].

En atletismo, Sydney McLaughlin-Levrone fue campeona olímpica de 400 m vallas, pulverizando el WR. ¡No hubo ni atisbo del duelo que debía protagonizar con la neerlandesa Femke Bol! Además, añadió a su botín el oro en el relevo 4 x 400 m. En la vuelta a la pista con vallas, Sydney se ha quedado sin rivales. Así que ya se habla de que para LA'28 pueda explorar nuevos territorios, cambiando de prueba o incluso intentando «triplear» con las distancias de 200 m y 400 m en su programa.

La keniana Faith Kypiegon se convirtió en triple campeona olímpica al ganar el oro en los 1500 m en París. Kypiegon ya lo había hecho antes en Río'16 y Tokio'20, convirtiéndose así en la mejor atleta de todos los tiempos en la distancia reina del medio fondo. Y es que nunca nadie en la historia olímpica, hombres y mujeres incluidos, había ganado tres oros en 1500 m. La triple *recordwoman* mundial intentó subir la apuesta y afrontó el doblete

---

452   A Ellesse Andrews la acompañaban en el equipo de Nueva Zelanda Rebecca Petch y Shaane Fulton.

1500 m-5000 m, pero no le salió. En la distancia más larga, Faith Kypiegon fue plata por detrás de su compatriota Beatrice Chebet.

La propia Chebet también fue un *crack* de los Juegos. Porque no solo ganó el oro en 5000 m, sino que dobló con el de los 10 000 m. De todas maneras, pasó un mal rato tras la final de 5000 m. Inicialmente fue descalificada por obstrucción a la etíope Gudaf Tsegay[453]. Y al saberlo, su alegría se tornó en lágrimas en la zona mixta. Pero Kenia apeló y le devolvieron el oro. El disgusto se lo traspasó entonces a Nadia Battocletti. La italiana había sido cuarta en 5000 m y con la descalificación de Chebet pensaba que había heredado el bronce. Pero no fue así. En cualquier caso, la italiana se quitó la espina a lo grande cuatro días después siendo medalla de plata en 10 000 m… ¡por detrás de Chebet!

Una de las mejores jugadoras de fútbol de todos los tiempos es Marta Vieira da Silva. Los de París eran sus sextos y últimos JJ. OO. y Marta quería retirarse con el oro tras haber perdido las finales de los JJ. OO. de Atenas'04 y Pekín'08 ante EE. UU. Casi termina todo prematuramente cuando fue expulsada con roja directa en el partido de la fase previa ante España tras propinar de manera fortuita una patada en la cabeza a la española Olga Carmona. A Marta le cayeron dos partidos de sanción y no podría volver a jugar si sus compañeras no se clasificaban para la final. Y es lo que hicieron… ¡ganando a España en semifinales! Marta pudo jugar la final. Pero por tercera vez perdieron el oro olímpico ante Estados Unidos.

El jugador francés de voleibol Earvin Ngapeth[454] es otro de esos *cracks* que brillan en el seno de un equipo campeón. Aquel al que llaman el Mozart del vóley se presentó a la concentración del equipo francés un año antes de París un poco pasado de forma y con una marcada barriguita. Pero sus palabras fueron claras y en las antípodas de su físico: «Vamos a revalidar el oro de Tokio», les dijo a sus compañeros, cosa que, por cierto, hicieron. El genio de Saint-Raphaël no es solo un trotamundos del voleibol, ya que ha jugado en las ligas de Francia, Italia, Rusia o Turquía. También

---

453 Gudaf Tsegay fue medalla de bronce en 5000 m en Tokio'20.
454 Earvin Ngapeth fue campeón olímpico de voleibol en Tokio'20 y París'24.

es rapero. Bajo el seudónimo Klima, sobrenombre que le adjudicaron desde los doce años por su espontaneidad, su capacidad para comunicarse con cualquiera y sus cambios de humor, Earvin Ngapeth ha grabado dos discos de rap.

Y el pertiguista sueco Armand «Mondo» Duplantis «solo» tenía opción de ganar un oro. ¡Pero de qué manera lo hizo! Ganó el de salto con pértiga y volvió a batir el WR, para dejarlo en unos siderales 6,25 m. Duplantis es el segundo atleta tras el estadounidense Bob Richards[455] en revalidar el título de campeón olímpico en pértiga. Cuando se quedó solo en el concurso, y saltó 6,10 m para batir el récord olímpico, a modo de celebración imitó el gesto icónico del tirador Yusuf Dikec, disparando con un dedo y con la otra mano en el bolsillo. Se lo había planteado como reto otro pertiguista, el australiano Kurtis Marschall[456]. Tras un año 2024 impresionante, «Mondo Duplantis» no sólo ganó el Laureus masculino. Además, fue nombrado mejor atleta masculino de saltos por la Asociación Mundial de Atletismo, mejor atleta europeo del año y Mejor Deportista Mundial del Año por la BBC.

PERSONAJES

Mitos, leyendas, fenómenos, *cracks*…, los Juegos tienen todo tipo de campeones. Y otros personajes que no lo son tanto. Pero todos y cada uno tienen una historia.

Como la del arquero del Chad Israel Madaye. El abanderado de su país en la ceremonia de apertura se convirtió en una celebridad en Corea del Sur, a pesar de no meter ni una flecha en la segunda ronda de tres de su eliminatoria de treintaidosavos de final ante el que terminaría siendo campeón olímpico, el surcoreano Kim Woo-Jin. Los medios de Corea, donde el tiro con arco es deporte nacional, simpatizaron con el chadiano y se interesaron por él y su trayectoria. Y descubrieron que es un autodidacta

---

455 Bob Richards logró el oro en salto con pértiga en los Juegos de Helsinki 1952 y Melbourne 1956.

456 Kurtis Marschall ha sido olímpico en tres JJ. OO. y fue sexto en París'24 en salto con pértiga.

que dejó su trabajo de electricista para ser arquero antes de entrenarse en un cementerio.

El también arquero, pero de Estados Unidos, Brad Ellison[457] fue plata en tiro con arco individual y bronce en equipo mixto. Fue el único capaz de plantar cara a los surcoreanos. Pero su plata individual fue muy amarga, ya que perdió el oro… ¡por tres milímetros en la flecha de oro de la muerte súbita!

El jugador de *hockey* sobre hierba australiano Matthew Dawson[458], lesionado en el dedo anular de la mano derecha en un torneo de preparación, optó por que le amputaran la punta del dedo para no comprometer su participación en París. Un yeso no le hubiese permitido participar en los Juegos. Al final no mereció mucho la pena el sacrificio, ya que Australia fue sexta del torneo.

La nadadora eslovaca Tamara Potocka dio el gran susto en la piscina olímpica. Se encontró indispuesta antes de las series de 200 m estilos y la tuvieron que evacuar en camilla y con máscara de oxígeno.

El sueco Truls Moeregaardh[459], medalla de plata en tenis de mesa, se convirtió en el primer jugador no chino en jugar una final desde Atenas'04. Truls juega con una pala heptagonal. Y es conocido por su celebración rodilla en tierra y dedo sobre la frente. También fue medalla de plata con el equipo sueco masculino.

Para participar es sus terceros Juegos, la regatista uruguaya Dolores Moreira alquiló un barco en Barcelona, lo puso en un remolque y condujo hasta la sede de la vela en Marsella. Para Lola, como la llaman sus amigos, este proceso no es nuevo. Forma parte de una dinámica de ahorro de dinero cuando se procede de un país pequeño.

La panameña Hillary Heron es la única gimnasta que logró el Biles I[460] en el Mundial de Amberes 2023. Durante la competición

---

457   Brad Ellison es ganador de cinco medallas olímpicas, pero ninguna de oro. La primera medalla la ganó en Londres'12, plata por equipos.

458   Matthew Dawson fue medalla de plata en Tokio'20 en *hockey* sobre hierba.

459   Truls Moeregaardh fue medalla de plata en tenis de mesa individual y por equipos en París'24.

460   El Biles I es una figura inventada por Simone Biles. Se trata de un doble mortal extendido con medio giro al final.

olímpica, la propia Biles se la quedó mirando ensimismada por lo original del diseño del leotardo que usó Hillary para competir. Lo había diseñado la propia gimnasta panameña y era una especia de pollera de gala, el traje tradicional de las mujeres en Panamá. En las mangas llevaba flores del espíritu santo, flor nacional, y en la parte de atrás, el puente de las Américas.

Si en París el surcoreano Kim Joo-Hyung, conocido como «Tom» Kim, hubiese ganado una medalla en golf, quedaría exento del servicio militar. No pudo ser, quedó octavo. En Corea del Sur, los hombres de entre dieciocho y treinta y cinco años están obligados a servir en el ejército durante un periodo de dieciocho meses a dos años. Se pueden conceder excepciones a los deportistas en dos situaciones: si consiguen una medalla en los Juegos Olímpicos o si ganan la medalla de oro en los Juegos Asiáticos, aunque para los deportistas profesionales hay una permuta de los dieciocho meses de mili por 540 horas de trabajo para la comunidad. Kim parecía tener la suerte de cara en los Juegos hasta que tropezó en el hoyo dieciocho y se quedó a las puertas del podio. Las cámaras del tráiler de puntuación del Golf National le captaron enjugándose las lágrimas, probablemente consciente de que había perdido la oportunidad de evitar el servicio militar obligatorio.

Con treinta y siete años, Alexandra Ndolo fue la primera esgrimista olímpica de la historia de Kenia. Según contó, participar en París le ha costado al menos 50 000 dólares, la mayor parte de los cuales aportados por su madre. El camino de Alexandra es inédito, ya que pocos deportistas han pasado de competir por Alemania[461] a hacerlo por Kenia. Pero ella quiso cambiar de nacionalidad para honrar a su padre. En Alemania se la considera una mujer negra, pero en Kenia a menudo se la identifica como blanca. Durante mucho tiempo ha luchado contra los estándares de belleza contradictorios de estas dos culturas. «En Kenia, el estándar de belleza abarca más curvas, por lo que es posible que no sea lo suficientemente delgada para los estándares de

---

461   Representando a Alemania, Alexandra Ndolo fue medalla de plata en el Mundial 2022.

belleza europeos ni lo suficientemente curvilínea para el estándar de belleza de Kenia», explicó Ndolo. Antes de Tokio'20, apareció semidesnuda en la portada de la edición olímpica para Alemania de la revista *Playboy*, junto a la nadadora Marie Pietruschka, la pertiguista Lisa Ryzih y la modelo Anna Lena Stockler.

El veterano tirador venezolano de sesenta años Leonel Martínez regresó a unos JJ. OO. cuarenta años después de estar en LA'84. Es la segunda espera más larga para volver a unos JJ. OO. tras los cuarenta y cuatro años que tuvo que esperar el jinete de doma Hoketsu Hiroshi entre los Juegos de Tokio'64 y los de Pekín'08. En la capital china Hoketsu tenía sesenta y siete años. En París, Leonel fue vigesimoctavo en foso olímpico.

Personaje fue el gimnasta Carlos Edriel Yulo. Caloy, como le llaman, fue campeón olímpico de suelo, el segundo oro de la historia de Filipinas. Y luego consiguió otro oro más en la final de salto, que ya terminó de desatar la «yulomanía» en Filipinas. Yulo recibió una mención presidencial y un premio de 350 000 dólares, a los que sumar los diez millones de pesos, unos 170 000 dólares, que la normativa filipina concede a los medallistas de oro olímpicos. Recibió también un lujoso condominio de tres habitaciones totalmente amueblado en una zona exclusiva de Manila, además de una provisión de por vida de pollo a la barbacoa y fideos japoneses, cortesía de varias empresas y entidades gubernamentales. Además, un gastroenterólogo le ofreció una colonoscopia gratuita cuando cumpliera cuarenta y cinco años. Pero alrededor de Yulo también hubo melodrama desatado por su madre al decir en RR. SS. que la relación de Carlos con su pareja, la *youtuber* Chloe San Jose, no estaba en el mejor momento. Y que había conflicto entre los dos por la administración de lo ganado por Yulo en los Juegos.

Nikola Jokic[462], el mejor jugador de baloncesto de Serbia y uno de los mejores del mundo, es un personaje donde los haya. Eliminado en segunda ronda del *play-off* de la NBA 2023-2024,

---

462 Nikola Jokić fue medalla de plata de baloncesto en Río'16 y bronce en París'24. Y en la NBA, donde juega con Denver Nuggets, ha sido elegido tres veces MVP de la liga siendo campeón en 2023.

Jokic viajó a Serbia para hacer *rafting* con sus amigos, como acostumbra a hacer al término de cada temporada. Pero este era año de Juegos, y, aunque todos lo daban por hecho, Jokic nunca confirmó oficialmente que iba a acudir a París. Tuvo que ser el presidente de Serbia, Aleksandar Vucic, quien aprovechase una entrevista para pedirle públicamente a Jokic que respondiese a la llamada del seleccionador Svetislav Pesic. Serbia ganó la medalla de bronce ante Alemania. Y lo mejor estaba por venir. Diez horas después de ese partido, era el momento de la ceremonia del podio. Los serbios se fueron de fiesta, merecida, y cuando llegó la hora de volver al pabellón a recoger sus medallas, ¡iban borrachos! La carita de Jokic y su sonrisita en el podio lo decían todo.

Y personalidad, y de las grandes, es Tom Daley, saltador británico abanderado de su país en la ceremonia de apertura de París. Con catorce años le descubrimos en Pekín'08. Y dieciséis años después, los de Francia fueron sus quintos y últimos Juegos, convirtiéndose en el primer saltador de la historia de Gran Bretaña en participar en cinco ediciones olímpicas. Poco antes de París, su habitual pareja en saltos sincronizados de plataforma de 10 m, Matty Lee, con quien ganó el oro en esta disciplina en Tokio'20, impidiendo el pleno de China en saltos, fue operado[463]. Y en París le tuvo que sustituir Noah Williams, junto al que Tom ganó la medalla de plata, la quinta de su trayectoria olímpica[464]. Pero fuera de las piscinas Tom Daley ha sido incluso más grande, convirtiéndose en referente mediático por su reivindicación de los derechos del colectivo LGTBIQ+. Y en París, en la grada entre prueba y prueba le volvimos a ver haciendo lo que en los cuatro Juegos anteriores y que descubrimos con sorpresa en Londres'12: para pasar el rato y matar los nervios hace punto, oficio este, el de tejer, que le enseñó su abuela.

---

463 En el Mundial de Doha de principios de 2024, Tom y Matty todavía saltaban juntos. Y fueron subcampeones del mundo en plataforma de 10 m sincronizados. Pero Matty Lee tuvo que ser operado en marzo de 2024 de una hernia discal entre las vértebras L5-S1 que le molestaba hacía ya tiempo.

464 Además de las mencionadas medallas de oro de Tokio'20 y la plata de París'24, Tom Daley había ganado la medalla de bronce en plataforma de 10 m individual en Londres'12 y Tokio'20 y el bronce en sincronizados de 10 m en Río'16.

¡ESTO NO ES TOKIO!

Uno de los momentos más mágicos de Tokio'20 fue cuando el italiano Gianmarco Tamberi y el catarí Mutaz Essa Barshim compartieron la medalla de oro de salto de altura. Y en París la situación se podía haber repetido entre el neozelandés Hamish Kerr y el estadounidense Shelby McEwan. La final de altura se estancó en 2,36 m cuando ambos fallaron sus tres intentos. Un tercero en discordia, Mutaz Barshim, se jugó el todo por el todo, y renunció al tercer salto sobre 2,36 m para tener un único y último intento desesperado sobre 2,38 m. Pero falló y se tuvo que conformar con la medalla de bronce. En ese instante, Kerr y McEwan podían haber compartido el oro…, ¡pero quisieron seguir saltando! Esta vez la realización no fue tan específica como en Tokio, pero dio la sensación por un gesto con la mano que Kerr le hizo al juez que fue el neozelandés quien tenía claro que había que seguir saltando.

En el desempate, McEwan y Kerr fallaron sus primeros intentos sobre 2,38 m. El listón se bajó a 2,36 m, y volvieron a fallar. Y el listón se bajó por tercera vez hasta 2,34 m. McEwan fue el primero en saltar y falló. En una especie de muerte súbita, Kerr cumplió, pasó sin derribar el listón y ganó la primera medalla de oro de Nueva Zelanda en atletismo desde la de Valerie Adams en los Juegos Olímpicos de Londres 2012 en lanzamiento de peso y la primera medalla de Nueva Zelanda en salto de altura en unos Juegos Olímpicos.

A Hamish Kerr le llaman el Kiwi Volador. Y aun otra curiosidad del neozelandés. En el Mundial de pista cubierta de Glasgow'24 ganó el oro… ¡después de ir al baño! Este es un recurso táctico que usa para restablecerse mentalmente. «Sin revelar demasiados detalles, tengo la vejiga más pequeña del mundo», bromeó. Pero la verdad era que «necesitaba un poco de paz y tranquilidad para reiniciarme. Es algo que hago en la mayoría de las competiciones. Me parece muy importante tener esos momentos en los que puedo dar un paso atrás, respirar y pensar en lo que es importante». Dicho esto, no podría asegurar si en París fue o no a la *toilette*.

RETRATADO

En los Juegos de París, la delegación brasileña fue vigésima del medallero con veinte metales. Y, por primera vez, las mujeres ganaron más medallas que los hombres. De hecho, los tres oros cariocas fueron femeninos… ¡y de mujeres de raza negra! En vóley playa femenino con Ana Patricia Ramos y «Duda» Lisboa, en la final de suelo en gimnasia con Rebeca Andrade y en judo +78 kg con Beatriz Bia Souza. Pero, a pesar de todo, quien quedó inmortalizado para siempre fue el miembro de la Brazilian Storm[465] Gabriel Medina.

El triple campeón del mundo de surf, y medalla de bronce en estos Juegos, fue el protagonista de, dicen, la mejor fotografía deportiva de todos los tiempos. No sé si será verdad, pero lo que es seguro es que fue la foto más icónica de París'24. En Teahupo'o, Medina competía en la tercera ronda previa. «Cogió» una ola fantástica, un tubo casi perfecto, y su ejecución rozó la nota máxima. Era tan claro el nivel de esa ola que, al salir del tubo, Medina terminó su actuación con las dos palmas de las manos abiertas hacia los jueces pidiendo el 10. Le concedieron un 9'90.

El brasileño sabía, pues, que pasaba ronda a la vez que se «vengaba» del japonés Kanoa Igarashi, quien fue medalla de plata en Tokio'20 tras eliminar entonces a Medina. Relajado y con la satisfacción del deber cumplido, Gabriel Medina saltó sobre la ola, con su cuerpo completamente recto y extendido, su brazo derecho al cielo rematado por el dedo índice señalando hacia arriba. Pero lo más extraordinario es que su tabla, que iba agarrada a su tobillo izquierdo por el reglamentario cable de seguridad, quedó tan recta y perpendicular al mar como el propio surfista. ¡Y totalmente en paralelo al cuerpo del surfero! La imagen en la que daba la sensación de que Medina flotaba en el aire es brutal. Pero había que capturarla. Y ahí estuvo para hacerlo desde una barca de fotógrafos Jerome Brouillet, fotógrafo de la

---

465   Brazilian Storm es el nombre con el que se conoce al equipo nacional de surf de Brasil. Es tal el nivel brasileño en este deporte que entre los tres participantes masculinos en Teahupo'o, no seleccionaron a Italo Ferreira, campeón olímpico en Tokio y ganador del Tahití Pro… ¡en el propio *spot* de Teahupo'o!

agencia AFP. Así como todos los surfistas esperan la ola, «todos los fotógrafos esperan un momento así», declaró el fotógrafo francés. Por esta foto, bautizada como *Suspended Gravity* (gravedad suspendida), Brouillet ganó el premio a la mejor fotografía del año en los World Sports Photography Awards 2025, los Óscars de la fotografía.

Cuando Gabriel Medina vio la foto, escribió un *post* en Instagram citando al apóstol san Pablo en la Carta a los Filipenses 4:13: «Todo lo puedo en Cristo que me fortalece». Medina es muy creyente y miembro del colectivo de los Atletas de Cristo[466]. Luego, tras perder en semifinales contra el australiano Jack Robinson[467], compartió en RR. SS. una foto suya en blanco y negro con el texto «Josué 1», haciendo referencia a uno de los libros del Antiguo Testamento de la Biblia en el que Josué amonesta a los israelíes a ser fuertes y valientes, a no desanimarse. El 7 de agosto, y ya de vuelta en París[468], subió otra foto suya en el exterior del Louvre recreando su icónica foto, levantando el dedo índice al cielo.

Medina es un personaje muy seguido y querido en Brasil. En 2022 tuvo al país en vilo cuando anunció que dejaba la competición definitivamente. Finalmente, solo fue una pausa a su carrera a causa de una depresión tras su divorcio ultramediatizado con la popular modelo también brasileña Yasmin Brunet.

Además de la foto de Medina, circuló otra gran foto de Teahupo'o cuando una ballena apareció durante las semifinales femeninas de surf entre la brasileña Tatiana Weston-Webb[469] y

---

466 En la década de los ochenta, los futbolistas João Leite y Baltazar fundaron Atletas de Cristo con el objetivo de movilizar a los deportistas para que compartiesen el Evangelio en todo el mundo. Desde el principio, el dedo índice señalando al cielo en las celebraciones de los goles se convirtió en una seña del movimiento. Y por eso el gesto con el dedo de Medina también fue interpretado así por algunos.

467 Jack Robinson fue medalla de plata de surf en París'24.

468 Lógicamente, los surferos no se alojaron en la villa olímpica de París. En la Polinesia francesa dormían en su propia villa «flotante», el crucero Aranui 5, con capacidad para 230 personas.

469 Tatiana Weston-Webb fue medalla de plata olímpica en París'24. En el Tahiti Pro se convirtió en la primera mujer en conseguir la nota máxima, un «perfect 10» de la historia del surf.

la costarricense Brisa Hennessy. Pero no creamos que el oficio de fotógrafo de surf solo da alegrías. Puede ser también una profesión de riesgo. Pocos días antes del debut de las pruebas olímpicas, el reputado, a pesar de tener solo diecinueve años, fotógrafo Byron McLoughlin quedó inconsciente tras el impacto de una gran ola en Teahupo'o. Fue rescatado del agua y estuvo dos días en coma. Pero no fue esta la única vez que McLoughlin estuvo a punto de morir haciendo lo que más le gusta. Ya le pasó algo similar hace dos años cuando trabajaba en Bali.

¿NOS HACEMOS UN *SELFIE*?

Una de las imágenes más icónicas de Río'16 fue la del *selfie* que se hicieron las gimnastas Un Jong Hong[470] de Corea del Norte y Eun Ju Lee de Corea del Sur. Y en París'24 hubo otro selfie parecido, entre coreanos también, que llegó tras una curiosa historia.

Ri Jong Sik y Kim Kum Yong, una pareja de tenis de mesa ausente del *ranking* y que nunca había aparecido en el circuito antes del clasificatorio en primavera, batieron en los octavos de final a Tomokazu Harimoto[471] y Hina Hayata[472], cabezas de serie n.º 2 del torneo de dobles mixtos y segundos del *ranking* mundial. Y no contentos con ello, se metieron en la final desconcertando a todos sus rivales con el revestimiento antiguo de sus raquetas.

En el último partido el nivel de la pareja china Wang Chuqin[473] y Sun Yingsha[474] fue demasiado para Ri y Kim, y los norcoreanos se conformaron con una medalla de plata totalmente inesperada

---

470 Un Jong Hong fue campeona olímpica en salto en Pekín'08. La de Un Jong Hong fue la primera medalla de la historia de Corea del Norte en gimnasia.

471 Tomokazu Harimoto ganó la medalla de bronce de tenis de mesa por equipos masculinos en Tokio'20.

472 Hina Hayata ganó la medalla de plata de tenis de mesa por equipos femeninos y bronce en individual en París'24.

473 Wang Chuqin fue doble campeón olímpico de tenis de mesa en París'24 por equipos masculinos y equipos mixtos.

474 Sun Yingsha es ganadora de cinco medallas olímpicas, incluidas tres de oro: por equipos femeninos en Tokio'20 y París'24 y el doble mixto en París'24. Y tiene dos platas individuales al perder las finales de Tokio'20 y París'24.

al inicio del torneo. En estos Juegos, y como Samsung es *sponsor* principal del COI, a todos los que subieron al podio se les dio un teléfono para que capturasen el momento con un *selfie*. Y ahí estaban los norcoreanos con la plata al cuello al lado de los chinos con el oro… cuando el que hizo la foto fue un surcoreano, Lim Jong-Hoon, que, junto a su compañera Shin Yu-Bin[475], estaba en el podio porque habían ganado el bronce. Lo curioso es que en el *selfie* se veían las banderas de las dos Coreas. Los medios de comunicación controlados por el Gobierno de Corea del Norte dieron tardía y discretamente la información.

Tras el *selfie*, a todos los deportistas de los JJ. OO. se les regalaba el Samsung. Pero el COI dijo que los norcoreanos no lo iban a recibir, tras petición del Gobierno de Corea del Sur. Corea del Norte está bajo las sanciones de la ONU y no pueden recibir productos que puedan ser utilizados con fines militares. Los móviles están en la lista prohibida por el párrafo 7 de la resolución 2.397 de las Naciones Unidas de 2017.

Dos cosas más de coreanos. La norcoreana An Chang-Ok, cuarta en la final de salto en gimnasia, se dio un gran abrazo con la quinta clasificada, la búlgara Valentina Georgieva. Supongo que sorprendió viniendo de una deportista de un país que nos tiene poco habituados a las muestras públicas de afecto. El caso es que el gesto fue saludado por toda la grada con una tremenda ovación, más digna de Simone Biles, quien, de hecho, estaba presente y ganó esa final, que no de la norcoreana.

Y en la ceremonia de apertura en el Sena, cuando pasaba Corea del Sur, el *speaker* los presentó como Corea del Norte. El COJOP tuvo que pedir disculpas al Gobierno de Seúl.

LOS OTROS «DREAM TEAMS»

En París, mucho se habló del nivel del equipo masculino de baloncesto de Estados Unidos, The Avengers. Y antes y durante los JJ.

---

475 Shin Yu-Bin fue medalla de bronce de tenis de mesa por equipos mixtos y bronce por equipos femeninos en París'24.

OO., se abrió el debate sobre si eran incluso mejor equipo que el Dream Team de BCN'92.

Pero el verdadero equipo de ensueño es el femenino de baloncesto de EE. UU: llegaban con diez jugadoras que ya eran campeonas olímpicas, eran múltiples veces campeonas del mundo y en París ganaron su octavo oro olímpico consecutivo desde Atlanta'96. Y en toda la historia, ¡han ganado diez oros sobre los doce posibles[476]! El octavo oro de París es, además, un récord de medallas olímpicas consecutivas en cualquier deporte de equipo[477]. Las jugadoras de Cheryl Reeve están invictas en JJ. OO. desde que ganaron la medalla de bronce en BCN'92, tras perder en semifinales ante el Equipo Unificado. Llevan sesenta y una victorias del tirón, con una diferencia media de más de veinte puntos sobre las rivales. Eso sí, en París ganaron la final ante Francia por un solo punto, en la que fue la última final de deportes de equipo de los JJ. OO.

Y mención aparte merece la líder de este equipo, la veterana de cuarenta y dos años Diana Taurasi, quien consiguió su sexta medalla de oro consecutiva en los que eran sus sextos juegos[478]. Diana ya es una celebridad en Estados Unidos, y, como ejemplo, en 2021 puso la voz a White Mamba en la película *Space Jam 2*. Al acabar la temporada de la WNBA, en febrero de 2025, Diana Taurasi anunció su retirada a los cuarenta y dos años. Por cierto, que en el equipo de París estuvieron también Brittney Griner[479] y Sabrina Ionescu[480], entre otras.

---

476 Solo se les escapó el oro de los JJ. OO. de Montreal'76 y BCN'92. No cuenta el de Moscú'80 por el boicot.

477 El récord de siete las tenía empatadas con el equipo de baloncesto masculino de EE. UU., que ganó siete oros entre 1936 y 1968. Ahora ya tienen el récord en solitario.

478 Diana Taurasi ha estado en seis juegos olímpicos, un récord para una jugadora de baloncesto en categoría femenina. Ese récord en categoría masculina también lo consiguió en París el español Rudy Fernández.

479 Brittney Griner fue detenida en febrero de 2022 en un aeropuerto de Rusia por llevar dos cartuchos de vapeo con aceite de cannabis y condenada a nueve años de cárcel por tráfico de drogas. El 8 de diciembre del 2022, fue puesta en libertad, tras un intercambio de prisioneros entre los Estados Unidos y Rusia. Su intercambio fue con el traficante ruso Viktor Bout.

480 Sabrina Ionescu fue n.º 1 del *draft* de la WNBA de 2020. Lesionada, no pudo estar en Tokio'20.

Otro auténtico Dream Team es el de tiro con arco femenino de Corea del Sur. Ya hemos comentado que la delegación surcoreana hizo el pleno de medallas en tiro con arco en París. Pero lo más extraordinario es que desde la creación de la prueba por equipos femenina en Seúl'88, las arqueras de Corea del Sur han ganado todos los oros olímpicos disputados, tantos como diez. ¡Las surcoreanas están invictas en esta prueba en toda la historia olímpica! En París, Lim Sih-Yeon, Jeon Hun-Young y Nam Suh-Yeon batieron a las chinas en la final por cinco a cuatro, a pesar de que durante el año habían perdido con ellas en dos copas del mundo.

Para comprender el nivel de Corea del Sur a nivel femenino en tiro con arco, hay que decir que An San, triple campeona olímpica en Tokio'20, ni se clasificó para los Juegos en los trials. En Corea del Sur es más difícil ganar el título nacional que una competición internacional.

UN CASO MUY DELICADO

Unos Juegos Olímpicos que se precien deben tener su dosis de polémica. En París no hubo ni más ni menos que en la media de las competiciones olímpicas anteriores. Pero sí hubo una muy importante por lo que significa.

El jugador neerlandés de vóley playa Steven van de Velde había sido condenado a cuatro años de prisión en 2016. Tenía diecinueve años y fue acusado de violar a una menor de doce a quien había conocido a través de la plataforma Facebook. Ambos decían que era una relación consentida, pero en Gran Bretaña tener sexo con una menor es considerado violación. El jugador cumplió once meses de su condena en el Reino Unido antes de ser trasladado a una cárcel en Países Bajos. En base a la ley neerlandesa, acostarse con una menor no es violación, sino delito sexual. Y el jugador salió en libertad al cabo de pocos meses. Steven volvió a competir desde 2017. Y el Comité Olímpico Nacional neerlandés lo seleccionó para los Juegos.

Asociaciones y organizaciones como Sport & Rights Alliance[481], The Army of Survivers[482] o Kyniska Advocacy[483] pidieron al COI que de ninguna manera le dejasen participar. Que eso iba en contra de todos los valores olímpicos. «La presencia de Van de Velde es una completa falta de respeto e invalida a la sobreviviente de sus crímenes», dijo Kate Seary[484]. Con el apoyo de la Federación neerlandesa de Voleibol y del Comité Nacional de los Países Bajos, Van de Velde compitió en París.

En su línea de extrema neutralidad, el COI dijo que la convocatoria del jugador no era su ministerio, que eso dependía de su Comité Nacional. Para atenuar las críticas, el jefe de misión de la delegación neerlandesa Pieter van den Hoogenband[485] dijo que Steven no residiría en la villa y sería trasladado a otro alojamiento en París. Y que no haría declaraciones ni concedería entrevistas a los medios. Van de Velde compitió junto a Matthew Immers y quedaron eliminados en dieciseisavos de final. En sus cuatro partidos sobre la arena de la pista de competición a los pies de la Torre Eiffel, se llevó unos sonoros abucheos. Me contó mi com-

---

481 Sport & Rights Alliance es una coalición mundial de nueve importantes organizaciones de derechos que utilizan el poder del deporte para promover los derechos en el tejido mismo de la sociedad. Fundada en 2015, su misión es promover los derechos y el bienestar de las personas más afectadas por el deporte y conseguir un mundo en el que el deporte sea una auténtica fuerza positiva.

482 The Army of Survivers es una organización que tiene por objetivo poner fin a las agresiones sexuales contra jóvenes deportistas garantizando que los autores y los facilitadores rindan cuentas, creando transparencia en las denuncias, construyendo un entorno en el que los deportistas no teman represalias cuando denuncien abusos y abogando por el cambio para proteger a las supervivientes. Apoyan a las sobrevivientes de violencia sexual y cambian la sociedad a través de la defensa, la educación y los recursos.

483 Kyniska Advocacy es una organización dirigida por supervivientes y deportistas que trabaja con las comunidades deportivas del Reino Unido para influir en el cambio de las políticas de bienestar de las mujeres deportistas.

484 Kate Seary es cofundadora de Kyniska Advocacy junto a Mhairi MaClennan. Ambas decidieron fundar esta organización a raíz de sus propias experiencias adversas en relación con el trato que reciben las mujeres en el deporte.

485 Pieter van den Hoogenband es uno de los más grandes nadadores neerlandeses de todos los tiempos. Fue triple campeón olímpico de natación, ganando el oro en 100 m y 200 m en Sídney'00 y el oro de 100 m en Atenas'04. A eso hay que añadirle cuatro medallas olímpicas más: dos bronces en Sídney y dos platas en Atenas.

pañero Alberto Sierra, quién narró el voleibol olímpico de París para TVE junto a la exjugadora Amaranta Fernández, que respiró aliviado por no tener que comentar un partido de «ese sujeto».

Al acabar los JJ. OO., Van de Velde concedió una entrevista a la televisión neerlandesa NOS, en la que confesó que los gritos y los insultos que recibía le afectaron y que se llegó a plantear dejar los Juegos e irse a casa. Al final decidió plantar cara a sus detractores y no dejar que lo «intimidaran». «Definitivamente tuve un momento de venirme abajo, tanto antes como durante el torneo. Pero pensé: "No quiero eso. No voy a dar a otros el poder de decidir si pueden intimidarme o deshacerse de mí"». El jugador calificó de «vergüenza» la cobertura mediática de los Juegos de París. «Hice algo mal hace diez años. Tengo que aceptarlo, pero lastimar a la gente que me rodea, ya sea Matthew (su compañero de selección), mi esposa, mi hijo... Eso es demasiado para mí. Definitivamente fue un momento en el que pensé: "¿Vale la pena?"», explicó el deportista. «El alboroto fue grande y una pena, pero entiendo las opiniones de los demás. Entiendo que es un problema. ¿Se debe permitir que alguien con un pasado así pueda subirse al podio? Esa es una pregunta legítima», concluyó el neerlandés, aunque no dio respuesta a su propia pregunta.

UNA DE POLÉMICAS

La gimnasta rumana Ana Barbosu había hecho la tercera mejor nota de la final de suelo. Y ya estaba celebrando su medalla de bronce. Pero una reclamación de Jordan Chiles[486] hizo que corrigiesen una décima su nota y la estadounidense le arrebató el bronce. Nadia Comaneci se mostró indignada por la decisión respecto a su gimnasta, quien, al ver la corrección, dejó caer al suelo la bandera que paseaba orgullosa y rompió a llorar desconsoladamente. Incluso el presidente de Rumania, Marcel Ciolacu, se involucró en el incidente. Canceló su presencia en la ceremonia de clausura y publicó en su cuenta de X: «Negar una medalla ganada con trabajo honesto debido a una apelación que ni los

---

486 Jordan Chiles fue campeona olímpica de gimnasia por equipos en París'24.

entrenadores ni los mejores gimnastas entienden es completamente inaceptable». En paralelo, la Federación de Gimnasia de Rumania presentó apelación al TAS. Y este terminó devolviéndole el bronce a Barbosu porque la decisión de cambiar la nota de Chiles había tardado más del minuto reglamentario.

Parece ser que Chiles ha conservado la medalla físicamente porque nadie se la ha reclamado. Pero tras perder la apelación en el TAS declaró que el periodo post-Juegos había sido uno de los más duros de su vida. Lo explicó en su autobiografía *I'm That Girl: Living the Power of My Dreams*, (soy esa chica: viviendo el poder de mis sueños), publicada en marzo de 2025 y en la que profundiza en los desafíos que han dado forma a su trayectoria, así como a su historia personal. El prólogo lo escribió su amiga Simone Biles.

Con el equipo de Canadá de fútbol, la polémica se llamó «Drongate». Nada más empezar los JJ. OO. saltó la noticia de que la seleccionadora canadiense Beverly Priestman «dimitía» para el primer partido de su equipo en la fase de grupos. Luego se vinculó el hecho a que, el 22 de julio, un dron canadiense había sobrevolado el entrenamiento de las neozelandesas para espiar a sus rivales del grupo A del torneo olímpico. En un comunicado de prensa, los canadienses pidieron disculpas y denunciaron a Joseph Lombardi, un miembro no acreditado del equipo de apoyo de Canadá Soccer. Lombardi fue detenido por espionaje por las autoridades francesas en Saint-Étienne, sentenciado a ocho meses de cárcel, aunque no entró en prisión, y deportado a Canadá. La entrenadora asistente Jasmine Mander también fue enviada de regreso a Canadá. Posteriormente, la seleccionadora, señalada como máxima culpable del espionaje, fue sancionada para todos los JJ. OO. Y más adelante, la sancionaron con todo un año de inhabilitación. Y a Canadá le quitaron seis puntos en la clasificación. Lo curioso es que Canadá había ganado sus tres partidos[487] y, a pesar de ese hándicap, tenía suficientes puntos para pasar a cuartos de final. Pero en el cruce perdieron en los penaltis

---

487 Canadá ganó a Nueva Zelanda y Francia por dos a uno y a Colombia por uno a cero.

con Alemania y se fueron para casa avergonzados. En noviembre, Priestman fue despedida como seleccionadora.

Con treinta y nueve años y en los que debían ser sus cuartos JJ. OO., la amazona de doma Charlotte Dujardin llegaba a París a punto de convertirse en la deportista olímpica británica más condecorada[488], teniendo la opción de igualar a sir Bradley Wiggins[489]. Pero renunció a los JJ. OO. tras la publicación de un video de hace cuatro años en el que, según su propia explicación en Instagram, «cometía un error de juicio». Lo que pasó es que la pillaron golpeando las patas de su caballo. Después de los Juegos, la Federación Ecuestre Internacional (FEI) la sancionó por un año y le impuso 10 000 francos suizos de multa.

Un clásico de los Juegos son las polémicas en la esgrima con los tocados. El n.º 1 del mundo en sable, el georgiano Sandro Bazadze, se negó a abandonar el área de competición durante cinco largos minutos para protestar por su eliminación, injusta según su criterio. Y la campeona olímpica de espada en Tokio'20, la china Yiwen Sun, cayó en la ronda de dieciseisavos ante la japonesa Miho Yoshimura en la muerte súbita. No estaba nada de acuerdo y no quiso abandonar la pista hasta que los jueces verificasen el último tocado.

En Malasia hubo una polémica a cuenta de la ropa que debían lucir los deportistas en la ceremonia de apertura. Los funcionarios de Malasia decidieron rediseñar parte del uniforme después de que los fans se burlaran de los atuendos calificándolos de «feos» y «de apariencia barata». La controversia estalló cuando el Consejo Olímpico de Malasia (OCM) dio a conocer los trajes con temática dorada y un diseño de rayas de tigre. Los detractores estaban par-

---

488   Charlotte Dujardin podía ganar una séptima medalla en París que añadir al oro individual y por equipos en Londres'12, el oro individual y la plata por equipos en Río 2016, y dos bronces en Tokio 2020. Necesitaba ganar dos medallas en París para igualar a Bradley Wiggins.

489   A lo largo de su carrera, sir Bradley Wiggins, Wiggo como le llamaban, ganó ocho medallas olímpicas, cinco de ellas de oro, en cinco Juegos consecutivos, desde Sídney'00 a Río'16. Fue dos veces campeón olímpico de persecución individual, dos por equipos y una en contrarreloj. Además, en 2012, fue capaz de ganar el Tour de Francia y unas semanas después un oro olímpico, convirtiéndose en el primer ciclista masculino en lograr este doblete el mismo año.

ticularmente molestos por el hecho de que la bandera de los trajes era dorada en lugar del rojo, azul, amarillo y blanco tradicional de Malasia. El jefe de misión Hamidin Mohamad Amin aclaró que la bandera de Malasia en el atuendo representaba el logotipo oficial de la OCM. «Los colores naranja, dorado y azul son todos aceptables; este es el logo del Consejo Olímpico de Malasia, no la bandera de Malasia, así que no hay problema», dijo. Pero, aun así, hicieron cambios.

En el tema ropa, Turquía tuvo que acometer un nuevo diseño de ropa para la ceremonia de los Paralímpicos por críticas feroces al diseño de la de los JJ. OO. Algunos diseñadores turcos catalogaron la vestimenta de sus deportistas de «pijama deslavazado».

En *hockey* sobre hierba, pequeña polémica con Gonzalo Peillat, jugador alemán de origen argentino. Peillat fue campeón olímpico en Río'16 con Argentina. Posteriormente se nacionalizó alemán. Y cosas del destino, en el cruce de cuartos de París se enfrentó a su país de nacimiento con sus nuevos colores. Y celebró de manera efusiva un gol que marcó y que significaba el dos a uno para Alemania y la eliminación posterior de Argentina. En RR. SS. los argentinos lo machacaron y contestó lo de Maradona. «Que la sigan chupando».

Y la última polémica… conocida hasta ahora… se destapó meses después de los Juegos. La jueza de gimnasia rítmica chipriota Evangelia Trikomiti fue sancionada con cuatro años de suspensión para cualquier actividad relacionada con la gimnasia por manipular puntuaciones en el Europeo de mayo de 2024, con el objetivo de asegurar la clasificación de su compatriota Vera Tugolukova para los Juegos de París. Tugolukova, gimnasta nacida en Rusia y que comenzó a competir por Chipre a finales de 2022, se aseguró la última plaza de clasificación europea para París, al quedar por delante de la polaca Liliana Lewinska. Trikomiti, presidenta del jurado de la competición, fue acusada de haber «interferido indebidamente» en el trabajo de los jueces. Vera Tugolukova fue decimosexta en la competición individual de los JJ. OO.

LOS IMPRESENTABLES

Como en todos los ámbitos de la vida, en los Juegos también tenemos personajes y actitudes nada acordes con el espíritu olímpico. París no fue una excepción.

El padre de la judoca croata Barbara Matic, campeona olímpica en -70 kg, fue detenido por dar un beso no consentido a una voluntaria, preso de la euforia del título de su hija al batir en la final a la alemana Miriam Butkereit. El caso terminó archivado.

Un miembro del equipo de Egipto de lucha, Mohamed Elsayed[490], estuvo implicado en una presunta agresión sexual en un bar de París. Elsayed le puso las manos en el culo a una clienta. Cuando le detuvieron a las cinco de la mañana, estaba completamente borracho. Fue puesto en libertad y el caso se terminó sobreseyendo.

Amy Wilson Hardy, jugadora de *rugby* a 7 británica, no jugó los últimos partidos con su selección porque se hizo pública una foto privada suya enviada por WhatsApp en la que aparecía haciendo un *blackface*, la cara pintada de negro, y con la lengua fuera. Y añadía un texto racista: «Pensé que tendría más posibilidades con los negros». Se dijo que era baja de París por motivos médicos.

El judoca georgiano Guram Tushishvili fue descalificado en cuartos de final de judo +100 kg, tras perder con Riner, por un gesto antideportivo sobre el francés. Estaba de pie encima de él, casi pisándolo, desafiándolo con la mirada y el gesto, y no se quería apartar para que el francés se levantase.

Thomas Craig[491], una de las estrellas del equipo masculino de *hockey* sobre hierba de Australia, apodados los Kookaburras, fue arrestado en París cuando compraba cocaína. Dos días después de que su selección cayese en cuartos de final ante Países Bajos, Craig pasó unas horas en la gendarmería. Cuando fue liberado, profundamente avergonzado, pidió disculpas públicas en RR.

---

490   Mohamed Elsayed fue medalla de bronce en lucha grecorromana en Tokio'20.

491   Thomas Craig fue medalla de plata con Australia en *hockey* sobre hierba en Tokio'20.

SS. Posteriormente, la Federación australiana de Hockey sobre Hierba lo suspendió doce meses. Hockey Australia confirmó que su sanción entró en vigor el 9 de septiembre y añadió que Craig deberá completar «programas obligatorios de formación y educación». Seis meses de esta suspensión se cumplirán en su totalidad y los seis meses restantes podrían ser perdonados siempre que se cumplan los requisitos de conducta y comportamiento.

También en la competición masculina de *hockey* hierba, gesto feísimo del neerlandés Duco Telgenkamp en la final olímpica ante Alemania en la que Países Bajos consiguió su tercer oro en *hockey* sobre hierba tras los de Atlanta'96 y Sídney'00. En la tanda de *shoutouts*, el equivalente a los penaltis de otros deportes, tras marcar el tercer y definitivo lanzamiento, le hizo un gesto al portero alemán Jean Paul Dannenberg pidiéndole silencio con el dedo en la boca y golpeándole el casco. Entre los dos países hay mucha rivalidad y parece ser que el portero declaró antes de la final que los neerlandeses «tienen miedo real».

Lo último. Un tribunal francés impuso una multa de 8000 euros al culpable de intentar interrumpir el comienzo de la final olímpica masculina de los 100 m lisos masculinos. El joven australiano de veinticuatro años, que llevaba una camiseta con los mensajes «Free Palestine» y «Free Ukraine», fue detenido y puesto bajo vigilancia judicial, con la prohibición de manifestarse en la vía pública durante los JJ. OO. Y se le prohibió el acceso a los estadios durante tres años. Aunque esta situación no la vimos por televisión por el buen criterio de los realizadores de no mostrar a los que saltan al campo para interrumpir cualquier acontecimiento deportivo y evitar el efecto llamada. Pero desde el otro lado del televisor supimos que algo pasaba cuando la final de los 100 m no empezó a la hora prevista. La interrupción se prolongó unos minutos. Aunque el ganador Noah Lyles declaró después que no se había dado ni cuenta del incidente.

CAOS FEDERATIVO

Los Juegos Olímpicos no se libran tampoco de buenos ejemplos de meteduras de pata, cuando no cacicadas por parte de los comités olímpicos o las federaciones nacionales.

La atleta de Islas Salomón Sharon Firisua, que es maratoniana…, ¡tuvo que correr los 100 m! La federación quería a dos atletas en los 100 m, un hombre y una mujer, y, por error, el Comité Nacional inscribió a Firisua en lugar de a la campeona de 100 m y 200 m Jovita Arunia. Lo extraordinario es que Sharon Firisua no había corrido nunca los 100 m y en París tardó más de catorce segundos en recorrer la distancia. Era tal la frustración de la «sacrificada» Jovita Arunia por no poder participar en los Juegos que, a pesar de tener solo veintidós años, amenazó con dejar el atletismo.

La nigeriana Favour Ofili no pudo participar en los 100 m lisos porque su federación no la inscribió a tiempo. Hizo 200 m y 4 x 100 m. Ofili lo anunció en RR. SS.: «Lamento profundamente anunciar que no competiré en los 100 m en estos Juegos Olímpicos. Me clasifiqué, pero la Federación (AFN) y el CON no me inscribieron. He trabajado durante cuatro años para tener esta oportunidad. ¿Para qué?». Un problema similar ya dejó a catorce deportistas nigerianos sin poder competir en Tokio'20, así que la Federación ha creado un Comité para depurar responsabilidades y que negligencias así no se repitan. En noviembre de 2024, la AFN despidió a su director técnico y la secretaria de la Federación, y como sugirió el Comité, indemnizaron a Ofili con 5000 dólares.

Seguimos con Nigeria. El trato a las jugadoras de baloncesto las D´Tigress por parte de su Comité Nacional y de su Federación fue lamentable. Primero llegaron a los Juegos con muy poca antelación por problemas de visados. Les perdieron las maletas al llegar y no pudieron entrenar durante tres días. Luego no las dejaron entrar en el barco del desfile de la ceremonia de apertura porque había demasiada gente. Seguramente canalizaron la frustración ganando a Australia tres días después, su segunda victoria internacional tras una que obtuvieron en Atenas'04. Las jugadoras explicaron que ya en Tokio'20 se tenían que lavar ellas la ropa en el lavabo. Y que no pudieron ir al Mundial 2022 excluidas por la Federación Internacional de Baloncesto por el caos en la Federación nigeriana y la injerencia del Gobierno. Pero en París realizaron la gesta de clasificarse para cuartos de final tras ganar también a Canadá en la fase previa. Las jugadoras de Nigeria fueron el primer equipo africano, de los dos géneros, en jugar los cuartos de unos JJ. OO. En ese partido, como se preveía, perdieron con las que serían campeonas olímpicas, Estados Unidos.

La neozelandesa de BTT Sammie Maxwell había tenido un desorden alimenticio desde los quince años relacionado con el Red-S[492]. Casi siete años después estaba recuperada. Pero el Comité Olímpico de Nueva Zelanda no la seleccionó por su trastorno alimentario. Sammie les denunció y un tribunal tomó la inusual medida de repescarla para París. Además, tras los Juegos, la Federación neozelandesa ha sido condenada a pagar a Sammie casi 9000 euros de indemnización después de que un tribunal deportivo constatara «graves infracciones» en la tramitación de su selección olímpica.

El Comité Nacional neerlandés y la Federación de Golf no seleccionaron a Joos Luiten porque no tenía «posibilidades razonables» de estar entre los mejores, a pesar de tener el *ranking* requerido para participar. Joos los denunció y un tribunal independiente le dio la razón. Y falló que tenía que estar en los JJ. OO. Pero el COI no le permitió participar, porque, con la demora de la sentencia, el cuadro de competición ya estaba cerrado. El Comité Olímpico Internacional, al estar fuera de la jurisdicción de los tribunales neerlandeses, no se sintió obligado a añadir otro jugador a la competición de golf. Y rechazó la exención del límite de sesenta jugadores, no permitiendo la presencia del sesenta y uno que hubiese sido Joos Luiten. La justicia tiene una máxima para esto: «La justicia retrasada es justicia denegada».

La gimnasta argelina Kaylia Nemour ganó la medalla de oro en la final de barras asimétricas, convirtiéndose en la primera africana en ganar un oro en gimnasia. Esta era la primera medalla de oro de Argelia en París y la sexta de la historia del país. Hasta aquí todo normal. Pero es que Kaylia podía haber ganado esta medalla para Francia, país en el que nació. En 2022, tuvo una lesión en la rodilla. Y cuando se recuperó, la Federación Francesa no le

---

492 Red-S significa 'relative energy deficiency in sport', síndrome de deficiencia energética relativa en el deporte. Es un trastorno en el que los deportistas no comen de manera adecuada para el volumen de energía que gastan.

permitió competir en todo el año en ninguna competición internacional excepto en el Campeonato Árabe en octubre de 2022. Y ahí lo vio claro: competiría por Argelia, de donde es originario su padre, en un polémico cambio que Francia intentó bloquear. Los franceses ya vieron que habían metido la pata, cuando en el Mundial de Amberes 2023, Kayla batió a la mismísima Simone Biles en la final de las barras asimétricas. Y luego llegó el oro olímpico.

La lanzadora de martillo jamaicana Nayoka Clunis fue seleccionada por la Federación Nacional, pero no se lo comunicaron a la Internacional y no la dejaron competir en París. Nayoka acudió al TAS, convirtiéndose en el primer litigio a resolver *in situ* durante el periodo olímpico. Y el tribunal falló que no tenía jurisdicción para obligar al COI a inscribirla. El problema que tuvo la Federación jamaicana para inscribirla es que el paso del huracán Beryl a principios de julio les dejó sin electricidad ni acceso a Internet para poder actualizar la lista de inscritos impidiendo incluir a tiempo el nombre de Clunis.

Novak Djokovic señaló al COI que su reglamento no es el más adecuado y deberían revisarlo, «ya que no es bueno para el tenis». Se refería el serbio a la norma que obliga a los organizadores a sustituir las bajas declaradas después del 19 de julio por un jugador ya seleccionado para la prueba. Fue tal la cascada de bajas de última hora del cuadro de tenis que en primeras rondas aparecieron nombres inesperados como sustitutos. En el caso de Djokovic ganó en menos de una hora y con un marcador de 6/0 y 6/1 a Matthew Ebden[493]. El australiano de treinta y seis años, quien no había jugado un partido individual durante dos años, estaba clasificado para París como n.º 3 del mundo en dobles. Y a pesar de ser doblista fue designado cuando ya no había más jugadores de individuales disponibles.

En halterofilia no hubo representación española en París, pero David Sánchez luchó por ella hasta el final. David fue undécimo del *ranking* de -73 kg y primer suplente. En junio recordó que la

---

493   Matthew Ebden fue campeón olímpico de tenis en dobles junto a John Peers en
       París'24.

regla de la Federación Internacional es que, si un país tiene tres positivos, deben excluir a todos los levantadores. Eso esperaba que pasase con Turquía y su rival Muhammed Furkan Ozbek. Al final solo multaron a la Federación turca y David Sánchez no viajó a París.

Y una última cacicada federativa. No tiene que ver con los JJ. OO., pero es muy significativa de cómo se manejan las federaciones de países pequeños. En los Juegos Mundiales Universitarios'23 de Chengdu, en China, participó Nasro Abukar, de Somalia. La somalí tardó ¡casi veintidós segundos en recorrer los 100 m! Cuando en Somalia vieron el video de la carrera, el ministro de Deportes Mohamed Barre Mohamud, avergonzado, dijo que Nasro «no es ni deportista ni corredora». A raíz del escándalo, fue cesada Khadijo Aden Dahir, la presidenta de la Federación de Atletismo. Esta había falsificado documentos en colaboración con la Asociación Deportiva Universitaria del país, una organización «que ni siquiera existe» para incluir a Nasro Abukar en el equipo porque era… ¡su sobrina!

LA LACRA DEL *DOPING*

La Agencia Internacional de Controles, creada en 2018 y parcialmente financiada por el COI, supervisó las medidas antidopaje de París'24, como ya había hecho en Tokio'20 y en Pekín'22. Más de 4000 deportistas fueron testados por la ITA en la villa olímpica. Y los que no residían en la villa, como por ejemplo los miembros del equipo de baloncesto de EE. UU., debían informar sobre su alojamiento y podían someterse a las pruebas en sus hoteles. Lo mismo que los surfistas que estaban en Polinesia.

Desde siempre se ha dicho que los test más eficientes son los realizados antes de la competición. Y como durante los JJ. OO. no se puede controlar a todo el mundo, se marcan criterios de triaje: deportes más «sospechosos» como la halterofilia, deportistas que tienen actuaciones inesperadas, países advertidos por no tener una praxis *antidoping* clara, además de todos los deportistas que suben al podio o baten un récord del mundo. Y, por supuesto, todo el equipo chino de natación tras la polémica del trimetazidine. Los resultados de todos los test durante los JJ. OO. se analizaron en el recién creado laboratorio de Orsay, situado al sur de París. Ahí recibieron las muestras por carretera y en el caso del surf, por avión desde Teahupo'o. Una de las novedades de este laboratorio, que se alinea con los actuales estándares antidopaje, es su capacidad para realizar pruebas genéticas.

Seis deportistas dieron positivo durante los JJ. OO., a pesar de las advertencias del presidente de WA, Sebastian Coe. El británico había mandado un mensaje a los que pensasen doparse: «No dormiréis bien. Se van a usar las últimas tecnologías para detectar a los tramposos». Estos fueron los «cazados»:

- El judoca de Irak Sajjad Sehen fue el primer caso de dopaje en los Juegos Olímpicos de París 2024, tras dar positivo por esteroides anabolizantes.

- La jugadora dominicana de voleibol Lisvel Eve Mejía dio positivo en la Liga de Naciones y fue excluida de los JJ. OO.

- La boxeadora nigeriana Temitayo Ogunsemilore dio positivo antes de su primer combate en 60 kg. En su analítica apareció furosemida, un diurético enmascarador prohibido por la AMA.

- El judoca de Afganistán de veintidós años Mohammad Samim Faizad[494] resultó positivo por estanozolol después de quedar eliminado en la primera ronda de -81 kg.

- La pertiguista griega Eleni-Klaoudia Polak fue eliminada en la ronda de clasificación y luego dio positivo.

- Y el velocista congoleño Dominique Lasconi Mulamba corrió dos rondas de los 100 m lisos antes de dar positivo por estanozolol.

---

494 Mohammad Samim Faizad había ganado su cuota olímpica en un torneo en Kabul. Como el equipo afgano en París no era un equipo asociado *de facto* con las autoridades talibanes del país, era importante tener al menos un deportista todavía radicado en Afganistán, y este era Mohammad Samim Faizad. Se lanzaba así un fuerte mensaje de apoyo a todos los miembros de la comunidad deportiva afgana. Antes de acreditarlo, se confirmó plenamente que el deportista y su entrenador no tenían afiliación oficial con las autoridades talibanes. Y tras todo este ajetreo, su positivo fue bastante «incómodo» para el COI.

Hubo también dos situaciones extrañas. Una tuvo que ver con el atleta argelino Djamel Sedjati, medalla de bronce en 800 m. Mientras estaba compitiendo, agentes encargados de la lucha contra el dopaje entraron en su habitación de la villa. No se supo muy bien para qué, pero parece que el que estaba en el punto de mira era su entrenador Amar Benida.

Y hubo un control «fantasma» a Leon Marchand. El 29 de julio los encargados de tomar las muestras se presentaron a las seis de la mañana en la villa para controlar al nadador francés. Pero no lo encontraron en la habitación porque había comunicado que se iba a dormir a un hotel. Cero polémicas.

Acabado París, los deportistas continuaron cayendo en la red del dopaje. Hasta el momento de cerrar la edición, dos más fueron pillados. Uno fue el marchador japonés Koki Ikeda[495], séptimo en París en 20 km marcha, fue sancionado en febrero de 2025 con cuatro años de suspensión por detectarse irregularidades en su pasaporte biológico. Ikeda ya había sido sancionado desde el 1 de noviembre de 2024, pero, a la espera de nuevos análisis, la sanción se suspendió entonces provisionalmente. Ahora se ha hecho oficial.

Y el jinete belga Domien Michiels dio positivo después de tratar a su perro con unas gotas para los ojos que contenían una sustancia prohibida llamada dorzolamida[496], y que, supuestamente, entró involuntariamente en su organismo. La ITA anunció en enero que el belga había aceptado la descalificación de sus resultados individuales a partir del 3 de agosto de 2024, pero dictaminó que su violación de las normas antidopaje no tendría efecto en los resultados del equipo de Bélgica después de que pudo demostrarse que no tuvo culpa ni negligencia. Así, publicó la ITA:

La única consecuencia de su infracción según las normas antidopaje del COI aplicables a los Juegos Olímpicos de París es

---

495   Koki Ikeda fue medalla de plata de 20 km marcha en Tokio'20.

496   La dorzolamida es un medicamento que se usa en oftalmología en forma de gotas y se receta para el tratamiento del glaucoma y la hipertensión ocular. A nivel de dopaje y según la AMA, la dorzolamida es un agente diurético y enmascarador.

la descalificación de los resultados individuales del atleta en el evento del Gran Premio por Equipos de Doma del 3 de agosto de 2024. Pero los resultados del equipo de Bélgica en ese evento no deben ser anulados.

Michiels compitió con su caballo Intermezzo VH Meerdaalhof y fue vigésimo segundo en doma individual y quinto en la final con el equipo belga.

BUSCÁNDOSE LA VIDA

El hambre agudiza el ingenio, reza el dicho. Aplicado al deporte, esto sería la manera de buscarse la vida que tuvieron que hacer los deportistas de países o deportes menos mediáticos, para encontrar la financiación adecuada para prepararse o simplemente para poder viajar a París. Porque no siempre es evidente la ayuda de los comités nacionales o federaciones a sus deportistas. Eso sí, cuando ganan los quieren en la foto.

La judoca Paula «Peque» Pareto[497], elegida miembro del COI durante los Juegos de París, o el jugador de voleibol Luciano de Cecco[498], entre otros deportistas olímpicos argentinos, expresaron su preocupación por la reducción de los recursos económicos en el periodo previo a París 2024 por parte del Gobierno del presidente Javier Milei. Pareto había generado polémica en mayo cuando anunció que renunciaría a su beca de entrenamiento financiada por el Estado para compartirla con deportistas que tuviesen dificultades financieras en un país que atraviesa una crisis sin precedentes.

Las jugadoras de waterpolo de Estados Unidos necesitaban ayuda económica para realizar su sueño de estar en los Juegos. Como publicó en Instagram su capitana Maggie Steffens, la máxima goleadora de la historia del waterpolo en los JJ. OO., «ya no nos da la vida con dos o tres trabajos. Necesitamos ayuda». El SOS en redes fue captado por el rapero Flavor Flav, miembro fun-

---

497 Paula Pareto fue campeona olímpica de judo en -48 kg en Río'16 y medalla de bronce en Pekín'08.
498 Luciano de Cecco, jugador del Módena de la liga italiana fue medalla de bronce en voleibol en Tokio'20.

dador del grupo de hiphop Public Enemy, quien decidió patrocinar a todo el equipo. «Como padre de una chica y seguidor del deporte femenino, os patrocino yo. Lo que sea que necesitéis», le contestó a Maggie.

El cantante y compositor Daddy Yankee, considerado uno de los músicos más influyentes en la historia del reguetón, ayudó a la jugadora de tenis de mesa de Puerto Rico Adriana Díaz pagándole sus viajes a Europa para competir y que pudiese clasificarse para sus terceros JJ. OO.

Y el rapero nominado al Grammy latino 2020, Eladio Carrión, pidió en RR. SS. a sus colegas artistas unirse para recolectar dinero para ayudar a los deportistas portorriqueños que irían a París. Eladio de joven fue nadador y representó a Puerto Rico en competiciones menores. El artista escribió en su cuenta de Instagram: «Si @comiteolimpicopur pone dinero, yo lo igualaré». Y ofreció un premio de 50 000 dólares para sus compatriotas que ganasen el oro, igualando una recompensa similar ofrecida por el Comité Olímpico local. Puerto Rico solo ganó dos medallas de bronce, por las que Carrión pagó unos 20 000 dólares por cada una.

El gimnasta colombiano Jossimar Calvo grabó un video para RR. SS. diciendo que no tenía recursos para ir a los clasificatorios disputados de febrero a abril. El mensaje hizo que las autoridades de su país destinaran más de 5000 dólares para cubrir sus gastos básicos de desplazamiento a los torneos.

El Comité Olímpico Mexicano (COM) solicitó un presupuesto de cien millones de pesos, alrededor de cinco millones de euros, a la Comisión Nacional de Cultura Física y Deportes (CONADE). Pero su directora general, la exatleta Ana Gabriela Guevara, medallista de plata en los 400 metros en Atenas 2004, aprobó solo una tercera parte en línea con las políticas de austeridad del presidente Andrés Manuel López Obrador. Algunos deportistas mexicanos buscaron formas creativas de generar fondos extras. El saltador Kevin Berlín[499] vendió café y las seleccionadas en natación artística promocionaron trajes de baño para ayudar a cubrir costes.

---

499   Kevin Berlín fue cuarto en la final de plataforma de 10 m sincronizados. Junto a Randal Willars se quedaron a tres puntos de la medalla de bronce.

El pakistaní Arshad Nadeem se proclamó campeón olímpico de lanzamiento de jabalina. Esta fue la primera medalla en atletismo de la historia de Pakistán, y el primer oro de la historia del país al margen del *hockey* sobre hierba. Ahora Arshad es una institución en su país, pero para llegar a los Juegos no contó con ayuda gubernamental. Y para ayudarle económicamente y no tener que depender solo de familiares y amigos, en marzo se creó un *crowdfunding*, que apoyó su gran rival indio Neeraj Chopra[500]. El objetivo era comprarle una jabalina nueva, dado que la única homologada que tenía se encontraba en mal estado por el desgaste.

Ya durante los Juegos, otra manera de buscarse la vida fue la de la nigeriana Ese Lovina Ukpeseraye. Esta vez no se pidió dinero. La ciclista reveló en RR. SS. que no tenía bicicleta para las pruebas de pista, ya que solo contaba con la de carretera con la que participó en la prueba de ciclismo en línea. El equipo alemán salió al rescate y le prestó la bicicleta para el keirin y el esprint.

Y a diferencia de otros países, el Gobierno de Estados Unidos no financia al Comité Olímpico, y las federaciones se espabilan para buscar fondos. Por ejemplo, la Federación de EE. UU. de Tiro subastó un rifle Krieghoff, una joya para los entendidos, rifle donado por uno de los *sponsors* de la Federación por el que se obtuvieron más de 150 000 dólares.

EMOCIÓN A FLOR DE PIEL

Los Juegos Olímpicos nos obsequian siempre con historias que emocionan hasta extremos inesperados. Y no hablo tanto de la competición deportiva, que también, sino que me refiero a esas historias que explican lo que motiva a un campeón olímpico inesperado o el deseo de ganar para honrar a un amigo fallecido. Vamos con algunas.

El botsuano Letsile Tebogo ganó la medalla de oro en los 200 m, convirtiéndose en el primer africano campeón olímpico de 200 m. Y el presidente de Botsuana, Mokgweetsi Masisi, declaró fes-

---

500   Neeraj Chopra fue campeón olímpico de lanzamiento de jabalina en Tokio'20 y plata en París'24.

tiva la jornada de tarde del día siguiente. La marca para ganar el oro fue 19"46, récord de África, cifra colosal en sí misma… pero para los observadores era lo de menos. Porque la cifra que llamó de verdad la atención era una que tenía escrita en sus zapatillas y que paseaba con orgullo por la zona mixta. «EST, 23-12-1980» era el mensaje, y Letsile tenía muchas ganas de explicar el significado, ya que era una dedicatoria a su madre fallecida en mayo por cáncer de pecho. EST eran las iniciales de Elizabeth Seratiwa Tebogo y los números eran su fecha de nacimiento. Su madre no pudo verlo ser campeón olímpico, pero le había visto ganar la plata de 100 m y el bronce de 200 m en el Mundial de Budapest 2023. Semanas después de París, Letsile estuvo en una audiencia con el papa Francisco y le pidió que le bendijese las zapatillas y se las firmase porque su madre era muy creyente.

A la luchadora ecuatoriana Lucía Yépez Guzmán, la llaman la Tigra. Cuando se clasificó para la final de lucha de 53 kg tras ganar la semifinal, tuvo una videollamada con su madre y casi con lágrimas en los ojos le dijo que con el premio de la medalla le podría comprar la casa que le había prometido. Lógicamente, Lucía perdió la final contra la japonesa Akari Fujinami. Digo lógicamente porque la japonesa a la que entrena su padre desde que tenía cuatro años está invicta desde 2017 ¡en 130 combates! Pero por la plata Lucía se llevó 125 000 dólares que en principio le iban a ir perfectos para dar la entrada de la casa. Pero no le hizo ni falta, porque ya he contado que el Gobierno ecuatoriano regaló una casa en Quito a sus cinco medallistas.

Y si hablamos de emoción, tenemos que hablar del final del maratón femenino de París, el último día de los Juegos. La maratoniana de Bután Kinzang Lhamo[501] nunca había corrido fuera de su país ni en una superficie plana. Fue última del maratón, que disputó a medio camino entre correr y caminar, a más de una hora y media de la ganadora Sifan Hassan. Pero en sus últimos kilómetros, y de manera espontánea, centenares y centenares de espectadores quisieron reconocer

---

501 Kinzang Lhamo tiene veintiséis años y es miembro del Ejército de Bután. Fue seleccionada para los JJ. OO. por una de las plazas de universalidad que otorga el COI.

su esfuerzo y la acompañaron a ambos lados de las vallas, animándola hasta la línea de meta, con el monumento a los Inválidos como telón de fondo. Dijo posteriormente Kinzang al periódico *L'Equipe*: «Terminé gracias a los espectadores. Pero también al recuerdo de las palabras de nuestro rey, Jigme Khesar Wangchuck, dedicadas a la juventud de Bután. Nos dijo que debemos acabar las cosas que empezamos porque el futuro de Bután depende de ello».

La estadounidense Tara Davis-Woodhall ganó la medalla de oro en salto de longitud. Y al acabar la prueba, protagonizó un emotivo momento al buscar a su marido en la grada. Ambos compartieron abrazos de alegría y besos de emoción. Su marido es un atleta paralímpico llamado Hunter Woodhall. Y lo mejor de todo es que semanas después, en el mismo estadio, Hunter ganó el oro en los Juegos Paralímpicos en 400 m T62. Y se repitieron las celebraciones, pero con los papeles cambiados. Hunter y Tara se conocieron en una competición en Idaho en 2017. Y se casaron en Texas en 2022. Tara se ha iniciado en el mundo del cine, poniendo voz al personaje de Gabi en la película *Bionic*, estrenada recientemente en Netflix y que se ambienta en un futuro distópico donde las prótesis robóticas han redefinido el deporte.

Mucha emoción y también mucha pena en la historia del jinete francés Stephane Landois. Participó en el Concurso Completo de Hípica con el caballo Chaman Dumontceau, y ganó la medalla de plata por equipos. Lo emotivo es que su amiga Thais Meheust falleció en una competición en 2019, con solo veintidós años, montando ese caballo. En una competición de salto, el caballo tropezó y al caer al suelo aplastó a la amazona. Cuidar y entrenar a su caballo fue un acto de respeto hacia Thais por parte de Stephane. Y ganar una medalla en su país, el mayor homenaje posible para su memoria.

MUSSABINI A LA ESPAÑOLA

Ya hemos hablado de la película *Carros de fuego* que retrataba los Juegos Olímpicos de París 1924. Muchos recordarán la escena de Harold Abrahams, interpretado por el actor británico Ben Cross, fallecido en 2020, corriendo bajo los arcos del patio de la Universidad de Cambridge en pos del récord. Aunque la escena que seguro todos nombraríamos recordando la película es la de los atletas británicos corriendo a cámara lenta por la playa de Saint Andrews con la música envolvente del oscarizado Vangelis de fondo. Hasta el actor cómico británico Rowan Atkinson, el famoso Mr. Bean, hizo una parodia de esa escena para la ceremonia de apertura de los Juegos de Londres'12.

Pues bien, a pesar de la calidad de esos dos momentos, esas no son las escenas que marcaron el espíritu del murciano José Antonio Carrillo, entrenador del marchador Álvaro Martín. El veterano entrenador se había identificado siempre con la escena en la que el entrenador de Abrahams, Sam Mussabini, interpretado por el gran actor británico Ian Holm, también como Cross fallecido en 2020, rompía su sombrero de paja cuando escuchaba por la megafonía que su atleta había sido campeón olímpico de 100 m en 1924. Y decía a voz en grito: «Hijo mío, lo hemos conseguido».

Mussabini ha sido uno de los grandes entrenadores ingleses de la historia. Y, de hecho, en 1998 se creó una medalla con su nombre para premiar a los entrenadores más exitosos. Sam tuvo a su cargo campeones olímpicos antes que Abrahams y los tuvo después, en Ámsterdam'28. Una de las máximas que repetía continuamente a los atletas era «solo piensa en dos cosas: el arma y la cinta. Cuando escuches una, corre como el demonio hasta que rompas la otra».

Volviendo a José Antonio Carrillo, siempre había soñado entrenar a un atleta medallista olímpico y, emulando a Mussabini, romper al fin un sombrero de paja. Y es que José Antonio también tiene un sombrero de paja que lo ha acompañado en siete JJ. OO. Había estado cerca de hacerlo con Juanma Molina, quinto en 20 km en Atenas'04, con Miguel Ángel López, quinto de 20 km en Londres'12, e incluso con el propio Álvaro Martín, cuarto en 20 km en Tokio'20. Pero esa medalla no llegaba nunca… hasta París. El marchador de Llerena fue bronce en 20 km marcha y después de un emotivo abrazo, en la sede de competición, al sombrero le quedaban veinticuatro horas de vida. Al día siguiente, cuando Álvaro se colgó el bronce, Mussambini recobró la vida en el cuerpo de un entrenador de Cieza. «Hijo mío, lo hemos conseguido», debió pensar mientras rompía el sombrero.

CASTAÑAZOS

En unos JJ. OO. hay muchos más golpes de los que vemos en los deportes de contacto. Golpes bajos, golpes ocultos, golpes de mano, golpe a golpe e incluso algunos comentaristas hablamos de golpe de teatro cuando se produce alguna sorpresa. Pero aquí nos queremos referir a golpetazos. E incluso castañazos.

Como el que se llevó el etíope Lamecha Girma. El *recordman* mundial de la prueba de los 3000 m obstáculos era el gran favorito para desafiar por el oro al campeón olímpico de Tokio'20, el marroquí Soufiane Elbakkali. Lamecha no quería la plata como en los anteriores Juegos y aceleró para ganar. Pero tropezó con la antepenúltima valla, se golpeó la cabeza y fue retirado del estadio en camilla y con un collarín. Pasó la noche en observación en el hospital antes de que le diesen el alta.

El mal resultado del equipo femenino de gimnasia francesa ya podía haber sido un «castañazo» en sí mismo. Pero cuando al día siguiente la Federación emitió un comunicado para explicar por qué las gimnastas estaban tan preocupadas y estresadas y compitieron tan mal, al punto de no clasificarse ni para la final, supimos cuál había sido el golpazo. El motivo fue que una de ellas, Marine Boyer, cayó de espaldas y se llevó un tremendo golpe en el calentamiento de las barras asimétricas. Y se activó el «protocolo conmoción». Tras varios minutos se llevaron a Marine de la sala con un collarín. Las compañeras tardaron mucho en saber que su amiga estaba bien. Y cuando se les pasó la angustia y se quisieron dar cuenta… ya les tocaba competir y no estaban todo lo concentradas que debieran. Fueron eliminadas.

Antes de los Juegos, hubo un bonito castañazo en la inauguración del Centro Acuático Olímpico al lado del Estadio Saint Denis. Inauguró el recinto el presidente Macron el 4 de abril. Y en la exhibición de saltos que hubo para bautizar la piscina, el saltador francés Alexis Jandard[502] resbaló y se metió un costalazo de aúpa con-

---

502   Alexis Jandard fue medalla de bronce en saltos de trampolín de 3 m sincronizados en el Mundial de Fukuoka'23. Y quinto en París'24 desde el mismo trampolín en el que resbaló.

tra el trampolín, y cayó como un fardo al agua. Lo peor es que Alexis es un reputado saltador, pero los nervios hacen mella en cualquiera. La caída lo hizo viral, pero supo sacarle partido riéndose de sí mismo participando en incontables programas de televisión que querían tener al hombre que cayó de culo delante de *monsieur le president*.

De todas maneras, el verdadero «castañazo» de la sede de natación artística, saltos y de las previas de waterpolo fue lo que costó. Desde que se proyectó hasta que se inauguró, su precio subió 105 millones por encima de lo presupuestado, un 150 por ciento más. Pasó de setenta millones sobre plano a 175 millones de euros. Una parte de la subida es debida a que hubo que construir una pasarela de cien metros por encima de la autopista A1 para comunicar la piscina con el estadio. Pero lo peor de todo es que las medidas de la macroinstalación no la hacen apta para ninguna competición planetaria de natación, y solo será sede de los Europeos de Natación de 2026.

Y cuatro castañazos más:

- La francesa Loana Lecomte se cayó en la carrera de BTT y se golpeó la mandíbula contra unas piedras. Tuvo traumatismo craneoencefálico y fue evacuada de la pista de competición.

- La también francesa Johanne Defay se dio un golpe en la cabeza en la primera ronda de la competición de surf en la peligrosa ola de Teahupo'o. Le pusieron un punto de sutura.

- La luchadora rumana Catalina Axente, tocada en las cervicales por una mala caída en la competición de lucha 76 kg, tuvo que ser evacuada en camilla y con un collarín. Era en el combate de repesca ante la cubana Milaimys de la Caridad Marín Potrille, a la postre medalla de bronce.

- Y el ciclista australiano Luke Plapp, uno de los aspirantes a ganar medalla en la contrarreloj individual, se cayó durante la prueba. No hay imágenes de la caída, pero parece ser que tras caer resbaló sobre el asfalto mojado por culpa de la lluvia, pasó por debajo de las vallas de seguridad y se golpeó contra algo duro. El caso es que ese mismo día tuvo que ser operado de urgencia del abdomen. Tardó tres meses en recuperarse hasta que pudo volver en octubre de 2024 en el Tour de Guangxien, en China.

LOS GRANDES MOMENTOS DE LOS JUEGOS

Por suerte para los espectadores y amantes del deporte, París nos ha obsequiado con un montón de momentos brillantes. El récord del mundo de «Mondo» Duplantis en pértiga, las exhibiciones de Leon Marchand en la piscina, la serie de cuatro triples consecutivos de Stephen Curry para mandar la final de baloncesto a dormir[503], la última vuelta de Femke Bol[504] para ganar el oro con Países Bajos en el relevo 4 x 400 m mixto, etc… En París hubo mucho y bueno donde elegir.

En la piscina de París La Défense Arena se esperaban dos «carreras del siglo» en categoría femenina. Los 200 m libres femeninos fueron la bomba y reunieron a la campeona del mundo 2023 Mollie O'Callaghan, que ganó el oro con récord olímpico. A la campeona olímpica y poseedora del WR Ariarne Titmus, que fue plata. Y a la campeona del mundo 2024, la hongkonesa Siobhan Haughey, quien ganó el bronce.

Los 400 m libres femeninos tampoco se quedaron cortos, aunque no estuvieron a la altura de las expectativas generadas, puesto que las marcas fueron muy discretas. El podio lo compusieron la que llegaba como campeona olímpica Ariarne Titmus, quien ganó el oro otra vez; la canadiense Summer McIntosh, plata; y la leyenda Katie Ledecky, bronce.

El judo de París dio grandes momentos y combates. Se esperaba con ansia la final por equipos mixtos en la que Japón y Francia eran los grandes favoritos para citarse en ella. Japón ha

---

503   Cuando Stephen Curry mete alguna canasta definitiva, el jugador de los Golden State Warriors de la NBA y de la selección EE. UU. de baloncesto, acostumbra a juntar las manos al lado de la cara imitando el gesto que se hace a los niños para ir a dormir. Y dice: «Night, night». Pero en París lo afrancesó y decía «Nuit, nuit». De hecho, la noche después de ganar la final ante Francia, apareció con un jersey y las palabras «Nuit, nuit» bordadas en él.

504   En París'24 Femke Bol ganó tres medallas. Además del oro en 4 x 400 m mixto, fue plata en 4 x 400 m femeninos y bronce en 400 m vallas. Ya había sido bronce en 400 m vallas en Tokio'20.

ganado los siete mundiales disputados hasta ahora. Pero en los JJ. OO. de Tokio fueron los franceses los que se impusieron en casa de los inventores del judo. En 2024, en el Mundial de Abu Dabi, se había producido la sexta final consecutiva en un gran campeonato entre Japón y Francia. Y todos esperábamos que la séptima fuese en la sede del Campo de Marte.

Como era de esperar[505], las dos grandes potencias se enfrentaron en la última ronda. Era el día de la revancha para los japoneses y rápidamente se pusieron tres combates a uno en el casillero. El doble campeón olímpico Hifumi Abe tenía la pelota de partido para ganar el oro, pero perdió su combate ante el francés Joan-Benjamin Gaba[506] por *ippon*[507] en el Golden Score[508]. Eso espoleó la reacción de Francia. Igualaron la contienda a tres victorias y se iba a decidir todo en el desempate. La ruleta caprichosa dijo +90 kg masculino. Y el gran Teddy Riner volvió a batir a Tatsuru Saito para ganar su segundo oro[509] en París y de paso revalidar el triunfo por equipos.

En el Stade de France, el atletismo tuvo momentos eléctricos que destacaron sobre el resto. Los 10 000 m masculinos vieron

---

505   Era de esperar, pero a punto estuvo de saltar la sorpresa en octavos de final, cuando Japón se midió a España. Al término de los seis combates reglamentarios, el marcador era de empate a tres. Y en el desempate, una ruleta es la que decide que peso y qué género va a la muerte súbita. España tuvo mala suerte, porque el sorteo designó la categoría de -70 kg femeninos. En el primer combate, la japonesa Miku Takaichi ya había ganado a la extremeña Laura Cabaña por *ippon* en tres minutos. Había sido el combate más desequilibrado de la tanda. Y en la repetición, la japonesa anotó otro *ippon* en poco más de un minuto que eliminaba a España. Nunca sabremos qué hubiese pasado si la ruleta hubiese designado otro emparejamiento.

506   Joan-Benjamin Gaba fue medalla de plata de judo en - 73 kg de París'24.

507   El *ippon* se otorga cuando uno de los dos competidores realiza una técnica con control, velocidad y fuerza o, en una gran parte de los casos, se mantiene una inmovilización de veinte segundos. El *ippon* da diez puntos al que lo hace, la máxima puntuación y el combate se da por terminado.

508   El Golden Score se disputa cuando, tras los cuatro minutos de combate reglamentario, las puntuaciones de los dos judocas están igualadas. Ahí, el primer judoca que logra un punto adicional es el vencedor. En el Golden Score no hay límite de tiempo.

509   Ese era el quinto título de campeón olímpico de Teddy Riner, lo que le convertía en el deportista francés con más medallas de oro superando las cuatro del esgrimista Christian d'Oriola ganadas entre 1948 y 1956.

la victoria del ugandés Joshua Cheptegei[510] con récord olímpico. En esta prueba hubo muchas marcas del año, marcas personales y hasta récords nacionales. Pero lo más increíble es que los trece primeros corrieron por debajo del RO que había marcado Kenenisa Bekele[511] en ¡Pekín'08! Y los seis primeros entraron separados por menos de un segundo.

Los 400 m vallas masculinos fue de lo mejor que se vio en Saint Denis: el estadounidense Rai Benjamin[512] fue oro, el campeón olímpico y poseedor del WR, el noruego Karsten Warholm[513], plata, y el brasileño Alison dos Santos[514], bronce. Aunque se esperaba que, visto el nivel de los tres, la marca se pudiese acercar al WR, cosa que no sucedió.

La prueba n.º 1 de los JJ. OO., con mayúsculas, fue sin duda la final masculina de la distancia reina del atletismo. Y según Michael Johnson[515], «la mejor carrera de 100 metros que he visto en mi vida»:

- La ganó Noah Lyles con una marca de 9"79.

- La medalla de plata fue para el jamaicano Kishane Thompson con el mismo tiempo, pero la foto *finish* los separó por tan solo cinco milésimas.

- Los ocho finalistas bajaron de 10" por primera vez en la historia con viento legal inferior a +2 m/s, siendo, pues, la carrera más rápida de todos los tiempos.

- Los ocho finalistas terminaron separados por doce centésimas, de 9"79 a 9"91.

---

510   Joshua Cheptegei fue campeón olímpico de 5000 m y medalla de plata en 10 000 m en Tokio'20.

511   Kenenisa Bekele fue campeón olímpico de 10 000 m en Atenas'04 y de 5000 m y 10 000 m en Pekín'08. Además, ganó la plata en 5000 m en Atenas'04.

512   Rai Benjamin es ganador de cuatro medallas olímpicas en dos JJ. OO.: tres de ellas de oro en 400 m vallas en París'24 y en 4 x 400 m en Tokio'20 y París'24. Y plata en 400 m vallas en Tokio'20.

513   Karsten Warholm fue campeón olímpico, con WR incluido en 400 m vallas de Tokio'20. Se convirtió entonces en el primer noruego que ganaba una medalla en una prueba de carreras de atletismo en los últimos veinticinco años.

514   Alison dos Santos ganó la medalla de bronce en 400 m vallas en Tokio'20 y París'24.

515   Michael Johnson fue campeón olímpico de 4 x 400 m en BCN'92, de 200 m y 400 m en Atlanta'96 y de 400 m en Sídney'00.

– De hecho, el último, el jamaicano Oblique Seville, hizo una marca de 9"91, un tiempo con el que hubiese sido cuarto en los Juegos de Tokio'20.

A pesar de la ausencia del *recordman* mundial Kevin Kilptum, el maratón masculino estaba marcado en rojo como uno de los momentos grandes de París'24. Todos esperábamos la lucha entre el doble campeón olímpico de maratón en Río'16 y Tokio'20 Eliud Kipchoge, que quería el ser primer atleta en encadenar tres títulos olímpicos de maratón, y Kenenisa Bekele, quien acababa de batir en Londres el WR de maratón para atletas de más de cuarenta años. Se cumplían más de tres lustros de la final de 5000 m que les enfrentó en la pista de Pekín'08, en la que Bekele ganó el oro y Kipchoge la plata. El ganador del maratón fue el etíope Tamirat Tola[516]. Y ninguno de los dos protagonistas estuvo en la lucha por el oro. En el caso de Bekele, no estaba en la forma adecuada, y en el caso de Kipchoge, una lesión en la espalda lo obligó a pararse en el kilómetro veintiocho. Antes de retirarse, caminó durante tres kilómetros interactuando con los aficionados, regalando sus zapatillas y varias prendas. Y en un acto de enorme humildad, solo se retiró cuando el último corredor lo adelantó. Por cierto, que tras la pérdida de Kiptum, Eliud Kipchoge lo pasó bastante mal, porque fue acosado en RR. SS. acusándolo de su muerte. Incluso, hablando sobre el tema, rompió a llorar en una entrevista con la BBC.

LAS DECEPCIONES

Podríamos usar la «doctrina Antetokounmpo[517]», y repetir lo que le dijo a un periodista en 2023, cuando siendo los vigentes campeones de la NBA acababan de perder en primera ronda de los *playoffs*. «No hay fracaso en el deporte. Hay días buenos y días malos, algunos días triunfas y otros no (…). De eso trata el deporte: no

---

516 Tamirat Tola fue campeón olímpico de maratón en París'24. Y también ganó la medalla de bronce en 10 000 m en Río'16.

517 Giannis Antetokounmpo, al que llaman the Greek Freak, fue abanderado de Grecia en la ceremonia de apertura de París'24. Jugador de los Milwaukee Bucks de la NBA, fue campeón en 2022.

ganas siempre». Pues eso, que este apartado no va de fracasos, solo de decepciones.

En los últimos años, Jamaica ha sido el centro del mundo de la velocidad. Retirado Usain Bolt, en Tokio'20 el peso de la gloria olímpica lo recogieron las mujeres. En los Juegos japoneses hubo triplete jamaicano en los 100 m: oro para Elaine Thompson-Herah[518], plata para Shelly-Ann Fraser-Pryce[519] y bronce para Shericka Jackson[520]. Tres años después, las tres eran favoritas al oro de los 100 m en París… ¡pero ninguna estuvo ni tan siquiera en la final!

Elaine Thompson-Hera renunció a París un mes antes de los JJ. OO. Lesionada en el tendón de Aquiles, no pudo ni correr los trials jamaicanos.

Shelly-Ann Fraser-Pryce no se presentó a la semifinal de 100 m estando ya en cámara de llamadas. Llegó tarde al calentamiento y tuvo una lesión en el isquiotibial. Parece ser que fue con su coche al estadio y no la dejaron entrar por la puerta de siempre. Eso le retrasó toda la rutina de la preparación y tal vez fue la causa de la lesión. Renunció también a los 200 m.

Y en el caso de Shericka Jackson, fue llegar a París y renunciar a los 100 m para reservarse para los 200 m, una prueba que se le daba mejor. Pero tampoco la pudo correr.

Para la velocidad femenina jamaicana, París fue una gran decepción con solo una atleta clasificada en la final de 100 m lisos, Tia Clayton, que fue séptima, ninguna en la de 200 m y la quinta posición en el relevo 4 x 100 m. De hecho, los Juegos fueron una decepción para toda la delegación de Jamaica. No hubo ningún finalista masculino en 200 m y el relevo 4 x 100 m masculino quedó fuera de una final olímpica por primera vez en veinte años.

---

518 Elaine Thompson-Hera es cinco veces campeona olímpica. Es la primera mujer en doblar 100 m y 200 m en dos Juegos consecutivos, Río'16 y Tokio'20, además de ganar el oro en el relevo 4 x 100 m de Tokio'20.

519 Shelly-Ann Fraser-Pryce ha ganado ocho medallas olímpicas, siendo tres veces campeona olímpica; en 100 m en Pekín'08 y Londres'12 y en el relevo 4 x 100 m en Tokio'20.

520 Shericka Jackson ha ganado cinco medallas olímpicas, solo una de oro en Tokio'20 en el relevo 4 x 100 m.

Suerte que Kishane Thompson fue medalla de plata en 100 m. En los JJ. OO., el país solo ganó seis medallas, todas en atletismo, y nada más que una de oro, la del lanzador de disco Roje Stona[521].

Si hay una prueba en la que Estados Unidos domina el planeta natación con mano de hierro, esta es el relevo 4 x 100 m estilos masculinos. Desde el debut de esta disciplina en los Juegos de Roma'60 hasta los de París, los *yankees* habían ganado el oro en los quince JJ. OO. en los que habían tomado parte, sin contar, por supuesto, Moscú'80, ausentes por el boicot. Ese oro lo ganó Australia. Y si ampliamos el dato a los Mundiales, el cuarteto de Estados Unidos se ha llevado quince medallas de oro de dieciocho posibles[522]. En París, Ryan Murphy en la posta de espalda, Nic Fink[523] en la de braza, Caeleb Dressel[524] en la de mariposa y Hunter Armstrong[525] en el libre se lanzaron uno tras otro a la piscina para volver a hacer lo que ellos mismos y sus ilustres antecesores llevaban haciendo durante sesenta años. Pero el cuarteto chino encabezado por Pan Zhanle les aguó la fiesta impidiéndoles ganar su undécima medalla de oro consecutiva. Fue una gran decepción para los estadounidenses.

Si decimos que Noah Lyles se presentaba en París con el objetivo de ganar cuatro medallas de oro y emular a Jesse Owens y

---

521 En diciembre de 2024, Roje Stona decidió probar suerte en la NFL a través del Programa International Player Pathway (IPP). Otros grandes deportistas han usado este camino para llegar a la mejor competición de fútbol americano, como el australiano Jordan Mailata, jugador profesional de Rugby League, quien a través de la IPP llegó a la plantilla de los Eagles de Filadelfia. En una formación de diez semanas y junto a Stona, en 2024 lo intentaron catorce deportistas. El más conocido, la estrella australiana de *rugby* Jordan Petaia.

522 En el marco de los mundiales, los Estados Unidos fueron campeones en 1973, 1975, 1978, 1982, 1986, 1991, 1994, 2003, 2005, 2009, 2011, 2015, 2017, 2023 y 2024. Solo tres veces fueron derrotados y se conformaron con la plata (1998 ante Australia, 2019 ante Gran Bretaña y 2022 ante Italia).

523 Nic Fink fue campeón olímpico de 4 x 100 estilos mixto en París'24, además de medalla de plata en 100 m braza y en el relevo 4 x 100 m estilos.

524 Caeleb Dressel es ganador de diez medallas olímpicas en natación. Nueve son de oro y cinco de ellas las ganó en los mismos JJ. OO., en Tokio'20: 50 m y 100 m libres, 100 m mariposa y de los relevos 4 x 100 m libres y 4 x 100 m estilos. El relevo 4 x 100 m libres lo ganó también en Río'16 y París'24. Y fue medalla de oro en 4 x 100 m estilos mixtos, aunque no nadó la final en París'24.

525 Hunter Armstrong es doble campeón olímpico del relevo 4 x 100 m estilos en Tokio'20 y del relevo 4 x 100 m libres en París'24.

Carl Lewis, y que se fue con solo un oro en los 100 m y un bronce en los 200 m, deberíamos convenir que los Juegos de Lyles fueron decepcionantes. Pero no sería justo no mencionar que, tras ganar los 100 m, el estadounidense corrió la final de 200 m aquejado de COVID-19. Y que ya no pudo correr los relevos. Antes de la final del doble hectómetro, ya se vio que algo pasaba. Y tras ganar el bronce del 200 m, en el micro de la zona mixta de entrevistas de la NBC confesó que tenía COVID.

En el documental *Sprinters* de Netflix, hablando de coches con sus compañeros de entrenamiento se definió así: «Soy como un Bentley. ¡Rápido, caro y elegante!». Son palabras de la estadounidense Sha'Carri Richardson, campeona del mundo de 100 m en 2023, flamante ganadora de los trials de EE. UU. de 100 m y entrenada por Dennis Mitchell[526]. Con un aspecto transgresor e incluso agresivo, a base de tatuajes, pelucas y uñas kilométricas, Sha'Carri llegó a los Juegos con la autoestima por las nubes y la arrogancia que da la seguridad de creerse que era la elegida para batir a las jamaicanas y recuperar el título de la prueba reina para EE. UU. Estados Unidos no gana la prueba femenina de los 100 m desde Gail Devers[527] en Atlanta'96. Marion Jones había ganado el oro en Sídney'00, pero dio positivo.

Sha'Carri tenía la espinita de no haber podido correr en Tokio'20 por dar positivo de cannabis en un control *antidoping*. La texana lo explicó en el programa matinal de entrevistas de la NBC *Today*. Había fumado marihuana, que es legal en el estado de Oregón, para aliviar el dolor al enterarse de la muerte de su madre biológica. «No me juzguéis, porque soy humana. Soy como tú, solo que corro un poco más rápido» dijo. Gran parte del país la apoyó. Se creó el *hastag* #LetHerRun (dejadla correr). Y el actor cómico canadiense Seth Rogen, un famoso «fumador», bromeó: «Si la marihuana te hiciera correr más rápido, yo sería Flo-Jo[528]».

---

526 Dennis Mitchell fue campeón olímpico del relevo 4 x 100 m en BCN'92, y bronce en 100 m.

527 Gail Devers fue campeona olímpica de 100 m en BCN'92 y Atlanta'96.

528 Flo-Jo es el sobrenombre con el que se conocía a Florence Griffith-Joyner. En los Juegos de Seúl'88, Flo-Jo ganó el oro en 100 m, 200 m y el relevo 4 x 100 m y la plata en el relevo 4 x 400 m.

E incluso el rapero Drake le hizo una letra «Soy como Sha'Carri, me los fumo dentro y fuera de la pista», rapeó. Pero la marihuana es considerada como positivo para el COI y la sancionaron por un mes, lo que la impidió ir a los JJ. OO.

En París se plantó en la salida de los 100 m liberada de las jamaicanas. ¡Era sin duda la máxima favorita! Pero se tuvo que conformar con la medalla de plata superada por sorpresa por una atleta de Santa Lucía llamada Julien Alfred. La marca para ganar el oro de la santalucense fue de 10"72, un «marcón» teniendo en cuenta que estaba diluviando sobre París. Sha'Carri no se había clasificado en los trials para los 200 m, así que tuvo que esperar pacientemente al día del relevo 4 x 100 m donde compartía cuarteto con la campeona olímpica de 200 m lisos Gabrielle Thomas para quitarse la espinita. Y ahí, en una última posta en la que remontó al equipo de Gran Bretaña, se hizo con su primer oro olímpico. Su gesto desafiante, girándose a la derecha a diez metros de la línea para ver donde estaban las rivales, no quita para que los Juegos de Sha'Carri Richardson hayan sido un tanto decepcionantes.

Más que decepción, sorpresa negativa en la final de los 1500 m masculinos para el noruego Jakob Ingebrigtsen. Tras su medalla de oro del «milqui» en Tokio'20, Jakob quería hacer a nivel planetario lo que hacía fácil en Europa: doblar oros en 1500 m y 5000 m. En el Mundial de Eugene'22, ganó los 5000 m, pero fue plata en 1500 m por detrás del británico Jake Wightman. Y lo mismo le pasó en el Mundial de Budapest'23. Ganó los 5000 m y fue batido en los 1500 m por otro británico, Josh Kerr[529]. Desde esa final húngara su relación con Kerr no fue nada buena. Y Jakob llegó provocador a París porque dijo que la final olímpica de 1500 m sería para él «como un paseo por el parque». Aun corriendo por debajo de su propio récord olímpico, Ingebrigtsen quedó cuarto de la final. El oro fue para el estadounidense Cole Hocker con RO incluido, la plata fue para Josh Kerr con récord nacional y el bronce para el estadounidense Yared Nuguse con mejor marca personal. Cuando Ingebrigtsen no solo no ganó, sino que encima

---

529 Josh Kerr fue medalla de plata en 1500 m en París'24 y bronce en Tokio'20.

quedó fuera del podio, los palos en RR. SS. vinieron todos a cuenta de la chulería del paseo por el parque. Días después, el noruego ganó sobrado los 5000 m. Pero se había fastidiado el doblete planetario 1500 m-5000 m, que sí consiguió el noruego en marzo de 2025 en el mundial *short track* de Nankín, ganando sobrado los 1500 m y los 3000 m.

Y hablando de ese mundial de pista cubierta en China, ahí Gudaf Tsegay[530] ganó el oro en 1500 m. Fue una pequeña satisfacción para la etíope después de los JJ. OO. de París cuando participó en tres distancias y no ganó ninguna medalla. Tsegay fue 6.ª en 10 000 m, 9.ª en 5000 m y 12.ª en 1500 m.

VARIAS DE LA VILLA

Si las pistas de competición son el punto neurálgico para los deportistas, la villa olímpica es el corazón de los Juegos. La de París estaba distribuida en tres municipios: Saint Denis, Saint Ouen e Île Saint Denis (Seine-Saint Denis) y la inauguró el presidente Macron en febrero. Costó 2000 millones. En la villa se alojan los deportistas, pero también miembros de las delegaciones y entrenadores. El pico de ocupación se alcanzó el 3 de agosto , con 11 804 personas alojadas. Al acabar los Paralímpicos, los pisos en los que vivían los deportistas se pusieron a la venta.

La villa se abrió el 18 de julio. Y constaba de lo siguiente:

- Ochenta y dos edificios.
- 3000 apartamentos.
- 7200 habitaciones.
- 345 000 muebles.
- 14 250 camas reciclables con somier de cartón.
- 8200 ventiladores.
- 5535 sofás.
- 45 000 llaves.
- 200 bicicletas para los deportistas.

---

530 Gudaf Tsegay fue medalla de bronce en 5000 m en Tokio'20.

- 600 lavadoras de 9 kg en doce lavanderías, aptas para 60 000 lavados diarios.

- Cien aparatos cardiovasculares como cintas de correr, bicicletas, máquinas elípticas, máquinas de remo, y cien máquinas de musculación en una sala de *fitness* de 3000 m².

En la villa durmieron dos deportistas por cada habitación de doce metros cuadrados. Y compartían un baño para cada cuatro. Sin cocina. No hubo aire acondicionado ni calefacción. Y por primera vez se creó un dispositivo especial para controlar la violencia, básicamente sexual. Cada vez más, la protección a las mujeres se está convirtiendo en algo primordial en el mundo del deporte. De hecho, antes de los JJ. OO., la Confederación Deportiva Sudafricana y su Comité Olímpico Nacional (SASCOC) examinaron a todos los entrenadores y deportistas que debían formar parte del Equipo Olímpico, como parte de medidas implementadas para descartar posibles depredadores sexuales, según publicó el periódico *Sunday World* de Sudáfrica.

Dicho todo esto, entrar en la villa sin estar acreditado era prácticamente imposible. Un ejemplo del exhaustivo control en este sentido es el luchador indio Antim Panghal al que expulsaron porque le dejó su acreditación a su hermana para que pudiese entrar sin estar autorizada.

La delegación brasileña mandó a casa a la nadadora Ana Carolina Vieira y amonestó al también nadador Gabriel Santos. Ambos habían competido ya en sus respectivos relevos de 4 x 100 m libres de natación y abandonaron la villa sin permiso para ir a ver la Torre Eiffel. Les pillaron por sus propios *posts* en RR. SS. A diferencia de Santos, Vieira fue expulsada porque dicen se rebeló de manera agresiva contra la sanción.

Y también fue expulsada de la villa Luana Alonso, nadadora paraguaya de veinte años. El motivo de la expulsión es que generaba un «ambiente inapropiado» según informó el «Paraguay Team». Luana quedó eliminada tras la primera ronda de los 100 m mariposa y salió de la villa sin permiso para hacer turismo por París. Y no pernoctó esa noche con el resto de la delegación guaraní. Tras los JJ. OO., Luana, que vive en Texas, se retiró del deporte, aunque ha manifestado que no descartaría representar a

EE. UU. en el futuro. Y como se dio cuenta del tirón que tenía en RR. SS., con más de un millón de seguidores en Instagram, decidió abrirse un perfil en la plataforma de pago de contenido para adultos OnlyFans. En su perfil se define como «tu exnadadora favorita». Y su gancho es claro: «No te arrepentirás si me sigues». Después de los JJ. OO., Luana Alonso explicó al medio paraguayo GEN que Neymar Jr. le envió un mensaje privado a su cuenta de Instagram, además de darle «me gusta» a varias de sus fotografías. Pero que fue dos años antes de los Juegos.

UNA DE DRAMAS

Los Juegos no empezaron demasiado bien para Carolina Marín, a pesar de que pocas fechas antes había sido galardonada con el Premio Princesa de Asturias de los Deportes 2024[531]. Con toda probabilidad, Maialen Chourraut iba a ser elegida abanderada femenina de España para la ceremonia de apertura, pero la vasca competía al día siguiente y declinó. Y en ese momento, porque su palmarés la avalaba, la onubense se postuló para ser ella la abanderada. Como también competía pocas horas después de la ceremonia, pidió al COE que pidiesen a su vez al COI que retrasasen su debut. El Comité Olímpico español no hizo ninguna gestión y la abanderada fue Tamara Echegoyen[532] junto a Marcus Cooper Walz[533].

Carolina dejó atrás la situación y se centró en lo importante. Ganó en los dos partidos de la fase de grupos, primero a la suiza Jenjira Stadelmann y luego a la irlandesa Rachael Darragh sin perder un solo set. En octavos cedió uno ante la estadounidense Beiwen Zhang, y volvió a dejar a cero a la rival en cuartos, la japonesa Aya Ohori. Carolina estaba en semis y a un paso de volver a

---

531 Carolina Marín es la octava mujer que consigue el trofeo Príncipe o Princesa de Asturias, y la tercera española tras la tenista Arantxa Sánchez Vicario en 1998, el año que ganó su tercer Roland Garros, y la nadadora paralímpica más laureada de la historia, Teresa Perales en 2021.

532 Tamara Echegoyen fue campeona olímpica de vela en Londres'12 en la clase Elliot junto a Ángela Pumariega y Sofía Toro.

533 Marcus Cooper Walz fue medalla de oro en K1 1000 m en Río'16 y plata en K4 500 m en Tokio'20. Y en París, Marcus ganó la medalla de bronce en K4 500 junto a Saúl Craviotto, Carlos López Arévalo y Rodrigo Germade.

luchar por el oro. Qué digo a un paso, ¡literalmente a diez minutos! La española estaba ganando claramente en semifinales a la china He Bingjiao. Y a solo once puntos de la final, llegó el drama. Rotura del ligamento cruzado y del menisco de la rodilla derecha en una acción fortuita. Esa rodilla ya se le había roto en 2019. Y la otra le había fallado en 2021 y no la dejó ir a Tokio. Como ya conocía este tipo de lesiones lo tuvo claro desde el principio y así se lo dijo a su entrenador Fernando Rivas que había bajado a la pista. «Me he roto». Todo el país se volcó con su dolor y empatizó con sus llantos que rasgaban el silencio glacial de la sede de La Chapelle. Carolina comentó días después que no quiere que esta lesión la retire. Como ella dice, se irá cuando quiera.

Por cierto, que la china He tuvo un gesto precioso en el podio, porque se presentó a recoger su medalla de plata con un pin de España en la solapa como homenaje a la onubense.

Otro drama sucedió con la luchadora de la India Vinesh Phogat. Estaba clasificada para la final de lucha libre de la categoría de 50 kg. Y cuando fue a pasar el pesaje oficial previo a luchar por el oro… ¡estaba cien gramos por encima del peso! Intentaron cortarle el pelo, aligerar la ropa mini que llevaba para la báscula. Pero nada, los cien gramos no bajaban. Y fue descalificada. O sea, que no recibió ni la medalla de plata que creía ganada días antes cuando había superado en semifinales a la cubana Yusneylis Guzmán López. La cubana, por cierto, fue repescada para la final en la que perdió con la estadounidense Sarah Ann Hildebrandt[534].

En un último intento, la delegación india pidió al TAS compartir la plata. Apelación rechazada. India lloró la descalificación porque Vinesh era una de las caras del #MeToo contra los abusos sexuales en la Federación Nacional. Vinesh Phogat fue una de las tres luchadoras indias que acusaron al entonces presidente de la Federación de Lucha de la India Brij Bhushan Sharan Singh de acoso sexual sobre siete jóvenes luchadoras.

La otra cara de la moneda la protagonizó un luchador también de la India. Aman Sehrawat, de dieciocho años, ganó el bronce

---

534 Ann Hildebrandt fue campeona olímpica de lucha en 50 kg en París'24 y medalla de bronce en Tokio'20.

en la modalidad de 57 kg de lucha para convertirse en el medallista olímpico más joven de la India. Pero a punto estuvo de que le pasase lo mismo que a Vinesh Phogat. Al acabar su semifinal, ¡estaba 4,6 kg por encima del peso reglamentario! Tuvo que perder más de cuatro kilogramos en las diez horas que había entre su semifinal y el pesaje para el bronce. Esta fue su rutina «reductora»:

- Una hora y media en la colchoneta, donde los entrenadores jefes Jagmandeer Singh y Virender Dahiya practicaron con él lucha de pie.

- A continuación, un baño caliente de una hora.

- A las 12:30, se metió en el gimnasio para una sesión de una hora en la cinta de correr.

- Descanso de treinta minutos.

- Cinco sesiones de sauna de cinco minutos para perder peso a través del sudor. A pesar de sus esfuerzos, en la última sesión todavía estaba 900 gramos por encima de lo permitido.

- Trote ligero, seguido de cinco sesiones de carrera de quince minutos. Entre estas sesiones tomó solo café y agua tibia con limón y miel.

A las cuatro y media de la madrugada del viernes, pesaba 56,9 kg, cien gramos menos de lo establecido. Sehrawat dijo que no pudo dormir después de aquello y que estuvo toda la noche viendo videos de combates. Uno de los entrenadores relató que, para ellos, «la reducción de peso es rutinaria, pero había mucha tensión por lo que pasó el otro día (refiriéndose a Vinesh). No podíamos dejar escapar otra medalla». Al final todo salió bien, aunque lo extraño es que le quedasen fuerzas para ganar al portorriqueño Darián Cruz por el bronce. Tras esto, a Aman Sehrawat lo eligieron como abanderado de la India en la ceremonia de clausura.

LAS OVEJAS NEGRAS

Normalmente en unos Juegos Olímpicos no hay *hate*, como se dice ahora. No se odia. El espíritu olímpico se contagia a todos y no se acostumbra a pitar, abuchear o insultar a los rivales. Pero en París hubo una excepción, el jugador de baloncesto estadounidense de origen camerunés Joel Embiid.

A la selección de fútbol de Argentina también se la abucheó en los cuatro partidos que jugó en el Torneo Olímpico. El público francés les recriminaba las burlas que profirieron básicamente a Kylian Mbappe tras ganar la final del Mundial de Catar 2022. Y, sobre todo, los cantos racistas que dedicaron a los jugadores franceses después que Argentina ganase la Copa América 2024 ante Colombia, justo un mes antes de los JJ. OO. En un video del jugador Enzo Fernández se oía a los argentinos cantar letras racistas y xenófobas referentes al origen africano de varios jugadores franceses. Pero, aun así, y seguramente porque, en Burdeos, Francia eliminó de los Juegos a Argentina en un partido muy bronco, los gritos que recibieron los jugadores argentinos eran un juego de niños al lado de los que tuvo que soportar Embiid.

El jugador de los Philadelphia 76ers de la NBA recibió sonoras pitas en todos y cada uno de los seis partidos que jugó en Francia, con mención especial al momento de entrega de medallas. En el primer partido ante Serbia, los pitos le pillaron desprevenido. Pero desde entonces, cada vez que lo abucheaban, Embiid se dirigía al público moviendo la mano arriba y abajo pidiendo que subiesen el nivel de decibelios. Incluso lo hacía en medio del partido, balón en mano. Y, claro, en la final contra Francia el estruendo fue tremendo. ¡Ni os digo el follón que hubo cuando recogió la medalla de oro! Incluso desde el podio pidió que le abucheasen más, y hasta sus compañeros, pasándoselo bomba, se unieron a él pidiendo más ruido.

¿Y de dónde viene este odio que convirtió a Joel Embiid en el enemigo público n.º 1 de Francia? Pues de una carta de octubre de 2021, y revelada por la televisión privada francesa RMC Sport, que iba dirigida al presidente de la República, Emmanuel Macron, por la cual Embiid se comprometía a vestir la camiseta de Francia en caso de naturalización. Y se le concedió la nacionalidad francesa. Pero, según reconoció Grant Hill[535], menos de un año después,

---

535   Grant Hill es un exjugador de la NBA, campeón olímpico en Atlanta'96 y
      director general del equipo de EE. UU. de baloncesto para París'24.

el pívot ya estaba en conversaciones con EE. UU. para jugar para ellos, rompiendo su promesa al Elíseo. Frederic Weis[536] dijo que Embiid le había faltado el respeto a Francia. Y que le debían quitar la nacionalidad. No fue el caso, ya que en Francia la nacionalidad solo se retira por casos de terrorismo. Y entre 2019 y 2022, solo ha pasado en una veintena de casos.

Embiid reconoció a *The Times* que antes de decantarse por EE. UU. recibió una llamada de Macron.

> Le dije que una cosa que me preocupaba mucho era la relación entre Francia y Camerún y los países de África en general. (…). Hay mucha oposición, con la idea de expulsar a los franceses porque son tantos años de opresión. Mi familia todavía vive en Camerún y no quiero hacerles pasar por todo esto. Quiero que estén seguros y las relaciones entre Francia y Camerún o África en general no son buenas.

Y otra oveja negra podía ser el ciclista de pista Matthew Richardson[537]. Aunque la Federación australiana más que oveja negra lo considera un Judas. Richardson, que ganó tres medallas en París 2024, anunció en agosto y tras los Juegos que cambiaba su lealtad con Australia para competir por Gran Bretaña.

Matthew nació en el Reino Unido, pero con nueve años se trasladó a vivir a Australia a causa del trabajo de su padre. Las oportunidades de competir internacionalmente se las dio Australia, pero ahora ha reconocido que en su cabeza estuvo siempre la idea de representar al equipo británico.

Al parecer, Richardson puso en marcha su cambio de nacionalidad meses antes de los Juegos Olímpicos, pero solicitó que la Unión Ciclista Internacional (UCI) se abstuviese de anunciar su cambio de elegibilidad hasta después de los Juegos. Este

---

536   Frederic Weis es un exjugador francés de baloncesto, medalla de plata en Sídney'00. Se hizo desgraciadamente famoso porque en esos Juegos, en el partido de la primera fase, el estadounidense Vince Carter hizo un mate saltando por encima de los 2,13 m de Weis. Se dice que el de Carter es el mejor mate de la historia olímpica.

537   Matthew Richardson fue medalla de plata de ciclismo en pista en keirin y velocidad individual y bronce en velocidad por equipos en París'24.

es un dato que niega el máximo organismo ciclista, pero que ha sido contrastado tras una investigación profunda por parte de la Federación australiana. La decepción en Australia ha sido grande. Richardson ha sido sancionado con no representar a Australia nunca más, pero los *aussies* no han podido vetar que Matthew pueda debutar ya en 2025 con sus nuevos colores.

HACIENDO HISTORIA

En París, la tiradora georgiana Nino Salukvadze se convirtió en la deportista femenina con más Juegos a sus espaldas. Con cincuenta y cinco años compitió en sus ¡décimos JJ. OO.! De esta manera iguala al deportista masculino con más presencias olímpicas, el jinete canadiense Ian Millar[538].

Tras Natalia Partyka, Melissa Tapper y Oscar Pistorius[539], la brasileña Bruna Alexandre se convirtió en la cuarta deportista de la historia en participar en los JJ. OO. y los Paralímpicos. En París, formó parte del equipo brasileño de tenis de mesa en las dos competiciones. Como ella dijo, fue la gran clienta de la villa olímpica, porque llegó a París el 15 de julio y se fue el 8 de septiembre.

El estadounidense Chase Budinger[540] también entró en la pequeña historia olímpica. En París se convirtió en el primer deportista en jugar en la NBA y ser olímpico en vóley playa. Haciendo pareja con Miles Evans cayeron en dieciseisavos de final. El antecedente más cercano a Budinger es el de Keith Erickson, olímpico de voleibol en sala en Tokio 1964 y luego campeón de la NBA con los Lakers en 1972.

---

538 Ian Millar fue medalla de plata en saltos por equipos en Pekín'08.

539 Oscar Leonard Carl Pistorius poseyó las mejores marcas mundiales en las pruebas de 100 m, 200 m y 400 m lisos para atletas que han sufrido una doble amputación. Para correr utilizó prótesis construidas en fibra de carbono que generaron protestas por parte de los atletas validos, porque según ellos le otorgaban ventaja. Fue condenado a quince años de cárcel tras asesinar a su novia Reeva Steenkamp la madrugada del 14 de febrero de 2013 en su casa de Pretoria al dispararle cuatro veces a través de la puerta cerrada del baño. Desde enero de 2024 está en libertad condicional.

540 Chase Budinger jugó a baloncesto en Arizona College y fue High School Player of the year 2005 de voleibol. Estuvo la temporada 2016/2017 en la Liga ACB con el Baskonia, y luego se pasó al *tour* mundial de vóley playa.

Y con treinta y cinco años, Jimmer Fredette se convirtió en el primer ex NBA en jugar el torneo olímpico de baloncesto 3x3. En la primera participación de EE. UU. en esta disciplina, ya que no se habían clasificado para Tokio'20, no superaron la fase de grupos.

PROFETAS EN CASA

Francia estuvo en sus Juegos con 571 deportistas, 49,4 % de ellos mujeres y 50,6 % hombres. Hasta entonces, su récord de participación era de 394 deportistas en Río'16. La media de edad del equipo fue de 26'8 años. La más joven fue la patinadora Louise-Aïna Taboulet, de catorce años, mientras que el deportista de mayor edad fue el jinete Karim-Florent Laghouag[541] con cuarenta y ocho años.

Los abanderados de la ceremonia de apertura fueron:

- Mélina Robert-Michon, cuarenta y cinco años, en sus séptimos JJ. OO.[542].

- Florent Manaudou, treinta y cuatro años, en sus cuartos JJ. OO.

Y los abanderados de la ceremonia de clausura fueron ambos campeones olímpicos en París:

- Pauline Ferrand-Prevot[543] en BTT.

- Y Anthoine Dupont[544] en *rugby* a 7.

---

541   Karim-Florent Laghouag fue medalla de oro en Río'16 y bronce en Tokio'20 en Concurso Completo por equipos.

542   Melina Robert-Michon fue medalla de plata en lanzamiento de disco en Río'16. Con siete presencias en los Juegos, igualaba el récord en atletismo de la jamaicana Merlene Ottey.

543   Tras el título olímpico, Pauline Ferrand-Prevot fichó por el equipo ciclista Visma-Lease a bike para tratar de ganar el Tour de Francia femenino. Es lo único gran título del ciclismo que le queda por ganar a PFP tras haber sido quince veces campeona del mundo entre ruta, BTT, *cyclo-cross* y gravel.

544   Anthoine Dupont fue el gran revulsivo del *rugby* a 7 para Francia, que, tras ser séptimos en Río'16, ni tan siquiera se habían clasificado para Tokio'20. Su impacto fue tal que en solo su segundo torneo en *rugby* a 7 en las series de Los Ángeles, Francia ganó la final por primera vez desde … ¡2005! Y también fueron ganadores de las finales de Madrid. En París ganó la medalla de oro ante Fiyi, saliendo en la segunda parte y cambiando el partido. Dupont, que ya había sido

Gracias al «factor anfitrión[545]», Francia fue quinta en el medallero con más medallas de las previstas, sesenta y cuatro, veintiuna más que el tope de cuarenta y tres de Pekín'08, pero con menos oros de los que pensaban. Se pronosticaron veintinueve, triplicando el resultado de Tokio, pero finalmente «solo» ganaron dieciséis, una más que el récord de quince que databa de Atlanta'96. En cualquier caso, Francia consiguió su mejor resultado en unos JJ. OO. desde París 1900.

Su ritmo para ganar medallas fue endiablado. En el ecuador de los JJ. OO. ya tenían cuarenta y cuatro medallas en el bote, a una media de más de seis diarias. No fue hasta la undécima jornada de competición, el martes 6 agosto, que no ganaron ninguna medalla.

Estos son los dieciséis oros de Francia en París:

- Leon Marchand ganó cuatro oros en natación: 200 y 400 m estilos, 200 m mariposa y 200 braza.

- Pauline Ferrand-Prevot en BTT.

- Nicolas Gestin en piragüismo C1.

- Manon Apithy-Brunet en esgrima en una final de sable femenino 100 x 100 francesa, ya que la medalla de plata la ganó Sarah Balzer.

- Cassandre Beaugrand[546] en triatlón.

- Joris Daudet en BMX, el único triplete de la misma nacionalidad en el podio de todos los JJ. OO. con Sylvain Andre plata y Romain Mahieu bronce.

- Teddy Riner en judo +100kg.

---

elegido Mejor Jugador del Mundo de Rugby XV en 2021, fue designado en este 2024 como el Mejor Jugador de Rugby a 7 del Mundo. Es la primera vez en la historia que un jugador consigue los dos premios.

545 En el pasado, el «factor anfitrión» fue determinante. China ganó un 58,7 % más de medallas en Pekín'08 que en Atenas'04. Gran Bretaña un 27,5 % más en Londres'12 que en Pekín'08. Brasil un 11,8 % más en Río'16 que en Londres'12. Japón un 41,5 % más en Tokio'20 que en Río'16. Y sin ir más lejos, España ganó cuatro medallas en Seúl'88 y veintidós en BCN'92.

546 Cassandre Beaugrand fue elegida deportista francesa del año por el diario *L'Equipe*.

- Kauli Vaast[547] en surf.

- Benjamin Thomas en ciclismo en pista, ómnium.

- Althéa Laurin, taekwondo +72 kg, la primera medalla olímpica de la historia del taekwondo francés.

- *Rugby* a 7.

- Equipo mixto judo.

- Voleibol masculino, revalidando el oro de Tokio'20.

LOS CHINOS AL COPO

Hay muchos países que dominan una disciplina deportiva a lo largo de la historia, o puntualmente en un ciclo olímpico. Pero de ahí a llegar a los Juegos y ganar todas las medallas de oro de un deporte, hay un trecho. Pero los deportistas chinos han demostrado que es un trecho que recorren tranquilamente cuando hablamos de saltos y de tenis de mesa.

El objetivo de los saltadores chinos en París era claro: el ocho de ocho. O sea, el pleno de oros en saltos que se les escapó por poco en Río'16 y Tokio'20. En 2016 ganaron siete de ocho oros, esfumándose el de trampolín de 3 m sincronizados que se llevaron los británicos Chris Mears y Jack Laugher. Y en 2020, fueron siete de ocho, perdiendo el que más duele, el de plataforma de 10 m sincronizados ante los británicos Matty Lee y Tom Daley. Si hablamos de los Mundiales de Natación, en Budapest'22 habían hecho el pleno con trece oros en trece pruebas, ya que en el Mundial hay modalidades que no son olímpicas, como por ejemplo el trampolín de 1 m masculino y femenino y tres pruebas mixtas. Y en el Mundial de Fukuoka'23, ganaron doce de trece oros, escapándose la prueba reina, la plataforma masculina de 10 m masculinos. Pero los mundiales no son los Juegos.

---

547 Kauli significa 'el que va a nadar' en hawaiano, lugar dónde se conocieron sus padres. Kauli Vast es de Vairao, en Tahití, el pueblo de al lado de Teahupo'o, Dice que en los JJ. OO. le acompañó el «Mana», la energía espiritual polinesia. Cuando acabó la competición en la Polinesia Francesa, viajó a París y surfeó en el Sena.

En París, con actuaciones como la de la saltadora de diecisiete años Honchang Quan[548], ganadora de dos medallas de oro y rozando la perfección en cada uno de sus saltos, China llegó al último día de los JJ. OO. con las posibilidades intactas de hacer el pleno. El último oro que conquistar era en la categoría reina de la plataforma de 10 m masculinos y saltaba la leyenda Yuan Cao[549]. Nada podía fallar… y nada falló. China consiguió hacer historia en los saltos, ya que no se hacía el pleno de oros para un país en saltos desde Helsinki'52, cuando lo logró Estados Unidos. Aunque a diferencia de ahora, entonces solo había cuatro categorías en liza. Pero no solo eso. En una de sus modalidades preferidas, en la que ha conseguido cincuenta y cinco medallas de oro a lo largo de la historia olímpica, siendo los saltos el deporte en el que China tiene más campeones olímpicos, en París no solo hicieron el pleno, sino que ganaron once medallas de dieciséis posibles, con tres dobletes.

Y en tenis de mesa, China también hizo el pleno, en este caso ganó cinco oros en cinco disciplinas. El único «pero» es que, desde Pekín'08, todas las finales masculinas de tenis de mesa individuales las habían disputado dos chinos. Incluso en «sus» Juegos de Pekín'08 hicieron el triplete, ganando oro, plata y bronce. Pero en París se coló en la final masculina el sueco Truls Moeregaardh. Y en categoría femenina, por quinta vez consecutiva en unos JJ. OO., la final fue entre dos chinas. Las jugadoras de China han ganado todos los oros femeninos individuales desde Seúl'88 y, excepto en dos ocasiones, también la plata.

---

548 Honchang Quan fue campeona olímpica de plataforma de 10 m en Tokio'20 y lo revalidó en París'24 donde, además, ganó el oro en sincronizados de 10 m junto a Yuxi Chen. O sea, que, con diecisiete años, Honchang Quan ya tiene tres medallas de oro olímpicas.

549 Yuan Cao ha sido cuatro veces campeón olímpico de saltos: en plataforma sincronizada en Londres'12 junto a Yanquan Zhang, en trampolín de 3 m en Río'16, y en plataforma de 10 m en Tokio'20 y París'24. Además, ha ganado también la medalla de bronce de trampolín de 3 m sincronizados con Qin Kai en Río'16 y la de plata en sincronizados en plataforma de 10 m con Aisen Chen en Tokio'20.

Para intentar la gesta contaron con la participación del icono Ma Long[550], pero solo en la competición por equipos. Y es que es tan bestial el nivel de los chinos que incluso uno de los mejores jugadores de todos los tiempos como Ma Long no fue seleccionado para la competición individual. Hay que decir que en el camino al pleno hubo una sorpresa negativa. El oro en individual se lo llevó Fan Zhendong[551], eso correcto. Pero el gran favorito para ese oro era Wang Chuqin, n.º 1 del mundo, quien cayó eliminado en treintaidosavos de final ante Moeregaardh. Lo sorprendente es lo que pasó antes de la eliminación. Wang, haciendo pareja con Sung Yingsha, ganó el oro en mixtos. Y los dos jóvenes se dieron un cálido abrazo para celebrarlo. Como en China hay la creencia de que son novios aunque nunca lo hayan confesado y les encante jugar a la ambigüedad enviándose mensajes a través de las RR. SS., los fotógrafos chinos enloquecieron al verlos juntos y quisieron tener el mejor ángulo del abrazo. Y en la avalancha, uno de los fotógrafos pisó y casi partió en dos la raqueta de Wang Chuqin. El jugador se quedó lívido, aunque no quiso acusar a nadie. El caso es que tuvo que jugar los individuales con una raqueta de repuesto… ¡y cayó eliminado!

UNA CHINA MUY «CHINORRI»

La palma de la precocidad en París se la llevó una niña de once años llamada Zheng Haohao. La china, la competidora más joven de la historia olímpica de su país, quedó decimoctava en la prueba de *skate* en la modalidad de *park*.

Varias cosas divertidas alrededor de Zheng:

- Nació el penúltimo día de los Juegos de Londres'12.
- Cumplió doce años justo el día que se acabaron los Juegos, el 11 de agosto.

---

550 Ma Long, apodado el Dragón, es seis veces campeón olímpico en cuatro JJ. OO.: por equipos en Londres'12, en individual y equipos de Río'12 y Tokio'20, y por equipos en París'24.
551 Fan Zhendong es triple campeón olímpico: oro en individual en París'24 y por equipos en Tokio'20 y París'24. Fue plata en Tokio'20 en individual al perder la final con Ma Long.

- Es tan joven que en los JJ. OO. de 2028 no habrá cumplido ni los dieciséis años. Por cierto, que viendo como los skaters llegan a la élite cada vez antes, la federación internacional, la World skate, ha marcado la barrera de los 14 años como edad mínima para estar en Los Ángeles.

- Compitió en una modalidad en la que el más veterano competidor, Andy MacDonald, tenía ¡cuarenta años más que ella! MacDonald, de cincuenta y un años, ha ganado veintidós medallas en el evento anual de los X Games, entre ellas ocho de oro. Pues bien, las ganó todas antes de que Zheng naciese.

- Y la jovencita china compitió en la sede de la plaza de la Concordia en París, donde curiosamente está el monumento más antiguo de la capital de Francia, el Obelisco de Luxor que tiene 3000 años de antigüedad.

En París, Zheng Haohao se convirtió en la tercera deportista más joven de la historia tras el griego Dimitrios Loundras que tenía diez años en Atenas 1896 y la gimnasta Luigina Giavotti, que compitió en Ámsterdam 1928 con once años. El timonel español Carlos Front, con doce años en BCN'92, vendría detrás de Zheng en la lista de precocidad.

También en París, la tailandesa Vareeraya Sukasem también hizo historia. Con doce años participó en *skate street*. Pero lo histórico es que fue la abanderada de Tailandia en el desfile de apertura, convirtiéndose así en la más joven deportista de la historia en llevar la bandera.

TODOS FUIMOS YAQIN ZHOU

Lo he titulado así, pero también podría ser «Como un pulpo en un garaje». Y es que la gimnasta Yaqin Zhou estaba completamente perdida en la entrega de medallas de la final de gimnasia de barra de equilibrio. La china de diecinueve años ganó la plata, y estuvo en el podio junto a la campeona olímpica Alice d'Amato y la medallista de bronce Manila Esposito, ambas italianas[552]. Tras

---

552   Formando parte de la selección de Italia de gimnasia, Alice d'Amato y Manila

la interpretación del himno italiano, las dos transalpinas posaron para la foto mordiendo la medalla en una actitud muy habitual de los podios y que puso de moda Rafa Nadal en Roland Garros. La china que lo vio no entendía nada, puso una tierna cara de sorpresa y, nerviosa, se puso a morder su medalla como las italianas sin saber muy bien el porqué. El video del momento se hizo viral. Lo dicho, todos alguna vez hemos sido la entrañable Yaqin Zhou, completamente perdidos y sin saber que hacer. Por cierto, poco después de París, vimos a la china en otro video. Con el uniforme olímpico puesto, servía las mesas del restaurante que tienen sus padres en Hengyang, en la provincia china de Hunán. Yaqin ayuda en el negocio familiar todos los veranos.

LOS DE TAIPÉI

La República de China es el nombre oficial de un Estado situado en Asia oriental, cuyo territorio se limita desde 1949 al archipiélago de Taiwán, nombre con el que es popularmente conocido aunque antiguamente lo llamábamos Formosa, China nacionalista o China insular. La confrontación territorial con China viene de la ortodoxia de Pekín en el principio de «una sola China». Según ellos, Taiwán es parte del territorio chino y algún día será reunificado, por la fuerza si es necesario.

Ya hemos visto que, desde 1979, China y Taiwán coexisten de manera independiente en los JJ. OO. Pero eso no significa que no haya tensión. China está muy atenta a que Taipéi no use los Juegos para reivindicar su realidad. Así, durante los de Londres'12, el Comité Organizador colgó de la icónica calle de Regent Street, en pleno centro de la ciudad, las banderas de todos los países participantes. Pero lo que tenía que ser una fiesta, se convirtió en un problema: China se quejó oficialmente al Ministerio de Exteriores británico al incluirse la bandera de Taiwán, que tuvieron que reemplazar por la oficial de China Taipéi, que es el nombre por el que se conoce deportivamente a la República de China.

Esposito, junto a Angela Andreoli, Elisa Iorio y Giorgia Villa, ganaron también la medalla de plata en la competición por equipos.

En los Juegos 2024, los deportistas de China Taipéi ganaron siete medallas, dos de oro. Al subir al podio no suena su himno, sino una canción tradicional. Y no pueden usar su bandera nacional, sino la bandera de la flor del ciruelo de su Comité Olímpico. Uno de los oros de París fue en dobles masculinos de bádminton. La final «olía» a conflicto diplomático, porque China Taipéi se enfrentaba… ¡a China! Cuando la pareja taiwanesa Lee Yang y Wang Chi-Lin anotaron el último punto del tercer set, reteniendo el título ganado ya en Tokio'20, el público de la sede de la Chapelle Arena rompió a corear en las gradas, «Taiwán, Taiwán». Por cierto, que la pareja taiwanesa ya se había impuesto en la fase previa a la otra pareja china.

En otro partido de bádminton, volvió a saltar la chispa. El ministro de Asuntos exteriores de China Taipéi, que estaba viendo el partido de cuartos de final que Chou Tien-Chen perdió ante el indio Lakshya Sen, protestó porque se expulsase de manera contundente del pabellón a un espectador que sacó una pancarta verde que decía «Go Taiwan for it» (a por todas, Taiwán). El verde, color del gobernante Partido Democrático Progresista de Taiwán, es utilizado por personas que apoyan la independencia de Taiwán de China. En un comunicado, Taiwán condenó desde el ministerio:

> (…) los burdos y despreciables medios empleados por personas malintencionadas para arrebatar arbitrariamente el eslogan "Taiwán a por todas" Este acto violento no solo es de mala educación, sino que viola gravemente el espíritu de civilización que representan los Juegos Olímpicos, y es aún más contrario al Estado de derecho y atenta contra la libertad de expresión.

El embajador *de facto* de la isla en Francia, Francois Wu, denunció el incidente ante la policía local. Y publicó en Facebook una foto suya con el espectador en cuestión diciendo: «¡Gracias a los estudiantes que han trabajado duro para animar a nuestros héroes del bádminton! ¡Vamos, Taiwán!».

SOL NACIENTE EN EL MEDALLERO

La delegación de Japón terminó tercera del medallero con cuarenta y cinco medallas, menos cantidad que Australia, Francia y

Gran Bretaña, pero con más oros que todos ellos, hasta veinte. Eso sí, quedaron lejos de su récord de Tokio de cincuenta y ocho medallas. Y en oros bajaron siete respecto al registro de sus Juegos, aunque es su mejor cifra en unos Juegos en el extranjero. Para tratar de subir el nivel, en los últimos años el Comité Nacional Olímpico de Japón ha contratado a muchos entrenadores extranjeros, varios de ellos franceses. Pero mantienen el clasicismo con entrenadores nipones en sus feudos de gimnasia, judo y lucha.

Los japoneses ganaron medallas en dieciséis deportes, y dominaron plenamente varios de ellos. En lucha fueron los mejores con ocho oros[553] y once medallas. Y, además, ya empiezan a ganar en la modalidad de grecorromana. En la delegación de lucha destacó la veinteañera Akari Fujinami, campeona olímpica en 53 kg invicta desde 2017, con 134 victorias consecutivas, sin ceder ni un solo punto en sus últimas finales. En París solo perdió dos puntos en cuatro combates.

Los japoneses lideraron también la competición de esgrima con cinco medallas, dos de ellas de oro. La de Koki Kano[554], campeón olímpico en espada masculina, y la de florete por equipos, la primera de la historia del país en esta arma. El nuevo entrenador jefe de florete es el francés Erwan Le Péchoux, quien ya había ganado para Francia la medalla de oro de florete por equipos en Tokio'20 cuando todavía estaba en activo.

Los japoneses lideraron también el *skate* con cuatro medallas, dos de ellas de oro. Fueron para Coco Yoshizawa en *skate street* femenino, donde la plata la ganó otra japonesa, Liz Akama, y para Yuto Horigome en *skate street* masculino, revalidando el título que ya había ganado en Tokio'20. Y, cómo no, lideraron el judo. En el tatami ganaron ocho medallas, dos menos que Francia, pero

---

553   Además de Akari Fujinami, ganaron el oro Kenichiro Fumita en grecorromana 60 kg, Nao Kusaka, en grecorromana 77 kg, Tsugumi Sakurai en lucha libre femenina 57 kg, Sakura Motoki en lucha libre femenina 62 kg, Rei Higuchi en lucha libre masculina 57 kg, Kotaro Kikoyooka en lucha libre femenina 65 kg y Yuka Nakagami en lucha libre femenina 76 kg.

554   En Tokio'20, Koki Kano era miembro del equipo japonés que ganó el oro en espada por equipos. Y en París'20, además del oro en espada individual ganó la plata por equipos.

con más oros. Aunque la cosecha de «solo» tres oros[555] no dejó un gran sabor de boca para los inventores del judo.

JAPONESES OCCIDENTALIZADOS

En París vimos actitudes poco japonesas para lo que estamos acostumbrados. Sobre todo, si hay judocas de por medio. Hubo gritos y lágrimas nada habituales, porque sus campeones son estoicos. Históricamente los japoneses no muestran sus sentimientos. Se gana o se pierde dignamente. Pero por lo visto van evolucionando, occidentalizándose. Está claro que también para lo malo.

La pareja de hermanos Abe, Hifumi y Uta, se preparaban para repetir la historia de Tokio'20. Proclamarse campeones olímpicos de judo el mismo día[556], algo que, hasta entonces, para una pareja de hermanos era un hecho inédito. Pero esa historia extraordinaria los Abe la convertían a menudo en ordinaria, ya que la pareja de Kobe ya lo había hecho en los Mundiales de Bakú'18, de Taskent'22 y de Doha'23. Siempre campeones uno tras otro con minutos de diferencia.

Así que imaginemos el tremendo palo que se llevó Uta Abe eliminada en la ronda de dieciseisavos de final de -52 kg ante la uzbeka Diyora Keldiyorova, a la postre campeona olímpica. Uta llegó a París con solo dos derrotas desde 2016. Y en tres minutos y con un *ippon* por una técnica de *tani-otoshi*[557], se acabó el sueño de la reina absoluta de la categoría. Incrédula, incapaz de entender qué había pasado, estirada boca arriba mirando hacia la nada con los ojos desorbitados, su llanto fue desgarrador. «¿Cómo me ha podido pasar esto a mí?», debió pensar para sus adentros. Su entrenador no solo tuvo que consolarla. Literalmente tuvo que

---

555   Los tres oros en judo para Japón en París'24 los consiguieron Natsumi Tsunoda, 48 kg femenino, Hifumi Abe, 66 kg masculino y Takanori Nagase, 81 kg masculino..

556   En la dinámica de la competición de judo, cada día compiten dos pesos, uno por género. Y si eres cabeza de serie, ganando cuatro combates te llevas el oro. Pero te juegas la competición en un solo día. El 28 de julio, en el Campo de Marte, Uta competía en -52 kg e Hifumi en -66 kg.

557   El creador del judo, el Dr. Jigoro Kano, recopiló cuarenta proyecciones para este deporte. Tani-otoshi es una de ellas y se considera una técnica de contrataque.

ayudarla a salir del tatami y llevarla al vestuario prácticamente en volandas, sujetándola a cada momento, porque la japonesa no dejaba de llorar y se iba desplomando a cada metro. A Uta le salieron del alma sus llantos. Pero una reacción tan emocional sorprendió mucho viniendo de una japonesa.

Por su parte, su hermano mayor Hifumi cumplió el guion, llegó a la final individual y fue otra vez campeón olímpico tras batir al brasileño Willian Lima[558]. Y el último día debía ser un puntal en la competición mixta por equipos para recuperar el oro que Francia les quitó en Tokio'20. Resolvió sin problemas su combate ante el serbio Strahinja Buncic en cuartos de final y no hizo ni falta que participase en semifinales ante Alemania. Lo tenía que dar todo en la final ante Francia. Cuando le llegó el turno, el marcador estaba tres a uno para Japón, su victoria daba el oro a los niponés… ¡y perdió su combate ante Joan-Benjamin Gaba por *ippon* con kata-guruma[559]! Fue una tremenda sorpresa porque Hifumi estaba invicto desde 2019. Como había hecho su hermana, lloró desconsoladamente camino de los vestuarios. Otra reacción inesperada, tal vez tan inesperada como su derrota.

Lo que pasó con Soichi Hashimoto[560] fue un pelín diferente. En el cruce por equipos ante España de los octavos de final por equipos mixtos, le tocó medirse a Salvador Cases. El alicantino batió al nipón en cincuenta segundos. Como no se lo debía esperar, al término del combate no quiso estrechar la mano de Salva. Es cierto que en judo solo es obligatorio saludar cuando el árbitro comu-

---

558   Willian Lima fue medalla de plata individual en judo en -66 kg y medalla de bronce por equipos mixtos en París'24.

559   Joan-Benjamin Gaba confesó después que no había preparado mucho la técnica de Kata-guruma. Lo curioso es que antes de los JJ. OO. de Tokio'20, Hifumi entrenó mucho la defensa contra Kata-guruma que le intentaban hacer muchos europeos, para lo que incluyó entrenamientos específicos con luchadores. Kata-guruma es la «kriptonita» de los Abe, ya que fue la técnica utilizada por la francesa Amandine Buchard para vencer a la hermana de Hifumi, Uta en la final del Grand Slam de Osaka 2019. Y el propio Hifumi perdió ante el italiano Manuel Lombardo en la segunda ronda del Grand Slam de París 2019 con dos *waza-ari* obtenidos… ¡con la misma técnica!

560   Soichi Hashimoto fue medalla de bronce de judo en - 73 kg y plata por equipos mixtos en París'24.

nica la decisión. Pero es feo y raro en un japonés que cuando tu rival cruza el tatami para darte la mano lo rechaces.

Y muy polémico fue lo que pasó entre el español Fran Garrigós[561] y el japonés Ryuju Nagayama[562]. Se enfrentaron en el cruce de cuartos de final de la competición de -60 kg. El madrileño estaba estrangulando en el suelo al japonés cuando el árbitro dio «mate», la voz que indica parar. Pero, con todo el ruido reinante, no se oyó. El árbitro tuvo que darle a Fran por segunda vez la voz de mate. Y al soltar al japonés, este «se quedó dormido», que es la manera que tienen los judocas de referirse al hecho del desmayo puntual por falta de aire cuando hay una estrangulación y no has querido o podido abandonar. Y eso es *ippon*. El japonés no estaba de acuerdo con la situación y no le estrechó la mano a Garrigós tras el combate. Y a partir de ahí se formó la mundial en RR. SS. con insultos y amenazas muy serias hacia el español. Por suerte, la Federación Japonesa se dio cuenta de la magnitud que el incidente estaba generando y se pusieron en contacto con Fran. Nagayama le quería pedir disculpas por haberle negado el saludo. Se hicieron una foto en la villa y tema zanjado.

Tatsuru Saito, otro judoca japonés, perdió cinco combates de los siete que disputó en París. Pero, aunque se quedó sin medalla en +100 kg perdiendo las semifinales con el coreano Minjong Kim[563] y luego el combate por el bronce ante el uzbeko Alisher Yusupov, las derrotas que más le dolieron fueron las dos ante Teddy Riner en la final por equipos mixtos. Esas derrotas le costaron el oro a su país. Y eso para el entrañable gigante de veintidós años y 170 kilos fue una deshonra. Inconsolable, dijo amar-

---

561   Fran Garrigós fue medalla de bronce en -60 kg en París'24 tras batir en la final de consolación al georgiano Giorgi Sardalashvili. La de Fran fue la primera medalla de la delegación española en los Juegos de París'24.

562   Ryuju Nagayama fue medalla de bronce de judo en -60 kg y plata por equipos mixtos en París'24. A pesar de perder ante Garrigós, Nagayama ganó medalla, ya que pudo ir al combate de repesca, clasificarse para una de las dos finales por el bronce y ganarlo tras batir al turco Salih yildiz. Como ya habían arreglado sus diferencias, el español y el japonés pudieron compartir amigablemente el escalón del bronce, metal que ambos ganaron.

563   Minjong Kim fue medalla de plata de judo en +100 kg y bronce en equipos mixtos de París'24.

gamente: «Tengo la impresión de que no podré volver a Japón».
Declaración nada japonesa. En su ánimo debía pesar que había
dejado caer a su país, y que no igualaría, de momento, el palmarés
de su padre, Hitoshi Saito, campeón olímpico en +95 kg en Los
Ángeles'84 y Seúl'88. Hitoshi había fallecido en 2015 de un cáncer
de vías biliares con tan solo cincuenta y cuatro años.

Y una última situación, al margen del judo, que en cualquier
otro lugar del mundo sería simplemente catalogada como desafortunada, pero pasando con una japonesa fue cuando menos
sorprendente. La capitana del equipo de gimnasia artística Shoko
Miyata fue suspendida por su federación por infringir las normas disciplinarias del equipo. A la joven de diecinueve años la
pillaron fumando y bebiendo alcohol. La suspensión tuvo efecto
inmediato y la mandaron a casa desde el campus de entrenamiento de las japonesas en Mónaco. Miyata fue vista fumando en
un ambiente privado en Tokio en junio y luego bebiendo alcohol
en un centro de entrenamiento nacional en Japón. Dos actos ilegales en un país donde está prohibido fumar y beber antes de los
veinte años.

KOSOVO TIENE NOMBRE DE MUJER

La República de Kosovo es un Estado con reconocimiento limi-
tado. La ONU y noventa y cinco países, entre ellos España, Rusia
o China, no lo reconocen. En cambio, a nivel deportivo, es reconocido por más de veinticinco federaciones internacionales, además de por el COI y la FIFA.

El Comité Nacional de Kosovo fue creado en 1992, pero no fue
reconocido por el COI hasta 2014. Y empezaron a ir a los Juegos
desde Río'16. Hasta los JJ. OO. de París, Kosovo era el único país
que siempre que había participado en la competición olímpica
había ganado medallas… ¡y de oro! Hasta tres medallas de oro
cosecharon sus mujeres y siempre en judo. Maijlinda Kelmendi
fue campeona olímpica en -52 kg en Río'16. Y Distria Krasniqi en
-48 kg y Nora Gjakova en -57 kg lo fueron en Tokio'20.

En París, se rompió la racha de oros, pero ganaron dos medallas más, cómo no… ¡en judo! Distria Krasniqi esta vez fue medalla de plata en -52 kg y Laura Fazliu bronce en -63 kg.

LONGEVIDAD CHILENA

Zhiying Zeng, conocida como la Tía Tania, es una jugadora de tenis de mesa chilena de origen chino que hizo su debut olímpico ¡a los cincuenta y ocho años! La alegría le duró solo un partido, el que perdió en la ronda preliminar ante la libanesa Mariana Sahakian. Pero mereció la pena debutar en unos Juegos.

La historia de Tania es curiosa. En 1983, fue seleccionada para el equipo nacional de China. Pero sus ambiciones se vieron truncadas en 1986 por la introducción de la «regla de los dos colores», que obligaba a los jugadores a utilizar palas bicolores. Esto permitió a los jugadores identificar qué superficie estaban usando sus oponentes para predecir la velocidad y el giro de la pelota.

Para Zeng, que había jugado con paletas de un solo color desde que era niña, el cambio fue muy drástico. «La regla acabó con mi juego —dijo a *The Guardian*—. Me sentí débil, psicológica y técnicamente».

Por Chile e invitada por World Aquatics, también compitió la nadadora Kristel Köbrich. Con treinta y nueve años, se convirtió en la más veterana nadadora en París. Y en la quinta nadadora[564] en competir en seis Juegos. Kristel había debutado en Atenas'04.

UN BÚLGARO EN PARÍS

El levantador búlgaro Karlos May Nasar nació en París. Y en la ciudad donde vio la luz, consiguió ser campeón olímpico de halterofilia en 89 kg. Y batiendo dos récords del mundo. Primero en dos tiempos levantando 224 kilos y luego en el total con 404 kilos. Con este título, Nasar conseguía una hazaña difícilmente repetible, ganar la «triple corona» en el mismo año: ser campeón europeo en Sofía, mundial en Manama y olímpico en París. Normal que haya sido elegido mejor halterófilo de 2024.

---

564 Los otros cuatro son los suecos Therese Alshammar, medalla de plata en 50 m y 100 m en Sídney'00 y Lars Frölander, campeón olímpico de 100 m mariposa en Sídney'00; el turco Derya Büyükuncu; y el tunecino Oussama Mellouli, campeón olímpico de 1500 m en Pekín'08 y de 10 km en aguas abiertas en Londres'12.

En París, Bulgaria ganó siete medallas, tres de ellas de oro. Las otras dos las consiguieron los luchadores Semen Novikov y Magomed Ramazanov. Novikov, que la consiguió en lucha grecorromana 87 kg, nació en Ucrania, pero se nacionalizó búlgaro porque el luchador ucraniano Zhan Beleniuk le «tapaba» competir internacionalmente.

LOS PELEONES DE UZBEKISTÁN

La República de Uzbekistán está situada en Asia central. Junto con Liechtenstein, es uno de los dos únicos países doblemente aislados del mar. Es decir, que desde Uzbekistán se han de atravesar dos fronteras como mínimo para llegar al mar. Está claro que su deporte nacional no es la vela.

Los uzbekos son gente dura y lo suyo son los deportes de combate. En París fueron decimoterceros del medallero con trece medallas. Ocho de ellas de oro ganadas en boxeo, lucha, taekwondo y judo. Donde de verdad impresionaron los uzbekos fue en el deporte de las doce cuerdas, tanto en la sede del North Arena como sobre todo en las finales en Roland Garros, ganando cinco oros sobre siete posibles. Entre ellos, Bakhodir Jalolov en -92 kg, quien revalidó de paso su oro de Tokio'20 batiendo en la final al español Ayoub Ghadfa Drissi.

Aparte del oro de Jalolov, los otros cuatro oros de boxeo los ganaron Hasanboy Dusmatov[565] en -51 kg, Asadkhuja Muydinkhujaev en -71 kg, Lazizbek Mullojonov en -92 kg y el abanderado Abdumalik Khalokov en -57 kg. Y las otras tres medallas de oro uzbekas fueron de Razambek Salambekovitch Jamalov en lucha masculina 74 kg, Ulugbek Rashitov[566] en taekwondo 68 kg, revalidando el título de Tokio'20, y Diyora Keldiyorova en judo femenino -52 kg.

En ocho ediciones de JJ. OO. desde Atlanta'96, Uzbekistán ha ganado cuarenta y nueve medallas olímpicas, dieciocho de ellas

---

565   Hasanboy Dusmatov fue campeón olímpico de boxeo en -49 kg en Río'16 y de -51 kg en París'24.

566   Ulugbek Rashitov es doble campeón olímpico de taekwondo en 68 kg en Tokio'20 y París'24.

de oro. Como en París, su palmarés histórico se nutre de las veinte medallas en boxeo, diez de lucha y judo, cuatro de halterofilia y tres de taekwondo. Las otras dos que faltan alguien podría pensar que, por combatividad, las ganarían en esgrima o tiro. Pues no, fueron de bronce en gimnasia en Pekín'08. Las obtuvieron Anton Fokin en barras paralelas y Ekaterina Khilko en trampolín..

EL MILAGRO DE NUEVA ZELANDA

Lo de Nueva Zelanda es increíble. Es uno de los «grandes» países olímpicos, pero menos poblado del mundo, con alrededor de cinco millones de habitantes. Aunque eso no fue obstáculo para brillar en los JJ. OO. de París, siendo undécimos del medallero, con veinte medallas, diez de oro.

Además de los oros ganados por los ya comentados Lisa Carrington, Hamish Kerr, Ellesse Andrews o el doble *scull* con Brooke Francis y Lucy Spoors, también fueron campeones olímpicos Finn Butcher en kayak *cross*, Lydia Ko[567] en golf y el *rugby* a 7 femenino.

Es curioso lo del *rugby*. Siendo deporte nacional en Nueva Zelanda, y los All Blacks uno de los mejores equipos de la historia de este deporte, nunca han ganado el título olímpico. En categoría masculina, eso sí, porque las Black Ferns (los helechos negros), la selección femenina de *rugby* de Nueva Zelanda, lo han sido en hasta dos ocasiones, en Tokio'20 y París'24. Y en Río'16 jugaron la final y la perdieron ante Australia. Las Black Ferns son una potencia mundial, habiendo ganado también seis títulos de campeonas del mundo.

A diferencia de otros países y comunidades, en Nueva Zelanda están muy orgullosos de su herencia maorí. La haka, una danza maorí, se interpreta antes de los partidos de *rugby* de las selecciones, o como celebración espontánea de cualquier triunfo. Muchos de los integrantes neozelandeses en París eran maorís. Como el nadador Lewis Clareburt, que fue sexto en la final de 400 m estilos y no pudo ser el primer medallista maorí en natación. En cual-

---

567   Lydia Ko fue medalla de plata en golf en Río'16 y bronce en Tokio'20.

quier caso, Lewis sí fue campeón del mundo de la distancia en el Mundial de Doha'24, y al ganar hizo la «Pukana», el rictus guerrero maorí en el que se desorbitan los ojos a la vez que se saca completamente la lengua de la boca hacia abajo.

Y en atletismo tuvimos en París a la maorí Zoe Hobbs, la primera mujer neozelandesa en cincuenta años en clasificarse para los 100 m de unos Juegos. La última había sido Sue Jowett en Montreal'76. Como regalo, los 550 miembros de la delegación de Nueva Zelanda recibieron un colgante tradicional *pounamu* de jade verde hecho por una tribu maorí.

LA CRÓNICA NEGRA

La crónica negra es el espacio informativo criminalístico, la agenda de tribunales y las investigaciones policiales. Y se utiliza también como eufemismo para describir la información de sucesos. Desgraciadamente, en esa crónica tenemos que colocar la noticia del fallecimiento durante los Juegos de Lionel Elika Fatupaito, entrenador de boxeo de Samoa. Lionel falleció de un paro cardíaco en la villa olímpica cuando estaba en compañía de un deportista de la delegación samoana. Sucedió el día de la inauguración de los Juegos, el 26 de julio. Tenía sesenta años.

Pat Woepse, marido de la jugadora de waterpolo de Estados Unidos Maddi Musselman[568], también alimentó la crónica negra, en este caso post-Juegos. Durante el Mundial de Catar 2024, que ganó Estados Unidos, ya vimos que algo no iba bien. Maddi recogió el oro, pero a la hora de cantar el himno desde el podio y mano en el pecho se la vio triste y llorosa. Y es que hacía poco que acababa de saber que su marido tenía un cáncer terminal de pulmón. Estaban a seis meses de los Juegos y, para animar a su esposa, Pat Woepse le hizo una promesa: intentaría aguantar para estar con ella en París. Y así fue. El torneo olímpico no fue como se esperaba para las estadounidenses, triples campeonas olímpicas en Londres'12, Río'16 y Tokio'20. En París quedaron cuartas tras

---

568 Maddi Musselman fue campeona olímpica de waterpolo en Río'16 y Tokio'20 donde, además, fue elegida MVP del torneo.

perder dos partidos claves: la semifinal con Australia y el partido por la medalla de bronce ante Países Bajos. Pat falleció el 11 de octubre de 2024, dos meses después de finalizar los Juegos.

Más suerte tuvo Tulkin Kilichev, entrenador del ya mencionado uzbeko Hasanboy Dusmatov. Fruto de la emoción y la tensión, a Tulkin le dio un paro cardíaco tras ver como su pupilo ganaba el oro. Suerte que los médicos del equipo británico de boxeo estaban cerca y pudieron reanimarlo y estabilizarlo.

PREMIO AL FAIR PLAY[569]

Competir en unos Juegos puede ser algo muy estresante. Pero competir en casa puede llevar la emoción a límites insoportables. La gimnasta Melanie de Jesus dos Santos era la líder del equipo francés. Estaba en París para algo grande, incluso plantar cara a Biles y al equipo de EE. UU. Pero en la subdivisión cuatro de la clasificatoria por equipos, totalmente sobrepasada por la presión de los malos resultados que les impidieron clasificarse para la final, rompió a llorar al final de su ejercicio de barra. Estuvo un minuto abrazada a su compañera Coline Devillard. Y cuando el público se percató de la situación a través de las imágenes de las pantallas gigantes, el pabellón entero empezó a corear su nombre. Recordemos que las francesas habían quedado chocadas por la lesión de Marine Boyer en el calentamiento, lo que condicionó su actuación.

A Melanie la animaron sus compatriotas, pero también, de manera espontánea, dos gimnastas del equipo de Canadá que terminaron quintas por equipos: Ellie Black, una veterana que participaba en sus cuartos JJ. OO., y su compañera Shallon Olsen. El gesto de las canadienses, sobre todo de Ellie, gran amiga de Melanie, fue precioso, secándole las lágrimas a la francesa y ofre-

---

569   El premio al Fair Play se entrega tras cada edición de los Juegos a una persona o gesto destacado de Juego Limpio. La primera vez que se entregó fue hace sesenta años, en los JJ. OO. de Tokio'64 a los regatistas suecos Lars Gunnar Käll y Stig Lennart Käll que abandonaron su regata para socorrer a otros dos competidores cuyo bote se había hundido y les salvaron la vida. No hay que confundir este premio con la medalla Pierre de Coubertin.

ciéndole abrazos y palabras de ánimo. Después de esto, deportistas y aficionados nominaron vía RR. SS. a Ellie Black para el premio del COI al Fair Play, el juego limpio. Un jurado con representantes del COI y del Comité Internacional del Fair Play (CIFP) seleccionó una lista de veinte candidaturas y entre las cinco finalistas terminaron eligiendo a Black por su «constante apoyo a sus compañeras gimnastas, su dedicación a la deportividad y su contagioso entusiasmo, que la han convertido en un modelo a seguir para los deportistas de todo el mundo».

Entre los nominados no ganadores del premio al Juego Limpio está Csanad Gemesi[570]. En dieciseisavos de final de la competición de sable, el tirador húngaro iba perdiendo nueve a diez contra el tunecino Fares Ferjani[571] y aun así le señaló al árbitro que su rival le había hecho un tocado que no habían computado. Gemesi perdió el combate por un solo tocado, quince a catorce y fue eliminado de la competición individual.

Otro de los nominados por su *fair play* fue el francés Jean-Christophe Rolland[572], presidente de la Federación Internacional de Remo, World Rowing, junto a todos los remeros y entrenadores de la final de *scull* individual. Lo que pasó es que el bus que llevaba hasta la sede de competición del Estadio Náutico de Vaires-sur-Marne a Yauheni Zalaty, remero bielorruso que competía como neutral, se averió. ¡Uno de los favoritos a medalla no iba a llegar a tiempo y no era por su culpa! Entonces Rolland entró en acción cuando algunos de los competidores ya estaban en el agua para su calentamiento final. Consiguió que el Comité Ejecutivo y los competidores restantes, y sus entrenadores, aceptasen que la prueba pasara de ser la primera a la última del día. Y, gracias a esta moratoria, Zalaty pudo competir y acabó ganando la plata.

A cuento de Zalaty, hubo otro nominado al Fair Play, el jefe de misión del equipo alemán Olaf Tabor. Cuando antes de los JJ. OO. el remero bielorruso llegó a la frontera francesa, su embarcación

---

570   Csanad Gemesi fue medalla de plata de esgrima en sable por equipos en París'24.
571   Fares Ferjani fue medalla de plata de esgrima en sable individual en París'24.
572   Como remero, Jean-Christophe Rolland ganó la medalla de oro en dos sin timonel en Sídney'00 y el bronce en Atlanta'96.

fue retenida por la aduana. Y para poder participar en los Juegos, el equipo alemán por medio de Olaf Tabor le ofreció uno de sus barcos. Como hemos dicho, Zalaty ganó la medalla de plata en la prueba. Pero a punto estuvo de, con un barco prestado por los alemanes, batir al ganador de la medalla de oro, Oliver Zeidler…, ¡que era alemán!

Y el gesto de deportividad de las ciclistas Fariba Hashimi de Afganistán y Hanna Tserakh, bielorrusa del equipo neutral, las colocó también entre la terna de finalistas del premio. Durante la carrera femenina de ciclismo en ruta, ambas ciclistas se olvidaron de la competición y se pusieron a ayudar a la eslovaca Nora Jencusova, quien intentaba arreglar la cadena de su bicicleta, sin dejar de pedalear y luchando por mantener el equilibrio. Fariba y Hanna la aguantaron con mano firme para que no cayese.

FIASCO F. C.

Además del boxeo, que no admite profesionales, el fútbol, pero solo en categoría masculina, es el único deporte de todos los JJ. OO. que no permite seleccionar a los mejores jugadores de cada país. Para no hacer sombra al Mundial de Fútbol, la FIFA solo permite convocar a tres jugadores mayores de veintitrés años. Así, hay que elegir muy bien para completar los elencos… ¡y después esperar que quieran ir! Como para la mayoría de los futbolistas es mucho más importante el Mundial que el fútbol olímpico, muchos jugadores renuncian ante un calendario tan sobrecargado como el que tiene el fútbol. Pero algunos de los mejores de la historia han ganado al menos un oro olímpico, incluido Lionel Messi en Pekín'08.

De hecho, el seleccionador de Argentina Javier Mascherano[573] quería invitar a los Juegos a Messi e incluso al «Fideo» Ángel di Maria[574]. El objetivo era que Leo ganase su segundo oro e igualase al «Jefecito» Mascherano. Y que, de paso, el mejor del mundo ayudase a Argentina a ganar el tercer oro olímpico para igualar

---

573   Javier Mascherano es doble campeón olímpico de fútbol en Atenas'04 y Pekín'08.
574   Ángel di Maria fue campeón olímpico de fútbol en Pekín'08.

las cinco medallas y los tres títulos de Hungría en fútbol[575]. Pero Messi dijo en una entrevista en junio que no iría a París, que con treinta y seis años tenía que cuidar su cuerpo y en verano había una competición más importante para los futbolistas sudamericanos como la Copa América, competición que, por cierto, ganaron batiendo a Colombia por uno a cero en la final de Miami.

El que quería ir a toda costa a los Juegos era el portero Emiliano «el Dibu» Martínez. Dijo que iría a París aunque tuviese que «pelearse» con su club, el Aston Villa de la Premier League. Perdió la batalla, porque no le dieron permiso. Al final fueron cuatro los campeones del mundo en Catar'22 los que acudieron a la llamada: Julián Álvarez, Nicolás Otamendi, Gerónimo Rulli y Thiago Almada. Y estuvo también Giuliano Simeone, el hijo del Cholo. Aunque tanto nivel no les ayudó a conseguir el objetivo, porque perdieron en cuartos de final uno a cero ante Francia en Burdeos.

El equipo que no se clasificó fue Brasil, ganadores de los dos últimos oros olímpicos en Río'16 y en Tokio'20, donde le ganaron la final a España por dos a uno. En el clasificatorio americano, fueron eliminados por Paraguay y por su gran rival, Argentina. En un país donde el fútbol es religión, la no clasificación para París fue calificada como «lamentable» por el diario *O´Globo* y de «escandalosa» por el periódico de ámbito carioca *Extra*. Los bautizaron con el sobrenombre de Fiasco FC. En el equipo que quedó eliminado estaba el jugador del Real Madrid Endrick y para París tenían la intención de contar con Vinicius, Rodrygo o Victor Roque.

Por su parte, el seleccionador francés de fútbol Thierry Henry dijo que «en mi vida me habían dado tantas calabazas». Se refería a los malabarismos que tuvo que hacer para intentar juntar el mejor equipo posible para los Juegos de casa. La opción de contar con Kylian Mbappe nunca estuvo clara. Y mucho menos después que su nuevo club, el Real Madrid, avisase que, tras la Eurocopa, no iba a liberar a ninguno de sus internacionales

---

575 Hungría fueron campeones olímpicos en Helsinki'52, Tokio'64 y México'68.

porque los Juegos no eran fechas FIFA y no estaban obligados. La presión en Francia fue tan grande para que el hijo pródigo diese brillo a París'24 que incluso en un almuerzo en el Elíseo en mayo, con motivo de los 120 años de vida de la FIFA, el presidente Macron en persona intentó convencer al presidente del Real Madrid Florentino Pérez. En vano. También se habló de contar con Antoine Griezmann o Raphael Varane, pero nada de nada. Finalmente, la estrella de Francia y capitán fue el jugador del Olympique de Lyon Alexandre Lacazette. Y tan mal no le fueron las cosas a los de Henry, porque llegaron a la final, aunque la perdieron con España por cinco a tres. Desde un punto de vista específico, los ocho goles anotados son la mayor cantidad en una final olímpica masculina.

GAFITAS BROTHERS

Dos hermanos, casi adolescentes y con gafas y cara de Harry Potter, enamoraron a Francia y al mundo. Los Lebrun, Félix de diecisiete años y Alexis de veinte, llegaban a los Juegos como finalistas del Mundial por equipos de tenis de mesa de Busan 2024. Entonces perdieron la final contra China, pero como Francia no ganaba una medalla por equipos desde 1997, el hito daba muchas esperanzas para los Juegos.

El impacto de los Lebrun fue tal que el «todo Francia» los fue a ver jugar a la sede del Arena París Sud con Zinedine Zidane a la cabeza. Incluso estrellas de otros países, como el jugador de baloncesto estadounidense Tyrese Haliburton, quien publicó un *post* tras verlos jugar: «Los hermanos Lebrun son eléctricos». No fue este el único *post* llamativo del jugador de los Indiana Pacers de la NBA y campeón olímpico de baloncesto en París'24. En el equipo de megaestrellas de EE. UU., Tyrese no tuvo mucho recorrido y solo jugó veintiséis minutos en tres de los seis partidos posibles. Por eso tuvo mucha gracia su comentario en X junto a una foto con la medalla: «Cuando no hiciste nada en el proyecto grupal y aun así sacas una medalla», ironizó. La publicación generó miles de *likes* y comentarios.

Volviendo a los Lebrun, Félix hizo un torneo individual brillante. Llegó a semifinales para perder con el que acabó siendo campeón olímpico, Fan Zhendong. Así que, derrotado en semis, se jugaba la medalla de bronce a todo o nada ante el brasileño Hugo Calderano en lo que era una revancha para la familia, ya que el brasileño fue el verdugo del hermano mayor Alexis en dieciseisavos de final. Y Félix materializó la *vendetta*.

Tras los individuales, llegaba el turno de la competición por equipos masculina donde los Gafitas Brothers compartían equipo con Simon Gauzy. Por el camino derrotaron de nuevo a Calderano y su Brasil. Y en las semifinales se estrellaron de nuevo ante la China de Zhendong. La medalla de bronce por equipos se la jugaban ante Japón. Con un pabellón enfervorecido, el doble Simon Gauzy-Alexis Lebrun ganó a la pareja Hiroto Shinozuka-Shunsuke Togami. En el primer individual Félix ganó a Tomokazu Harimoto[576], pero Alexis perdió con Togami el segundo. Y con la derrota de Gauzy ante Harimoto en el tercero, el marcador era de empate a dos. El ambiente era irrespirable cuando Félix Lebrun, un chaval que todavía no era ni mayor de edad, caminaba hacia la mesa y tenía toda la responsabilidad de conseguir una medalla de bronce que Francia no había ganado nunca antes desde que existe la competición por equipos masculinos de tenis de mesa que empezó a disputarse en Pekín'08, sustituyendo a la modalidad de dobles masculinos. Pero, a pesar de la presión, el rival Hiroto Shinozuka no iba a impedir al pequeño de los Harry Potter alcanzar la piedra filosofal. Félix ganó el partido por tres sets a uno. ¡Y París estalló con otra medalla de bronce!

TREPANDO VOY

Una de las especialidades olímpicas más «jóvenes» es la escalada. De Tokio'20 a París'24, la prueba que era única y combinada[577] se desdobló en dos, velocidad por un lado y técnica por el otro. La técnica era la suma de bloques y dificultad. Y para Los Ángeles'28 serán ya tres medallas con las tres disciplinas separadas.

---

576   Tomokazu Harimoto fue medalla de bronce de tenis de mesa por equipos en Tokio'20.

577   El español Alberto Ginés fue el primer campeón olímpico masculino de la historia al ganar el oro en Tokio'20.

Seguramente, la prueba más divertida de ver sea la velocidad. Los escaladores deben ascender una pared de quince metros con una inclinación de cinco grados en el menor tiempo posible. Los competidores se enfrentan en duelos uno contra uno. El primero en llegar a la cima gana y así ronda tras ronda hasta la final. Los atributos de precisión y explosividad diferencian a los buenos de los mejores. Y, curiosamente, los indonesios se están convirtiendo en potencia mundial en velocidad gracias a su corta estatura y agilidad.

La ruta de velocidad está estandarizada. Por ello, año tras año, competición tras competición, los tiempos van bajando porque cada vez los «Spiderman» olímpicos suben más rápido. De hecho, en París se batió varias veces el récord del mundo de la modalidad. El indonesio Veddriq Leonardo, el primer hombre en bajar de 5", igualó en la ronda de clasificación el WR de Sam Watson con un tiempo de 4"79. Pero la marca le duró poco, porque el estadounidense escaló poco después en 4"75. Y aun, en la final por la medalla de bronce, Sam Watson volvió a mejorar el récord dejándolo en 4"74. Finalmente, el oro lo ganó Leonardo para Indonesia con un tiempo más lento que el de Watson en la final de consolación.

En la categoría femenina también cayeron los récords. Los batió dos veces en la clasificación de velocidad la polaca Aleksandra Miroslaw, primero con 6"21 y luego con 6"06. Posteriormente, Miroslaw fue campeona olímpica batiendo en cuartos de final a la hispanovenezolana Leslie Romero y en la final a la china Lijuan Deng.

Y en la categoría femenina de la modalidad de dificultad y bloques la escaladora eslovena Janja Garnbret ganó el oro olímpico[578]. Tenía una lesión muy seria en el dedo que podía haber condicionado su actuación. «No importa. Me lo podían cortar», dijo la ocho veces campeona del mundo y ganadora de más de cuarenta pruebas de la Copa del Mundo. Janja es una activista de su deporte, y se ha mostrado crítica con el Red-S y los problemas alimenticios que crea la especialidad. La Federación de Escalada

---

578   Janja Garnbret ya fue campeona olímpica en Tokio'20 en el debut de la escalada.

(IFSC) es la primera federación internacional que va a aplicar un nuevo protocolo con un seguimiento médico a los deportistas con respecto al Red-S. Y, además, Janja es una heroína en su país, al punto de ser elegida deportista femenina del año 2024. Está claro que en el corazón de los eslovenos ha «calzado las botas» de Tina Maze, doble campeona olímpica de descenso y eslalon gigante en los Juegos de Invierno de Sochi'14. Y su popularidad traspasa los géneros, porque es capaz de «robar» protagonismo a estrellas mundiales de Eslovenia como Luka Doncic[579], Tadej Pogacar, Primoz Roglic[580] o el portero del Atlético de Madrid, Jan Oblak.

MISCELÁNEA DE VARIOS Y RAROS

Como se ha visto, en París han pasado muchas cosas, miles de historias. Pero hay más y estas no han encontrado acomodo con título propio en esta sección de lo que no se vio en los informativos. Así que las coloco al final en un cajón de sastre de variedades y rarezas.

Raro lo del tirador australiano Michael Diamond[581]. El doble campeón olímpico de tiro no pudo ir a los JJ. OO. porque un tribunal de Nueva Gales del Sur le denegó el permiso de armas tras un altercado con su hermano en 2016 que ya le impidió ir a Río y a Tokio. En 2024 tenía hasta el 16 de enero para poder competir en los trials y clasificarse. Pero, nuevamente, le denegaron el permiso.

Raro partido de bádminton el que vieron los espectadores de la pista 1 de La Chapelle Arena entre Bulgaria y Estados Unidos en el grupo B de la fase previa. ¡Muchos pensaron que veían doble! Y es que se enfrentaban de un lado las hermanas Stefani y Gabriela Stoeva, de gran parecido físico entre ellas, con las gemelas esta-

---

579 Luka Doncic, jugador de los Lakers de la NBA, fue cuarto en baloncesto en los JJ. OO. de Tokio'20. No estuvo en París, ya que perdió en el preolímpico del Pireo ante la Grecia de Giannis Antetokounmpo.

580 Primoz Roglic fue campeón olímpico de ciclismo contrarreloj en Tokio'20. Renunció a los Juegos Olímpicos para preparar la vuelta a España que ganó por cuarta vez.

581 Michael Diamond fue campeón olímpico de tiro en trap en Atlanta'96 y Sídney'00.

dounidenses Annie y Kerry Xu. Ganaron las búlgaras y aumentaron las dioptrías de los espectadores.

Y muy curioso lo de la alemana Annika Zillekens-Schleu. Durante la final del pentatlón moderno[582], para la prueba de carrera *laser run*[583], tuvo que utilizar la tarjeta «Navigo» de su entrenador, un pase de transporte para la red de París, en lugar de su pantalla de puntería como parche en el ojo para apuntar. Fue hilarante ver a la tiradora, pero ella hizo del defecto virtud. Originalmente eliminada en semifinales, Annika aprovechó la retirada de último minuto de Kate French[584] para ser seleccionada. La alemana French no le pudo prestar la pantalla visual a su sustituta, ya que el día anterior se la había dejado a su compatriota Marvin Dogue pensando que ya no la iba a necesitar.

El balance de medallas de Cuba en París fue bajo, nueve en total con dos de oro. Pero en muchas pruebas vimos a deportistas de origen cubano subir al podio, aunque representando a otros países. Y es que, según cifras oficiales, desde 2022 hasta el inicio de 2024, habrían migrado de Cuba 187 deportistas de alto rendimiento. El podio de triple salto fue significativo, con los tres atletas nacidos en Cuba, pero con otros colores: Jordan Alejandro Díaz Fortún fue medalla de oro para España, Pedro Pichardo plata para Portugal y Andy Díaz Hernández bronce para Italia.

Y cosas varias o varias cosas, que no es lo mismo, pero es igual:

- Los 200 000 euros de premio para Novak Djokovic por su medalla de oro en tenis por parte del Gobierno serbio fueron donados a obras de caridad en el país balcánico.

- En el equipo femenino de fútbol de EE. UU. jugó Trinity Rodman[585], hija del cinco veces ganador de la NBA, Dennis Rodman.

---

582   En París, por primera vez, la final se disputó en noventa minutos. Los dieciocho finalistas tuvieron que encadenar saltos de hípica, combates de espada, 200 m de natación y *laser run*.

583   El *laser run* combina dos disciplinas deportivas: carrera a pie de tres kilómetros y tiro deportivo con una pistola láser. Es la última prueba en el pentatlón moderno.

584   Kate French fue campeona olímpica de pentatlón moderno en Tokio'20.

585   Trinity Rodman fue campeona olímpica de fútbol en Paris'24.

– Jessica Springsteen, hija del Boss Bruce Springsteen, que fue medalla de plata en saltos de hípica por equipos en Tokio'20, no pudo clasificarse para las pruebas de hípica.

– Al baloncestista estadounidense, y luego campeón olímpico, Anthony Edwards lo echaron de la grada del París Sud Arena por animar estruendosamente al equipo de tenis de mesa de EE. UU.

– El jinete brasileño Rodrigo Pessoa[586] compitió en sus octavos JJ. OO., convirtiéndose en el brasileño con más participaciones olímpicas de la historia superando al regatista Robert Scheidt[587] y a la futbolista Miraildes Maciel Mota «Formiga»[588]. Los cinco JJ. OO. de su padre, el gran Nelson «Filho» Pessoa, ya los había superado en Río'16.

– Uganda no tenía un velocista masculino en los Juegos Olímpicos desde Davis Kamoga, medalla de bronce en 400 m en Atlanta'96. Pero apareció en París Tarsis Gracious Orogot, llegando incluso a semifinales de 200 m. A Orogot no se le ocurrió nada mejor que, para complementar el color amarillo de la equipación ugandesa, ponerse unos calcetines… ¡de los Minions! No ganó medalla, pero se impuso en el «aplaudímetro» del cariño de los más peques.

– Hubo lío en Australia con el entrenador de natación *aussie* Michael Palfrey. A nivel individual entrena al nadador surcoreano Kim Woo-Min[589]. Y cuando le preguntaron quién esperaba que ganase el oro en los 400 m, dijo el nombre de su pupilo. Fue reprendido públicamente por grave «error de juicio», ya que en las filas australianas estaban dos de los contendientes a ese oro, Elijah Winnington[590] y Sam

---

586 Rodrigo Pessoa fue campeón olímpico en saltos de hípica en Atenas'04. Y bronce por equipos en Atlanta'96 y Sídney'00.

587 Robert Scheidt es poseedor de cinco medallas olímpicas, incluidas las de oro en la categoría *laser* en Atlanta'96 y Atenas'04.

588 Formiga fue subcampeona olímpica de fútbol en Atenas'04 y Pekín'08.

589 Kim Woo-Min fue medalla de bronce en 400 m libres en París'24.

590 Elijah Winnington fue medalla de plata en 400 m libres en París'24. También ha ganado dos medallas de bronce en el relevo 4 x 200 m en Tokio'20 y en París'24.

Short. La rivalidad naciente en Australia entre Sam y Elijah es tan fuerte que ya se les considera como la segunda parte de los grandes duelos de inicios de siglo entre Ian Thorpe[591] y Grant Hackett[592].

– Y el «Pocket Rocket» malasio Azizulhasni Awang fue descalificado por adelantar a la moto antes de que esta se apartase, que es el momento en el que se inicia la competición de keirin en ciclismo en pista. Error de *rookie* impropio de un palmarés con una medalla de plata en Tokio'20 y una de bronce en Río'16 en esta misma prueba.

LAS OTRAS ESTRELLAS

En los Juegos, las estrellas deportivas no solo están en la pista, en el campo o en la cancha…, también las gradas se llenan de estrellas del cine o de la música, enamorados de la magia de los Juegos. Y, aunque la mayoría de las veces vienen para animar a sus países, tienen ojos para todos. Fue el caso de Tom Cruise, Anne Wintour, Jessica Chastain, Ariana Grande, la pareja de actores Ryan Gosling y Eva Mendes o el músico Nick Jonas.

Pero el más popular y activo de los famosos de París fue el rapero Snoop Dogg. En Tokio'20 ya estuvo como comentarista de la NBC junto al actor cómico Kevin Hart. Pero, en París, su presencia ha traspasado la posición de comentarista y se le ha visto allá donde competía un estadounidense con opción a medalla. Calvin Cordozar Broadus Jr., como se llama realmente el rapero, empezó fuerte. Estuvo en los trials de atletismo clasificatorios para París y corrió junto a Noah Lyles los 200 m en 34"44. Y el día de la inauguración de los Juegos fue uno de los últimos portadores de la llama por París.

---

591 Ian Thorpe fue campeón olímpico de 400 m libres y de los relevos 4 x 100 y 4 x 200 en Sídney'00 y de 200 m y 400 m en Atenas'04. Además, en Sídney'00 ganó la medalla de plata en 200 m y 4 x 100 m estilos en Sídney'00 y de 4 x 200 m en Atenas'04. También ganó el bronce en 100 m libres en Atenas'04.

592 Grant Hackett fue tres veces campeón olímpico en 1500 m libres y 4 x 200 m en Sídney'00 y de 1500 en Atenas'04. Además, ganó la medalla de plata en 400 m y 4 x 200 m en Atenas'04 y de 1500 m en Pekín'08. Y la de bronce en 4 x 200 m en Pekín'08.

Pero fue empezar los Juegos y Snoop Dogg se hizo omnipresente: se le vio bailando junto al equipo femenino de gimnasia con una camiseta con la cara de Biles, vestido con ropa ecuestre para apoyar a los jinetes estadounidenses, nadando con Phelps, animando a la tenista Coco Gauff e incluso probando sus habilidades en judo y recibiendo un cinturón negro honorífico. Su energía y buen rollo han hecho que, a través de las RR. SS., en Estados Unidos los Juegos hayan tenido récords de audiencia. ¡Y además supimos que Snoop ha sido elegido para diseñar las medallas de los Juegos de 2028! Aunque la NBC no lo ha confirmado oficialmente, se publicó que, por su desempeño en París, Snoop Dogg cobró ocho millones y medio de dólares.

El actor canadiense Ryan Reynolds, dueño desde 2020 del Wrexham, equipo de fútbol inglés de la League One, ha confesado que es un gran fan del equipo femenino de fútbol de Canadá y que también siguió el patinaje artístico de los JJ. OO. de Invierno de Pekín'22.

Para dar el pistoletazo de salida a los Juegos, el Comité Olímpico canadiense y la televisión pública de Canadá (CBC) realizaron un video narrado por el actor canadiense Michael J. Fox, el protagonista de la saga *Regreso al futuro*, al que en 1991 le diagnosticaron Parkinson. La música del video la ponía Celine Dion, y en él se contaba la historia de nueve deportistas canadienses y los obstáculos que tuvieron que superar para competir en la élite. «Brave is unbeatable» (lo valiente es imbatible) es el título.

Beyoncé publicó el sábado 27 de julio en su cuenta de Instagram un videoclip, con su música de fondo, con el objeto de animar a los deportistas estadounidenses de cara a los Juegos Olímpicos. Y en la previa de la ceremonia de apertura de la NBC, emitieron un video de dos minutos y medio en el que Beyoncé presentaba al equipo de EE. UU. con una interpretación patriótica de la canción «Ya Ya» de su álbum *Cowboy Carter*. En el video aparecían montones de deportistas de primera fila, como la gimnasta Simone Biles, el nadador Caeleb Dressel o las estrellas del atletismo Sha'Carri Richardson y Noah Lyles. «Tenemos superestrellas y tenemos leyendas. Tenemos grandes soñadores que han luchado toda su vida para llegar hasta aquí. Que lo dejaron todo por una oportunidad y lo consiguieron», decía Beyoncé en el video, enfundada en unos leotardos rojos, blancos y azules como la bandera de Estados Unidos.

Aunque Russell Crowe, «Gladiator», es neozelandés, está afincado en Australia. De ahí su apoyo declarado al equipo femenino de fútbol de Las Matildas.

La actriz india y Miss Mundo en 2000 Priyanka Chopra Jonas apoyó al equipo olímpico de la India y estuvo en París. Ya hizo un gran seguimiento durante Tokio'20. «Las mejores dos semanas en la historia deportiva de la India», publicó entonces.

El video de presentación del equipo de EE. UU. de baloncesto femenino fue narrado por la actriz Aubrey Plaza, protagonista entre otras de la segunda temporada de la serie *The White Lotus*. Y el video del equipo masculino titulado *What if?* (¿y si?), jugando con la idea de que este equipo pudiese ser mejor que el Dream Team de BCN'92, lo narró el rapero Common Sense.

Y el martes 9 de mayo, Naiara, la ganadora de *Operación Triunfo* y los cinco finalistas de la última edición del *talent show* español presentaron en la sede del COE la canción *La gravedad*, un tema compuesto por ellos durante el concurso y que acompañó al Equipo Olímpico Español en París.

ESPAÑA EN PARÍS

España clasificó para los Juegos de París a 382 deportistas, la segunda delegación más amplia de la historia tras la de BCN'92 y la más numerosa para unos JJ. OO. en el extranjero.

En el último momento, la delegación aumentó en una unidad, hasta 383 deportistas, porque entró Daniela Terol que era reserva de *skate*.

Hubo casi paridad: 50'3 % de mujeres y 47'7 % de hombres.

Los abanderados en la ceremonia de apertura fueron:

- Marcus Cooper Walz, medalla de oro en K1 1000 m en Río'16 y plata en K4 500 m en Tokio'20. Y en París ganó la medalla de bronce en K4 500.

- Tamara Echegoyen, campeona olímpica en Londres'12 en la clase Elliot junto a Ángela Pumariega y Sofía Toro.

Y los abanderados de la clausura fueron dos campeones olímpicos en el propio París:

- La marchadora María Pérez, oro en el relevo de maratón de marcha mixta y plata en 20 km.

- Y el triplista Jordan Díaz, oro en triple salto.

No hubo representación española en cinco deportes: voleibol, lucha, halterofilia, *rugby* a 7 y *break*. Y tampoco en la modalidad de BMX.

Y fue la primera vez que sucedió lo siguiente:

- Una española competía en boxeo, Laura Fuertes.

- Una española participaba en pentatlón moderno, Laura Heredia.

- Había representación en surf. Y además tres surfistas: Nadia Erostarbe, Janire González-Extabarri y Andy Criere.

- Había representantes en trampolín: David Vega y Noemí Romero.

- Había dos relevos mixtos de marcha.

- Había equipo mixto de judo.

- Se clasificaban dos parejas femeninas en vóley playa: Tania Moreno y Daniela Álvarez, y Liliana Fernández y Paula Soria.

- Y había doble mixto de tenis de mesa con Álvaro Robles y María Xiao.

NOMBRES PROPIOS

- Saúl Craviotto. Con treinta y nueve años participó en sus quintos JJ. OO. Con la medalla de bronce conseguida en París'24 en K4 500 m, se convirtió en el deportista olímpico español más laureado superando al palista David Cal[593]. Saúl tiene seis medallas olímpicas: campeón olímpico de K2 500 m en Pekín'08 y de K2 200 m en Río'16, además de ser medalla de plata en K2 200 m en Londres'12 y en K4 500 m en Tokio'20, y medalla de bronce en K2 200 m en Río'16 y en K4 500 m en París'24.

- Teresa Portela[594]. Con cuarenta y dos años, estuvo en sus séptimos JJ. OO.

- Rudy Fernández[595]. Con treinta y nueve años, participó en sus sextos JJ. OO. Primer jugador de baloncesto masculino

---

593 El gallego David Cal participó en tres JJ. OO. y ganó cinco medallas olímpicas. Fue campeón olímpico de C1 1000 m en Atenas'04. Y ganó cuatro medallas de plata: en C1 500 m en Atenas'04, en C1 500 m y 1000 m en Pekín'08 y en C1 1000 m en Londres'12.

594 Teresa Portela fue medalla de plata en K1 200 m en Tokio'20.

595 Rudy Fernández fue medalla de plata en baloncesto en Pekín'08 y Londres'12 y bronce en Río'16.

en hacerlo. En mujeres lo ha hecho también la estadounidense Diana Taurasi.

- Pablo Herrera. Con cuarenta y un años, estuvo en sus sextos JJ. OO.[596], un récord para un jugador de vóley playa, independientemente de su género.

- Maialen Chourraut[597]. Con cuarenta y un años, participó en sus quintos JJ. OO.

- Carlos Alcaraz y Rafa Nadal. Jugando juntos el doble de tenis, «Nadalcaraz» fueron una de las sensaciones mundiales de los Juegos.

- Jon Rahm. El golfista de Barrika quiso estar en los JJ. OO. sí o sí después de haberse perdido los de Tokio'20 por COVID-19.

DIECIOCHO MEDALLAS

España fue decimoquinta del medallero con dieciocho medallas: cinco de oro, cuatro de plata y nueve de bronce.

En junio, la proyección de Gracenote[598], nos otorgaba dieciocho medallas, una más que en las ediciones de Tokio'20 y Río'16, pero a cuatro de las veintidós de BCN'92, que era el objetivo por superar. Curiosamente en la predicción de diciembre de 2023, Gracenote otorgaba a España esas veintidós medallas.

Poco antes de los JJ. OO., la predicción del diario francés *L'Equipe* nos otorgaba treinta y dos (nueve oros, cinco platas y dieciocho bronces) y el prestigioso *magazine Sports Illustrated* pronosticaba veintiocho.

---

596   De los seis JJ. OO. de Pablo Herrera, cuatro han sido con Adrián Gavira. Pero la medalla de plata en Atenas'04 fue con Javier Bosma.

597   Maialen Chourraut fue campeona olímpica de K1 de piragüismo en aguas bravas en Río'16, además de bronce en Londres'12 y plata en Tokio'20.

598   Gracenote es una unidad de negocio de datos de Nielsen, compañía global de medición de audiencias, contenidos y resultados.

Cinco oros

- Selección masculina de fútbol
- Selección femenina de waterpolo
- 470 de vela con Florian Trittel y Diego Botín
- Maratón de marcha mixta con María Pérez y Álvaro Martín
- Jordan Díaz en triple salto

Cuatro platas

- Selección femenina de baloncesto 3x3
- María Pérez en 20 km marcha
- Ayoub Ghadfa en boxeo +92 kg
- Carlos Alcaraz en individuales de tenis

Nueve bronces

- Selección masculina de balonmano
- Equipo de natación artística femenino
- Equipo masculino de K4 500 m de piragüismo en aguas tranquilas
- Fran Garrigós en judo -60kg
- Álvaro Martín en 20 km marcha
- Emanuel Reyes en boxeo 92 kg
- Cristina Bucsa y Sara Sorribes en dobles femeninos de tenis
- Pau Echaniz en K1 de piragüismo en aguas bravas
- Diego Domínguez y Joan Moreno en C2 500 m de piragüismo de aguas tranquilas

CON LA MIEL EN LOS LABIOS

España ganó cincuenta y un diplomas olímpicos en París. Nueve de esos diplomas fueron por cuartas plazas, la posición que más duele, la que se llama coloquialmente como «medalla de chocolate». Estos fueron los deportistas que quedaron rozando el podio, en muchas de las ocasiones perdiendo la final de consolación por el bronce:

- La selección femenina de fútbol perdió el partido por la medalla de bronce ante Alemania por 1 a 0
- La selección masculina de *hockey* sobre hierba perdió el partido por la medalla de bronce ante India por 2 a 1
- Marcus Cooper y Adrián del Río en piragüismo, K2 500 m
- Nora Brugman y Jordi Xammar[599] en vela, 470 mixto
- Enrique Llopis en atletismo, 110 m vallas
- Carolina Marín en bádminton
- Albert Torres en ciclismo en pista, ómnium
- Antía Jácome en piragüismo, C1 200 m
- Mar Molné en tiro, foso olímpico.

Igual de «sangrantes» fueron las quintas plazas en deportes de combate. No en boxeo[600], donde el semifinalista ya tiene asegurado el bronce y el quinto clasificado ha sido eliminado en cuartos. Pero en judo y taekwondo, la quinta posición es sinónimo de haber peleado por el bronce, ya que en esos deportes se entregan dos medallas de ese metal. Y tuvimos hasta cuatro judocas y dos taekwondistas que quedaron quintos, pero rozaron la medalla en la final de consolación:

- Laura Martínez, en judo -48 kg.
- Ai Tsunoda, en judo -70 kg.
- Tristani Mosakhlishvili, en judo -90 kg.
- Nikoloz Sherazadishvili, en judo -100 kg.
- Adrián Vicente Yunta, en taekwondo -58 kg.
- Javier Pérez Polo, en taekwondo -68 kg.

---

599   Jordi Xammar fue medalla de bronce de vela en 470 masculino en Tokio'20.

600   El combate por la tercera plaza en la competición de boxeo desapareció tras los Juegos de Helsinki'52. Y los bronces a los perdedores de las semifinales no se empezaron a repartir hasta 1970.

EPÍLOGO
«FUERA DE JUEGOS»

Nunca me ha gustado hablar de mí como protagonista de las historias. Nunca he creído que sea el papel de un periodista. Aunque no es menos cierto que en la «Introducción» he contado cómo me entró el «gusanillo» olímpico. En cualquier caso, con el tiempo y dando clases a jóvenes en la universidad, me he dado cuenta de lo mucho que le gusta a la gente saber de primera mano cómo son las intrahistorias de lo que ven por televisión y saber cómo son los deportistas en la corta distancia. Y como, por suerte, he estado *in situ* en muchos Juegos y he vivido muchas cosas en primera persona, haré pues una «excepción» y contaré algunas de mis vivencias olímpicas.

Cuando se acercan los Juegos, dentro del mundo de los periodistas y con un poco de vanidad, para qué engañarnos, nos gusta recordar en cuántos Juegos hemos estado. Yo he estado en seis. Tengo las acreditaciones y los diplomas de los seis, desde BCN'92 hasta Londres'12, colgados en un corcho en la habitación que uso de despacho y donde básicamente he escrito este libro. Pero en este conteo hay una norma. Si no has estado en la ciudad sede, ¡no has estado en los Juegos!

Pero… después de haber comentado las ceremonias de apertura y clausura de los Juegos de París y haber presentado toda la franja de la continuidad de la tarde en La1 de TVE durante dieciséis días… Y siendo como soy de Barcelona y habiendo hecho todo esto desde Madrid, por tanto, durmiendo en un hotel… ¿los Juegos de París no me cuentan porque no viajé a Francia? ¡Y un cuerno! Claro que sí, aunque no tenga la acreditación. Y entonces debo ir más allá. Si los de París me cuentan, ergo, me apunto también los de Seúl. Porque en septiembre de 1988 hacía solo medio año que había entrado en TVE y no me dio tiempo a «ganarme» la acreditación para ir a Corea del Sur. Pero estuve de «quedado especial» durante las duras y largas madrugadas en las que se disputaba la competición para hacer diariamente un programa resumen en Sant Cugat de lo que pasaba en Seúl. Así que corrijo: he estado en ocho Juegos. La vanidad, lo que os decía.

De los Juegos de Seúl recuerdo lo complicado que era enterarse desde la distancia de lo que estaba pasando, repito, de madrugada y encima en un mundo sin internet ni RR. SS. Por ejemplo, tras el positivo de Ben Johnson. Y tengo una imagen maravillosa en la retina. El momento en que, durante la ceremonia de clausura, el alcalde de Barcelona Pascual Maragall recibió la bandera olímpica. Y, por qué no decirlo, la poca gracia con la que la ondeó porque se le enrolló alrededor del mástil por culpa del viento. «See you in Barcelona» (nos vemos en Barcelona) era el eslogan del momento. Los Juegos iban a celebrarse en mi ciudad. Yo trabajaba en la tele. Iba a participar. ¿Qué podía ir mal? Pues los de BCN'92 son los JJ. OO. de los que guardo peor recuerdo.

BARCELONA 1992

Durante los cuatro años que transcurrieron entre el final de los Juegos de Seúl el 2 de octubre de 1988 y el arranque de los de Barcelona el 25 de julio de 1992, todos mis compañeros de TVE Sant Cugat y, por supuesto, yo mismo, vivimos emocionados la espera de la competición. TVE iba a doblar el operativo, ofreciendo los Juegos en castellano para toda España y en catalán por La2. Y yo iba a comentar el atletismo. Y, además, estuve un año y medio trabajando en el COOB'92 para poner en marcha el protocolo sobre la confección de las biografías de los deportistas que se iban a facilitar a la prensa internacional. En 1991, y llegado el momento en que ya no podía alternar más el COOB'92 con TVE, el director del Centro de Prensa de los Juegos, el periodista Martí Perarnau, me ofreció quedarme fijo en el COOB. Sin embargo, opté por la tele, porque en ese momento estaba comentando el 5 Naciones de Rugby y, más importante, porque, iluso de mí, creía que iba a comentar el atletismo de los Juegos.

Solo un mes antes del inicio de la competición, el 23 de junio de 1992, la política se interpuso en nuestro camino. No se entendía que TV3, la televisión autonómica, no diese los Juegos en catalán para Catalunya. Y Convergència i Unió, el partido gobernante, se puso de acuerdo con el PSOE y se llegó a una decisión salomónica: TVE Sant Cugat y TV3 compartirían los Juegos en catalán, a través de la creación de un nuevo canal llamado Canal Olímpic. Y aquí está el *quid* de la cuestión, que se emitiría a través de la frecuencia de TV3. Así que, de golpe y porrazo, los compañeros de TVE que íbamos a comentar los Juegos en catalán, nos encontramos trabajando en una tele que no era la nuestra y con unos jefes que no eran los nuestros.

La unión de las dos empresas no tenía que ser *per se* algo malo. Pero cuando hubo que repartir los deportes entre los comentaristas, llegó el esperpento. Cada deporte sería comentado por un periodista de TVE y uno de TV3. Daba igual el nivel, el perfil o el *background*, eran *numerus clausus*. Y en el atletismo, sabiendo perfectamente que el n.º 1 de Sant Cugat era Dani Martí, me quedé colgado. Dio igual que yo hubiese estado durante cuatro años comentando todos los europeos y mundiales en pista cubierta y al aire libre, todos los campeonatos de España y hubiese viajado por toda Europa comentando *meetings* de atletismo desde Berlín a Jerez. Y os aseguró que en julio de 1992 llevaba muchísimos *meetings* a mis espaldas, porque en aquella época la empresa Unipublic organizaba montones de competiciones por toda España para que sus atletas del Equipo Larios de Atletismo pudiesen prepararse para las grandes competiciones. Y todas las comenté junto a Dani Martí.

Lo peor de todo es que TV3 no tenía comentarista de atletismo puro, aunque Arcadi Alibés, atleta de larga distancia él mismo, hubiese sido una opción. Pero, en lugar de hacer una excepción, optaron por elegir a Eduard Boet, un extraordinario periodista, quien, como tantos extraordinarios periodistas había empezado su carrera en deportes, ¡pero que no había comentado nunca atletismo! En fin, superado el *shock*, el dilema venía a continuación, ¿qué me iban a encargar? La respuesta me salpicó entero: la natación, que no había comentado nunca. Para mantener la astracanada del «uno-uno», acababan de conseguir de una tacada que uno de los comentaristas de atletismo no tuviese ninguna experiencia, y que el de natación, o sea, yo, no tuviese ni idea. Pero el tema iba a «mejorar». Como TV3 tampoco tenía comentarista de natación, eligieron a Jordi Robirosa, que venía del baloncesto y se había quedado a pie como yo porque TV3 prefirió a Lluís Canut y TVE puso a nuestro especialista, Pere Ferreres.

Pensad un momento en Jordi Robirosa y un servidor sentados en la sala de prensa de las piscinas Picornell, mirando al vacío e imaginando cómo íbamos a sobrevivir a aquella calurosa semana. Pero debo decir que desde el primer minuto conectamos. Los dos estábamos perdidos y, como somos currantes y profesionales, nos pusimos manos a la obra y lo sacamos con mucho mejor resultado de lo que cabría esperar. Recuerdo que un artículo del periódico *Mundo Deportivo* sobre el Canal Olímpic mencionaba lo difíciles y a veces hasta incómodas que habían sido las relaciones entre comentaristas de dos empresas distintas. Pero en nuestro caso nos ponían como ejemplo de habernos puesto de acuerdo sin fisuras ni dobleces. Desde aquel momento, las pocas veces que he vuelto a coincidir con Jordi nos llamamos como en aquella época: «¡Qué tal "parner"!», «¿Cómo te va "parner"?», con nuestra peculiar pronunciación de *partenaires*.

Voy a añadir otra cosa, que me la podría callar, que no la he comentado hasta ahora, pero creo que si se escribe se debe contar todo. Jordi Robirosa además de gran periodista fue un tipo generoso y un señor. Generoso porque recuerdo que cuando Martín López Zubero iba a nadar para ganar la medalla de oro en 200 m espalda, Jordi me miró, me hizo un guiño y me dijo: «Narra tú esta carrera que te hará más ilusión que a mí que gane un español». Y fue el señor que no supo ser Tatxo Benet, jefe de Deportes de TV3, quien trató a los comentaristas de TVE Sant Cugat con indisimulada mala educación. Cada mañana, cuando conectábamos desde la piscina, Tatxo solo saludaba a Jordi, solo hablaba con Jordi y solo hacía que Jordi probase el micro. A mí ya me empezó a dar igual ese señor, pero a Jordi le pareció tan incómodo que empezó a decirle: «Tatxo, está también Ernest. Que pruebe su micro también él». *Merci*, Jordi. «Apostoflant».

Acabada la natación, pregunté qué iba a hacer la segunda semana. «Nada», me dijeron. Pues me fui al estadio a ver el atletismo. Y por «vergüenza torera», pedí que me mandaran una cámara para hacer entrevistas o reportajes. Al segundo día en el que no usaron el material que mandé, se me pasó el compromiso y me acomodé para disfrutar de la competición como si fuese un espectador más. Ver relajado como Fermín Cacho ganaba el oro en 1500 m es uno de los grandes recuerdos de aquella segunda semana.

Y un último pasaje para que entendáis cómo nos sentíamos los de TVE de Sant Cugat en aquella época. Sobre todo, los que estáis acabando de leer el libro y no sois de Catalunya. En la presentación del Canal Olímpic estuvo el entonces *president* de la Generalitat Jordi Pujol. Los de Sant Cugat nos quedamos aparte y, cuando el *president* entró y nos vio, se acercó y nos preguntó quiénes éramos. Y cuando le dijimos «de TVE Sant Cugat, president», su comentario resume perfectamente nuestra situación. «¿Sois de Sant Cugat?», dijo Pujol. «Entonces vosotros sois como el RCD Espanyol. No os quieren allá por catalanes ni aquí por españoles». Tremendo. ¡Y es que encima yo soy socio del «Mágico» Espanyol!

ATLANTA 1996

Ser seleccionado para ir a Atlanta cuatro años después fue una sorpresa muy agradable. Había entrado una nueva Dirección de Deportes con José Ángel de la Casa y mi querida Mari Carmen Izquierdo, desgraciadamente ya fallecida, al frente. Y decidieron que el operativo sería muy reducido. «No queremos turistas», decían. Así que el momento en que Gregorio Parra y Ramón Pizarro, que eran los responsables de redacción, me dijeron que estaba entre los elegidos, ¡me pareció mágico! Cuando estando en Atlanta, me dieron entradas para ir a ver *in situ* la ceremonia de apertura, no caí en la cuenta. Ni mucho menos cuando veía emocionado como Muhammad Alí encendía el pebetero. Porque hubiese tenido que preguntarme «¿cómo es que le dan estas entradas a un *rookie*?». Quince días después supe la respuesta. ¡No he trabajado más horas en toda mi vida!

En Atlanta estábamos alojados en un hotel en el aeropuerto, a cincuenta kilómetros del Centro Internacional de Televisión (IBC). Yo formaba parte del equipo del bloque resumen diario que iba dentro de la primera edición del *Telediario* y que presentaba Matías Prats. El programa era a las tres de la tarde en España, las nueve de la mañana en Atlanta. Así que a mis compañeros Joan Carles García, Salvador Martín Mateos, Juan Bautista Asensi y a mí nos recogía una furgoneta cada madrugada a las 3:50 h para llevarnos a trabajar. A eso de las diez de la mañana, el programa estaba liquidado…, ¡pero entonces empezaba mi verdadera jornada! Porque a mí me llevaron de comentarista. Narré el debut del *mountain bike*, tropecientos partidos de vóley-playa, que también debutaba y estaban siendo un éxito de audiencia. Narré también judo, waterpolo, saltos de hípica…, y daba igual que fuese a las dos de la tarde como a las nueve de la noche. Ahí estaba hasta quedarme afónico.

Con los saltos de hípica fue muy divertido. Acabada la final por equipos, nadie me dijo que La 2 o Teledeporte, no recuerdo donde se emitió, ya habían cortado la emisión. Y yo, claro, seguía hablando. Al acabar todo, la realización internacional puso un plano fijo. Cuando llevaba no menos de cinco minutos hablando sobre ese plano, me asaltó la duda. ¿Seguro que todavía estaba en directo? No tenía sentido, pensé. Cerré el micro, salí de la cabina y pregunté si habían cortado la emisión. Los que estaban en la redacción todavía se ríen al recordar mi cara de pardillo.

En Atlanta estuve muy cerca del momento del atentado en el Parque Olímpico del Centenario. Esa noche del sábado 26 de julio de 1996 no tenía trabajo y había ido a ver un partido de baloncesto, Estados Unidos-China, con Marisa Palacio, la secretaria de Dirección. Estaba reventado y debería haber elegido ir a dormir. Pero eran los Juegos, y por encima de todo me gusta el deporte. Y no podía desaprovechar una oportunidad así. El partido no tuvo historia, ganaron los *yankees* por sesenta y tres puntos de ventaja. Aquel equipo era el Dream Team 3[601] y contaba con Charles Barkley, Karl Malone, Scottie Pippen, John Stockton, David Robinson, Penny Hardaway, Grant Hill, Reggie Miller, Hakeem Olajuwon, Shaquille O'Neal, Gary Payton y Mitch Richmond. ¡Nivelazo!

Recuerdo que en Atlanta estaba muy de moda la *Macarena* de Los del Río. Sonaba en todas las sedes, la bailaba hasta el presidente Bill Clinton, y, en un tiempo muerto del seleccionador chino, pusieron el tema. Y Charles Barkley se colocó en el centro de la pista y dirigió el baile de todo el pabellón. Los chinos ni escuchaban a su entrenador. Como yo, como todos, miraban a Barkley hipnotizados. Acabado el partido nos fuimos en bus hasta el Parque Olímpico donde estaba el intercambiador del transporte de los Juegos. Había un concierto y a punto estuvimos de quedarnos. Pero el cansancio nos «recomendó» cambiar de bus y seguir hasta el aeropuerto. Pocos minutos después, estallaba la bomba.

Por supuesto me fui a dormir sin saber lo que había pasado. Sobre las tres de la mañana sonó el teléfono de mi habitación del hotel. Era mi compañero Miguel Ángel Roselló, especialista de vela que se había quedado en la redacción de Barcelona. «Ernest, ¿qué más sabéis del atentado?». «Miguel Ángel, estoy durmiendo. ¿Qué atentado?», le contesté entre tinieblas. «Joder, ha explotado una bomba en Atlanta. Los enviados especiales no os enteráis de nada», me espetó. Evito reproducir todo lo que le dije antes de colgar abruptamente. Por supuesto no se lo he tenido nunca en cuenta, ni él a mí, y años después tuve el honor de sustituirlo como la voz de MotoGP en TVE.

SÍDNEY 2000

A los Juegos de Sídney llegué más de una semana antes de su apertura. Formaba parte de una avanzadilla del operativo de TVE

---

[601] Desde el punto de vista olímpico, el «Dream Team» de Atlanta sería la segunda edición. Pero después de los JJ. OO. de BCN'92, los estadounidenses armaron el «Dream Team 2» para el Mundial de Baloncesto de Canadá 1994, y por tanto el equipo dirigido por Lenny Wilkens, era el «Dream Team3».

e iba mucho antes de lo normal para mandar piezas para los tele-diarios hasta que llegase el grueso del equipo. Nada más bajar del avión, tras un vuelo de veintitantas horas, me dijeron por sorpresa que tenía que hacer un directo. Sin dormir, sin afeitar y con la camisa arrugada de la clase turista. Todavía me recuerda mi compañero Alberto Sierra, quien estaba pendiente del envío al otro lado del mundo, el careto que tenía al encontrar en el *hall* del aeropuerto a los cámaras de Azteca TV, quienes nos hacían la cobertura técnica. En Sídney, el cambio horario de nueve horas de diferencia era un drama. Cuando ya llevaba todo el día trabajando y había hecho los rodajes que creía importantes, sobre las cinco de la tarde, las ocho de la mañana en España, sonaba el teléfono y los editores del *Telediario* me empezaban a pedir temas que básicamente habían leído en el diario *El País*. «Se siente, aquí ya no son horas de ir a rodar. Más suerte para mañana», les decía mientras les mandaba la noticia que me había currado yo.

Para los Juegos de Sídney, mi papel evolucionó de comentarista ocasional a ser el entrevistador en la zona mixta del atletismo, aunque también hice algunas transmisiones, como el debut del triatlón. La posición de comentarista en las escaleras de la Ópera de Sídney es uno de los mejores marcos en los que he comentado. Volviendo a mi nuevo papel de entrevistador de los atletas a pie de pista, ya lo había hecho el año anterior en el Mundial de Atletismo de Sevilla 1999. Y como había gustado, tuve continuidad. La primera semana estuve también en la piscina de Sídney. Competía Nina Zhivanevskaya[602], quien ganó la medalla de bronce en 100 m espalda. Mi misión era entrevistarla, pero no en directo, puesto que no teníamos posición en zona mixta. De esos días me sabe mal no haber estado cuando nadó Eric Moussambani. Hubiese sido una entrevista divertida.

En el atletismo me pasaba horas y horas esperando para poder hacer entrevistas. Y como la mayoría de los atletas me habían conocido un año antes en Sevilla, no solo estaban más sueltos,

---

602 Nina era rusa de nacimiento. Y además del bronce con España, había ganado la medalla de bronce en el relevo 4 x 100 m estilos con el Equipo Unificado en BCN'92.

sino que además querían aprovechar la confianza para saludar a la familia. Aquellos fueron los Juegos del «¿puedo saludar?». Al principio los jefes no me dijeron nada… ¡hasta la entrevista con Raúl Chapado! El actual presidente de la Federación Española de Atletismo competía en la clasificación de triple salto. Era una matinal calurosa, lenta, tediosa. Y Raúl quedó eliminado por tres saltos nulos. A medida que se acercaba a mi posición, me decía a mí mismo: «¿Y ahora que c… le pregunto yo a un atleta que ha estado cuatro años preparando este momento y acaba de hacer tres ceros?». Así que opté por la fórmula neutra, «¿qué tal, Raúl?». Y ahí llegó la sorpresa. Raúl Chapado estaba felicísimo de su competición, sonreía y me hablaba. Yo creo que no escuché nada, porque me entró el pánico por si igual no me había enterado de nada y se había clasificado. Por un momento vi pasar toda mi vida por delante de mis ojos. Pero cuando me recuperé, le dije: «Escucha una cosa, Raúl. Estás muy contento, pero… has hecho tres nulos, ¿no?». Y Chapado me dijo que sí, pero que nunca se había sentido tan bien compitiendo, que había talonado superbién, etc… En fin, cuando se marchó me dejó estupefacto. Y ni os cuento a los comentaristas Carlos Martín y Gregorio Parra.

Cuando ese mediodía llegué al IBC, me estaba esperando el jefe de Deportes José Ángel de la Casa[603]. Lo más bonito que me dijo es que los atletas me tomaban el pelo y que se había acabado saludar a la familia. Debo decir que, empatizando con los deportistas, no tenía moral para prohibirles saludar. No les hacemos ni caso más que una vez al año y los criticamos cuando fallan en Juegos o Mundiales, pero no estamos el resto del año para apoyarlos o saber de ellos. Así que opté por darles un mensaje antes de entrevistarlos: «Si quieres saludar no me lo preguntes que tendré que decir que no. Tú tírate al ruedo y saluda a quien quieras, pero sin consultármelo». De esta manera continuaron saludando, pero a mí no me abroncaron.

Sídney estuvo lleno de entrevistas curiosas. El mediofondista Juan Carlos Higuero, que debutaba en unos Juegos, fue otro de los

___

603	En el momento en que este libro entraba en máquinas, el 5 de mayo, fallecía José Ángel de la Casa a la edad de 74 años. DEP Tofo.

que me sorprendió. El León, como le llaman, había entrado en el equipo español de 1500 m después de una gran polémica alrededor de Reyes Estévez. El atleta de Cornellá había sido medalla de bronce en el Mundial de Sevilla un año antes y todos lo dábamos por clasificado para Sídney. Pero en el año 2000 no hizo buenos registros y el presidente de la Federación Española de Atletismo, José María Odriozola, lo dejó fuera del equipo. Higuero estuvo en la final de 1500 m y fue octavo. No era un mal resultado para un debutante, pero veníamos de dos Juegos y varios Mundiales consecutivos con medallas. Y, por tanto, sabía a poco. Pues bien, Higuero llegó a mi posición junto a Andrés Díaz, quien había sido séptimo en esa final. Esperó a que entrevistase al gallego, y, cuando le tocó a él, va y me suelta: «Ernest, que los aficionados españoles estén tranquilos. De ahora en adelante, el peso del medio fondo español recae sobre mis hombros». De fantasía, vaya.

Todavía hubo dos entrevistas emotivas más. La saltadora valenciana Concha Montaner debutaba en unos Juegos. Tenía diecinueve años, e hizo tres nulos en la clasificación de longitud. Cuatro días después del «momento», Chapado me veía venir otra parecida. Pero Concha venía desencajada. Y en medio de la entrevista rompió a llorar. No supe ni cómo consolarla. Por suerte, tres semanas después, Concha se proclamó campeona del mundo júnior en Santiago de Chile. Al día siguiente de los lloros de la saltadora de longitud, llegó la única medalla española en el atletismo de Sídney. La marchadora María Vasco fue tercera y medalla de bronce en los 20 km marcha, después de que descalificaran a la puerta del estadio a la atleta que la precedía. A María se lo dijo un cámara que iba en la moto, que era de TVE. Y ahí se enteró que no iba cuarta, que iba a ser medalla. Y desde ese momento, a María ya no le abandonó la emoción ni cuando llegó a mi posición. Sus lágrimas la desbordaron y otra vez me quedé a medio camino de no saber que hacer: entrevistarla o abrazarla. Mari Carmen Izquierdo me dijo luego: «Ernest, toda España le hubiese dado un abrazo y tú no se lo das».

ATENAS 2004

Una de las cosas más curiosas que me sucedieron respecto a los Juegos de Atenas es que corrí el relevo de la antorcha en España. Ya lo había hecho en 1992, antes de los Juegos de Barcelona. Entonces podías comprar la antorcha por 15 000 pesetas, unos noventa euros, antorcha que tengo en mi casa al lado de la de Atenas, que creo me regalaron. Correr con la antorcha de Barcelona fue una maravilla y tuve suerte de ser elegido, porque la cantidad de demandas para ser relevista superaban los tramos posibles. En cambio, fue una gran sorpresa correr con el fuego de Atenas. En 2004 era la primera vez que el fuego olímpico recorría los cinco continentes. Y el fin de semana del 26 y 27 de junio de 2004 estuvo en España. El sábado en Madrid y el domingo en Barcelona. No sé muy bien por qué fui elegido, creo que por una cuota que tenía TVE. Pero ahí estaba yo, dentro de una furgoneta, rumbo al tramo que tenía que recorrer.

Recuerdo que mientras la furgoneta subía por la Rambla, avisaron al chef Ferrán Adrià que era su turno de correr delante del Mercado de la Boquería. Y poco después, pasando por plaza Catalunya me dicen que se acerca mi turno. Recojo el fuego y empiezo a correr paseo de Gracia arriba, por el carril bus, y rodeado de coches. La gente me miraba y debía pensar que se trataba de una cámara oculta, porque en Barcelona no había ningún ambiente olímpico en esa época. Me sentí como un marciano en mi ciudad.

En los Juegos de Atenas continué en el papel de entrevistador en la zona mixta. Para hacer un guiño a los Juegos de la Antigüedad, los organizadores programaron el lanzamiento de peso masculino y femenino en las ruinas de Olimpia. El leonés Manolo Martínez era una clara opción de medalla y para allá que me fui. El marco era impresionante. Irache Quintanal no pudo superar la clasificación matinal. Pero Manolo Martínez, sí, y lo saboreó calentando en la *palestra*. Y dijo que lloró cuando a través del pórtico les hicieron entrar en la pista de competición del *stadion*. ¡Estaba recorriendo la misma ruta que los atletas de los Juegos de la Antigüedad miles de años atrás! Al final, el día fue perdido, puesto que no pude entrevistar a Manolo Martínez porque se le escapó la medalla por poco y no estaba para entrevistas. Aunque ya sabéis que, por el dopaje del ganador, Manolo recibió la medalla de bronce ocho años después.

Os doy contexto de lo que viene ahora que es lo extraordinario. Imaginad una larga matinal de trabajo en «modo Juegos Olímpicos». Después, un viaje en autobús de 250 kilómetros desde Atenas a Olimpia, cruzando el Peloponeso, con unas carreteras bacheadas, un calor infernal y sin aire acondicionado en el bus. Un hotel cinco cucarachas, también sin aire. Al día siguiente, clasificatorio de peso por la mañana, final por la tarde. Entre medias, ni pizca de sombra. No me extraña que digan algunas crónicas que, siendo espectador de los Juegos del 548 a. C. el filósofo y matemático Tales de Mileto, uno de los siete sabios de Grecia falleció en Olimpia... ¡por una insolación! Volviendo a lo mío, al acabar la final, y sin entrevista, autobús de vuelta a Atenas. Llegada a las tantas. Y, claro, mis compañeros que me ven entrar derrengado al hotel me animan a tomar «un digestivo» en la terraza con vistas a la Acrópolis. A dormir tarde y diana a las seis de la mañana, porque a las ocho tenía que comentar la prueba de *cross country* del Concurso Completo de Hípica.

Recapitulemos. Menos de diez horas de sueño en dos días y una larga transmisión por delante. Así que llego al IBC, entro en la cabina de comentarista, preparo los datos y empieza la transmisión. No sé si alguna vez habéis visto la prueba del *cross country*, pero es muy repetitiva en su realización. En Atenas salía un binomio caballo-jinete, saltaban dos o tres obstáculos con troncos y a galopar hasta otra zona sin cobertura. Por tanto, hasta que los primeros no llegaban a meta, tramo que sí estaba realizado, la transmisión era una continua noria de salir binomios, tres saltos y a correr. Salir, tres saltos y a correr. Cuando llevaba veinte minutos así, empecé a notar que se me paraba el cerebro. Me estaba dando cuenta de que me estaba durmiendo. Yo me decía que no era fisiológicamente posible dormirse mientras hablas, que el cerebro no lo permitiría. Pero cada vez empezaba a espaciar más las palabras... ¡hasta que me dormí!

¿Cuánto tiempo pasó? Ni idea. Pero en el control de continuidad, los editores Alberto Sierra y Tito Rueda se dieron cuenta de que la transmisión del Concurso Completo no tenía audio. Me llamaron por línea interna y, claro, no contesté. Se extrañaron mucho y, como mi cabina estaba en el pasillo al lado del control, salieron a ver qué pasaba. Miraron por el ojo de pez y me vieron totalmente traspuesto. Seguro que fue un momento «babilla» como esos cuando te quedas dormido en un avión. Lo que no sé es si estuvieron un rato riendo o golpearon enseguida la puerta. El hecho es que, nada más oír los golpes, me desperté de un salto hablando como si nada hubiese pasado. Confieso que es la primera y única vez que me he dormido comentando. Y todavía no me explico cómo me sucedió.

PEKÍN 2008

En Pekín cambié de tercio y pasé a presentar el programa resumen. En ese momento estaba comentando el Mundial de MotoGP, pero en TVE me dejaron saltarme el GP de la República Checa en Brno para poder estar en los JJ. OO. Presentar el resumen eran palabras mayores. Desde que yo lo recordaba, lo habían presentado Olga Viza y Matías Prats en Barcelona, Ramón Trecet en Atlanta y Pedro Barthe en Sídney y Atenas. Eso era jugar las grandes ligas, calzar las botas de «los mayores».

El horario era un infierno. El programa se realizaba en directo de cuatro a seis de la madrugada hora de Pekín, que era el *prime* de España. Es la primera vez que he tenido *jet lag* estando en unos Juegos. Y además era una paliza física, porque, a pesar de que el equipo era de campanillas, con Jesús Cebrián y Rogeli Vázquez como editores, al final me quedaba solo delante de la cámara durante dos horas, con los biorritmos cambiados y sin «autocue», esa pantalla que se usa para leer un texto mientras miras a cámara. ¡Dos horas improvisando!

Los de Pekín fueron los únicos Juegos en los que poder ver alguna prueba en directo era casi imposible. Para poder presentar el resumen hay que controlar muchos resultados. Y entraba al IBC como muy tarde a las dos y me iba cada mañana sobre las siete, acabado el resumen. Y no comentaba ningún deporte. Así que me marqué en el calendario dos eventos para ver *in situ* sí o sí. Y cómo no, debían de ser de las dos estrellas de los Juegos, Phelps y Bolt. Lo bueno es que el Nido de Pájaro y el Cubo de Agua estaban en el anillo olímpico, lo mismo que el IBC. ¡Podía escaparme caminando! Por primera vez en la historia olímpica, las finales de natación eran por la mañana, para contentar a la NBC que quería ver nadar a Michael Phelps en el *prime time* de la Costa Este de EE. UU. Así que el 13 de agosto terminé el resumen y allá que me voy a la piscina. Elegí ese día porque era el único en el que Phelps nadaba dos finales. Y ya que solo podría ir una vez, pues doblete. La matinal fue increíble. Michael ganó el oro en 200 m mariposa con WR y nadó el relevo 4 x 200 m, con WR también. Además, la italiana Federica Pellegrini ganó su único oro olímpico, los 200 m libres, con WR. Y la australiana Stephanie Rice[604] ganó los 200 m estilos… ¡con WR! Perdí horas de sueño, pero me llevé para siempre dos oros de Phelps y cuatro récords del mundo en menos de tres horas.

Por cierto, que a cuenta de Michael Phelps me sucedió una de las anécdotas más bestiales de mi carrera olímpica. Como tiene su «enjundia», os la cuento en el *bonus track*.

Tres días después llegaba el turno de ver a Bolt. Esta vez la carrera era por la noche. Así que unos cuantos dejamos el resumen en suspenso por un rato y nos fuimos a la carrera, nunca mejor dicho, al Nido de Pájaro. Sabíamos que algo grande iba a pasar, pero no imaginábamos tanto. El relámpago iluminó el cielo de Pekín con un récord del mundo atómico, 9"69. Y además lo hizo dejándose ir en los últimos metros. Estupefactos, nos miramos todos los que abarrotábamos la posición de comentaristas de TVE. Éramos conscientes del momento histórico que acabábamos de vivir. Y siempre podríamos decir: «¡Yo estuve ahí!».

---

604 En Pekín'08, Stephanie Rice ganó tres medallas de oro. Además de los 200 m estilos, ganó los 400 m estilos y el relevo 4 x 200 m libres.

LONDRES 2012

Londres fueron mis últimos Juegos sobre el terreno…, espero que por ahora. También fue la primera vez que comenté la ceremonia de apertura junto a dos instituciones como María Escario y Paloma del Río. Y la de clausura, a la que se añadió Marcos López.

Los siete meses anteriores a los Juegos de Londres había estado haciendo un programa *magazine* previo y quería darle continuidad presentando el resumen nocturno de los JJ. OO. junto a Lourdes García Campos. Pero el jefe de Deportes Nacho Gómez Acebo quería cambiar al comentarista del atletismo y se empecinó en que tenía que sustituirle yo. Llegamos a una decisión intermedia, haría las dos cosas. La primera semana, ningún problema. A fondo con el resumen. Pero en la segunda me di cuenta del error que era combinar las dos cosas. Es imposible hacer el atletismo y llegar al plató media hora antes de empezar el programa sin haber visto ninguna otra prueba. A los dos días me tuve que bajar del burro. Era imposible simultanear las dos cosas. Y el «marrón» del resumen le cayó de repente a Rogeli Vázquez.

En Londres sucedió una de las cosas más esperpénticas que he vivido en TVE. El planeta entero sabía que el 5 de agosto de 2012, a las 21:50 h, una hora más en el horario peninsular, se corría la final de los 100 m lisos. Todas las televisiones del mundo no paraban de calentar el que tenía que ser el gran momento de los Juegos. La BBC hizo una hora entera de previo. Corría Usain Bolt, no hay más preguntas, señoría. Pues bien. Al director de antena de TVE no le pareció suficientemente interesante el tema y decidió que, al acabar el *Telediario*, el atletismo no iría por La1, sino por Teledeporte (TDP). Cuando me lo dijeron, me quedé lívido. A todo el que me quiso escuchar les dije que era un error histórico. Al jefe de Deportes, al productor ejecutivo Javier Grima… «Javi, ¿este señor ya sabe que corre Bolt? ¿Ya sabe que parte de los millones de dólares que ha pagado la NBC son solo por esta carrera? ¿Ya le habéis dicho que hoy en Londres, en el mundo, no se habla de otra cosa?» «Sí, Ernest, lo sabe. Pero está decidido: los 100 m van por Teledeporte y en La1 ponen la película *Hulk*», me contestaron tan perplejos como yo. En fin, el resto es historia. La carrera de Usain Bolt batió el récord de audiencia histórica de un canal temático. A las 22:52 horas, el minuto de oro de TDP, fue de 3 587 000 espectadores con un 25'1 % de cuota de pantalla. ¿Cuánto hubiese dado la carrera en La1? No se puede saber, pero en la BBC la vieron 20 millones de personas. Lo que sí sabemos es que *Hulk* dio un pobre 13'6 % de cuota de pantalla y 1 785 000 espectadores. Para ver la importancia del «tirón» de Usain Bolt, la carrera previa a los 100 m, la final masculina de 3000 m obstáculos y que ganó Ezekiel Kemboi[605], la vieron en TDP 2 591 000 espectadores. Al menos, aunque fuese por una decisión desafortunada, mis compañeros Antonio Peñalver[606], Amat Carceller y yo mismo podemos decir que tenemos el honor de haber comentado la emisión temática más vista de la historia de España.

PARÍS 2024

Como ya he dicho, los Juegos de París los hice desde Madrid. Comenté las dos ceremonias, apertura y clausura, junto a Marcos López y Julia Luna. Y por primera vez me tocaba presentar una franja de continuidad. Fue la de la tarde de La1 junto a Fe López. Y luego por la noche hablaba de esas curiosidades que han llenado la sección «Lo que no se vio en los Informativos» dentro del programa de La1 *París en Juegos.*

Lo más llamativo de estos Juegos es la tormenta en RR. SS. en la que me vi involucrado sin tener intención. Recordaréis la polémica con las boxeadoras Imane Khelif y Lin Yu-Ting. Las catalogaron de trans y de hombres. Y yo en el programa de la noche conté exactamente la situación y que eran mujeres con una tasa más alta de testosterona. El periodista Fonsi Loaiza colgó en RR. SS. el video de mi intervención, loando mi tarea y la de la televisión pública por contar la realidad. Y empezó el torbellino de

---

605   Ezekiel Kemboi ya había ganado el oro en 3000 m obstáculos en Atenas'04.
606   Antonio Peñalver era nuestro comentarista técnico, medalla de plata de decatlón en BCN'92.

odio, de trolls, de mensajes de fascistas, de nazis, que rezumaban odio. Hasta mi mujer Natalia llegó a asustarse.

Incluso la senadora Carla Antonelli, la primera diputada trans de la historia de España, usó mi video para hacer un *post* en X, en el que etiquetaba a la presidenta de la Comunidad de Madrid Isabel Díaz Ayuso diciéndole: «Escucha bien, paleta transfóbica. Das vergüenza». Por primera vez fui protagonista de la «política del deporte». Para mí era raro. Pero visto todo el odio sinsentido que se generó, me sentí muy orgulloso de las felicitaciones que recibí provenientes de los colectivos que se sienten agredidos por los pensamientos de los intolerantes.

UN POCO DE TODO

Poco antes de dejar TVE en 2014 y empezar a trabajar en Telefónica, me tocó participar en la cobertura de la 125.ª Sesión del COI de Buenos Aires, en la que se elegía la sede de los JJ. OO. de 2020, Juegos a los que optaba Madrid. La verdad es que me mosqueó un poco no ir a Argentina y a cambio me dejaron en un plató en la Puerta de Alcalá. El 8 de septiembre de 2013 estaba todo preparado para celebrar la elección de Madrid. Pero no solo ganó Tokio, sino que por un defecto en los focos del plató del programa *España Directo*, a los tres presentadores, Marta Solano, Lourdes García Campos y a mí mismo, se nos quemó la cara. Al día siguiente se nos caía la piel a tiras e incluso Lourdes tuvo que ir a urgencias porque tenía la retina afectada. Al final todo quedó en un susto. Siempre he dicho que si hubiésemos trabajado en una televisión *yankee* hubiésemos podido reclamar millones de dólares de indemnización. Aquí nos fuimos con una palmadita y un *peeling* gratuito.

He dicho que nunca he trabajado en los Juegos de Invierno. Y es la verdad, aunque en 2014 estuve a punto de presentar el programa resumen de los Juegos de Sochi en TVE. Pero en enero de ese año me llegó una oferta de Telefónica para crear los canales de MotoGP y F1, y aproveché una reunión convocada para hablar de Sochi para despedirme de los compañeros.

Durante diez años de viajar por el mundo y comentar más de 800 carreras de MotoGP, lo único que echaba de menos eran los Juegos Olímpicos. Como espectador se me hizo raro ver los de Río y Tokio desde casa. Bueno, quien dice desde casa, dice desde los hoteles de las ciudades donde se corrían las carreras de motos. Recuerdo perfectamente que en 2016 uno de los fines de semana de los Juegos de Río coincidió con el GP de Austria. Dormíamos en una localidad cercana al circuito llamada Hetzendorf, en un hotel que era como un castillo, el Schloss Gabelhofen. A mí me tocó una habitación que era un torreón, muy cuca, pero muy incómoda para ver la televisión. Me pasé toda la noche viendo los Juegos. Y cuando me di cuenta, se hizo de día y me tocó ir a comentar las carreras. Fue un día infernal, se me cerraban los ojos todo el rato. Pero al menos no me dormí hablando, como en Atenas. ¡Y es que MotoGP es bastante más dinámico que el *cross country*!

Y un último comentario. Tal vez debería estar en la sección agradecimientos. A pesar de que empecé a trabajar en Antena 3 Radio en 1985, con Alfonso Arús y Jorge Salvador, mi primer trabajo profesional remunerado me lo dio Àlex J. Botines, maestro de periodistas. Àlex fue una figura fundamental en la candidatura de Barcelona 1992. Gracias a eso, en 1986, en la Cadena 13, fue natural para mí empezar a hablar de Juegos Olímpicos por la radio. Eran los meses previos a la nominación de Barcelona como sede olímpica. Pero Àlex enfermó gravemente de un cáncer óseo. El 17 de octubre de 1986, en Lausana, Joan Antoni Samaranch pronunció aquello de «A la Ville de… Barcelona, España» y la vida cambió, pero él no la pudo vivir. Dos semanas después, el 31 de octubre de 1986, fallecía a la edad de treinta y ocho años. El diario *El País* lo definió perfectamente al día siguiente de morir: «Àlex ha sido uno de los elementos fundamentales en la renovación de nuestro periodismo deportivo». Un cuarto de siglo después me encantó comentar con su hija Alexa, que también es periodista, la ceremonia de encendido de la llama de los Juegos de Londres'12. Fue como pasar el relevo. Gracias Àlex.

BONUS TRACK

En 2015, la Asociación Española de la Prensa Deportiva publicó un libro llamado *Las Estrellas son así*. En él, más de un centenar de periodistas españoles explicaban una anécdota de su carrera. En mi caso podría haber escrito sobre MotoGP, puesto que en ese momento estaba inmerso en la narración del Mundial. Pero decidí hablar sobre Juegos Olímpicos y una anécdota personal con Michael Phelps en el marco de los Juegos de Pekín'08. Como viene muy a cuento en este libro olímpico os la transcribo completa a modo de extra.

TORPEDEANDO A MICHAEL PHELPS

No sé si por mi perfil de comentarista de MotoGP esperáis que una buena anécdota mía surja de los circuitos. ¡Y tengo algunas muy buenas con Márquez o Lorenzo! Pero siento decepcionaros. O no. Porque habiendo estado en seis Juegos Olímpicos, el contacto con los grandes deportistas del planeta es habitual. Y más estando en zonas mixtas o haciendo el programa resumen para TVE. Así que vamos con mi «momentazo» con el mejor nadador de todos los tiempos, Michael Phelps.

Baltimore Bullet, el deportista olímpico más laureado de la historia con veintidós medallas en cuatro Juegos Olímpicos, dieciocho de ellas de oro, rozó el cielo en los JJ. OO. de Pekín 2008. Ocho, como las medallas de oro que consiguió en el Cubo de Agua de la capital china. El objetivo de superar los siete oros de Mark Spitz en unos mismos Juegos se escapó por poco cuatro años atrás en Atenas. Pero tras una semana extenuante, Phelps se colgó ocho oros y entró de lleno en el Olimpo olímpico. Y ahí aparezco yo.

Tras terminar sus trabajos de Hércules, y antes de abandonar Pekín, tocaba el tiempo de las entrevistas. El *sponsor* principal de Michael seleccionó a un grupo de diez o doce de las principales televisiones del mundo para que pudieran tener un «one-to-one» con Phelps. TVE tuvo su tiempo, y sinceramente no sé porque me tocó a mí hacer la entrevista, ya que estaba haciendo el programa resumen *Conexión Pekín* de madrugada. Pero, en fin. Sea como fuere, me preparé el cuestionario en inglés y para el Cubo de Agua que me fui. ¡Y ahí empezaron los nervios!

Phelps estaba realmente agotado tras su semana pekinesa. Las entrevistas de cinco minutos se le hacían eternas y empezaban a hacer mella en él. Y los responsables de su *sponsor* no paraban de repetírnoslo mientras esperábamos turno. Para evitar demoras se habilitaron dos salas contiguas. Así, mientras Michael atendía a una TV, la siguiente preparaba la cámara ante una silla vacía para que, cuando llegase, solo hubiese que prenderle el micro de corbata a la inmaculada camiseta blanca que lucía y empezar la batería de preguntas.

Nosotros éramos los últimos. Y a medida que pasaba la hora y media de entrevistas (por cierto, seguro que todos hacíamos las mismas preguntas, agotándole más si cabe), fuimos pasando de tener cinco minutos a cuatro y, por fin, máximo tres. Nos llegó el turno de entrar en la sala. Mi compañero que planta el trípode y coloca la cámara, y yo que recorto el cuestionario lo mejor que puedo añadiendo alguna pregunta divertida para relajarlo. Y de repente se abre la puerta, ¡y entra Michael Phelps! Se sienta, yo me siento delante, mi cámara dice cinco y grabando, y empiezo a preguntar. La cara de Michael era la de un joven realmente cansado. Pero, como buen deportista *yankee*, su actitud para con la prensa era muy profesional.

Cuando llevaba tres preguntas y empezaba a notar el aliento en el cogote del *manager* al que tres minutos le debían ya parecer una eternidad, veo que el que empieza a poner una cara rara es el propio Phelps. Sin perder la compostura, me ladeo para mirar de reojillo y veo que mi cámara está haciendo aspavientos con el lado de la cabeza que no quedaba tapado por el visor. Seguro que la escena duró cinco segundos. Pero a mí me pareció eterna porque, sobre todo, ¡no entendía qué estaba pasando! Finalmente, mi compañero interrumpió la respuesta de Phelps, quien ya no sabía qué hacer y me dijo: «Ernest, no le hemos puesto el micro de corbata». En ese momento toda mi vida empezó a desfilar ante mis ojos.

Habíamos gastado los tres minutos. Phelps ya nos había contestado. Era la última entrevista y tenía ganas de salir zumbando. ¡Y nosotros no habíamos grabado nada! Se produjo un enorme silencio. Michael miró al *sponsor*, este al *manager* y el *manager* a mí. Y cual emperador de Roma en el circo, decidió darle al pulgar hacia arriba y dejarnos empezar de nuevo. *Morituri te salutant*. A toda prisa le pusimos el micro de corbata y repetimos la entrevista. Para que no cantase mucho, porque no pensaba perder mis tres minutos, cambié el orden de las preguntas. Y yo no sé si es porque debió empatizar con nosotros o bien porque ya estaba tan cansado que le daba todo igual, el caso es que Phelps estuvo más simpático y tranquilo que en la primera no entrevista.

Cuando te pasan estas cosas, dudas si explicarlo o no. Pero no hubo debate. A la entrevista asistieron como espectadoras mis «amigas» de TVE Lourdes García Campos y Cristina Moreno. Y ya se encargaron ellas de explicar a los cuatro vientos del IBC (Centro Internacional de Televisión) nuestro «momentazo Phelps». ¡Y suerte que no existía Twitter ni las redes sociales! He omitido intencionadamente el nombre de mi compañero cámara, más que nada para no culpabilizarlo. Nos pusieron tan de los nervios entre todos que ninguno de los dos nos enteramos de que hicimos la entrevista sin micro hasta que fue tarde. Por cierto, Cristina y Lourdes, que reían mucho, tampoco se enteraron.

DOCUMENTACIÓN

Olimpiada 1976, de Andreu Mercé Varela.

Els Jocs Olímpics. Una il.lusió universal, de Andreu Mercé Varela.

The Complete Book of The Olympics 2012 edition, de David Wallechinsky y Jaime Loucky.

Memorias olímpicas de Juan Antonio Samaranch.

AFP, Reuters, Agencia EFE y Europa Press.

Olympics.com, Olympedia.org e Insidethegames.biz.

L'Equipe.